中國學術思想 研究輯刊

十八編

林慶彰 主編

第 11 冊

呂大臨道學闡釋
——在工夫論的視域中

邸利平 著

花木蘭文化出版社

國家圖書館出版品預行編目資料

呂大臨道學闡釋——在工夫論的視域中／邱利平 著——初版
— 新北市：花木蘭文化出版社，2014〔民 103〕
目 4+294 面；19×26 公分
（中國學術思想研究輯刊 十八編：第 11 冊）
ISBN：978-986-322-682-6（精裝）
1.（呂）呂大臨 2.學術思想 3.理學
030.8 103001979

ISBN-978-986-322-682-6

中國學術思想研究輯刊
十八編 第十一冊 ISBN：978-986-322-682-6

呂大臨道學闡釋
——在工夫論的視域中

作　　者　邱利平
主　　編　林慶彰
總 編 輯　杜潔祥
副總編輯　楊嘉樂
編　　輯　許郁翎
出　　版　花木蘭文化出版社
社　　長　高小娟
聯絡地址　235 新北市中和區中安街七二號十三樓
　　　　　電話：02-2923-1455 ／傳真：02-2923-1452
網　　址　http://www.huamulan.tw 信箱 hml 810518@gmail.com
印　　刷　普羅文化出版廣告事業
封面設計　劉開工作室
初　　版　2014 年 3 月
定　　價　十八編 16 冊（精裝）新台幣 28,000 元

呂大臨道學闡釋
——在工夫論的視域中

邸利平　著

作者簡介

邸利平，男，1980 年生，內蒙古呼和浩特人，哲學博士，西安郵電大學人文社科學院講師。主要研究領域爲價值哲學、文化哲學、儒家哲學、關學，發表《「相對主義」與「絕對價值」之爭》、《牟宗三對張載「太虛即氣」的詮釋》等相關學術論文多篇。

提　要

　　影響中國近世文化至深至遠的六百年宋明理學之發展，是在繼承儒家傳統、批評和融合佛老異端、以及不斷檢討自身之理論建設的過程中進行的。北宋「道學」，是理學思潮的發端和生成形態。此間，呂大臨以「道」自任，先後問學於張載、二程，親身參與了關洛兩大學派的興起和理論研討，不但「尤嚴於吾儒異端之辨」，而且「通六經，尤邃於禮」，典型地反映了初創期的道學理論與儒家傳統經學、禮學的互動、轉化及其自身生成、演進的發展狀況，也展現出道學內部相近的問題意識和不同的學風傾向之間的相互激蕩與融合潮流。

　　在張載和二程道學理論的基礎上，呂大臨通過對《周易》、《禮記》、《論語》、《孟子》特別是《中庸》的闡釋，意圖努力回答如何由道德實踐「工夫」通達超越性的天道性命本體、並進而使之向日用倫常的實然世界中落實的問題。「本心」是道體在人之生命存在中的落實，同時也是生命主體實踐工夫之起點和動力；而「常道」同樣既是道體在自然世界的必然呈現，也是生命主體在人倫社會中的行爲準則。在「天道性命」之學的理論前提下，呂大臨承接《孟子》「盡心」和《中庸》「盡性」的心性之學傳統，貫通並重釋了《易傳》的「窮理」與《大學》的「致知」等道德修養工夫，以本心爲基點，以天道爲根源，以禮教爲常道，融合關洛兩派學風，發揚了孔孟儒學「上達」與「下學」並重、「德性」與「禮法」兼舉的精神傳統，拓展了北宋道學「本體宇宙論」建構的理論規模，使之呈現出更注重人倫禮教關懷和主體道德實踐的特點。

　　本書除緒論部分闡述研究的視域和徑路外，正文共分五章：第一章考察呂大臨所處的時代及其學行和著述，從中概括其學術特點；第二章從禮樂文化、經學傳統、心性之學以及道學的理論演進等方面，追溯北宋道學的精神淵源及其實踐特質；第三章，討論呂大臨對「氣」之「感通」意義和「禮」之身心「敬養」功能的認識；第四章討論其「盡心」、「本心」、「盡性」、「成性」的本體理論和工夫實踐；第五章，在「性與天道」相貫通的理論前提下，討論其對「道」與「理」、「知」與「仁」、「明」與「誠」的工夫意義和境界意義的理解。結語簡述道學研究的現代生命意義。

國家社科基金重大招標項目
「張載學術文獻集成與理學研究」
（編號：10 & ZD061）階段性成果

陝西省社科基金項目
「工夫論視域中的張載氣論定位研究」
（編號：11C003）階段性成果

目

次

緒論　道學的闡釋視域及限制

　　在宋明理學史上，與濂溪、橫渠、二程、朱子、象山、陽明相比，呂大臨（1040～1093，字與叔，號芸閣）〔註1〕的聲名並不顯赫。但是，如果把宋明理學看作是一波波不斷向前推進的浪潮，而不是一個個前後相續的點，那麼呂大臨自然可以在其中找到他的地位。本書的研究主題是在工夫論視域中對呂大臨道學思想進行闡釋。爲何選擇呂大臨？什麼是「道學」？爲何要在「工夫論」的視域中進行「闡釋」？這是在進入主體研究內容之前首先需要澄清的問題。

一、意義與視域

　　在當代學科門類中，包括宋明理學在內的儒學研究，是中國哲學史或中國思想史的研究對象，而尤以前者爲主。〔註2〕顧名思義，「哲學史」研究需

〔註1〕關於呂大臨的生卒年，學界尚未有定論。如陳俊民認爲是 1046～1092 年，姜國柱亦認爲如此，但李紅霞認爲是 1040～1092 年，李如冰則提出應當是 1040～1093 年，其他不同看法還有多種。目前學界多取陳俊民說，本書則因李如冰考證更爲詳實，故取李說。關於呂大臨的生平考證，可參見陳俊民《關於藍田呂氏遺著的輯校及其〈易章句〉之思想》（見《藍田呂氏遺著輯校》，中華書局，1993 年，第 6～7 頁），姜國柱《張載關學》（陝西人民出版社，2001年，第 400～404 頁），李紅霞《呂大臨〈中庸解〉簡論》（見陳來主編：《早期道學話語的形成與演變》，安徽教育出版社，2007 年，第 63～69 頁），李如冰《呂大臨生卒年及有關問題考辨》（載於《寶雞文理學院學報》2009 年第 6期）。

〔註2〕陳來指出：「中國的儒學研究和對『儒學』的理解，在內容上是以注重『思想』爲主流，在方法上是以『哲學』的取徑爲主導的。甚至可以說，中國的儒學研究是『哲學史的研究』主導的，而不是『思想史的研究』主導的。」（見氏著：《宋明理學》序，華東師範大學出版社，2004 年，第 3 頁。）

要兼顧「哲學」和「歷史」雙重向度。作為人類文化中的一種觀念形態，所謂「哲學」之「史」的涵義，應當既包括哲學所由以發生的社會環境意義上的「史」，也包括哲學觀念自身邏輯演進的「史」。但哲學之為「史」的真正根源性意義則不在於此，而在於：在所有人文學科中，哲學固然因其純粹性、形上性和理想性，成為最具有超越性和普遍性的一門學科，因而不同時代和地域的哲學思想可以超越於時代和地域的特有限制之外而為他人所理解體會；但同時，由於所有的生存個體又是具體的、歷史的，所以哲學思考的產生也一定程度上是具體的生命個體受其時代的文化和精神難題所激發的結果，因而哲學必然傳遞出時代性的信息，反映出文化多元、多維、多樣性的特點，體現出思考者自身的生命限度和理性有限性。

與西方文化相比，中國文化特別注重觀念的具體性和歷史性，而非其純粹性和抽象性，正所謂「頌其詩，讀其書，不知其人，可乎？是以論其世也」（《孟子・萬章下》）。這樣，中國哲學的時代性和文化性特點便體現得更為明顯，進而使中國哲學研究必須注重「史」的向度。但這並不意味著中國哲學僅僅是歷史性的，毋寧說中國哲學的最大特點始終是立足於歷史中的生存個體在宇宙和社會中的全方位參與感，因宇宙的生化和流動，既體認到宇宙的整全性和生生不息的精神，同時也清醒地認識到自身的社會和歷史生存有限性。哲學是一種視域，歷史也是一種視域，哲學是一種整全視域，歷史則是一種有限視域，二者的結合才能完整呈現出生存個體的生命特徵和精神維度。

在中國哲學的語境中，生存個體對宇宙整全性和生生不息精神的如此把握和領會，便可名之為「道」。「道」之原義是人所行走的道路，其喻象代表著行者的目的、去向和軌跡。世上的道路絕不會僅僅是一條，而是無所不可為道，甚至世界本身就是道路，就是行程，這便是道之整全性。但對每一個生存個體的有限經驗而言，不僅整全性的道以及道之為道的意義首先是隱秘的，即便去向某方的道也只有在其履行中才會最終顯現出來，此時道路只會是一條，這是道之有限性。在注重象徵的中國文化中，若「隱」若「顯」的「道」被最早提升為哲學性的範疇，可以說並不偶然。但一當「道術將為天下裂」（《莊子・天下》）之時，道之具體內容的理解便隨著體道者之精神生命類型的不同而開始具有多樣性。

作為三代文化傳統繼承者的孔子，首先將「道」內化為人生所應遵循的普遍性精神規範即「人道」，而在老子與《易傳》先後又將之提高到宇宙論的

高度賦予其「天道」的內涵後，「道」便既成爲儒、道兩家共同承認的哲學最高範疇，又具有了向不同精神向度衍生意義的可能。正因如此，在「道」這一總名下，儒、道二家既擁有了互相交涉影響的前提，同時也蘊含了不斷相互攻訐排斥的夙緣，乃至自漢代史家司馬遷便發出「世之學老子者則絀儒學，儒學亦絀老子，道不同不相爲謀，豈謂是耶」（《史記・老莊申韓列傳》）的感慨，到了唐代以復興儒學、排擊佛老爲志的思想家韓愈在《原道》中更提出「仁與義爲定名，道與德爲虛位」〔註3〕的主張。但是，儘管在「道」的名義下，既可涵括儒家之仁義，亦可涵括道家之「無」與佛家之「空」，卻不可判其爲「虛位」，而毋寧說，「道」之名義正體現著宇宙的整全性，由對宇宙、人生之整體精神理解的不同，諸家分源異流，各自形成自己的思想宗旨。

隨著「道」之多元理解的加劇，必然使儒家言「道」在排斥異端基礎上之自我辯護的需要，遲早在中國哲學史上提上日程，這便是北宋「道學」之產生的邏輯動因，也是陳寅恪所講之中國思想文化史上之「大事因緣」〔註4〕。儘管道家自老子開始便以「道」自尊自名，「道學」一名也首先出於道教學者自稱其學，而且北宋儒者王開祖亦早於張載、二程開始「倡鳴道學」〔註5〕，但在中國思想史上，「道學」之眞正定名並在歷史上發揮重大影響則自北宋張載與二程共倡「道學」之後，由此開創了影響近世文化至深至遠的六百年宋明理學，成爲繼先秦之後儒學發展的又一個高峰，因而亦可稱之爲「新儒學」（New Confucianism）〔註6〕，而「道學」正是理學之發端期的學術形態。

在儒家哲學的理解中，「道」固然是天道，但同時也是人道。同樣，「道學」不是純哲學、純思辨的學派，而是具有特定的歷史和政治意義，代表著北宋部分儒者對宇宙、人生、道德、政治的思考，以此建立一種新的意義世界和生存秩序。這樣，「道」不但具有自然性，也具有人爲性和可選擇性，由

〔註3〕 韓愈：《原道》，見馬其昶：《韓昌黎文集校注》，上海古籍出版社，1986年，第13頁。

〔註4〕 陳寅恪在《馮友蘭〈中國哲學史〉下冊審查報告》中說：「中國自秦以後，迄於今日，其思想之演變歷程，至繁至久。要之，只爲一大事因緣，即新儒學之產生，及其傳衍而已。」（見氏著：《金明館叢稿二編》，三聯書店，2001年，第282頁。）這一說法廣爲學界稱引。

〔註5〕 參見姜廣輝：《「道學」、「理學」、「心學」定名緣起》，收入氏著《理學與中國文化》，上海人民出版社，1994年，第14～18頁。

〔註6〕 關於「新儒學」之所以「新」之意義，可參見牟宗三：《心體與性體》（上），上海古籍出版社，1999年，第9～16頁。

此便衍生出自我正確性的信仰和對異己之強烈的排他性。「道學」發展至南宋，大體上被朱熹理學思想所綜彙承襲，朱熹成爲道學「正統」之繼承者。〔註7〕但也正由於朱熹本人及其學派以「道學」正統自居並表現出強烈的排他性，其他接踵於北宋道學而後的新儒學學者開始以「理學」概括這一思潮之要旨，遂有「理學」一名對「道學」一名的漸次替代。

因此，嚴格來講，作爲學術形態的「道學」與「理學」二名，是在不同的歷史和學理語境中產生的，其內涵自然也有所不同。「理」字本亦爲二程所特重，但其使用者則不限於二程，因而「理學」起源亦不從二程開始。「理」之內涵可以包括義理、天理、性理、物理等。要之，在北宋儒學發展過程中，「理」起先以「義理」內涵爲主，漸趨則以「性理」內涵爲旨歸。特別是在朱熹之後，先有其弟子陳淳編訂的《四書性理字義》之名，後又有熊節編撰《性理群書句解》，到明胡廣奉敕撰修《性理大全》，發「性理」學之淵藪，「理學」一名遂成爲以程朱學派爲正統的整個宋明新儒學的代名詞。

總之，「道學」與「理學」二名，既有區別，實又可以相互涵括，而作爲「理學」之奠基形態的「道學」則更能體現出理學之生成性、基源性和理論發展以及詮釋之多維可能性。〔註8〕在整個理學發展過程中，如果誠如明清之際以後的許多批評者所言，宋明理學的發展趨向是越來越走向「內在化」，過

〔註7〕 如所周知，元纂修《宋史》，便以「道學」命名兩宋以程朱爲正統的新儒學，而與其他儒學家相區別。

〔註8〕 由於概念涵義的歷史演變所產生的歧義，導致當代「道學」和「理學」概念使用的混亂，有學者認爲道學大於理學，道學包含理學，理學僅僅指程朱派，此外道學還當包含心學。（參見馮友蘭《略論道學的特點、名稱和性質》，收入《論宋明理學》，浙江人民出版社，1983 年，第 48～52 頁；亦可見氏著《中國哲學史新編》第五冊，人民出版社，1988 年，第 20～24 頁。）也有學者持論相反，認爲理學大於道學，道學只是理學形成期的一派，理學包括道學與心學。（參見張立文《宋明理學研究》，人民出版社，2002 年，第 6～12 頁。）實際上，道學與理學是起源於不同時期，各有其內涵的兩個名詞，其所指因時代不同亦有不同，因而構成二者既可以是互相重疊甚至等同的關係，也可以是時大時小、彼此涵括的關係。若以約定俗成之辦法，可以稱整個宋明新儒學爲「理學」，稱北宋新儒學爲「道學」，如陳來說：「道學之名雖早出於理學之名，但道學的範圍比理學要相對來得小。北宋的理學當時即稱爲道學，而南宋時理學的分化，使得道學之稱只適用於南宋理學中的一派。至明代，道學的名稱就用得更少了。所以總體上說，道學是理學起源時期的名稱，在整個宋代它是理學主流派的特稱，不足以囊括理學的全部。」（見陳來《宋明理學》，第 7 頁。）本書即從這個意義的區別上交互使用「道學」和「理學」兩個概念。

於擡高了儒學的「內聖」傳統而忽略了「外王」，「陽儒」而「陰釋」，那麼，北宋理學以「道學」自命，恰與此批評相對，其目的是要體認天道、重整治道、批判佛老、弘揚禮教，因此展現出博大、多元、內外兼舉的發展格局和精神面貌。這使得研究北宋道學不僅具有特別的歷史意義，而且在理解中國哲學的內在精神層面上，對於在現代的詮釋語境中矯正人們對理學所形成的思維定見和視域局限，無疑也具有極爲重要的意義。

　　與道學研究的歷史意義相比，哲學視域的打開和呈現顯然更加重要。在現代學術研究中，哲學學科和歷史學科分途爲二。歷史學研究要求從具體的實證材料和歷史語境出發，考察研究對象的實際影響，進而總結其得失，評判其價值。哲學研究則要求跨越歷史，從人的精神內在性（如心靈、意識、理性、意志等）或人的思維形式（如語言、邏輯等）出發，考察觀念的形成結構和呈現出的意義空間。如果說，在現代學術分工中，歷史學正是在排斥哲學思辨的過程中走向科學的，那麼哲學則同樣試圖在歷史領域中全身而退，努力擺脫由時空差異所導致的歷史還原的不可能性及由其帶來的心理玄想和誤推，由此居身於一個純形式化的世界之中。可以說，哲學的這種自我理解，同樣是試圖達到科學化。這是現代社會與科技發展以及人的生存結構平面化、外在化的結果所致，由此代替了個體生存的內在深度和歷史縱深感。

　　但是，有限性始終是人之生存的基本樣態之一。由有限而通致無限，恰恰是傳統哲學最重要的努力目標。哲學史研究是對歷史上出現過的哲學形態的研究，它既是哲學研究，也是歷史研究。一方面，其取材是哲學的，方法是哲學的，結果也是哲學的；另一方面，其研究必然受到歷史的限制。這決定了「哲學史」研究，不可能是當下「哲學」的歷史證實、歷史批判或意義賦予。它必須將研究對象以及研究者自己置身於歷史的有限性之中，以有限而通無限，由視域的區隔而走向視域的融合。「哲學史」研究屬於「哲學」研究，但它使「哲學」研究不再僅僅是一種理論哲學，而在根本精神上，是一種價值解釋學或實踐哲學，其著眼點在於實踐基礎上的價值生成。

　　因此，對「道學」的研究，顯然不能等同於一種純粹的「道」論。道學研究，需要兼顧「哲學」與「歷史」的雙重視域。作爲中國哲學中最高範疇的「道」，雖然在用的層面不能脫離於時空，在體的層面卻仍然是超時空的，但現代的道學研究卻不能脫離道學產生歷史和具體形態，尤其是個體生存狀態，進行純粹的理論構建，甚至也不能等同於對北宋道學家所論之「道」的

直接指認和判別。〔註9〕從詮釋學的角度來說，絕對主義地把握方式是對生存個體自身有限性的忽視，是詮釋的僭越。道學研究首先是從今日「哲學」的視域走嚮往昔「道學」的視域，而後闡釋出道學的現代理解和現代意義，這一研究方式顯然是哲學的，而不是歷史的，但其並不忽視「歷史」。歷史是人類實踐的產物，作為有限性體現的「歷史性」，本身就是哲學視域的一條邊界，它理應作為一個構成因素被容納於哲學的視域之中。

當我們打開道學研究的視域之後，便可以重新考量呂大臨道學的研究意義。在宋明理學史上，呂大臨因先後師從張載、二程，親身參與了關、洛兩大學派的興起過程，以兼傳關、洛二學而負盛名，其歷史貢獻和歷史意義至少有如下幾個方面：其一，他早年是張載的高足，因精於禮學，並且與其諸兄一起在關中推行古禮，所以在後世一直被視為張載所開創的關學學風的重要推動者之一。而張載也曾稱讚說：「某唱此絕學亦輒欲成一次第，但患學者寡少，故貪於學者。今之學者大率為應舉壞之，入仕則事官業，無暇及此。由此觀之，則呂（大臨）、范（育）過人遠矣。」〔註10〕張載去世後，呂大臨負撰寫《橫渠先生行狀》之責，成為研究張載生平和思想的重要資料。其二，張載去世後，呂大臨又問學於二程，與謝良佐、游酢、楊時同為二程門下的「四先生」之一，在程門高弟中最受朱熹推崇。他所錄的二程語錄《東見錄》，「既重要而分量又最多」〔註11〕，素以記載精準著稱，為歷代研習二程理學的學者所倍加重視。其三，他所著《中庸解》，一度被認為是程顥的著作並在後世被收入《河南程氏經說》得以流傳。而他的思想也確與程顥有諸多共通之處。其四，他所摘編的與程頤集中討論「中」與「道」、「性」、「心」關係的書信《論中書》，被收入《河南程氏文集》之中，是引發後世「中和」問題的一個關鍵因素，成為從二程理學向朱熹理學演變的重要中間環節。因此，在北宋道學興起多維交織的學術脈絡以及向南宋理學過渡的過程中，無論是

〔註 9〕 馮友蘭對此有清楚地認識：「哲學史的重點是要說明以前的人對於某一哲學問題是怎樣說的；哲學創作是要說明自己對於某一哲學問題是怎麼想的。自己怎麼想，總要以前人怎麼說為思想資料，但也總要有所不同。這個不同，就是我在《新理學》中所說的『照著講』和『接著講』的不同。」（見氏著：《三松堂自序》，生活·讀書·新知三聯書店，1984 年，248 頁。）但馮氏早期傾向於用邏輯分析方法處理這一「不同」，後期漸趨重視中國哲學中的個體生存意義。

〔註10〕張載：《張子語錄·語錄下》，見《張載集》，中華書局，1978 年，第 329 頁。
〔註11〕牟宗三：《心體與性體》中，第 1 頁。

學派形成，還是話語構建，呂大臨的學行、著述及思想都是其發展過程中的一個重要環節。由於呂大臨身爲關學和洛學兩大學派的高足，也正好成爲考察關、洛二學作爲北宋道學最重要的兩個學派之間理論互動以及後世傳衍的一個最佳切入點。

儘管如此，呂大臨卻是以往道學研究未能充分注意的人物。究其原因，固然與呂氏的學術地位處於張、程的陰影之下且其著作又幾近於全部佚失有密切關係，但同時也無疑是研究者受研究視域的限制所致。與張載、二程相比，呂大臨既未著意於道學理論體系的建構，亦未有足夠的文集或語錄存世，從而在研究意義和文獻基礎兩方面都容易遭到忽視。實際上，呂大臨的思想特色在於他通過對儒家經典特別是其禮學內容的詮釋，藉以努力闡明人在自然宇宙、社會生活和道德修養中的工夫實踐路徑，從而突出地顯示了道學的實踐意義和話語轉換，而這也恰是以往道學研究未能充分注意的內容。

史載呂大臨不但「尤嚴於吾儒異端之辨」〔註12〕，而且「通六經，尤邃於禮」〔註13〕。批判佛老和重視經學與禮學，均是張載所創立之關學的學風特點。朱熹尤其敏感於佛禪學，對二程弟子多有批評，獨對呂大臨基本表示讚賞，在二程弟子中對其評價最高，這與他認爲呂大臨是在二程弟子中少有的未流入禪學的看法密切相關。〔註14〕這一緣由尤其反映在朱熹對於呂大臨《中庸解》的看重上。由於《中庸》重視心性理論，因而成爲北宋道學創立過程中憑藉的一部重要經典。同樣源於此，《中庸》亦成爲會通儒佛的媒介。呂大臨最重要的著作就是《中庸解》，但卻沒有走向以佛學參雜儒學的道路，這便與關學重視經學與禮學的學風特點相關。

在道學理論中，經學與禮學不是純粹客觀的研究對象，而是作爲修養身心的基本途徑。呂大臨道學的特點就在於將心性與禮教會通起來。禮教不是形式化的社會文化制度，而是被納入心性之學重新理解其意義；心性也並非是一個抽象的理論問題，而是有著具體的實踐內容和指向。在此基礎上，呂

〔註12〕馮從吾：《關學編》卷一，中華書局，1987年，第11頁。《宋史・呂大臨傳》中收有致富弼的書信一封，勸說富弼「以道自任」，勿爲「佛氏之學」。馮從吾所言，可能即基於此。

〔註13〕脫脫：《宋史》卷三百四十《呂大臨傳》，中華書局，1977年，第10848頁。

〔註14〕《朱子語類》記：「呂與叔後來亦看佛書，朋友以書責之，呂云：『某只是要看他道理如何。』其文集上雜記亦多不純。想後來見二程了，卻好。」（見黎靖德編：《朱子語類》卷一百一，中華書局，1986年，第2561頁。）

大臨對儒學經典做了符合道學意義的重新解釋。

呂大臨道學思想這種更加注重具體的工夫落實和道德實踐的特點，與張載、二程致力於形上本體的建構特點不同。其心性理論亦有其自身特點。朱熹「中和舊說」與「新說」的形成的文本基礎，正是在呂大臨《論中書》所記程頤之語。呂大臨不僅較早開始重視理學工夫論中極為重要的心之「未發已發」問題，而且他堅持不同於程頤的一己之見，亦可以看到：道學形成之後，並未以師授而定為一尊，而是注重自我體認，展現出理論向多元發展的面貌。

總之，呂大臨的道學思想比較典型地反映道學初創之時道學理論與佛道宗教以及儒家傳統經學、禮學的互動和轉化情況。呂大臨道學研究的意義在根本上是哲學的，而不是歷史的。在歷史意義上，呂大臨的著述、思想和學行歷程，可以成為研究道學學風交匯和理論演變的一個切入點；而在哲學意義上，這裡所展現出的是道學視域的開放性、擴展性、多維性和限定性。從詮釋學的角度看，思想意義空間的確定，源於其必須同時具備限定性和開放性兩方面，前者使之不躍出於解釋視域之外，後者又使之始終處於視域擴展過程之中。儒學傳統，從孔子以後，便以經學和禮學的形式，通過不斷地闡釋和運用，既擴展著自身在對世界之解釋和人生之實踐中的視域，又限定著自身的界限，塑造自身的精神脈動。「道學」不僅僅是對「道」的宣稱，更非純然發自個人興趣的獨語，而是通過「學」在人生中體認宇宙和生命的意義，進而在觀念實踐和社會實踐中對儒學傳統經典和寄託於禮俗中的社會生活方式之意義的重新理解和闡釋。透過對張載關學「尊禮貴德」〔註15〕學風的繼承，對程顥「識仁」之說的領會，與程頤對「未發之中」的討論，以及對《中庸》「心性之學」的義理闡釋，呂大臨在其時代之中擔當起傳承孔子「斯文」和張、程「道學」的重任，其理論探索對後世理學思想的拓展和深入做出了不容忽視的貢獻。這種生命和文化理解視域的拓展，正是我們研究的意義所在。

二、理解與闡釋

任何理論的視域都是在自我闡釋和他人闡釋的過程中不斷被打開的。從視域空間的擴展而言，他人的闡釋甚至於比自我闡釋更加重要，儘管在其擴

〔註15〕脫脫：《宋史》卷四百二十七《張載傳》，第 12723 頁。

展的同時，總是會不可避免地帶有中心的挪移和視界的改變。可以客觀化的歷史語境固然是形成理論建構的前提，但從作為歷史生活和理論建構之主體的人來看，理解又總是先於詮釋。主體精神的創造性，必然會導致主體用「先入為主」的理論打量歷史，理解的先在性使得詮釋不可能是一個完全客觀的過程。歷史語境對理論建構和闡釋的影響常常是無意識的或間接的，只有經過生命個體的理解之後，它才會呈現出來。偏重「形上」思考和「生命」體驗的「道學」，尤其如此。

　　道學理論之建立，本身是在不斷地反省與批判的詮釋過程之中進行的。歷史地看，北宋道學的興起是在特殊的時代氛圍中，儒者士大夫群體回應佛老之學的理論挑戰和政治社會環境的內憂外患的集體性表現。因而，北宋道學的形成，既不是唯一的，也不是單線的，而是不同思想家及與其門人弟子所形成的學派在彼此互動中多維度地同時發展的。北宋道學興起之時的學術互動，既包括道學家對佛老異端的批判，也包括他們對其他前代和同代儒學家的理論審視，還包括思想目標相對接近但理論旨趣有異的道學家群體內部的理論探討和交流。這種批判與論學的發展過程，必然隱含著道學家理論建構類型的不同；同時，其理論的疊加，也是道學視域的打開。

　　隨著歷史的發展，學術理論及其形態也在不斷演進。同樣，「道學」理論也不是一成不變的，而是不斷地被重新理解和闡釋。從北宋「道學」到「程朱理學」，再到「宋明理學」，這些稱謂之不同，本身即是一個視域不斷擴大的過程。當其擴大到極限而生存者的歷史處境又發生重大變革的時候，視域的根本轉變就不可避免，這便是「走出理學」階段的來臨。這一過程雖然在明清之際就開始了，但直到近代以來才真正變得迫切。二十世紀「新文化運動」以來，現代學術研究範式在受西方的學術觀念和建制結構衝擊之下逐漸形成。此後，北宋「道學」成為了「中國哲學史」學科或「中國思想史」學科的研究對象，被置入「哲學」或「思想」的門類之下予以理論分析和系統整理。

　　在當代中國哲學史研究中，與一般的哲學原理相對應，「宇宙論」、「認識論」和「人性論」是其主要的研究領域。具體到理學研究上，可以再加上「本體論」和「工夫論」，而「工夫論」無疑可以看作是從先秦儒學發展到宋明理學最有特色的地方。在實踐過程中理解宇宙和個人身心，始終是中國哲學的最大特點。儒學本來就是「成德之學」或「成聖之學」，它的本質不是理論性

的，而是實踐性的。宋明理學之所以會發展出「工夫論」，既是受佛道二教的影響，也是因爲此時儒學理論發展得更加細密，對個人的生存現實性關注加深，在此基礎上嘗試建構一種由現實通達理想的個人修身方法。這樣，以「學者」爲學的個人修身工夫爲基點，向下落實便是具有現實性的身體、國家和社會，向上超越便是原初的心性和宇宙本體。

由此，理學的視域，按其內在理解來說，便包括了本體論、宇宙論、心性論和工夫論。所謂「本體」，是超越性的，如張載之「太虛」、程朱之「理」、陸王之「心」，它是修身工夫的指向，也是修身工夫得以可能的內在出發點，因而既是宇宙本體，也是心性本體，二者在根本上是同一的。「宇宙」則是「本體」在現實中可以感受到的存在，主要通過「道」或「氣」之大化流行而展現。「心性」是本體和宇宙落實於個體生命之中的體現。「工夫」是由現實有限的身體向無限的超越本體復歸的實踐過程，既包括「知」即觀念認識的內容，也包括「行」即修養實踐和社會實踐的內容。

如果排除儒釋道三教對主體之「性」與客觀之「命」的內在涵義的理解歧異，可以說「性命雙修」是儒釋道三教工夫論共同的結構和要旨。但就儒學而言，由於其積極入世的性格，生命個體的修身工夫還必須包涵人倫實踐，而不僅僅是身心修煉。隨著這一理解的不同，儒家的本體論、宇宙論、心性論和工夫論自然與佛道二教乃至西方哲學有了根本的不同，其最大特點是始終將個人的身心轉化與人倫實踐緊密地結合起來，由此理解人生意義、生命主體和實然世界。但是，當現代人以「哲學」研究代替的「理學」體認、以邏輯推理代替了身心參與之後，研究者與北宋道學的精神不是更近了，而是更遠了。

現代「哲學」研究的目光不在於精神的衍生史，而在於理論「體系」的建立和哲學「思維」的分析。最早將宋明理學納入「中國哲學史」研究的是馮友蘭《中國哲學史》（1934 年），開始用西方哲學形式化的方法整理道學材料及其思想。名爲「哲學史」，當然有著馮氏自己的哲學理解爲前提。「體系化」的結構及方法的探索，是馮友蘭非常自覺的認識。〔註16〕由於現代哲學

〔註16〕此前出版的呂思勉《理學綱要》（1931 年），則是受傳統文化影響較深的史家所寫的宋明「哲學史」講義，較之馮著便較少西方哲學的比照，顯得更爲切入「身心」。同一時期的陳鍾凡《兩宋思想述評》（1933 年），雖以「思想述評」爲名，實際上卻以哲學理論爲方法，與其受過的哲學教育和訓練有關，可見時代風氣之流向。

研究看重體系而非修身實踐，因而二十世紀中國哲學史學科對兩宋理學的研究，首先集中在北宋五子或南宋朱陸等主要人物的哲學分析和抽象比較上，便是可以理解的。然而這不僅喪失了理學本有的體認工夫，而且勢必導致對於其間精神脈絡關係和思想過渡環節的研究，或者予以忽視，或者以邏輯推證的方式處理。

「思想史」研究，與「哲學史」研究同屬現代學術研究方式，雖然也不注重工夫體認，但其對「哲學史」研究過於邏輯化的偏弊，有著清醒地自覺。與哲學史研究的進路不同，「思想史」研究更加注重思想學說與社會現實之間互動關係的分析，以此克服「哲學史」研究的邏輯僭越。但由於「思想史」研究不僅關注所研究之「思想」賴以形成的社會現實，同時也關注思想史「研究」者所處的社會現實，因而在很長時間內，「思想史」的宋明理學研究主要集中於明清之際所謂「啟蒙」思潮上，以有益於對傳統思想的批判清理。這樣，宋明理學或多或少成為批評的對象，其超越性價值便難以得到肯定。〔註17〕可見，這一研究方法也是在一定理解前提下進行的，只不過它不同於哲學形式化的方法而已。〔註18〕因此，它對宋明理學的研究同樣是現代的和外在的。

二十世紀八十年代以後，「文化史」和「學術史」研究勃興，這是對以往哲學史和思想史研究僅僅注重重要歷史人物的理論觀點分析而忽視歷史語境和多元文化傳統的矯正。這一研究方式與哲學史和思想史研究不同，主要是由歷史學界的學者發起的，而不再是哲學界和思想界的學者。〔註19〕他們重新估價了

〔註17〕　這一研究進路以侯外廬、嵇文甫、容肇祖等人為代表。侯外廬等人的代表作是《中國思想通史》（人民出版社，1957～1960年），其中涉及北宋道學的第四卷下冊於1960年才完成並出版，而其他各卷實際上在建國前即已完成。1984年出版的侯外廬、邱漢生等著《宋明理學史》上冊（人民出版社）是該派對兩宋理學研究的繼續拓展和深化。

〔註18〕　如侯外廬的馬克思主義哲學方法不但很顯著，而且是其有意強調的。

〔註19〕　鄧廣銘和漆俠、陳植鍔等師徒，是較早在宋史領域倡導這一研究方式的歷史學者。早在《鄧廣銘宋史職官志考證序》一文中，陳寅恪便指出：「華夏民族之文化，歷數千年之演進，造極於兩宋之世。」（見氏著：《金明館叢稿二編》，第282頁。）陳氏以史學家的冷靜眼光理解和評價兩宋文化，即可以稱為一種「文化史」或「學術史」的研究。1984年，宋史專家鄧廣銘發表的《略談宋學》（初載於《宋史研究論文集（1984年年會編刊）》，浙江人民出版社1987年，後收入《鄧廣銘治史叢稿》，北京大學出版社1997年）一文，代表了「實證史學」對於宋代學術思想的看法。其後又有鄧氏弟子陳植鍔的《北宋文化史述論》（中國社會科學出版社，1992年）和漆俠的《宋學的發展和演變》（河北人民出版社，2002年）等著作，都可以看作是區別於以往哲學史研究和思

「道學」在整個北宋各種學術觀點交織之中的「歷史」位置，努力糾正哲學上的過度擡高或貶低。其研究無疑更注重歷史性的考察，以此作爲評定思想家的理論意義、歷史作用和地位的標準，進而努力還原「事實」。〔註20〕

雖然思想史研究和文化史研究，在社會、政治、歷史等外在性的因素「決定」還是「影響」思想的形成這一問題上觀點有別，但注重歷史因素的作用這一點上則是共同的，由此與哲學史研究形成差異。實際上，如果說當代「哲學」研究已經越來越注意到思想的超越需要立足於文化與現實之中，「哲學史」研究同樣注意到單純的哲學方法的分析不足以呈現中國古代哲學思考的真正意義和價值。如此，思想史、學術史、文化史的研究恰好可以納入到哲學史的研究視域之中，豐富其「史」的一面，賦予其更加具體的生存性和感受性。〔註21〕

如果我們把注重概念辨析、體系重構的研究方式看作是狹義的「哲學史」研究方式的話，那麼，突破以注重重要人物思想體系研究的狹義「哲學史」研究，將之置於觀念史、思想史、學術史和文化史的研究背景中，我們可以把宋明理學研究區分爲三個層次：注重單個人物的哲學體系、思想發展、學派歸屬、理論定性和歷史定位的「微觀」研究，注重學派形成、學風特色、理論傳播、學術影響和學派差異的「中觀」研究，以及注重精神氛圍、知識背景、話語脈絡和問題意識的「宏觀」研究。所謂微觀研究，也就是我們通常所說的「哲學（史）」研究。儘管無可否認地說，這是深入思想家理論內部，分析其結構、內涵、意義和價值，以避免理論先行、先入爲主的「宏大敘事」（Grand Narrative）或「大而無當」、「線條勾勒」的簡單復述的最重要研究方式，但我們也需將思想者個體放入整體性的精神氛圍、知識背景、話語脈絡

想史研究的文化史或學術史研究著作。

〔註20〕余英時《朱熹的歷史世界：宋代士大夫政治文化的研究》（允晨文化實業股份有限公司2003年繁體字版，三聯書店2004年簡體字版），可以看作是最新一部頗有影響的「文化史」研究著作。這一研究與哲學史和思想史的研究進路明顯不同，側重於考察道學思想和士大夫政治的互動關係，並針對學術界過於注重道學範疇的抽象內涵進行了批評。由此引起一場不小的爭論。

〔註21〕如余敦康、盧國龍、丁爲祥等人都強調現實問題和文化演進對哲學思潮之形成和發展所具有的催化作用。參見余敦康：《內聖外王的貫通：北宋易學的現代闡釋》，學林出版社，1997年；盧國龍：《宋儒微言：多元政治哲學的批判和重建》，華夏出版社，2001年；丁爲祥：《虛氣相即：張載哲學體系及其定位》，人民出版社，2000年。

和問題意識的觀照下，文獻的意義才會呈現，古人或今人構造的一個個封閉的理論體系才會被打開，思想理論與生存個體的道德、精神和社會生活以及實踐的源初相關性才會被再次理解，從而使我們能夠在時代的具體氛圍中發現其超越時代的精神意義和價值。

在後世學者看來，由於呂大臨先後參與到關學和洛學兩大學派的興起之中，因而多將關注焦點集中在他的學派歸屬、入學徑路、思想變化等問題上。馮從吾《關學編》和黃宗羲、全祖望《宋元學案》即是如此。現代學者在學術史和文化史的學科背景下，進而又將視角擴大到北宋「關學」和「洛學」的學風特色、學派差異、理論傳播和學術影響等方面。然而，如果將前者看作是立足於學者個人思想的「微觀」研究，那麼後者立足於學派發展和學派差異的研究方式也只是「中觀」層面，尚不足以揭示道學之所以形成所具有的整體性「宏觀」精神氛圍、知識背景、話語脈絡和問題意識。

由於通史類的中國哲學史和中國思想史研究深度有限，容量也有限，所以早期較有影響的馮友蘭《中國哲學史》、侯外廬《中國思想史》對呂大臨均未提及。〔註22〕八十年代以後馮著《中國哲學史新編》（七冊）和侯外廬、邱漢生等著《宋明理學史》（上下冊）的容量顯著增加，但仍未道及呂大臨。可見，無論是哲學史研究還是思想史研究，其主流傾向都是致力於個別重要人物思想分析的「微觀」研究。

當代呂大臨道學研究，首先是將其放在張載研究或二程研究中介紹其後學時間接地提及的。〔註23〕隨著研究視域的擴展以及對理學重要人物研究的深入，宋代理學研究呈現出逐漸向「宏觀」和「中觀」層面拓展。這樣，類似於關洛關係、二程關係、程朱關係、道南學派、湖湘學派等以往沒有受到足夠重視的理學論爭領域，受到研究者的關注。由此，呂大臨的道學思想史意義也就開始呈現出來。

〔註22〕八十年代以前，專題涉及呂大臨的著作僅有陳鍾凡《兩宋思想述評》，在解釋二程思想時作為「程氏學派」四先生之一。

〔註23〕把呂大臨列為張載後學進行研究的有：姜國柱《張載的哲學思想》（遼寧人民出版社，1982年），陳俊民《張載哲學思想及關學學派》（人民出版社，1986年），石訓《中國宋代哲學》（河南人民出版社，1992年），龔傑《張載評傳》（南京大學出版社，1996年），方光華等《關學及其著述》（西安出版社，2003年）。把呂大臨列為二程後學進行研究的有：陳鍾凡：《兩宋思想述評》（東方出版社，1996年），許遠和《洛學源流》（齊魯書社，1987年）。

如前所述，不同於古代理學修行者和實踐者的理解進路，當代哲學對理學研究的主要進路，是從宇宙本體論的直接切入開始，重視從「理氣論」入手分析其思想特點。對呂大臨道學的研究，也是如此。由於呂大臨被置入張載或二程的後學來研究，這就不可避免要給出將其列入關學學派或洛學學派的理由，因而學派歸屬問題成爲一個呂大臨哲學研究的重點。要解決呂大臨的學派歸屬問題，首先需要辨明關洛二學的實質性分歧所在。當張載哲學和二程哲學之間的分歧被理解爲「氣本論」和「理本論」的差異之後，呂大臨對「理」、「氣」及其關係的看法自然成爲呂大臨哲學研究的重點。

姜國柱的《張載的哲學思想》，是八十年代後首部張載哲學的研究專著，也是首次把呂大臨納入張載後學予以研究的著作。姜先生的基本看法是「呂大臨的思想與張載有極其相同之處，有的則是對張載思想的引伸」〔註24〕，但他未作出深入的分析，結論顯得表面化，尚未觸及問題實質，受舊有研究模式影響的痕迹甚重。〔註25〕徐遠和在《洛學源流》一書則將呂大臨劃歸洛學，認爲呂大臨入洛之後「背離了張載以氣爲宇宙本體的觀點，主張理是宇宙的本體」，「在自然觀或本體論上已完全轉向了洛學」〔註26〕。但這裡的問題不僅在於「氣」如何成爲宇宙本體有待重新考察，而且在於「氣」在呂大臨思想中並不是一個首要的概念，以此論證呂大臨的「完全轉向了洛學」，難免會以偏概全。〔註27〕

如果說「氣本」抑或「理本」的問題在張載和二程那裡可以找到大量材料以各自證明己說的話，那麼，在呂大臨這裡，這一問題則相當模糊。原因在於，呂大臨的道學理論已經不著意於宇宙論的建構，而更注重如何由「本心」呈現「道體」、由「常道」通達「至道」，這顯示出道學家的問題重心正

〔註24〕 姜國柱：《張載的哲學思想》，第 190 頁。
〔註25〕 姜國柱的《張載關學》（陝西人民出版社，2001 年）一書，可視爲其《張載的哲學思想》時隔二十年之後的修訂版。該著對呂大臨哲學思想的基本觀點雖然並無改變，但由於吸收了二書之間出現的其他研究成果，因而論述更加詳細，同時也顯示出二十年來對舊有研究模式的突破。如其從「氣本」、「天人合一」、「一體二用」、「居尊守中」、「變化氣質」、「正心修身」六個方面論述了呂大臨的思想，明顯要更爲接近道學話語的原貌。
〔註26〕 徐遠和：《洛學源流》，第 240、241 頁。
〔註27〕 徐著還認爲「『中即性』與『中即道』之爭，實質上意味著主觀唯心主義觀點與客觀唯心主義觀點的對立。」（見氏著：《洛學源流》，第 245 頁。）這就更加偏離了《論中書》的主旨。

在隨著道學本身的歷史發展和理論演變在發生轉移。同時，這也表明試圖用現代以來形成的由「宇宙論」到「認識論」再到「人性論」的知識論哲學框架去把握道學理論和道學問題的精神實質是困難的。

由此反觀初版於 1933 年的陳鍾凡《兩宋思想述評》一書，反倒更具啓發意義。該書遵循朱熹《伊洛淵源錄》以來的傳統，將呂大臨列爲「程氏學派」四先生之一，分「性論」和「良心說」兩方面來論述其思想。陳著所用文獻材料僅來自於《宋元學案》和《性理大全》，因而評介相當簡略，算不上深入的研究，但其從「心性論」而非「理氣論」入手分析呂大臨的道學思想，所提的一些觀點仍然有一定啓發意義。陳氏順承專論張載、二程思想而下，認爲「大臨雖別性爲本然、氣質兩者，然其根本思想，則以『良心』爲人類本然之性焉」〔註28〕。陳著還指出呂大臨在《論中書》提出「未發之前，心體昭昭具在」的觀點，「爲羅從彥、李侗兩家『看未發以前氣象』之說之所本，宋儒『靜中涵養』之學風，由茲起矣」〔註29〕，這便等於在理學的承傳過程中爲呂大臨做了一個初步的思想定位。但羅從彥、李侗的「看未發以前氣象」實際上本於程顥，而非呂大臨。呂大臨之說，同樣源於程顥。因而，這裡的推論並不準確。〔註30〕

在對關學的整體研究中，陳俊民的貢獻可能最大。早在《張載哲學思想及關學學派》一書中，陳先生就站在張載關學的視角分析了呂大臨道學思想的特點。其後，因呂大臨的著述大部分都已佚失，流傳於今者則散見於各種儒家經典的集解之中，以往研究呂大臨所借助的文獻主要是《宋元學案》、《性理大全》以及《二程集》之中的極爲有限的材料，這無疑極大限制了研究的深入，他又收集了呂大臨遺存於今世的近乎所有理學文獻，編入《藍田呂氏遺著輯校》中，並進而率先對呂大臨《易章句》的思想做了嘗試性研究，這可以看作是新時期呂大臨道學眞正學理性研究的開端。〔註31〕

〔註28〕陳鍾凡：《兩宋思想述評》，第 148 頁。

〔註29〕陳鍾凡：《兩宋思想述評》，第 149 頁。

〔註30〕陳著最後綜合評價程門「四先生」說：「程門四先生，朱熹於謝良佐、楊時、游酢，均謂其入禪。呂大臨之學，亦間有非識。今按謝良佐以覺言仁，以常惺惺言敬，游酢釋性、釋誠，及呂大臨求中之說，均不離禪家見解，固信然矣。」（見氏著：《兩宋思想述評》，第 149 頁。）這一評價顯示出陳著受朱熹的義理論斷和思想定位影響甚大，尚不能眞正把握北宋道學向南宋道學演進的問題實質。

〔註31〕陳俊民：《藍田呂氏遺著輯校》，中華書局，1993 年。後經修訂增補，重新編入北大《儒藏》精華編第 220 冊。

　　陳俊民對呂大臨的關注，是爲了凸顯關學學派在宋明理學中的獨特思想品格，因而其研究是問題式的進路，其觀點也更具有啓發意義。陳先生沒有把呂大臨截然劃歸關學學派，而是認爲呂大臨入洛以後，一方面「贏得了洛學『涵泳義理』、空說心性的特點」，開始「洛學化」；另一方面仍然以「躬行禮教」爲主旨，體現出張載「學貴有用」、「務爲實踐」的「學風旨趣」。〔註32〕這實際上是把「躬行禮教」和「涵泳義理」分別看作是關洛二學的分歧所在。但是，張載和二程之所以「共倡道學」，都是試圖爲社會倫理和道德實踐提供最終的形上基礎，因而可以說「躬行禮教」和「涵泳義理」同時是關、洛二學都承認的，這也是自孔子以來儒學所具有的「下學」與「上達」並舉的最顯著特徵，因而問題的實質不在於是否在二者之中取其一或以某者爲重點，而在於如何在「躬行禮教」的過程中「涵泳義理」，而這恰恰涉及到了道學「本體」與「工夫」之間的關係問題。把關學和洛學的區別看做是注重實踐和喜談性理的區別，就會導致從根本上模糊了道學理論的精神核心所在，從而不能夠把握到關洛異同的眞正關節。

　　陳俊民還認爲，在《論中書》中，呂大臨與程頤的不同在於他嚴守儒學經典古義，「一個依『經』解『經』，一個依『理』通『經』，這就是關洛同中之異」，因而，「關學的『洛學化』，實質就是在洛學影響下，關學思想自身的進一步義理化」〔註33〕。這已經涉及到了北宋道學中「經學」與「理學」的關係問題，是很值得繼續深入研究和討論的。但是，如果認爲呂大臨僅僅是「依經解經」，那就明顯忽視了呂大臨思想的「道學」特質，更無法解釋朱熹對呂大臨經解某些獨創性觀點的重視。實際上，呂大臨與程頤都可以說是「依理通經」，問題的核心在於如何理解「理」。只有仔細地辨別張載、程顥、程頤、呂大臨對於「道體」和「工夫」的不同理解，才能眞正把握住其中各方的分歧所在。

　　在《呂大臨易學思想及關學與洛學之關係》一文中，陳俊民進一步把呂大臨的思想發展分爲從學於張載的「關學階段」和入洛之後的「洛學階段」。〔註34〕但是，這樣的階段劃分由於史料不足，缺乏足夠考察其思想變化的文獻基礎，因而僅僅是一種義理推斷。問題核心仍然在於先辨清關洛二學的差

〔註32〕陳俊民：《張載哲學思想及關學學派》，第13頁。
〔註33〕陳俊民：《張載哲學思想及關學學派》，第14頁。
〔註34〕該文初次發表於《浙江學刊》，1991年第2期；後收入《藍田呂氏遺著輯校》。

別所在，才能繼而判斷呂大臨的現存著做到底當係之於哪個階段。陳俊民對呂大臨的研究目的本來在於以呂大臨爲切入點去辨析關洛二學的不同，但從呂大臨的現存著作去搞清呂大臨思想的階段性，實際上要比依張程的著作搞清關洛二學的分歧，難度更大。史料不足，使得前者仍然要基於後者的判斷，而不是相反。這樣，陳先生最終同樣難以擺脫必須做出先入爲主的義理獨斷，儘管避免獨斷實際上恰恰是他選擇「從分析三呂、尤其是呂大臨的思想史料出發」，去「眞正探明關洛兩派的眞實關係，及關學發展的終極趨向」的緣由所在。〔註35〕

　　思想的定位、理論體系的重構固然重要，文本的細緻分析和研究視域的不斷突破可能更爲基本。八九十年代的理學研究，雖然簡略，卻成爲近十年來研究得以深入的基礎，至今仍可稱之爲研究「範式」。儘管如此，近十年來研究角度、視域的拓展，仍然超出以往的水平，呂大臨思想的豐富性已經逐漸開始被學者們所認識。這具體表現在：第一，呂大臨思想的定位更加準確。〔註36〕第二，呂大臨的經學著作《中庸解》中的義理詮釋結構和道學影響得到了充分的關注。〔註37〕第三，呂大臨道學的核心義理問題及其在道學話語演變的意義，得到了更加具體的討論。〔註38〕第四，呂大臨的整體研究也獲

〔註35〕陳俊民：《藍田呂氏遺著輯校》，第2頁。

〔註36〕如丁爲祥試圖借助呂大臨入洛後記述的兩篇具有重要歷史影響的文獻《識仁篇》和《論中書》來分析關學和洛學的學旨差異，但他並不認爲關洛之異體現在理論的成熟程度上，而認爲是在不同的「關懷面向」和「爲學方法」上的表現。見氏著：《虛氣相即——張載哲學體系及其定位》，人民出版社，2000年，第214～223頁。

〔註37〕郭曉東在《論朱子在對〈中庸〉詮釋過程中受呂與叔的影響及其對呂氏之批判》一文中，考察了朱熹與呂大臨之間在對《中庸》的詮釋中所透露出的的思想關聯。（該文初載於《中國學術》第十三輯，商務印書館，2003年。亦收錄於氏著：《識仁與定性》附錄，復旦大學出版社，2006年。）李紅霞在《呂大臨〈中庸解〉簡論》一文中，考證呂大臨的生平和《中庸解》的作者及版本問題，考察了呂大臨對一些重要的理學問題的解釋，如中、庸、道、德、性、命等，其中也涉及到了呂大臨與張載、二程、程門弟子如楊時以及朱熹的思想同異問題。（見陳來主編：《早期道學話語的形成與演變》，第61～106頁。）

〔註38〕蔡世昌在《北宋道學的「中和」說》一文中，對呂大臨與程頤「論中」問題進行了再次全面檢討。（見陳來主編：《早期道學話語的形成與演變》，第107～120頁。）方旭東在《早期道學「窮理」說的衍變》一文中，則包括了對呂大臨「窮理」之說的分析。（見陳來主編：《早期道學話語的形成與演變》，第262～270頁。）

得新的進展。〔註39〕

　　總之，當我們把文本或理論還原到一個生命個體，並由此重新理解北宋道學的理論特點和思想貢獻，乃至從北宋道學到南宋理學之間的精神拓展和理論演進，就有必要在多維而且永遠移動著中心和邊界的視域中，不斷尋找或重建理解的中心，以之作為闡釋的出發點。

三、問題與方法

　　研究方式的反思與思想的反思同等重要，而所有反思的中心都首先取決問題與方法的設定。作為現代學科建制的一部分，「中國哲學史」和「中國思想史」的研究雖然不可能徹底擺脫當代思想觀念程序以及意識形態的潛在影響，但其追求的最大目標及其自身所擁有的不同於傳統學術的最大特點始終是「對象性」和「客觀性」等「科學性」特徵。正是在這一前提下，宋明理學研究擺脫了傳統的看法，呈現出研究領域的不斷擴展和研究方法的不斷更新等新的發展態勢，但也喪失了宋明理學所構築的「意義世界」的多維性、縱深性、信仰性和實踐性。我們可以從研究者的「問題意識」、「價值關懷」、「經典詮釋」和「心性指向」等四個方面，對這一研究方式的不足再做進一步的檢討，同時藉以闡明本書的研究視角和方法。

（一）問題意識

　　「問題意識」是學術研究的前提。由於現代學者的學術研究首先堅持研究的客觀性和對象性，因而研究者的「問題意識」已經不再局限於追尋道學內在精神脈絡和生命超越的視野，取而代之的卻是一種單維的理論邏輯發展觀，總是試圖描述出一個單線條的理學發展過程，從而必然忽視生命個體在歷史感受和理論論爭之中對「道學」發展的多維可能。儘管邏輯與歷史有統一的方面，但我們也必須承認二者之間有不相吻合的可能。歷史發展不一定完全按照邏輯的要求進行，而邏輯的發展也未必能夠完全展現在歷史發展過程之中。而精神的超越性，既不可能完全展現於歷史之中，更不可能被邏輯完全規約。正是在精神的超越性和歷史的具體性、豐富性之中，我們才可以看到理論的開放性、包容性和深刻性。

〔註39〕文碧方：《關洛之間：以呂大臨思想為中心》（中華書局，2011 年）和陳海紅：《呂大臨理學思想研究》（浙江工商大學出版社，2013 年），都是對呂大臨道學思想所作的專題性研究著作，藉以呈現其理論形態和現代哲學意義。

北宋道學原本是多維並起的。張載生前與二程有多次論學，彼此表示不同意見，但這並沒有改變張載的理論立場。關學弟子在入洛以後，大多固守師說，但二程弟子則多主張張載之學出於二程。把關學納入到洛學的譜系中，實際上並非都是出於門戶之間，而是帶有理論闡釋的性質，是在理論視野中對歷史的重新復述，並非僅僅是一個歷史問題。以往論述道學從北宋到南宋的發展，往往是從程頤直接跨到朱熹，但實際上南北宋之間存在著激烈的道學話語論爭。楊時、羅從彥、李侗的道南傳承，謝良佐、胡安國、胡宏等人的湖湘傳承，都起著至關重要的作用。呂大臨雖然早逝，其道學思想的影響不但不足以比肩張程，也遜於楊時、謝良佐，但同樣處於這樣一個道學話語展開的中間環節之中。

在宋代道學的發展過程中，由於呂大臨並不具備與張載特別是二程並駕齊驅的思想史地位，因此將其放在對張載關學和二程洛學的學派或後學之中進行比照考察是合理的。但是，受研究視野和所用文獻的限制，呂大臨思想研究中最容易犯的錯誤就是無意中把邏輯推理當做一個無需考察的歷史事實，以此來論證所謂的呂大臨的思想發展是一個「洛學轉向」的過程。

這一推論早在朱熹就已開始，後經歷代學案類著作不斷敷衍強化，遂幾成定論。朱熹在《伊洛淵源錄》中僅是說「橫渠卒，東見二先生而卒業焉」；《宋史》則只稱其「學於程頤，與謝良佐、游酢、楊時在程門，號四先生」〔註40〕，未提張載；到馮從吾《關學編》，則列舉了程顥「識仁」說、《克己銘》、《送劉戶曹》等以證明其在二程影響下「涵養深醇」〔註41〕；黃宗羲在《宋元學案》則更加認為呂大臨先學於張載因而「以防檢窮索」，程顥語之以「識

〔註40〕　朱熹：《伊洛淵源錄》卷八，見《朱子全書》第 12 冊，上海古籍出版社，安徽教育出版社，2002 年，第 1032 頁。

〔註41〕　明代馮從吾《關學編》，雖然努力梳理出由張載所開創的關中理學的傳衍歷史，但仍然是站在程朱理學的正統觀點的立場上。在前代文獻的基礎上，馮從吾對呂大臨的從學經歷推衍道：「少從橫渠張先生遊，橫渠歿，乃東見二程先生，卒業焉。與謝良佐、游酢、楊時在程門號『四先生』。純公語之以『識仁』，先生默識深契，豁如也，作《克己銘》以見意。」（見馮從吾：《關學編》卷一，第 11 頁。）馮從吾作此推論的文獻依據顯然就是呂大臨所記錄的二程語錄中的《識仁篇》。這一推理很容易給人一個印象，似乎呂大臨直到得到程顥的「識仁」教導後才「默識心契，豁如也」，也即從此才真正地確立了自己的思想。而「默識心契，豁如也」的語式結構也完全同於呂大臨在《橫渠先生行狀》中記載張載與二程第一次會面之後的「盡棄異學，淳如也」。由此可見這裡的臆斷性。

仁」，遂開始「涵養深醇」。〔註 42〕這些出於強烈「道統」意識的宗傳或學案記載不僅簡略，而且因為文獻不足，對呂大臨的學行歷程僅是出於對《識仁篇》、克己銘》和《送劉戶曹》等幾則材料的解釋和推理。

現代學者大多也是根據上述材料判斷所謂的「洛學化」或「洛學轉向」問題。〔註 43〕其中所涉及的根本問題，除了呂大臨思想的主旨及其是否發生階段性的變化以外，主要是如何辨別關洛二學的分歧所在。加之認為張載的「宇宙論」突出，「本體論」不成熟，直到二程才真正建立了理學「本體論」，這一觀點幾成共識，而呂大臨的學行過程恰恰是先從學於張載，後從學於二程，因而便自然產生所謂的「洛學轉向」問題。這便導致對呂大臨道學的深入全面的討論，非常缺乏。

實際上，如同大多數理學家之間的關係一樣，呂大臨的問題意識與張載、二程既有同亦有異，因而當代呂大臨道學研究的問題意識也當有相應的調整。考察呂大臨道學的意義以及評定他在關洛之學和理性傳承中的位置，必須注意兩個方面的問題：其一，關學和洛學是在彼此互動中形成的，這使得二者既不是全然的對立，也不是全然的合一，而是兩種有同有異的道學形態。在共同的「道學」前提下，其中既有關注重心的不同，也有工夫入手徑路的不同。站在某種形態之上來評論另一種形態，必然會偏離歷史事實。其二，呂大臨道學思想的意義並不能僅僅放在關洛兩派的視野中考察，呂大臨固然受張載和二程的影響，但其成熟的思想必然有其自身的特色，而這一特色是在其自身的理論探索和實踐過程中得以確立的。因此，恰當的理解方式必須是建立在對文本的仔細考察和研究的基礎上，應當從他作為一個生命個體自身的問題意識和理論特質切入。

（二）價值關懷

受研究視角和研究方法的影響，現代哲學對北宋道學的研究中一個顯著

〔註42〕《宋元學案》直接接受了馮從吾的推斷，並進一步補充說：「初學於橫渠，橫渠卒，乃東見二程先生，故深淳近道，而以『防檢窮索』為學。明道語之以識仁，且以『不須防檢，不須窮索』開之，先生默識心契，豁如也，作《克己銘》以見意。」（見黃宗羲：《宋元學案》卷三十一《呂范諸儒學案》，中華書局，1986 年，第 1105 頁。）由此可以看出，對於呂大臨的從學經歷儘管有事實基礎，但其思想的演變過程則是一個後人不斷研究推測的結果。
〔註43〕參見陳俊民：《張載哲學思想及關學學派》，第 13 頁；徐遠和：《洛學源流》，第 241、243 頁。

拓展的領域是「宇宙論」或「理氣論」，而儒者對於人倫秩序的關懷則因為涉及到為「封建禮教」做論證的嫌疑而長期在受批判之列。之所以出現這種情況，一方面是由於受西方哲學理論的影響，如被認為「堪稱 20 世紀中國學術界中國哲學史研究的『典範性』之作」的馮友蘭《中國哲學史》〔註44〕，就以美國新實在論的哲學觀點整理「中國哲學史」，將所有哲學理論分為「宇宙論」、「人生論」和「知識論」三代部分，其中尤以「宇宙論」為最重要，從而完全擱置道學在傳統社會中的禮教功能這一問題，並以此構建其符合「現代精神」的「新理學」哲學體系；另一方面這也是由於受「新文化運動」以後反傳統思潮的影響，如侯外廬等著《中國思想史》、任繼愈等著《中國哲學史》都對以程朱學派為代表的道學理論宣揚「封建倫理」的「唯心主義」觀點大加批判，對王安石和張載思想中所謂「唯物主義」和「辯證法」的部分則深入挖掘並高度讚揚。〔註45〕

　　由於大量借助西方哲學的理性分析方法，現代哲學研究把世界區分為宇宙、社會、人生三部分，把哲學理論區分為宇宙論、認識論、人性論、道德修養論等分支，把「理」理解為普遍的自然規則和具有道德內涵的價值原則等等。這就使得現代哲學研究通過理性分析方法去理解道學之本體觀念的具體內涵和意指成為其主要致思路徑，並且構成其解析某一理學家思想的首要理論前提。但是，在道學家看來，道學從根本上說是道德修養之學，因而「道體」之中自然包含著「人倫教化」。道體固然具有根源性，但未經道德修養工夫而透過理論分析去直達道體的真實內容卻是不可能的。

　　在宋代道學發展史上，與二程顯得略有不同，張載的一大貢獻是其宇宙論關懷甚為強烈，其相應的理論建樹亦為後世所承認。牟宗三認為張載的具有濃重的「宇宙論的興趣」，是「客觀地思參造化，著於存在而施分解」，他並且讚揚「橫渠之生命確有其原始性，有其浩瀚之元氣，是帶點第昂尼秀斯型的理想主義之情調」〔註46〕。勞思光認為「橫渠為學宗旨，蓋本以建立形上學理論為主，但對形上學與宇宙論之理論界限，把握不定，故其學說結果

〔註44〕陳來：《現代中國哲學的追尋》，人民出版社，2001年，第300頁。

〔註45〕近年來關於「儒家倫理」的爭論顯示出這一問題仍然有待深入研究。關於20世紀知識界對儒家倫理與禮教的批判，可參見丁為祥：《20世紀儒家親情倫理所遭遇的批評及其角度的轉換》（載於徐洪興主編：《鑒往瞻來——儒學文化研究的回顧與展望》，復旦大學出版社，2006年，第202～227頁）。

〔註46〕牟宗三：《心體與性體》，第366、370頁。

仍是一混合系統。如其所『氣』觀念，即嫌分寸不明，爲程門所譏議。但其旨趣所在則無可疑。」〔註47〕正是這一點構成學界對於張程之間「氣本論」和「理本論」的不同認定，遂有了關於呂大臨「洛學轉向」是由「氣本論」向「理本論」的轉變的結論。

但張載之學除了重視宇宙論之外，還特別重視「躬行禮教」。這與他的天道觀實際上是相通的，因爲「自然秩序」必然要求有相應的「人倫秩序」。換言之，道學的「自然秩序」實際上是「人倫秩序」的投射而已。孔子之學以「仁」和「禮」並重，前者導向內在的心性之學，走向超越的維度；後者通向外在的社會教化，走向現實的關懷和具體的道德實踐。張載自稱其學術使命是「爲天地立心，爲生民立道」〔註48〕，《宋史・張載傳》稱張載之學「尊禮貴德，樂天安命」〔註49〕。可以說，從天道出發，既知人又知天，是張載所開創的關學學風的一個重要特點。「尊禮貴德」固然是對儒者道德踐履和道德修養的要求，即便「樂天安命」實際上也包含更多「下學工夫」的面向。

因而，張載所苦心竭力所建構的「天道性命」之學的主要目的是要爲人生的道德價值奠定堅實的客觀天道基礎，而不是其他。在張載關學學風的影響下，但又不同於張載重視宇宙論，呂氏兄弟都以重視考證古道、擅長禮學和注重以儒學經世致用而著稱於當世和後世，這無疑發展了張載的「下學工夫」，彰顯了道學的道德實踐性功能。儘管儒學具體實踐的方式有著多樣的向度，但注重道德實踐是儒學自產生以來一以貫之的精神則概無可疑，而這主要是從「仁」與「禮」的「上達」與「下學」並重的向度中展開的。〔註50〕

呂大臨一方面繼承了張載和二程的「道體」思想，另一方面將其關注點轉移到了「本心」與「常道」的關係之上，因而更注重的是道體的社會落實問題，而非僅僅是對道體的宇宙論描述或規定，更非是對「道體」的物理性

〔註47〕勞思光：《新編中國哲學史》三卷上，廣西師範大學出版社，2005年，第131頁。

〔註48〕《近思錄拾遺》，見《張載集》，第376頁。

〔註49〕脫脫：《宋史》卷四百二十七《張載傳》，第12723頁。

〔註50〕杜維明說：「大致地說，我們可把『仁』看做是古典儒學思想中有關個人道德的概念和宋明理學中的形而上學理據的概念，而『禮』基本上則是社會關係的概念。」（見氏著：《「仁」與「禮」之間的創造性張力》，收入《仁與修身：儒家思想論文集》，見郭齊勇等編：《杜維明文集》第四卷，武漢出版社，2002年，第16頁。）但這只是理論上的分別，在實踐中，仁與禮的指向都是道德境界的提升。

認知。呂氏兄弟之所以精於禮學，特別注重從《周禮》、《儀禮》和《禮記》中考證古禮的施行方法和道德教化意義，這本身就有強烈的現實針對性，不但對個人修身提出了新的要求，對社會禮俗的改變也提出了新的構想。呂氏兄弟所論禮學，最根本的意義在於他們把儒學對於個人修身和社會教化的雙重意義緊密地結合在一起，不但試圖把儒家理想的宇宙秩序和社會秩序行之於一身，而且努力推行於一鄉一國。這是北宋道學運動一個重要的組成部分，構成了張載「倡道於關中」〔註51〕最鮮明的特點之一，顯示出道學初期的博大局面，因而同樣值得研究者的重視。

（三）經典詮釋

思想研究的根本意義在於生命和精神的理解，但這必須借助於思想家的著述才能進一步展開，這便涉及到如何由文本的理解和詮釋實現對生命的理解和體會。不僅如此，道學理論本身就是通過對先秦儒學經典的詮釋，而後建立其自身的話語討論模式和理論體系。因而，道學思想的研究必然是對詮釋的再詮釋。那麼，如何理解這種不斷詮釋的意義根基，同樣涉及到當代哲學的自我理解問題。

道學家流傳後世的著述文獻主要是語錄、文集和經學著作，現代學術研究傾向於直接進入思想家對個人思想的直接表達，因而大多注重對於語錄和文集中部分書信或文章的研究，往往對經學著述因受解經形式的限制而重視程度不夠。但是，道學家首先是儒學家，他們得以形成和表述自己思想的方式仍然主要借助於對儒家經典的研讀、討論和注解進行，因而道學家的經學著述也理應成為研究其思想的重要途徑。

宋明理學雖然反對漢唐的章句訓詁之學，但其和經學密切相關則毋需質疑。與漢唐儒學和經學的關係相比，道學和經學的關係既有與之相一致之處，但也有明顯的差異。就一致之處而言，道學並沒有脫離一般經學家認為儒家經典記述了聖人之言行這一個自漢代而來的根本性思想認同的前提。然而，宋人不但明確批評佛老異端，漢唐諸儒也在其批判範圍之內。在此前提下，宋人對經學的理解必然會非常不同於漢儒。而在現代學術研究視域中，「理學」主要屬於哲學的研究對象，「經學」則屬於文獻學和歷史學的研究對象，哲學與經學的進一步割裂使得「經以載道」的儒學傳統無形中已經不被人尊信，

〔註51〕黃宗羲：《宋元學案》卷三十一《呂范諸儒學案》，第 1097 頁。

再加上「經學」的遭受批評和「經學」研究的相對衰落，就極容易忽視宋代道學形成的經學淵源，忽視經典解釋在道學中的生命轉化意義。

不同於其他道學家，呂大臨沒有語錄傳世，其文集也沒有保存下來，現存於世的主要著述恰恰主要是被收集整編到後人所編關於《周易》、《禮記》、《論語》、《孟子》之類經書的集解之中因而得以保留下來的經解。這無疑是北宋道學家對經典注釋和意義闡發的重要參考文獻。這便提醒研究者需拓寬視野，有必要去研究其經學著述中所包含的道學思想。然而長期以來，現代學者對呂大臨的研究所使用的文獻，除《宋元學案》所收其爲數不多的幾條語錄以外，依然主要是《論中書》，這是造成對呂大臨思想的理解始終處於表面的根本原因之一。〔註 52〕值得注意的是，即便在《論中書》中，我們不僅可以清楚地看到呂大臨具有自身的問題意識及其注重踐履的特點，而且這種踐履又鮮明地建立在一套由對儒學經典的理解而來的思想體系之上。〔註 53〕

如果說發自個人身心的實踐體證是道學得以確立其眞理性的內在依據，那麼經學的義理淵源及其理解論辯則是道學確立的公共話語。正是在後者的基礎上，儒學的精神才擁有了跨越歷史而不斷傳播的客觀中介，也使得同時代儒學體系之間互相交流和彼此影響得以展開。正因爲如此，當呂大臨要說明自己的觀點時，才反覆引證出自先秦儒家經典的相關論點，而後再證之以自己的實踐體驗，以此建立自己的思想體系，論證自己觀點的正確性。通過經學和道學互動關係的考察，恰好可以藉此反思現代學術體制之中「哲學」和「史學」的學科之蔽，有助於重新考察儒學的眞精神。

（四）心性指向

如果說注重禮學實踐體現了道學運動在社會秩序重建中的強烈現實關懷，經典詮釋是其對學術公共話語進行理論重建的努力，那麼，在孔孟心性

〔註52〕 近年來對呂大臨《中庸解》的研究日益受到了應有的重視，如郭曉東《論朱子在對〈中庸〉詮釋過程中受呂大臨的影響及其對呂氏之批評》，李紅霞《呂大臨〈中庸解〉簡論》，其他多篇學位論文也大多以《中庸解》之中的材料爲主。

〔註53〕 關於《論中書》及相關問題的評析甚多，可參考牟宗三：《心體與性體》，第292～320 頁；唐君毅：《中國哲學原論·原教篇》，第128～129 頁；蒙培元：《理學範疇系統》，第 267～270 頁；龐萬里：《二程哲學體系》，第 202～206頁；丁爲祥：《虛氣相即——張載哲學體系及其定位》，第218～221 頁；陳來主編：《早期道學話語的形成與演變》，第107～120 頁。

之學上重新確立儒學修身工夫和社會理想的內在精神基點，則體現了道學運動的最具有核心價值的超越性向度。

這集中表現在「四書」權威性的確立過程中。「四書」的定型雖然到朱熹著《四書章句集注》才正式完成，但這種轉向自北宋時已經開始。唐君毅看到：「宋學之初起，乃是以經學開其先。在經學之中，則先是《春秋》與《易》之見重，然後及於《詩》、《書》之經學；再及於《易傳》、《中庸》、《大學》，及《孟子》、《論語》等漢唐人所謂五經之傳記；終乃歸至於重此傳記之書，過於重五經。」〔註54〕北宋道學之所以由注重「五經」逐漸轉向「四書」傳記，不僅在於「四書」都可以作為單個思想家的著作而脈絡清晰、義理一貫，更重要的原因則是從孔子到子思、孟子一以貫之的心性之學為道學理論提供了堅實的內在人性論基礎。

儒學的根本精神不是理論認知性的，而是道德實踐性的。「下學」與「上達」並重是自孔子創立儒學以來的一貫之道。牟宗三說：「『下學而上達』的『學』當然亦須從日常生活的實踐經驗著手，可是它以上達天德為最終目標。用現代化的語言來解釋，它的作用是把知識消化於生命，轉化為生命所具有的德性。因此，『下學』的材料極為廣泛，禮、樂、射、御、書、數之類通通要學，只是在學習期間，沒有成為某方面專家的企圖，心中念念不忘的便是怎樣轉化經驗知識為內在的德性，簡單地說，就是怎樣轉智為德。」〔註55〕因此，無論是禮樂，還是經典，其學習的目的都是為了培養內在的德性。而這種德性不能僅僅理解為是外在規範性的，而且也是超越性的，即所謂「天德」。

從道學的視角看，學者對於客觀天道或天理的體悟，並不能僅憑外在的感知就可以獲得，而是首先需要通過向內在心性上反省，才能真正實現天人之間的精神貫通。傳統理學研究大多注重心性論和修養工夫論，藉以尋找切入理學身心體認的門徑，現代學術研究則對之基本予以摒棄。因而，如何通過現代學術研究去揭示儒家心性論本身所蘊含的「下學」與「上達」並重的精神，不僅成為能否恰切地理解北宋道學的關鍵所在，而且對當今社會如何闡釋和發揚理學的現代價值也具有實質性的意義。

杜維明指出：「在宋明理學思想家的意識中，他們的主要任務既不是構造一個倫理學的體系，也不是分析一個形而上學的理論。他們認為，教育是顯

〔註54〕唐君毅：《中國哲學原論·原教篇》，中國社會科學出版社，2006年，第7頁。
〔註55〕牟宗三：《中國哲學的特質》，上海古籍出版社，2007年，第32頁。

示個人通過修身學到知識的一個途徑，而學習是體現個人身教內容的方法，因此，『教學相長』以及『身教』（相對於『言教』）被認爲是學習的更好途徑。結果，宋明儒學的思想家們就把他們的學問稱爲『身心之學』，而『身心之學』的意思也就是成爲眞實的人的途徑。」〔註56〕道學家一方面通過道德實踐通向對於宇宙整體的理解和體會，賦予自然世界以人文的意義；另一方面通過道德實踐落實於社會的教化行爲之中，遏制人欲的膨脹和私智的濫用。然而，現代社會以來，自然世界成爲人類利用的對象，其本然意義不再具有；人間社會更強調以理性的規則制定和執行來達成利益的共享。如此，如何理解「身心之學」的現代價值，成爲理解道學精神的關鍵。

　　既然北宋道學是在返歸先秦儒學的過程中建立自己的思想理論的，因而對不同經典的擇取就反映出其理論的思想個性。《宋史‧張載傳》稱張載之學「以《易》爲宗，以《中庸》爲體，以孔孟爲法」〔註57〕，呂大臨著有《易章句》、《中庸解》、《論語解》和《孟子解》，同樣重視《易》、《庸》、《論》、《孟》。呂大臨重視上述經典不僅是以道學理論重新詮釋儒學經典，同時也是在儒學經典的基礎上重建道學理論。與張載重視「氣化之道」和二程重視「體認天理」相比，呂大臨更多地從「本心」、「良心」、「赤子之心」出發，論證「人倫」、「大經」以及「常道」即是「至道」的合理性和必要性。從客觀遍在流行的天道觀到事關人倫秩序的人道觀，心性論正好起著過渡和基點的作用。

　　呂大臨在詮釋諸經典時，注重經典的相互貫通，尤其注重以《中庸》和《孟子》貫通易學和禮學，明確地反映出呂大臨「心性之學」的基礎性地位。再從理論體系上看，其「天道觀」正是通過心性論，落實到了道德實踐和工夫踐履問題之上，由此回歸「原儒」的本色；而其「人倫（常道）觀」也正是在心性論中，才能找到道德實踐的直接根據和內在動力。從這一意義上說，心性論不但是道學本體論的內在當然之義，同時也是道學工夫論的基點。道學心性論既是超出漢唐儒學的眞正高明處，也是可以與佛老較勝負的核心。因此，如何理解和評價道學心性論，也就構成了我們今天研究宋明理學最重要的任務之一。

〔註56〕杜維明：《內在經驗：宋明儒學思想中的創造性基礎》，收入《仁與修身：儒家思想論文集》，見郭齊勇等編：《杜維明文集》，第99頁。
〔註57〕脫脫：《宋史》卷四百二十七《張載傳》，第12723頁。

　　綜上所述，從問題意識、價值關懷、經典詮釋和心性指向等四個方面著眼，道學理論研究都必須調整視域，兼顧其「下學」與「上達」。任何思想家關注的問題和學術視野必然都是具體而微的。現代學科對「道學」及其「心性」問題的研究主要是由哲學學科來承擔的，對「禮學」和「經學」問題的研究則由歷史學和文獻學學科承擔。不同學科間的隔絕，以及哲學學科對「禮學」和「經學」的忽視，使得對「道學」理論的學術淵源、歷史形態和社會功能必然產生狹隘化的理解。與之相對，呂大臨道學思想的特色恰恰在於其以解經的形式闡釋道學，以對於禮學的關注和實踐來落實道學的天道性命理論，以對先秦孔孟「心性之學」的繼承和發揚來展現「道」、「氣」、「性」、「心」、「物」的價值生成關係以及道學理想對於「自然」（宇宙）與「應然」（道德）之間的秩序關懷及其超越向度。缺乏了具體的歷史性和生存性，哲學之超越性便會轉變為單純的邏輯性，其精神意義便難以體現。

　　有鑒於此，本書力圖以呂大臨的經學著述和禮教關懷為基礎，以其對道學本體的心性落實和修養工夫為切入點，在「工夫論」的視域中考察呂大臨道學思想的哲學意義。在方法論上，本書認為以下四個方面比較重要：首先，注意從道學產生的原初語境和實踐意義中考察呂大臨哲學的時代背景和思想源流，並對其作出切合思想史本身的定位；其次，充分注意經學義理詮釋對於道學理論產生的語境意義，以此考察呂大臨道學對原始儒學的意義轉換；再次，注意在修養工夫層面考察道學的個人修身基點和作用，以此理解作為「新儒學」的道學理論的價值系統，避免把「心性之學」的豐富內涵轉變為認識論的平面化視角；最後，在「本然」（本體）與「實然」（工夫）、「自然」（存在）與「應然」（境界）的不同視域中，既展現道學對宇宙整體之秩序的認識，也展現道學的倫理價值和人生意義。〔註58〕

〔註58〕一般而言，「本然」即「本來如此」的意思，是對「本體」概念的描述。「實然」則未必直接對應於「工夫」。但是，北宋道學一個突出的貢獻在於，不但重新提出儒家「本體」的問題，而且吸收了漢唐三教並行以來對於「氣」之實然層面的認識，使之成為「體認本體」、「返歸本體」的修養工夫過程中一個不可忽視的要素，因而正是「實然」層面提出了「工夫」的必要性。在道學理論中，「自然」與「本然」的關係更為密切，甚至二者往往不分，即以天道自然、生生流行來表示本體的創生涵義，但其又不同於本體的「超形絕象」，更側重於「存在」的展示。如果說「本然」、「實然」、「自然」都是針對「宇宙論」即天地全體而言，那麼「應然」顯然只對人而言是有意義的，因而可以指示身心修養、最終「與物同體」的人生「境界」。

四、取徑與結構

從身心之學的角度看，儒學的發展總是在不斷建構和強化著自己的意義世界，並指出向其通達的修養道路。前者構成儒學理論的「本體」問題，後者則構成與之相應的「工夫」問題。「本體」是對意義世界的理解，「工夫」則是對提升個體生命意義理解之方法的落實。

北宋道學對儒家心性理論的復興以及對「天道性命」之學的建構，既是受佛老之學注重身心修養的挑戰，也是將儒家文化內化爲主體價值認同的必然發展方向。由此，道學必然走向在整個文化世界特別是人的精神世界中「立本」與「達道」的雙重理論建構格局上。在這一前提之下，雖然心性理論直接來源於孔子、子思到孟子一系原始儒學對超越精神的弘揚，但經過了兩漢以來對於氣化天道觀的開拓，北宋道學在特有的精神文化氛圍中，呈現出注重從「實然」層面，經過道德修養工夫，向「本然」層面返歸，這樣一個宏大的理論建構取向和特點。

在中國傳統哲學中，對意義的尋求，不是通過思辨，而是通過「體認」，也即需要身與心的雙重修養實踐，才能達到。簡言之，就是需要做「工夫」。「工夫」指向「本體」，理解何謂「工夫」需要先理解「本體」的獨特內涵。所謂「本體」，即是指生命的「本源」和「全體」。因而，「工夫」不但包括向「本源」貫通的行爲和實踐，也包括承當個體在「全體」之中的責任、「分位」從而使「意義世界」充分呈現、展開和實現的所有實踐活動。

從根本上說，工夫不是自然的，而是文化的，但其又包含著對人之自然性的深刻認識。所有生命個體的世界都是文化性的，脫離文化傳統，個體的意義世界就不可能形成。當代哲學對人的理解，注重個體性和主體性，認爲意義的來源在於主體理性的反思和建構。但儒學則把個體歸於全體，這個全體既是人類的全體，也是宇宙的全體和歷史的全體，而生命的意義就在於「全體」的「自然秩序」也即「天道流行，生生不已」。與此相應，所謂「工夫」，便是打破生命的偏弊狹隘，轉化身心，回覆與全體的意義貫通性。

這樣，在儒家哲學看來，文化的傳承、日常的人倫實踐乃至政治責任的承擔，雖與身體轉變的關係較爲間接，但卻可以被包含在個體的心靈意義世界之中，因而也可被「工夫」所涵攝。這使得儒家工夫論不能僅僅理解爲狹義的「生命轉化」，而應當以此爲基點，進入到自先秦孔孟以來的「禮樂」、「經典」、「心性」的精神傳統中達到全方位理解。

因此，「本體」與「工夫」的關係，必然是雙向的：一方面，生命個體通過工夫對本體進行體認實踐；另一方面，生命個體也通過本體對工夫進行意義規約。理學家認為，由個體心靈構造而喪失文化傳統和人倫關懷的「本體」是偏弊的，而這正是他們所批判的佛老的修養工夫，正所謂「聖人本天，釋氏本心」〔註 59〕（程頤），「釋氏不知天命，而以心法起滅天地，以小緣大，以末緣本」〔註 60〕（張載）。

由於對「本體」價值設定的不同，道學要求每一生命個體承擔其社會責任，在差序結構中「安其分」、「守其義」、「履其禮」乃至對天地的「參贊化育」，這是由「本體」落實到「工夫」的另一要求。這樣，道學所謂的「工夫」不僅包括了個體身心轉化的修養方法和實行，也包括了作為社會個體的道德倫理、文化教養的內容。正因為如此，在現代哲學的理解中，儒學的工夫論顯得與其道德倫理學說難分難解，遠遠不如佛道的修養工夫突出，相關研究也比較薄弱。

因此，儒學之「工夫」實際上是基於道德實踐的生命意義之體認，而所謂「工夫論」，討論的內容實際上就是如何「成德」、「成聖」的問題。因而，「德」、「聖」及作為其根源的「天」、「道」、「性」、「心」，便成為工夫所指向的「本體」。〔註61〕道學（或理學）的工夫論，由此又進一步引出如何「復性」、「靜心」、「居敬」、「涵養」、「致知」、「窮理」等一系列問題。這些問題都與生命主體的內在「心性」直接相關，又通過「身」與「氣」，與整個存在世界相關，由此又引出「心性論」、「本體論」、「宇宙論」等一系列理論問題。概而言之，道學的本體工夫論即是儒家的「身心性命」或「天道性命」之學。

當代哲學研究對理學家「工夫論」的處理僅只占一個部分，與「理氣論」、「心性論」並列。誠然，在理學家的理論建構中，「工夫」理論只是一個部分，而不是其論述的全部。但是，工夫理論與理氣論、心性論有著顯著的不同：理氣論和心性論著眼於對宇宙和人生的理解，因而可以歸入現代哲學理論的「宇宙論」和「人生論」部分，其理論性視角比較突出；而工夫理論則著眼於生命個體的身心修養和轉化實踐的過程和方法，它本質上不是理論性的，

〔註59〕程顥、程頤：《河南程氏遺書》卷二十一下，見《二程集》，第 274 頁。

〔註60〕張載：《正蒙・大心篇》，見《張載集》，第 26 頁。

〔註61〕這裡的對「本體」的理解不同於西方哲學的 being。參見俞宣孟：《本體論研究》第三章，上海人民出版社，2005 年。

也較難完全劃歸入某種現代哲學理論之中。

現代哲學對工夫論的研究是輔助性的，但對宋明理學本身而言，工夫論的地位是與本體論同等重要的。宋明理學對理氣、心性的討論大體上是服務於道德修養的目的，也即屬於一種「成德之教」〔註62〕，而不是純粹知識性的。這與西方哲學有很大的不同。西方哲學自古希臘以來就有很強的知識論傾向，特別是近代以後，經過「認識論」的「轉向」和康德的「批判」以後，知識論更是無疑已經成為建構形而上學的先導。宋明理學中「工夫論」的地位頗似於西方哲學中的「知識論」。未經過工夫體證，即不能實得，「本體」便變得玄虛。「本體」之「體」也不僅是名詞性的，同時也可作為一個動詞使用，即「體證」之體、「體驗」之體或「體察」之體。因此，如果不從知識角度著眼於理學對整個世界和人生的結構和內容的看法，而是在精神世界中領悟其對意義世界的打開和身心自我的轉化，那麼，「工夫論」便可成為一個進入理學家心靈世界的可行路徑，進而以此涵攝其「宇宙論」和「人生論」。

本書對「工夫」一詞的理解是廣義的，類同於身心方面和道德方面的「修養實踐」或「生命轉化」（self-transformation），它包括兩個方面的意義：一方面針對個體生命的身心性命的理解和轉化，另一方面也針對個體生命在社會中的人倫實踐。狹義的「工夫」或「生命轉化」，是通過某種具體的行為方法達到身心轉變或意識觀念轉變的過程，以及在這一過程中所使用的具體修煉方法。這在西方哲學、宗教和中國的儒釋道三教中具有一定的共性，如西方哲學的「思維操練」、基督教的「靈修」、佛教的「定慧雙修」和道教的「性命雙修」，都是直接針對生命主體的身心轉變。廣義的「工夫」，則把涉及精神提升或生命意義提升的各種身體的和社會的教養方式都包括在內。儒家理論始終把生命個體放入群體乃至整體之中，因而對於儒家工夫論而言，做這樣一種的廣泛的理解是必須的。

就概念本身來說，對「修養實踐」的理解也可以有兩種：一種是把「修養實踐」等同於「修養」的「實踐」，即以修養為「中心」而展開的各方面實踐方法和實踐過程；另一種是把「實踐」與「修養」做適度區分，即以修養為「基點」而展開的實踐活動，凡與修養相關的實踐活動都可被歸入「修養實踐」。前者基本上同於「工夫」的狹義理解，後者屬於廣義的「工夫」理解。由於儒學是「成德之學」，所謂「德」不僅是個體性的，也是社會性的，所以

〔註62〕參見牟宗三：《心體與性體》，第5頁。

儒學的「工夫」應當屬於廣義的工夫論。儒學工夫論將「實踐」的理解予以擴充，實踐雖然必須以「修養」為基點，否則缺乏意義指向和道德動力，但實踐的內涵不能僅限於個體意義的修養，而必須包含社會性的內容。

　　狹義的「工夫」理解，當然有很強的心性之學的味道。中國傳統哲學大談「工夫」是在明代陽明心學興起之後，正導源於此。這種工夫路徑，往往會走向內向的心靈澄澈。當代的解讀大多借助於道德理性、心理學、宗教學或現象學等方法進行分析和理解，將之轉化為一個觀念或意識問題，原因正在於此。但儒家工夫論顯然不能簡單化約為當代哲學、心理學、宗教學的某一問題，它與佛教和道教的修身工夫論也有本質的差異。造成這一差異的原因就在於儒家積極「入世」的性格使其工夫論必須包容人倫實踐，而佛道二教在本質上來說是「出世」或「避世」的，二者的工夫論主要針對個體的身心生命本身。

　　因此，正是因為佛道教的工夫比較契合當代哲學、心理學和宗教學對個體身心的理解，而人倫實踐被劃歸於倫理學或政治哲學，所以佛道教的工夫論研究較多，儒家工夫論相對重視地不夠。實際上，由於個體的身心生命本身是工夫論的前提，當宋明理學在發展自身的工夫理論時，它也借鑒了佛道二教的許多資源，但其始終堅持批判佛老的原因正是在於它必須包含人倫實踐，在這方面，佛老雖然不必說是逆道而行，至少可以說是非常不足。

　　宋明理學的工夫理論雖然在先秦儒學經典中隱含著，而到了陽明心學興起後才大盛於世，但在南宋朱熹論「未發已發」和「格物窮理」時已有全面的展開，而朱熹對格物窮理和未發已發問題的關注又源於北宋程頤。程頤和程顥都重視《大學》，但工夫論有所不同，原因在於程頤重視「理氣二分」，程顥重視「一本」。程顥曾就「定性」問題與張載展開討論，也曾就「識仁」問題指點過呂大臨。程頤也曾與呂大臨詳細討論對《中庸》未發已發問題的理解。這些都屬於道學的工夫論。但如僅將這些內容等同於工夫論，則未免偏弊。原因在於張載、程顥、程頤、呂大臨在工夫理論上的分歧，還與他們對道體的理解不同有關，而這又進一步使他們在個體實踐的面向有多元化的展開。這反映在他們在共尊孔孟「心性」儒學前提下，對「經學」和「禮學」的結構、功能和意義的理解差異中，也反映在他們對道、理、氣、心、性、命等形上問題的理解中。

　　在繼承張載與二程的「天道性命」之學的理論前提下，呂大臨承接《中

庸》、《孟子》「盡心知性知天」的心性之學傳統，貫通並重釋了《易傳》的「窮理」與《大學》的「格物」等道德修養工夫；以「本心」為基點，以「天道」為根源，以「禮教」為「常道」，融合關洛兩派學風，發揚了孔孟儒學「上達」與「下學」並重、「德性」與「禮法」兼修的精神傳統；以注重道德修養工夫的理論特色和致思徑路，拓展了北宋道學「本體宇宙論」建構的理論規模。在工夫論的視域中，呂大臨通過對儒家經典的詮釋，細緻地闡述了道學理論對實然世界、心性本體與為學過程的精深理解。

依照儒學傳統，實然世界的存在，內涵著本然世界的價值秩序，「氣」與「禮」就居於這樣的「存在——秩序」結構之中。作為現實世界存在的重要構成要素，「氣」是生成萬物的物質性本源，「禮」則是天地秩序的具體性體現，由此規範著每一個社會個體在宇宙整體中的具體存在位分。從道德修身的工夫論角度講，「氣」構成了天人物我相互「感通」的基礎，「禮」則效法天地氣化之道，以對身心生命的「敬養」為其意義歸旨。在「感通」與「敬養」的過程中，實然世界之中所蘊含的本然秩序被重新體認與展現出來。

「氣」與「禮」的現實存在提出通向本然世界的必要性，「感通」與「敬養」則為之提供了現實的可能性，但「心」和「性」才是真正能夠進入本然世界的內在基點。道學理論把「天道性命」貫通起來，不但要為人倫常道提供一個超越的理論依據，而且要使這個超越之源能夠向現實人生和社會人倫落實，從而為道德實踐提供根本性的動力。「性」正是落實天道流行的基點，由此便提出從自然宇宙實存向價值秩序本體復返的要求，「心」則是人倫實踐的動力。「性」由「心」顯，「盡心」便能「成性」，這構成了道學理論的根本修養工夫。

作為道德實踐的成性，不僅需要「成己」，亦需「成物」，因而「格物」與「窮理」便成為道學的題中應有之義。萬物之理，同歸於一，聖人之「道」是由「誠」而「明」，聖人之「學」則是由「明」而「誠」。「成物」的前提在於由「物」達於「理」，因而由「明」而「誠」在道學之中的工夫論意義更為切實。同時，正是「自誠明」才為「自明誠」提供了最終的人生理想境界和工夫修養目標，因而由「誠」而「明」在為學過程之中的意義同樣重要。「窮理」之學，拓展了道學由知到行的下學上達工夫；「誠明」之道，則為道德修養提出了最終的境界指向。

呂大臨的道學思想，只是宋明理學乃至中國哲學發展中的一個階段性環

節，而工夫論更只是其全部理論之中的一部分而己，但當我們將之置入「由有限而通無限」的哲學闡釋過程中，我們便可以從中照鑒每一個有限生命個體的意義建構能力，由之明瞭精神的超越及其限度，而這正是本書研究的目的。

第一章 學行與著述

　　作爲一種思維方式和價值取向，所有哲學思想必然會以追尋超越和普遍爲其旨歸，但儒家哲學清楚地意識到每一個活生生的生命都不可能脫離現實。歷史存在、個體和群體價值，構成超越和普遍的現實前提。因此，理解某一儒者的理論體系和理論貢獻，就不能僅僅從他們的理論言說著眼，而應當如孟子所言「知人論世」，將之置於文化觀念的歷史傳承和時代的精神氛圍中考察。

　　宋明理學是在新的歷史環境中儒家哲學理論重建的結果。作爲其興起階段的北宋「道學」，是不同思想家及其門人弟子所形成的學派在彼此多維互動中形成的。在此過程中，呂大臨兼傳關洛，雖然他的理論貢獻和歷史影響都無法與其師張載、二程相提並論，但他「通六經，尤邃於禮」〔註1〕，「尤嚴於吾儒異端之辨」〔註2〕，無論是就道學的學派形成和影響而言，還是就道學的話語構建和轉變而論，其學行、著述及思想無疑都構成了道學發展過程中的一個重要環節。

　　那麼，呂大臨如何從學張程？其思想發展是否可劃分爲關洛兩個階段？其著述有何特點？這些問題既是研究呂大臨道學不可繞開的內容，也是我們更深入理解北宋道學發展過程及其蘊含的多種可能和意義空間的必需途徑。本章將根據有限的史料，並借鑒當代學者的研究成果，將呂大臨置入時代的精神文化氛圍中，考察其參與關洛學派的學行歷程及相關著述情況，以此初步展現呂大臨在道學實踐活動中的理論貢獻和學術特點。

〔註1〕脫脫：《宋史》卷三百四十《呂大臨傳》，第10848頁。
〔註2〕馮從吾：《關學編》卷一，第11頁。

一、時代與學行

任何個體生命的精神世界，總是與其家庭環境和所處的時代有著密切的聯繫。在家庭的哺育和教養中，心靈世界逐漸生長並擴展著；在其時代的感受中，生命個體進一步獲得了他的歷史感和使命感。北宋既是一個「內憂外患」異常激烈的時期，也是一個文化相對自由繁榮的時期。這便爲生活於這一時代的儒者，提供了一個「修身以道」、積極用世的精神自主條件，而道學家們的生命意義世界就生長在這樣的客觀環境之中。

（一）家學淵源

在北宋文化史上，藍田呂氏兄弟享有盛名。關學弟子范育在爲呂大鈞撰寫的墓表中說：「初諫議學遊未仕，教子六人，後五人相繼登科，知名當世，其季賢而早死，縉紳士大夫傳其家聲，以爲美談。」〔註3〕二程高弟謝良佐也曾稱讚：「晉伯弟兄皆有見處。蓋兄弟之既多且貴而皆賢者，呂氏也。」〔註4〕黃百家在《宋明學案》中評價說：

> 呂氏六昆，汲公（大防）既爲名臣，更難先生（大臨）與晉伯
> （大忠）、和叔（大鈞）三人同德一心，勉勉以進修成德爲事，而又
> 共講經世實濟之學，嚴異端之教。〔註5〕

這都是對呂氏兄弟的稱讚，特別是黃百家以寥寥數語準確地指出了呂氏一家的學術規模和特點。

藍田呂氏一家的祖上本是汲郡（今河南衛輝）人，故呂大臨作文署名常

〔註3〕 范育：《呂和叔墓表》，見《藍田呂氏遺著輯校》，第 611 頁。「諫議」指呂大臨之父呂蕡。呂蕡，生卒年不詳，官至比部郎中，贈諫議大夫，在政事和學術方面影響都很小，但他非常重視教育，乃至到呂氏四兄弟一輩，對北宋的政界、學界均有重要影響。范育與呂氏一家關係密切，其所作《呂和叔墓表》是研究呂氏一家的最爲原始也是最可靠的資料之一。張載曾稱讚「呂范過人遠矣」，惜乎范育少有著作傳世，最有名者爲《正蒙序》。關於呂氏家族情況，可參見范育《呂和叔墓表》，收入呂祖謙編《宋文鑒》。另見《（呂大鈞）行狀略》，收入朱熹編《伊洛淵源錄》卷八。今人對呂氏家族情況考證較詳的是李如冰《宋代藍田四呂及其著述研究》（人民出版社，2012 年）。

〔註4〕 黃宗羲：《宋元學案》卷三十一《呂范諸儒學案》，第 1096 頁。另，《邵氏聞見錄》記載：「謝良佐顯道作州學教授，顯道爲伊川程氏之學，進伯每屈車騎，同巨濟過之。謝顯道爲講《論語》，進伯正襟肅容聽之，曰：『聖人言行在焉，吾不敢不肅。』」（見邵伯溫：《邵氏聞見錄》卷十四，中華書局，1983 年，第 153 頁。）可見謝良佐與呂大忠相熟，相互間十分敬重。

〔註5〕 黃宗羲：《宋元學案》卷三十一《呂范諸儒學案》，第 1111 頁。

作「汲郡呂大臨」，其兄呂大防因卓有勳功而被封爲「汲公」。汲郡呂氏可上溯到五代時的「三院呂氏」，本爲名門望族，後趨衰落，到呂大防一輩又復振起。〔註6〕

　　從外在偶然的因素講，家族的興衰更替屬必然之勢。許多名門，一二代之後便家境敗落，在歷史上湮沒無聞。有鑒於此，中國士人維繫家族傳承不絕的方式乃有賴於文化。儒學教育和家族傳承具有天然的聯繫，正所謂「積善之家，必有餘慶」（《周易・坤卦・文言》）。後周之後，汲郡呂氏未有功名卓著者，直到呂大臨的祖父呂通，始有振興。據范育《呂和叔墓表》，呂通官至太常博士，贈兵部侍郎。自魏晉以後，太常博士便是掌管祭祀、禮制、儀物的官職，其教育程度很高，但其實際政治影響十分有限。呂通死後，其子呂蕡將之葬於京兆府藍田縣（今陝西省藍田縣），其後便世居於此爲家。

　　爲何呂通死後未歸葬於族地？在道學史上，遷居異地爲家的現象並不罕見。此或因主動，如周敦頤愛好廬山風景，邵雍喜歡洛陽人才集聚；或因被動，如張載葬父歸鄉而路資不足，遂定居橫渠。〔註7〕據《陝西通志》所說，呂蕡葬父於藍田，是因「蕡過藍田，愛其山川風景，遂葬通於藍田，因家焉」〔註8〕。如此屬實，那麼呂氏一家遷居藍田，便是呂蕡的決定。呂蕡爲何「過藍田」，是出於居官，還是出於遊歷，未有記載。

　　據范育《呂和叔墓表》，呂蕡官至比部郎中，贈諫議大夫，爲中央政府級別不高的官職，至於是否在地方居官，史料不詳。比部屬於刑部三司之一，

〔註6〕宋王明清《揮麈錄》云：「五代時有姓呂爲侍郎者三人，皆名族，俱有後，仕本朝爲相。呂琦，晉天福爲兵部侍郎，曾孫文惠端相太宗。呂夢奇，後唐長興中爲兵部侍郎，孫文穆蒙正相太宗，曾孫文靖夷簡相仁宗，衣冠最盛，已具《前錄》。呂咸休，周顯德中爲户部侍郎，七世孫正愍大防相哲宗。異哉！」（見《揮麈錄》後錄卷二，中華書局，1961年，第105頁。）呂祖謙《東萊公家傳》云：「呂氏系出神農，受氏虞夏之間，更商、周、秦、漢、魏晉，下逮隋唐，或封或絕。五代之際，始號其族爲『三院』。言河南者，本後唐户部侍郎夢奇；言幽州者，本晉兵部侍郎琦；言汲郡者，本周户部侍郎咸休。」（見《呂東萊文集》，中華書局，1985年，第203頁。）

〔註7〕周敦頤祖居湖南道州營道（今湖南道縣），晚年移居江西廬山，並將其母移葬於此，死後附葬於母墓。邵雍祖居范陽（今河北涿縣），幼隨父遷共城（今河南輝縣），後定居洛陽，其父亦葬於洛陽。張載祖籍大梁（今河南開封），父死由涪州歸葬祖地，路經鳳翔郿縣（今陝西寶雞），因路資不足加之前方發生戰亂，遂葬於此，後亦定居於此，後世學者稱之爲橫渠先生。

〔註8〕見《陝西通志》卷七十《陵墓》，影印文淵閣四庫全書本。

主要負責審計事宜，政治上發揮作用的空間不大。因此可以判斷，呂通、呂蕡的從政影響較小，而其個人抱負也許正因此向內在的精神世界轉化，並寄希望於後代子孫身上。如果呂蕡確因「愛其山川風景」遷居藍田，可見其的確有過於一般人的精神追求。

或許正是由於其壯志未酬，再加上出於自祖上以來的重視禮教的傳統，呂蕡自始便非常重視教育。呂蕡六子，五人登科，知名者爲大忠、大防、大鈞和大臨四人。其後，他們或居相於中央，或執政於地方，或教化於鄉里，呂氏一家成爲藍田乃至整個關中地區當之無愧的名門望族。

呂氏兄弟中，知名者爲呂大忠、大防、大鈞和大臨四人。其中，呂大防曾位居宰相，《宋史》有傳，其他三人附傳於大防。呂大忠（1025～1100），字進伯（或作晉伯），歷任華陰尉、晉城令、提舉永興路義勇、簽書定國軍判官、河北轉運判官、工部郎中、陝西轉運副使、寶文閣待制，知秦州、渭州、同州，精於邊事，曾被奪喪赴邊與遼史談判地界。呂大防（1027～1097），字微仲，歷任馮翊主簿、永壽令、著作佐郎、鹽鐵判官、太常博士、監察御史裏行、龍圖閣待制、尚書左僕射兼門下侍郎，封汲國公，知青城縣、休寧縣、秦州、成都府等。呂大鈞（1031～1082），字和叔，與張載同年中進士，一見相契，拜弟子禮，在政事方面多次參與邊事，雖不如兩位兄長政績卓著，但在居家侍父和丁父憂期間，汲汲於講學，制定《鄉約》，推行古禮，連張載亦稱其勇不可及。〔註9〕

呂氏兄弟在北宋的政治和學術發展中具有重要地位，大忠、大防曾官居要職，大鈞、大臨則學問造詣頗深。呂氏兄弟或向朝廷建言獻策，或在地方擔任官職，或出使遼夏，或居鄉里推行禮教，這些都與其切身的「以天下爲己任」或范仲淹所說的「先天下之憂而憂」意識直接相關。〔註10〕雖然呂氏兄弟有著不同的人生軌跡，但其共同點在於，都對國家的邊防問題和社會的禮教問題表現出高度的關注。特別是重視禮學實踐和道德踐履，構成呂氏兄弟思想的核心，而這一點與張載的道學思想完全一致。

〔註 9〕 關於呂大忠、呂大防和呂大鈞的生平活動，可參見李如冰：《宋代藍田四呂及其著述研究》，人民出版社，2012年。

〔註10〕 余英時說：「『以天下爲己任』可以視爲宋代『士』的一種集體意識，並不是極少數理想特別高遠的士大夫所獨有；它也表現在不同層次與方式上面，更非動輒便提升到秩序全面重建的最高度。」見氏著：《朱熹的歷史世界》上，第219頁。

　　或許是均為關中人的緣故，呂氏四兄弟與張載均有密切的學術往來。在呂氏四兄弟中，呂大防是朱熹在《伊洛淵源錄》中唯一沒有列入二程弟子的人，後世也未將其列為張載弟子，但呂大防與張載也有學術交往。《張載集》中收有《與呂微仲書》一通，就是張載寫與呂大防的論學書信。這通書信，後又被收入張載晚年定論之作《正蒙‧乾稱篇》，可見其中所討論的問題之深入。據朱熹說，「橫渠墓表出於呂汲公，汲公雖尊橫渠，然不講其學而溺於釋氏，故其言多依違兩間，陰為佛老之地，蓋非深知橫渠者。」〔註11〕張載去世，呂大臨作行狀，呂大防為其作墓表。雖然朱熹認為呂大防有溺於釋氏的嫌疑，且他大部分精力用於從政，在學問和禮教的推行上可能不比張載、大鈞和大臨，但其關懷無疑有共同之處。

　　《宋史‧呂大防傳》稱：「（大防）與大忠及弟大臨同居，相切磋、論道、考禮，冠、昏、喪、祭一本於古，關中言禮學者推呂氏。」〔註12〕可見，呂氏兄弟實際上形成了一個學術精神一致的團體，其特點都表現為注重古道和禮學。呂大防還考定《周易古經》一卷，同樣反映了他「一本於古」的精神。〔註13〕這也可說，正是張載和呂氏兄弟，亦師亦友，共同奠定了道學在關中的影響。雖然張載的理論建構能力明顯高於呂氏兄弟，但儒學無疑重「行」遠過於重「言」，「言」是服務於「行」的。從理學的角度講，自然可以說張載的見識高於呂氏兄弟，但在儒學的傾向和人格的持重上，他們是明顯一致的。

　　關學之注重古道和禮學，與其地域環境的切身感受密切相關。自秦漢到隋唐，關中大部分時間都屬於國家的政治、經濟、文化中心地區，這使得關中士風和民風一方面受到各種地方文化和外來文化的廣泛影響，表現出文化多元性的特點，另一方面又培養出了氣性剛烈、知禮尚節、注重實踐的儒家文化特點。〔註14〕經過晚唐五代的戰亂，入宋以後，關中和長安已是「城縮

〔註11〕　朱熹：《晦庵先生朱文公文集》卷三十五《答呂伯恭論淵源錄》，見《朱子全書》第 21 冊，第 1530 頁。

〔註12〕　脫脫：《宋史》卷三百四十《呂大防傳》，第 10844 頁。

〔註13〕　易學專家潘雨廷對之有頗高讚譽：「他家所考定者，亦皆未及呂氏之純粹，故於吳氏之《集古易》中，特表而出之。凡言古《易》者，宜以此本為準。」（見氏著：《讀易提要》，上海古籍出版社，2003 年，第 105 頁。）

〔註14〕　在宋代的地域文化觀念中，普遍認為關中人具有剛勁敢為的性格特點。如《河南程氏遺書》卷第十記有張載和程頤的一段對話說：「子厚言：『關中學者，用禮漸成俗。』正叔言：『自是關中人剛勁敢為。』子厚言：『亦是自家規矩太

十之八九，民無十之二三」，呈現出明顯的衰退之勢。〔註15〕不僅如此，北宋時的陝西，北臨西夏，與西北邊防息息相關，包括京兆府在內的大部分關中地區均隸屬永興軍，屬軍事建制，宋夏、金夏、宋金衝突不斷，域內常有戰事發生。如果說漢唐時期的關中是繁華、穩定的國家中心，那麼宋元時期的關中則截然相反，是衰退中戰亂不斷的軍事要地。呂氏家族從呂賁遷居藍田開始，三代之後便衰落無聞，與南方大家族世代延續不斷相比，更可見時代變化之急劇。〔註16〕這使關中儒者在當時繁華不再、兵災頻發的強烈對比中，可以更加真切感受到家國存亡之危，對國家和文化的憂患意識也愈加迫切。〔註17〕悍直的民風，戰亂的頻繁，儒學強烈的文化意識和民族意識，共同造就了關中士人重禮、重兵、重實行的學風特點，多能建功立業，恥於空談。

呂氏兄弟精於禮學，不僅重視考證和辨析，尤其注重切身踐履，不但將之行於一身，而且努力推行於一鄉。呂大鈞行禮儀，講井田，議兵制，化風俗，《宋史》稱其「雖皆本於載，而能自信力行，載每歎其勇為不可及」〔註18〕。《宋元學案》稱：「橫渠倡道於關中，寂寥無有和者。先生（呂大鈞）於橫渠為同年友，心悅而好之，遂執弟子禮，於是學者靡然知所趨向。橫渠之教，以禮為先，先生條為《鄉約》，關中風俗為之一變。」〔註19〕呂氏兄弟共同參與編修的《呂氏鄉約》是中國第一部成文鄉約，經朱熹介紹後，對後世影響甚大，成為後世鄉約的範本。〔註20〕正是在呂氏兄弟的共同努力下，關

寬。』」（見《二程集》，第 114 頁。）朱熹也說：「西北人勁直，才見些理，便如此行去。」（見黎靖德編：《朱子語類》卷第一百一，第 2561 頁。）

〔註15〕參見秦暉：《陝西通史·宋元卷》第一章第二節《戰爭、社會與文化——宋元時代的陝西風貌》，陝西師範大學出版社，1998 年。

〔註16〕2008 年 6 月，陝西省考古隊對位於現陝西省藍田縣五里頭村的藍田呂氏家族墓地進行了發掘，根據出土墓誌，「藍田呂氏家族墓地中共埋葬五代人，使用時間在北宋中、晚期的 40 餘年之中」，第一代為呂通，第二代為呂賁和呂英，第三代為呂賁子大忠、大防、大鈞、大受、大臨、大觀和呂英子大圭、大章、大雅，第四代為大防子景山，第五代僅葬一人，因年青天折而祔於祖父墳塋之側。（參見陝西省考古研究院：《陝西藍田縣五里頭北宋呂氏家族墓地》，載於《考古》，2010 年第 8 期。）可見呂氏家族的影響主要在呂氏兄弟一代。

〔註17〕張載早年曾上書范仲淹，所表達的就是關於邊防問題的建言，關學弟子也大多從事過邊防工作，從這一點上也可以間接看出關學學風形成的特殊性以及地域環境對道學理論傾向的影響。

〔註18〕脫脫：《宋史》卷三百四十《呂大鈞傳》，第 10847 頁。

〔註19〕黃宗羲：《宋元學案》卷三十一《呂范諸儒學案》，第 1097 頁。

〔註20〕《呂氏鄉約》的形式、內容以及自社會層面試圖推進社會秩序重建的思路，

中民風爲之一變，張載才敢於對程頤說：「關中學者，用禮漸成俗」〔註21〕。

在呂氏兄弟中，呂大臨最精於學術，但各種史料對呂大臨的生平記載最爲簡略。詳於政事而略於學術的《宋史》在《呂大臨傳》中，除收錄其《論選舉》文一篇和致富弼的書信一封，其他記載僅寥寥數語：

> 大臨字與叔。學於程頤，與謝良佐、游酢、楊時在程門號「四先生」。通六經，尤邃於禮。每欲掇習三代遺文舊制，令可行，不爲空言以拂世駭俗。……元祐中，爲太學博士，遷秘書省正字。范祖禹薦其好學修身如古人，可備勸學，未及用而卒。〔註22〕

關於呂大臨之行事，這段材料中僅提及他學於程頤且曾爲太學博士和秘書省正字而已。其中雖有許多漏略，但亦可謂勾勒出了呂氏一生之志向所在。正因爲呂大臨一生無心仕途，一意潛心學問，且晚年居官太學和秘書省，他才具備了著書立說以至後世評價其爲「通六經，尤邃於禮」的主客觀條件，在諸兄弟中著述最豐，學術成就也最高。

《宋史》成於元代，雖然呂大臨傳被附於其兄呂大防，未入《道學傳》，但已明顯顯示出受朱熹道統觀的影響，因而只提呂大臨「學於程頤」。關於呂大臨的從學經歷，成書於南宋孝宗淳熙年間的晁公武《郡齋讀書志》則稱其「從程正叔、張厚之學」〔註23〕。朱熹在《伊洛淵源錄》中也稱其「學於橫渠之門。橫渠卒，乃東見二先生而卒業焉」〔註24〕。由於朱熹梳理「伊洛淵源」是爲了描述出由二程一直到朱熹本人之前的「道統」與「學統」的傳承歷史，因而只梳理了洛學之源流，以確立程朱理學的正統地位，張載僅僅被

對宋明時代的儒家社會禮教改革發生了重要影響。蕭公權高度評價《呂氏鄉約》在中國政治史上的地位：「《呂氏鄉約》於君政官治之外別立鄉人自治之團體，尤爲空前之創制。」（見氏著：《中國政治思想史》，新星出版社，2005年，第354頁。）楊開道認爲：「《呂氏鄉約》的基本主張，在樹立共同的道德標準，共同禮俗的標準，使個人行爲有所遵守，不致溢出標準範圍以外。這種步驟在禮學裏面，可以說是到了登峰造極的地步。」（見氏著：《中國鄉約制度》，轉引自牛銘實：《中國歷代鄉約》，中國社會出版社，2005年，第15頁。）牛銘實認爲，由於張載和呂氏兄弟在關中推行以禮化俗，所以「後來在明代，鄉約成了關學的一個傳統」（見氏著：《中國歷代鄉約》，第14頁。）

〔註21〕程顥、程頤：《河南程氏遺書》卷第十，見《二程集》，第114頁。

〔註22〕脫脫：《宋史》卷三百四十《呂大臨傳》，第10848～10849頁。

〔註23〕晁公武：《郡齋讀書志》卷十九，見孫猛：《郡齋讀書志校證》，上海古籍出版社，1990年，第1012頁。「厚之」當爲「子厚」之誤。

〔註24〕朱熹：《伊洛淵源錄》卷八，見《朱子全書》第12冊，第1032頁。

看作是二程的同道和輔翼，呂大忠、呂大鈞、呂大臨和蘇昞等人與其他程門弟子一同被納入洛學源流之中。〔註25〕這使呂大臨在後世主要被看作是洛學傳人。

嚴格來講，關學弟子雖然也向二程問學，但他們與洛學的思想差異，連程頤也不否認：「關中學者，以今日觀之，師死而遂背之，卻未見其人，只是更不復講。」〔註26〕特別是呂大鈞，范育在《呂和叔墓表》中總結其一生學行，一字未提他從學於二程的事情，反倒是大力表彰其對於張載關學學風的弘揚。〔註27〕朱熹在介紹呂大忠的小注中說：「《實錄》有傳，不載其學問淵源，今不復著，但《遺書》中見其從學之實。」〔註28〕對呂大鈞雖無辨析之

〔註25〕 朱熹在寫給呂祖謙的信中稱其「欲作《淵源錄》一書，盡載周、程以來諸君子行實文字」。（見朱熹：《晦庵先生朱文公文集》卷三十三，《朱子全書》第21冊，第1438頁。）除廣泛收集、選用相關材料外，朱熹通常還會材料中有疑誤之處做出辨析。如當時朱熹所見《橫渠先生行狀》有兩本，不同處甚多。朱熹對涉及學承的最關鍵一處做了辨析之後，認為「橫渠之學，實亦自成一家，但其源則自二先生發之耳」。（見朱熹：《伊洛淵源錄》卷六，《朱子全書》第12冊，第1002頁。）現代學者普遍認為張載與二程之學並無淵源關係。（可參見龐萬里的辨析，見氏著：《二程哲學體系》，第38～41頁。）朱熹雖然糾正了程氏門人認為張載之學出自二程之說而「自成一家」，但仍認為二程對張載之學有「發源」之功，這顯然是受其「道統」傳承觀念所致。盧鍾鋒認為《伊洛淵源錄》是朱熹為了回應前此對道學的兩次「學禁」和不斷地攻擊而作。他指出：「以『伊洛』命名，意在以二程之學為理學正宗；特標『淵源』二字，意在為備受攻擊的二程之學正本清源，為理學確立一個上承孔孟之道的歷史統緒。概言之，就是針對時人的指控，為伊洛之學辯誣，確立它在孔孟之道傳承中的正宗地位。」（見氏著《中國傳統學術史》，河南人民出版社，1998年，第105～106頁。）此亦可備一說。

〔註26〕 程顥、程頤：《河南程氏遺書》卷二下，《二程集》，第50頁。

〔註27〕 如范育說：「蓋大學之教，不明於世者，千五百年。先是扶風張先生子厚聞而知之，而學者未之信也。君於先生為同年友，一言而契，往執弟子禮問焉。」張載指點其「造約」，大鈞「信己不疑，設其義，陳其數，倡而行之，將以抗橫流，繼絕學，毅然不恤人之非間己也。先生亦歎其勇為不可及」。大鈞推行古禮頗有成績，但「久之，君之志既克少施，而於趣時求中，未能沛然不疑，然後信先生之學本末不可踰，以造約為先務矣。」范育還指出：「先生既歿，君益修明其學，〔將〕援是道推之以善俗，且必於吾身親見之。」可見，在范育眼中，張載之學對呂大鈞有終身的影響，而呂大鈞對張載之學也維護甚力。（參見范育《呂和叔墓表》，見《藍田呂氏遺著輯校》，第612頁。）《宋史·呂大鈞傳》、《關學編》、《宋元學案》對呂大鈞生平學行的記載，主要依據都是范育所作《呂和叔墓表》以及與墓表大同小異的《行狀略》。

〔註28〕 朱熹：《伊洛淵源錄》卷八，見《朱子全書》第12冊，第1028頁。亦見《藍田呂氏遺著輯校》，第613頁。

語，但《河南程氏遺書》中同樣有提及呂大鈞之語，朱熹對之亦做了收錄。但是《遺書》中載有呂氏兄弟與二程兄弟論學之語，只能證明他們有學術交往，至多可以證明呂氏兄弟問學於二程，卻不能就此敲定他們爲二程弟子。因此朱熹認爲三呂從學於二程，是在道統觀之下的分派和對二程門戶的擴大，有著現實的目的，而不是嚴格按照的思想傳承標準考察的結果。朱熹之分派及其影響，無疑極爲顯著地導致了呂氏家學在學術史上獨立性的喪失。

元修《宋史》，不但對朱熹的道統觀完全接受，而且有所加強，三呂雖沒有如楊時、游酢、謝良佐、蘇昞等人列入《道學傳・程氏門人》中，而是因親緣關係被附於《呂大防傳》之後，但在《呂大臨傳》中未提其師從張載，只說其「學於程頤，與謝良佐、游酢、楊時在程門號『四先生』」〔註29〕。「四先生」之說出於何處，今不可考，以後馮從吾《關學編》、黃宗羲《宋元學案》都沿用了這一記載。現代學者普遍認爲三呂、蘇昞、范育在張載去世後「歸依」或「轉向」洛學，正是間接受《伊洛淵源錄》以後歷代學案暗示的結果。嚴格來講，「問學」有之，「歸依」或「轉向」則未必。

正是出於呂大臨生平學行記載之簡略，以及後世的諸多誤解，不僅有必要充分借助各種史料，考證和還原其實情，而且更有必要將之置入時代的精神氛圍和道學興起的整體背景中理解其思想發展的過程、特色和哲學意義。

（二）時代精神

任何生命個體的命運，總是與特定時代的精神氛圍和具體的文化環境相關，學者亦不例外。道學之所以產生於北宋，既是道學家的努力所致，也是時代風氣使然。道學源於儒學，儒學原本產生於具有強烈「憂患」意識的文化傳統之中。而趙宋立國之後的政治、軍事、經濟、文化狀況，使得以「心憂天下」爲己任的儒者士人的憂患意識更是空前高漲。〔註30〕

〔註29〕脫脫：《宋史》卷三百四十《呂大臨傳》，第 10848 頁。

〔註30〕徐復觀說：「『憂患』與恐怖、絕望的最大不同之點，在於憂患心理的形成，乃是從當事者對吉凶成敗的深思熟考而來的遠見；在這種遠見中，主要發現了吉凶成敗與當事者行爲的密切關係，及當事者在行爲上所應負的責任。憂患正是由這種責任感來的要以己力突破困難而未突破時的心理狀態。」（見氏著：《中國人性論史・先秦篇》，上海三聯書店，2001 年，第 18～19 頁。）如果說，包括統治者和士階層在內的「當事者」的這種責任意識和焦慮心理，在周初「人文精神」「躍動」時期尚只是開始表現而已，那麼在北宋「君與士大夫共治天下」之時，則體現地相當充分。

如所周知，趙宋王朝是在結束晚唐五代空前的政治亂局和文化沉淪之後建立的。一方面，北宋重新建立了國家的統一，經濟有所發展，秩序獲得恢復，因而得以形成新的文化構想。統治者以興文抑武爲基本國策，儒者重新獲得參與家國政事的機會。各方面因素和力量結合，形成了中國歷史上精神相對自由和文化高度繁榮的階段。另一方面，北宋朝廷不但內部立國根基薄弱，而且外部又有強國虎視，這些都致使儒者士大夫的憂患意識空前增強。而政治改革的屢屢無果而終，反倒導致黨派興起、黨爭不斷，更加劇了儒者帶有自我「犧牲」精神的「擔道」意識。〔註31〕

由於道學關心生命個體的根源性存在狀態和應然性存在目的，因而具有了超越現實的「哲學」性。但道學所內涵的對現實政治、文化、社會的憂患意識，所展現出的恰是中國哲學始終關心人的現實生存狀況而不進入純思辨領域的特點。哲學植根於文化，並對文化進行自覺的反省、澄清、導引和批判，但中國哲學從不脫離文化。這種「下學上達」的哲學形態規定了道學的思想格局，也規定了道學家的人生意義和爲學歷程。

由此，在劇烈的時代精神衝突中，北宋儒者「論道」之風驟盛。《宋史‧藝文志》稱：

> 宋有天下，先後三百餘年，考其治化之污隆，風氣之離合，雖不足以擬倫三代；然其時，君汲汲於道藝，輔治之臣莫不以經術爲先務，學士、緒紳先生談道德性命之學不絕于口，豈不彬彬乎進於周之文哉！〔註32〕

這種君、臣、學士相與論道的局面不但是對時代要求的適應，極大地激發了儒者從理論學說向天下治平推進的政治熱情，而且更進一步促進了社會的文

〔註31〕 「犧牲」（sacrifice）原指在宗教祭祀時向神靈所奉獻的牲畜，涉及到人與神的關係，實際上反映的則是人的價值觀念和心理意識。「自我犧牲」即在諸種衝突中把自身完全奉獻於某種最高存在或最高目的，往往體現出信仰性的抉擇力量以及對自身存在的深層負罪意識，以此追求一種精神的高度反省和昇華狀態。儒學具有明確的「克己」傳統，以社會群體價值乃至宇宙整體價值爲皈依，與宗教意識雖不完全相同，並且明確反對以徹底分裂和偏取的方式解決精神衝突問題，但不可否認也包含著這一衝突，並且強化著某種最高的價值觀念。

〔註32〕 見脫脫：《宋史》卷二百二，第 5031 頁。關於北宋道學興起的思潮背景，可參見徐洪興：《思想的轉型──理學發生過程研究》，上海人民出版社，1996年，第 166～233 頁。

教之風。〔註33〕時代的危機，加上相對寬容的文教氛圍，鑄就了儒者對於天下興亡的責任感。而理想與現實總是距離遙遠，一旦當儒者的政治抱負不能施展時，理論便內化爲個體的精神力量，在精神高度和文化姿態上對現實政治施以批判便成爲理所當然。這一既向政治社會推進又向個體內在精神世界提升並且相互循環的思想走向，共同構成了北宋整體的文化氛圍，成爲道學興起的社會文化背景。

從本質上來說，儒家哲學是理想主義的。儒學從來就有明確的「治世」關懷，先秦、兩漢、隋唐莫不如此。然而，即便北宋朝廷爲儒者提供了較爲順暢的政治環境，單憑政治熱情也不足以顯示「道學」之所以爲「道學」的理論特質。道學的獨特之處並不在於從政治出發，而在於立足於個體的身心體驗，建立一個打通宇宙、個人、社會、國家的精神世界，從而安頓儒者自己的身心性命，賦予個體生存以超越性的意義。

「道」之一詞所揭示的特性在於「通」，而不在於對於現實的妥協。現實總是偏於一弊，必然會使道之通性有所遮蔽。因而，道學家由「偏」向「通」回覆的思想道路，勢必使道學理論呈現出強烈的理想性和對現實的批判性。正是這一點，使道學理論超出了歷史性的局限，具有更加普遍的哲學意義。對於道學家而言，時代和家國「憂患」的指向不是外在的，而是作爲提升生命存在意義的「契機」而發揮作用。即便群體的價值始終是道學所關懷的重心，但其落實仍然在每個生命個體之中。這就使外在的政治、社會、文化動蕩必然最終凝結於個體生命的心路歷程之中，昇華爲道學家的精神世界。道學家的功業雖不卓著，但其文化意義則具有更加永恒的價值。

雖然道學家對現實政治、倫理的批判亦包括「舉業」，但從歷史角度講，北宋文化繁榮的一個重要原因，正是科舉制度的完善及其對士人政治和文化地位的提高。北宋科舉對於儒學復興、士人參政的意義極其重大。嘉祐二年（1057）科舉考試，屢屢爲後世學者稱道。這一年，翰林學士歐陽修知貢舉，唐宋八大家中的三人蘇軾、蘇轍和曾鞏，北宋理學的奠基者張載、程顥以及

〔註33〕余英時從北宋政治文化發展的角度說：「（儒家秩序重建）這一理想的社會根源可以上溯至五代時期：在宋代儒學復興第一階段，它則主要寓於『說經以推明治道』的方式之中。但『言』之既久逼出了『行』的要求，所以慶曆變法失敗二十年之後，終於又有了熙寧變法的繼起。這一發展是和宋代士大夫群中新出現的政治、社會意識緊密連成一體的。」見氏著：《朱熹的歷史世界》上，第314～315頁。

參與者呂大鈞、朱光庭，變法派重要人物鄧綰、王韶、呂惠卿、林希、曾布等，均於此科進士及第，對於北宋政界、文化界、學術界均影響巨大。〔註34〕北宋科舉，基本上爲四年一屆。而在此前的兩次科舉考試中，呂大防於皇祐元年（1049）中進士，呂大忠和張載之弟張戩皇祐五年（1053）同年及第，在此後的嘉祐六年（1061）科舉中，呂大臨中進士。

如果說理學家雖不以科舉爲業，但亦不鄙棄科舉，認爲科舉對儒者進入政界以實現其治國平天下的目的自有其意義，那麼，嘉祐二年的科舉對於北宋道學的形成顯然具有轉捩點的作用。

就在此前一年，張載來到京師，坐虎皮講《易》，聽者甚眾。程顥也於這一年赴京應試，程頤則遊學太學。呂大臨在《橫渠先生行狀》中描述了張載與二程初次論學的狀況：

> （張載）見洛陽程伯淳、正叔昆弟於京師，共語道學之要，先生渙然自信曰：「吾道自足，何事旁求！」乃盡棄異學，淳如也。
> 〔註35〕

張載與二程論學的具體內容已不可曉，但他們的討論對於張載堅定儒學的立場和進一步建構其道學理論，無疑起到了巨大的促進作用。而他們的結交，也使道學在關、洛二學相互影響的過程中，不但拓展了規模，而且深化了發展趨向。呂大臨《東見錄》記有幾十年以後程顥對此事的回憶，表達當時他們思想上的共鳴：「伯淳嘗與子厚在興國寺曾講論終日，而曰：『不知舊日曾有甚人於此處講此事。』」〔註36〕

嘉祐二年，同爲關中人的呂大鈞與張載相識。此後，他成爲張載所創立的關學學風弘揚之後勁。范育《呂和叔墓表》所記：「君於先生（張載）爲同年友，一言而契，往執弟子禮問焉。」〔註37〕《行狀略》又稱：

> 蓋大學之廢絕久矣。自扶風張先生倡之，而後進蔽於俗尚，其才俊者急於進取，昏塞者難於領解，由是寂寥無有和者。君於先生爲同年友，及聞先生學，於是心悅誠服，賓賓然執弟子禮，扣請無

〔註34〕參見曾棗莊：《文星璀璨的嘉祐二年貢舉》，載於《北京大學學報》（哲學社會科學版），2010 年第一期。亦見曾棗莊：《文星璀璨——北宋嘉祐二年貢舉考論》，復旦大學出版社，2010 年。

〔註35〕呂大臨：《橫渠先生行狀》，見《張載集》，第 382 頁。

〔註36〕程顥、程頤：《河南程氏遺書》卷第二上，見《二程集》，第 26 頁。

〔註37〕范育：《呂和叔墓表》，見《藍田呂氏遺著輯校》，第 612 頁。

倦，久而益親，自是學者靡然知所向矣。〔註38〕

范育以張載與呂大鈞之努力，道出了關學創立之始末。

（三）關學創立

科舉、講學、交遊等文化活動的活躍，必然激發對現實狀況的不滿，進而對上層政治結構產生影響。但現實不可能完全隨著理想的批判和努力而完全扭轉，這又會促使思想的反省和學術的推進，最終使生命個體將理論和實踐的焦點集聚於內在精神的超越層面。包括關洛兩派在內的北宋道學學派的創立，正是在這一過程中逐漸形成的。

宋神宗是北宋歷史上除太祖以外，最希望大有作為的皇帝。熙寧二年（1069），神宗起用王安石為參知政事，開始推行新法，希望改變由於冗官冗兵所導致的國家積貧積弱的局面。經御史中丞呂公著推薦，程顥與張載均赴京師應對。

其後，程顥任權監御使裏行，張載任崇文院校書。神宗多次召對程顥，程顥亦進說甚多，「大要以正心窒欲、求賢育才為先」〔註39〕，所薦人才以張載、程頤為首。神宗召對張載，問以治道，張載對以「為政不以三代為法者，終苟道也」〔註40〕。

對於王安石新法，程顥、張載均有不同看法。尤其在用人問題上，程、張二人均持嚴厲指責態度。但程顥論事，語氣平和，王安石也多為之動。張載則面折王安石，語多不合，被外支治明州獄案。程顥對此極力反對，並上書《乞留張載狀》，表達出道學家對自身政治和歷史使命的清楚自覺。〔註41〕

熙寧三年（1070），張載之弟，時任監察御史裏行的張戩，上《論新法奏》：「臣竊以天下之論，難掩至公。在於聖明，動必循理，無適無莫，義之與比。昔建議謂便而試行之，今已知有害而改罷之，是順天下之心，而成天下之務

〔註38〕陳俊民：《藍田呂氏遺著輯校》，第 614 頁。

〔註39〕程頤：《明道先生行狀》，見《二程集》，第 633 頁。

〔註40〕脫脫：《宋史》卷四百二十七《張載傳》，第 12723 頁。

〔註41〕程顥在文中提到：「竊謂載經術德義，久為士人師法，近侍之臣以其學行論薦，故得召對，蒙陛下親加延問，屢形天獎，中外翕然知陛下崇尚儒學，優禮賢俊，為善之人，孰不知勸？今朝廷必究觀其學業，詳試其器能，則事固有繫教化之本原於政治之大體者；倘使之講求議論，則足以盡其所至。夫推按詔獄，非儒者之所當為，臣今所論者，朝廷待士之道爾。」（見《二程集》，第 456 頁。）

也。」〔註42〕張戩非道學家，但其立場無疑與張載、二程接近。張戩上數十章論王安石亂法，乞罷條例司，辭氣甚厲，與王安石發生當面衝突，被貶知公安縣。張載處理完獄案返回朝廷，適逢此事，對朝廷變法的態度更加消極，於是謁告西歸橫渠故里講學。

在中央新法之爭日趨激烈時，邊境戰事再起。九月，西夏侵犯慶州邊境，朝廷急忙興兵，工部侍郎、參知政事韓絳爲陝西路宣撫使，呂大防爲宣撫判官，大忠任永興路提督義勇，大鈞被召爲宣撫司書寫機宜文字，這是大防、大忠、大鈞初涉邊事，爲其以後多次處理邊防問題積累了經驗。

上層改革舉措的不如人意，使有道學傾向的儒士開始尋找其他途徑施展志向。在熙寧三年之後的幾年中，朝廷政事和邊事變動急劇，程顥、程頤、張載、張戩、呂公著、司馬光等一大批反對新法人士均被排擠於政界外圍，但這恰好爲他們提供了一個進行理論反思、切磋以及講學的難得機會，包括關學和洛學之內的道學學派形成，亦漸趨進入高峰。

關學的特點在於將改革的立足點不是放在皇帝身上，而是放在社會鄉俗方面。在張載橫渠講學、推行禮教和井田的同時，呂氏四兄弟也在藍田推行古禮和鄉約。熙寧七年（1074），呂蕡去世，三呂均回家爲父治喪，「衰麻殯殮奠祭之事，悉捐俗習事尚，一仿諸禮。後乃寖行於冠昏、飲酒、相見、慶弔之間」。〔註43〕在守喪的兩年多時間中，除呂大忠被短暫奪喪，命赴代州與北使談判外，四呂均居於關中。大約正是在這幾年時間中，四呂與張載在關中東西呼應，共同塑造了關學「尊禮貴德」的學風。〔註44〕

〔註42〕 張戩：《論新法奏》，見《全宋文》第 76 冊，第 175 頁。

〔註43〕 范育：《(呂大鈞)墓表銘》，見《藍田呂氏遺著輯校》，第 616 頁。呂氏以古禮治喪，可能與張載的倡導有關。呂大臨在《橫渠先生行狀》中寫道：「近世喪祭無法，喪惟致隆三年，自期以下，未始有衰麻之變；祭先之禮，一用流俗節序，燕褻不嚴。先生繼遭期功之喪，始治喪服，輕重如禮；家祭始行四時之薦，曲盡誠潔。聞者始或疑笑，終乃信而從之，一變從古者甚眾，皆生先倡之。」見《張載集》，第 383 頁。

〔註44〕 三呂何時開始從學於張載，各種文獻都無確切記載。張載於熙寧三年辭官返鄉，退居橫渠鎮講學，有學者據此推測呂大臨此時開始問學於張載。但張載與呂大鈞於嘉祐二年（1057）同科中進士，其後則「執弟子禮，扣請無倦，久而益親」，交往十分密切。以此推之，呂大臨從學於張載的時間可能早於熙寧三年張載退居橫渠鎮之前。但熙寧七年（1074）到八年（1075），四呂齊聚關中，無疑對關學形成起到巨大促進作用。

　　對後世影響巨大的《呂氏鄉約》即成書並開始推行於此期間。〔註45〕這與張載的禮學思想是一致的。《呂氏鄉約》由呂大鈞主導制定，呂氏兄弟共同參與所完成，最後由長兄呂大忠署名發佈。〔註46〕今本《呂氏鄉約》包括鄉約、鄉儀兩個部分，曾經過朱熹的重新編輯。今存有呂大鈞作《答伯兄》、《答仲兄》、《答劉平叔》、《寄劉伯壽書》等關於《鄉約》的書信，與他們具體商談其中的問題。《呂氏鄉約》以「德業相勸，過失相規，禮俗相交，患難相恤」四個綱目約束和處理鄉黨鄰里關係和事務，是道學在關中地區推行禮儀教化、敦化民俗的重要成果，顯示出關學注重從社會層面推行改革的嘗試。〔註47〕

　　熙寧九年（1076）三月，張載逝世。呂大臨爲張載的女婿〔註48〕，張載之《行狀》即爲呂大臨所作。〔註49〕《全宋文》中輯有呂大臨一通《上橫渠先生書》，提到「前日往哭太博之殯」，當作於此時。在信中，呂大臨勸導張載說：「去聖既沒，道有所在。雖廢興有命，亦當天下同憂。敢祈節抑自重，以慰士望，不勝區區之願。」〔註50〕可見呂大臨雖不如大忠、大防在政事上

〔註45〕《呂氏鄉約》末載有：「熙寧九年十二月初五日，汲郡呂大忠白。」見《藍田呂氏遺著輯校》，第567頁。

〔註46〕朱熹說：「此篇（《答劉平叔》）舊傳呂公進伯所作，今乃於其弟和叔文集，又有答問諸書如此，知其爲和叔所定不疑。篇末著進伯名，意以其族黨之長而推之，使主斯約故爾。」王承裕說：「《鄉約》本書，承裕十年前得之，蓋呂氏兄弟相與論定者，其所以約鄉人爲善之意至矣。」（見《藍田呂氏遺著輯校》，第570頁。）

〔註47〕《（呂大鈞）行狀略》稱：「先生（張載）之學，大抵以誠明爲本，以禮樂爲行。眾人則姑誦其言，而未知其所以進於是焉。君即若蹈大路，朝夕從事，不啻飢渴之營飲食也。潛心玩理，望聖賢之致尅期可到，而日用躬行，必取先生之法度以爲宗範。自身及家，自家及鄉人，旁及親戚朋友，皆紀其行而述其事。」（見《藍田呂氏遺著輯校》，第615頁。）《宋元學案》也說：「橫渠之教，以禮爲先，先生（呂大鈞）條爲《鄉約》，關中風俗爲之一變。」（見《宋元學案》卷三十一《呂范諸儒學案》，第1097頁。）可見其均把呂大鈞推行禮學看做是張載之學的重要實踐部分之一。

〔註48〕《伊洛淵源錄》中載有對呂大臨的《祭文》一篇，其中稱：「子之婦翁張天祺嘗謂人曰：『吾得顏回爲婿矣。』」見朱熹：《伊洛淵源錄》卷八，《朱子全書》第12冊，第1032頁。亦見《藍田呂氏遺著輯校》，第617頁。

〔註49〕此文收入朱熹《伊洛淵源錄》，末有朱熹案語：「呂氏《文集》有書請於明道先生云：『先生嘗許誌御史之墓。』今《文集》無之，疑未及作也。」（見朱熹：《伊洛淵源錄》卷六，《朱子全書》第12冊，第1005頁。）這即是說，最晚在張載逝世之前，呂大臨與程顥就已經有交往。

〔註50〕呂大臨：《上橫渠先生書一》，見《全宋文》第76冊，第154頁。

卓有建樹，亦不似大鈞教化鄉里，但個人學問取向此時已明確確定。

同年，四呂喪服期滿，呂大忠回朝復職，仍爲樞密院檢詳文字；大防爲龍圖閣待制、知秦州；大鈞則以「道未明，學未優」〔註51〕，不復有祿仕意，獨自家居講道，以教育人才，變化風俗，期德成而致用。其後數年，呂大鈞推行禮教，敦化風俗，講習井田兵制，務爲實踐之學。張載評價說：「秦俗之化，亦先自和叔有力焉。」〔註52〕程頤也說：「和叔任道擔當，其風力甚勁。」〔註53〕由於藍田較橫渠更毗鄰關中的文化中心長安，故而可以說呂氏一家之推行禮教可能教張載影響更大。

（四）關洛異同

與關學學派重視「以禮爲教」不同，洛學學派則更傾向個體的內在生命體認，由此造成關洛兩大道學學派的不同。

熙寧十年（1077），張載雖已身體有恙，但在他「有用於世」的希望中，還是在呂大防的推薦下返回京師，同知太常禮院。很快他便發現其尊循古禮的想法，不但得不到執政者的認同，甚至因此而受到輕視，加之病疾加重，遂於七月罷歸返鄉。

九月，邵雍病重，張載在洛陽與司馬光、二程晨夕候之。張載與二程在此期間，亦進行了生平的最後一次論學，顯示出關洛二學在政治、修身工夫和社會教化等諸多問題的不同看法：首先，在推行「井田制」的問題上，張載認爲這是推行新法的重要因素，「必先正經界，經界不正，則法終不定」〔註54〕，二程則認爲應該「使上下都無怨怒，方可行」〔註55〕，對推行井田制持謹慎態度。其次，在禮教問題上，張載認爲「絕非禮義，便當去之」〔註56〕，「用禮漸成俗」〔註57〕，二程則認爲古禮去日太遠，多不能言，禮應注重實用。最後，在「窮理盡性」問題上，二程認爲「只窮理便是至於命」，張載則認爲「失於太快，此義盡有次序」〔註58〕，應先窮理，再盡性，進而才至於

〔註51〕《（呂大鈞）行狀略》，見《藍田呂氏遺著輯校》，第614頁。
〔註52〕程顥、程頤：《河南程氏遺書》卷十，見《二程集》，第115頁。
〔註53〕程顥、程頤：《河南程氏遺書》卷二上，見《二程集》，第44頁。
〔註54〕程顥、程頤：《河南程氏遺書》卷十，見《二程集》，第110頁。
〔註55〕程顥、程頤：《河南程氏遺書》卷十，見《二程集》，第111頁。
〔註56〕程顥、程頤：《河南程氏遺書》卷十，見《二程集》，第113頁。
〔註57〕程顥、程頤：《河南程氏遺書》卷十，見《二程集》，第114頁。
〔註58〕程顥、程頤：《河南程氏遺書》卷十，見《二程集》，第115頁。

命。總之，在現實問題上，張載較爲理想，二程則更爲現實；在道德修養問題上，則似恰好顚倒，張載注重爲學次第，較爲現實，而二程則注重當下體認，較爲理想。而這實際上正是由他們的理論焦點不同而導致。這種差異，爲後世道學的發展拓展了規模，也爲關洛後學的爭論留下了伏筆。

十二月，張載逝世於回鄉途中。程顥作詩悼念張載，哀歎道學人才之失落。〔註 59〕呂大臨撰寫了《橫渠先生行狀》，對張載生平、學術特點等有詳細的記載，成爲後世瞭解張載一生行事的最主要材料。呂大臨概括張載的爲學宗旨：「其自得之者，窮神化，一天人，立大本，斥異學，自孟子以來，未之有也。」〔註 60〕又概括張載的爲學工夫爲：「學者有問，多告以知禮成性、變化氣質之道，學必如聖人而後已，聞者莫不動心有進。」〔註 61〕這可以說都是相當準確的。

但《行狀》中一段記載張載與二程的初次論學的話卻引起了後世之爭議不斷。這便是前文所提及的張載和二程第一次論學的情況：「嘉祐初，見洛陽程伯淳、正叔昆弟於京師，共語道學之要，先生渙然自信日：『吾道自足，何事旁求！』乃盡棄異學，淳如也。」〔註 62〕這一次「共語道學之要」，無疑對他們以後的思想發展都有重要的導向意義，既意味著張載、二程學術志向的確定和相互回應，也意味著他們日後幾十年學術友誼的結交。但呂大臨說張載「盡棄異學，淳如也」，卻蘊含著不同的解釋傾向：一種意思是說張載在此次討論之後，開始排除雜學的影響，獨立致思於道學理論的建構；另一種意思是張載在此次討論之後，放棄了自己的學問主張，向二程的思想靠攏。二程弟子游酢、楊時都堅持後一種看法〔註 63〕，而呂大臨此前的《行狀》舊本

〔註 59〕 程顥詩作內容爲：「歎息斯文約共脩，如何夫子便長休！東山無復蒼生望，西土誰共後學求？千古聲名聯棣萼，二年零落去山丘。寢門慟哭知何限，豈獨交親念舊游！」（《哭張子厚先生》，見《二程集》，485 頁。）
〔註 60〕 呂大臨：《橫渠先生行狀》，見《張載集》，第 383 頁。
〔註 61〕 呂大臨：《橫渠先生行狀》，見《張載集》，第 383 頁。
〔註 62〕 呂大臨：《橫渠先生行狀》，見《張載集》，第 381 頁。
〔註 63〕 如游酢在紀念程顥的《書行狀後》說：「先生生而有妙質，聞道甚早。年逾冠，明誠夫子張子厚友而師之。……（張載）既而得聞先生論議，乃歸謝其徒，盡棄其舊學，以從事於道。」（見《河南程氏遺書》附錄，《二程集》，第 334 頁。）又如朱熹《伊洛淵源錄》記：「《龜山集》中有《跋橫渠與伊川簡》云：『橫渠之學，其源出於程氏，而關中諸生尊其書，欲自爲一家。故予錄此簡以示學者，使知橫渠雖細務必資於二程，則其他固可知己。』」（朱熹：《伊洛淵源錄》卷六，《朱子全書》第 12 冊，第 1002 頁。）

同樣認爲是後一種情況。〔註64〕由此引申出張載是否師承二程的問題。

程頤對此事的看法是他並不承認張載曾「學於頤兄弟」。《河南程氏外書》中記有一段尹焞與程頤關於《行狀》的問答：「呂與叔作《橫渠行狀》，有『見二程盡棄其學』之語。尹子言之，先生曰：『表叔平生議論，謂頤兄弟有同處則可，若謂學於頤兄弟則無是事。頃年屬與叔刪去，不謂尚存斯言，幾於無忌憚』。」〔註65〕朱熹對程頤之言的理解是「退讓不居之意」〔註66〕，張載之學雖自成一家，但仍然發源於二程。

實際上，嘉祐初，張載和二程都未形成系統的道學思想，呂大臨所言之事實則只是表明了三人的共倡道學之心。〔註67〕二程門人依據此事對於張載之學的淵源「追溯」，隱含著如何看待關洛二學的異同問題。無論游酢、楊時，還是朱熹，他們共同的學術宗旨都是堅持二程的道學取向，而二程對於張載之學既有讚揚，又有批評，因而便成爲程朱道學的消化對象，由此才引起張載之學發源於二程的說法。從張載到二程，程氏門人均把爲學的差異看作是道學的發展，此一公案亦與呂大臨自身的學問發展相關，更可證明歷史總是在詮釋中生成的，道學史也不例外。而這預示著道學之發展仍在繼續，這一後續責任主要由二程及其弟子承當起來。

在張載逝世的兩三年間，關洛二學的交融達到了高潮。先有元豐二年（1079）關學高第呂大臨入洛問學與二程，後有元豐三年（1080）程頤入關講學。二程在張載生前已有多次論學，來往密切，對其學問已多有不同看法。在張載逝世後，通過與關學弟子的交往，二程對關學推行禮學的成就多有瞭解，乃至晚年編訂五經解的時候，將最爲繁難的禮學部分交予關中弟子，但他對張載的道學思想則做出較前更激烈的評判。這些評判，雖未被關學弟子

〔註64〕朱熹記曰：「按《行狀》今有兩本，一云『盡棄其學而學焉』，一云『盡棄異學淳如也』。其他不同處亦多，要皆後本爲勝。疑與叔後嘗刪改如此，今特據以爲定。」（見《伊洛淵源錄》卷六，《朱子全書》第 12 冊，第 1002 頁。）

〔註65〕程顥、程頤：《河南程氏遺書》卷第十一，見《二程集》，第 414 頁。

〔註66〕朱熹：《伊洛淵源錄》卷六，見《朱子全書》第 12 冊，第 1002 頁。

〔註67〕龐萬里認爲「張載年長二程十幾歲，張載與二程見面時，張載已在京師說《易》，他的思想框架已基本形成。而二程當時很年輕，雖然他們聞道甚早，但思想體系尚處在形成中的階段。」見氏著：《二程哲學體系》，第 39 頁。但林樂昌認爲：「嘉祐初 36 歲的張載與二程會見於京師時，他對《六經》已作過系統研究。這次會面對張載有很大的激勵作用，使他開始致力於道學的探索。」（見氏著：《張載「心統性情」說的基本意涵和歷史定位》，載於《哲學研究》，2003 年第 12 期。）

完全接受，但對洛學以至整個道學的發展方向起到了至關重要的影響。關洛二學雖有不同，但在共倡道學的前提下，仍屬於內部的互動，只是在後來宗主之爭下，才表現爲強烈的排他性。

重視「下學」之禮教，始終是呂大臨最重要的問題意識。在一封寫給程顥的信中，呂大臨說：

> 某自聞橫渠見誨，始有不敢自棄之心。乃知聖學雖微，道在有德。不能千里往見，有愧昔人，然求有餘師，方懼不勉。但執事伯仲與橫渠始倡此道，世俗訛訛，和者蓋寡。雖自明之德，上達不已，而禮樂之文，尚有未進，學士大夫無所效法。道將興歟，不應如是之晦，此有道者當任其責。嘗侍橫渠，每語及此，心實病之。蓋欲一見執事，共圖振起，不識執事以爲然乎？」〔註68〕

從書信的語氣來看，這封信很像是呂大臨在張載去世之後請求拜見程顥的書信。其言辭懇切，很能反映出呂大臨對「道學」使命的理解。呂大臨首先強調在張載的教誨下，認識到「聖學雖微，道在有德」，這是「道學」所素來注重的以個人修身來承繼道統的學問精神，這就與對經典的知識性認知路徑相區分開來。繼而，呂大臨不僅指出「自明之德，上達不已」的必要，而且更加強調「禮樂之文，尚有未進，學士大夫無所效法」的問題。如果說前者是張載與二程「始倡此道」共同注重的，那麼後者顯然更多是關學的特徵。甚至呂大臨在受程顥思想影響下所作之《中庸解》中，仍然不忘由「道」立「教」，正是對以往問題意識的繼續。

元豐二年（1079），程顥知扶溝縣，程頤隨往，呂大臨向二程問學並記有語錄，後世稱之爲《東見錄》。〔註69〕在後世理學家看來，呂大臨的最大貢獻就是記錄了《東見錄》。〔註70〕歷來在二程的諸多語錄中，《東見錄》具有極

〔註68〕呂大臨：《與程伯淳書》，見《全宋文》第110冊，第157頁。

〔註69〕呂大臨之問學語錄後被朱熹編爲《河南程氏遺書》卷第二上，朱熹在目錄上記曰「元豐己未呂與叔東見二先生語」，因而後世簡稱之爲《東見錄》。又有小注記道：「呂大臨，字與叔，藍田人，學於橫渠張先生之門。先生卒，乃入洛。己未，元豐二年。然亦有己未後事。」（程顥、程頤：《二程集》目錄，第1頁。）許多學者也因此推論呂大臨從學於二程是在元豐二年。但這只是呂大臨開始從學二程的底線推測。在這之前，張載與二程學術往來頻繁，如果呂大臨對二程學術沒有任何瞭解，很難想像呂大臨在《橫渠先生行狀》中會說出「盡棄其學而學焉」這樣極爲接近其他程門弟子的話。

〔註70〕明馮從吾曾說：「（呂大臨）所著有《大學》、《中庸》解、《考古圖》、《玉溪集》。

其重要的價值，不但記載精確，而且涉及二程之學最爲核心的問題。從內容上看，其中既有二程關於「天理」與「萬物」的許多論斷，也有他們對「識仁」、「養心」、「誠敬」等修養工夫論的指點，還有對於佛禪異端之學和王安石、張載之學的批評。其中尤以幾段關於「觀仁」、「識仁」等論述最爲著名。其中一篇後以《識仁篇》命名，爲後世理學家反覆論及。〔註71〕

　　實際上，如何能夠以語錄的形式恰切地反映被記錄者的思想，並非是一個容易的問題，這本身就需要極高的才智和相應的理解能力。呂大臨之所以可以把握住二程的思想，準確地將之記錄下來，證明他此時的思想規模已經基本奠定。程頤曾評價呂大臨說：「呂與叔守橫渠學甚固，每橫渠無說處皆相從，才有說了，便不肯回。」〔註72〕這固然表明呂大臨受張載影響極深，同時也表明呂大臨堅持己見，並不輕易隨從程頤的看法。因此可以認爲，雖然呂大臨問學於二程，必然會受到二程的影響，但他在從學二程之前就已經形成了自己思想的主旨。

　　元豐三年（1080），程頤入關講學，呂大臨是陪同者之一。《程氏遺書》中收有《入關語錄》一卷，即爲關中學者所記的程頤講學語錄。程頤後作有《雍行錄》，記載其因丟失千錢而引起的諸弟子不同的看法，以及由此所引發的一段與呂大臨的對答：

> 元豐庚申歲，予行雍、華間，關西學者相從者六七人。予以千錢掛馬鞍，比就舍則亡矣。僕夫曰：「非晨裝而亡之，則涉水而墜之矣。」予不覺歎曰：「千錢可惜。」坐中二人應聲曰：「千錢亡去，甚可惜也。」次一人曰：「千錢微物，何足爲意？」後一人曰：「水中囊中，可以一視。人亡人得，又何歎乎？」予曰：「使人得之，則非亡也；吾歎夫有用之物，若沉水中，則不復爲用矣。」至雍，以語呂與叔曰：「人之器識固不同。自上聖至於下愚，不知有幾等。同

所述有《東見錄》，錄二程先生語，二先生微言粹語多載錄中。其有功於程門不小，故朱文公稱其高於諸公，大段有筋骨，而又惜其早死云。」（見馮從吾：《關學編》卷一，第12頁。）

〔註71〕陳來認爲：「仁說及求仁之學是早期道學的主題，也是前期道學的核心話語，提供了道學從北宋後期到南宋前期發展的重要動力。」（見《論宋代道學話語的形成和轉變——論二程到朱子的仁說》，收入氏著：《中國近世思想史研究》，第52頁。）

〔註72〕程顥、程頤：《河南程氏遺書》卷十九，《二程集》，第265頁。

行者數人耳,其不同如此也。」與叔曰:「夫數子之言何如?」予曰:
「最後者善。」與叔曰:「誠善矣。然觀先生之言,則見其有體而無
用也。」予因書而誌之。〔註73〕

呂大臨「見其有體而無用」的補充,顯然引起了程頤高度的肯定。十五年後,
即紹聖二年(1095),程頤「因閱故編,偶見之,思與叔之不幸早死,爲之泣
下」〔註74〕。程頤對於呂大臨的早死,頗爲惋惜,可見其對呂氏的看重。

　　元豐八年(1085)六月,程顥逝世。呂大臨作《哀詞》追思程顥的學問
和修養:「先生負特立之才,知大學之要;博聞強識,躬行力究;察倫明物,
極其所止;渙然心釋,洞見道體。」〔註75〕呂大臨稱讚程顥「知大學之要」,
與前文所述「大學之喪廢絕久矣,自扶風張先生倡之」〔註76〕以及其自述「以
不敏之資,祈進大學」〔註77〕是一致的。從中可以看出呂大臨認爲程顥之學
的根本在於「洞見道體」。但這並不意味著道學可以離開日用常行的人倫實
踐。「渙然心釋,洞見道體」是最後的結果和驗效,但要達到這一驗效,卻需
要「博聞強識,躬行力究;察倫明物,極其所止」,這無疑是具體的修養過程。
而對學者來說,這也就是具體的修養工夫要求。

(五)解經考古

　　就在程顥逝世的這一年,神宗駕崩,年僅十歲的哲宗即位,太皇太后高
氏垂簾聽政,司馬光、呂公著復起執政,全力廢除新法。呂大防入爲翰林學
士,權發遣開封府。十一月,守中書侍郎。道學的政治環境似乎又有轉機。

　　元祐元年(1086),在司馬光的支持下,呂大防又遷爲中大夫、尚書右丞,
封汲郡公,進入執政行列。程頤在洛陽充任崇政殿說書。呂大臨爲太學博士,
講讀《禮記》。這一年,程頤與呂大臨來往頻繁。程頤《答呂進伯簡三》中說:
「與叔每過從,至慰至幸。引綵門牆,坐馳神爽。」〔註78〕程頤與呂大臨的
《論中書》即作於此年。〔註79〕

〔註73〕程顥、程頤:《河南程氏文集》卷第八,見《二程集》,第 587 頁。
〔註74〕程顥、程頤:《河南程氏文集》卷第八,見《二程集》,第 587 頁。
〔註75〕程顥、程頤:《河南程氏遺書》附錄,見《二程集》,第 337 頁。
〔註76〕朱熹:《伊洛淵源錄》卷八,見《朱子全書》第 12 冊,第 1029 頁。
〔註77〕呂大臨:《上橫渠先生書一》,見《全宋文》第 110 冊,第 153 頁。
〔註78〕程顥、程頤:《河南程氏文集》卷第九,見《二程集》,第 605 頁。
〔註79〕關於程呂論中之發生時間的討論,可參見陳俊民:《關於藍田呂氏遺著的輯校
　　　及其〈易章句〉的思想》,見《藍田呂氏遺著輯校》,第 7 頁;盧連章:《二程

《論中書》並非一通書信，而是程頤與呂大臨數通往來書信的摘編。〔註80〕其討論由呂大臨提出的一個命題「中者道之所由出」〔註81〕所引起。這一觀點實際上出自呂大臨《禮記解》對《中庸》首章的注解：「『天命之謂性』，即所謂中；『修道之謂教』，即所謂庸。中者，道之所自出；庸者，由道而後立。」〔註82〕因而呂大臨在《論中書》中所表述的觀點，實際上是對《中庸解》之中觀點的概括和深化。〔註83〕由對《中庸》首章的討論，進一步涉及到如何理解「未發」與「已發」的問題。呂大臨提出「此心之動，出入無時，何從而守之乎？求之於喜怒哀樂未發之際而已」，「今言赤子之心，乃論其未發之際，純一無偽，無所偏倚，可以言中」，「竊謂未發之前，心體昭昭具在，已發乃心之用也」等觀點，程頤則對之一一作了糾正。二人的討論對理學日後的發展，發揮極其重大的影響。理解《論中書》中呂大臨與程頤的分歧，是理解朱熹「中和說」的關鍵。〔註84〕

同年，呂大臨作《上哲宗論選舉六事》。〔註85〕《論選舉》分「士規」、「學

學譜》，第 31 頁；李紅霞：《呂大臨〈中庸解〉簡論》，見《早期道學話語的形成與演變》，第 66 頁。

〔註80〕《河南程氏文集》卷第九的《與呂大臨論中書》題目下小注記曰：「此書其全不可復見，今只據呂氏所錄到者編之。」（程顥、程頤：《河南程氏文集》卷第九，見《二程集》，第 605 頁。）因此，《論中書》可能最初是由呂大臨所編錄而成。

〔註81〕程顥、程頤：《河南程氏文集》卷第九，見《二程集》，第 605 頁。

〔註82〕呂大臨：《禮記解·中庸》，見《藍田呂氏遺著輯校》，第 271 頁。

〔註83〕據朱熹所說，呂大臨所作《中庸解》有兩個版本。這兩個版本同時被收入乾道年間朱熹友人石𡼖所編的《中庸集解》之中，以「一本曰」、「又曰」作區別。後朱熹據之刪節而成《中庸輯略》。衛湜編輯《禮記集說·中庸》時，就是在《中庸輯略》的基礎上恢復朱熹所刪部分，又增加鄭注孔疏而成。（見衛湜：《禮記集說》卷一百二十三，《通志堂經解》，第 13 冊，第 346 頁。）上述一段注解恰在《中庸輯略》的刪除之列。由《論中書》引用並討論《中庸解》提出的觀點，也可以判定當時至少有一個版本的《中庸解》已經成書。關於《中庸解》的版本及其思想是否存在變化的問題，可參考本章第三節。

〔註84〕參見牟宗三：《心體與性體》，第 310 頁。

〔註85〕文末小注曰：「元祐元年上，時為太學博士。」（見趙汝愚：《宋朝名臣奏議》卷八十，上海古籍出版社，1999 年，第 873 頁。）可知，元祐元年，呂大臨就已經任太學博士。晁公武《郡齋讀書志》卷十九記：「（呂大臨）嘗歷太學博士、秘書省正字」。（見孫猛：《郡齋讀書志校證》，第 1012 頁。）朱熹《伊洛淵源錄》卷八也記曰：「元祐中，為太學博士、秘書省正字。」（見《朱子全書》第 12 冊，第 1032 頁。）以後《宋史》、《關學編》、《宋元學案》都沿用了朱熹的這一說法。

制」、「試法」、「辟法」、「舉法」、「考法」六事，朱熹稱「其論甚高。使其不死，必有可用」。〔註86〕《論選舉》文，後收入南宋趙汝愚編《宋朝名臣奏議》，經節略後收入《宋史·呂大臨傳》，流傳比較廣泛。現代研究者多把《論選舉》看作詩呂大臨受張載關學影響之後的「經世實濟之學」的影響〔註87〕，但實際上呂大臨此時已經距離問學二程後多年，其思想更具有獨立的意義。

元祐二年（1087），二程高弟劉絢、李籲相繼逝世，呂大臨寫《祭李籲文》，回憶他們的相識、相知，表達自己的深痛懷念之情，其中說：「識子於南山渭水之曲，知子於洛陽夫子之門，風期自振於流俗，問學不異於淵源。……不意二子之賢，而一朝至此，道之難行，我今知之。」〔註88〕其中以振興道學爲己任之意溢於言表。

同年二月，呂大臨得到文彥博的推舉：「試太學博士呂大臨，強學篤行，有古儒之風。杜門十年，以講學自樂，經術通明，聞譽夙著，雖蒙召寘太學，以親嫌，未極其用。」〔註89〕但侍御史王岩叟因呂大防時爲執政，建議「不若且養之以重其名實，待他日親嫌之大臣去位，躐等用之，無所不可」〔註90〕。

七月，太學徐生去世，呂大臨率太學同僚前去弔祭。時爲太學生的周行己，有感於繼胡瑗之後，呂大臨對太學「師弟子」風尚的提倡和實踐，而撰《書呂博士事》讚美呂大臨曰：

> 元祐二年七月辛酉，太學徐生不祿，博士呂公率其僚，往弔而哭之慟。周行己躍而起曰：於美乎哉！師弟子之風興矣。自孔子沒，大道喪，悠悠數千載，學者不知其師，師者不知自處其師，維聖若賢，百不一遇。少也則聞胡先生，能群諸弟子於太學教之，禮風義行，翕然向古。今亡矣三十年，謂晚生迄不可得見，乃復在今日。於美乎哉！師弟子之風興矣。先生之賜甚厚，非特太學化之，將亦四方化之。非特今世化之，將亦後世化之，先生之賜甚厚也。且將

〔註86〕《朱子語類》記：「看呂與叔論選舉狀：『立士規，以養德屬行；更學制，以量才進藝；定貢法，以取賢斂才；立試法，以試用養才；立辟法，以興能備用；立舉法，以覆實得人；立考法，以責任考功。』先生曰：『其論甚高。使其不死，必有可用。』」（見《朱子語類》卷第一百一，第2561頁。）

〔註87〕徐遠和：《洛學源流》，第238頁。

〔註88〕呂大臨：《祭李籲文》，見《全宋文》第110冊，第5頁。

〔註89〕文彥博：《舉杜訢等箚子》，見《全宋文》第16冊，第190頁。

〔註90〕李燾：《續資治通鑒長編》卷三百九十六，第27冊，中華書局，1986年，第9652頁。

歌其風，倡之天下，布之伶官，而上之天子也。故書。〔註91〕

　　元祐六年（1091），呂大臨擢升爲秘書省正字。〔註92〕七年（1092），呂大臨《考古圖》10 卷編成，其中收錄了宋代秘閣、太常、官廷內藏和民間的青銅器多達 224 件，石器 1 件，玉器 13 件。呂大臨對所收錄的物器，先進行摹畫圖像，並加以定名，介紹其外觀特點、容量、重量及流傳過程；而後又作《考古圖釋文》，對其中 85 件青銅器上的古文字加以文字學考察，具有重要的學術意義。呂大臨寫有《考古圖後記》，後收入呂祖謙編《宋文鑒》之中，得以廣泛流傳。從《考古圖後記》中，可以看到，呂大臨「考古」之目的在於「追三代之遺風」、「以意逆志」、「補經傳之闕亡」〔註93〕，這依然是重視禮學的體現，並非完全走向「獨立孔門無一事，只輸顏子得心齋」〔註94〕。

　　同年，禮部侍郎兼侍講范祖禹再一次推薦呂大臨說：「呂大臨是大防之弟，修身好學，行如古人，臣雖不熟識，然知之甚久，以宰相之弟，故不敢言。陛下素知臣不附執政，又臣已乞外任，故不自疑，望陛下記其姓名，以備他日選用。」〔註95〕然而，大臨卻「不及用而卒」〔註96〕。呂大防作《祭

〔註91〕周夢鯷箋校：《周行己集》，上海社會科學院出版社，2002 年，第 116 頁。

〔註92〕《續資治通鑒長編》記：「（元祐六年）己卯，左宣德郎呂大臨、秘書省校對黃本書籍秦觀並爲正字。」「先是，大防謁告劉摯，謂傅堯俞、蘇頌、蘇轍曰：『明日與大臨了卻正字差遣。』皆曰：『諾。』」（見李燾：《續資治通鑒長編》卷四百六十二，第 31 冊，第 11034 頁。）

〔註93〕呂大臨：《考古圖後記》，見《全宋文》第 110 冊，第 162 頁。

〔註94〕《河南程氏遺書》卷十八記：「問：『作者害道者否？』曰：『害也。凡爲文，不專意則不工，若專意則志局於此，又安能與天地同其大也？《書》曰「玩物喪志」，爲文亦玩物也。呂與叔有詩云：「學如元凱方成癖，文似相如始類俳；獨立孔門無一事，只輸顏氏得心齋。」此詩甚好。古之學者，惟務養情性，其它則不學。今爲文者，專務章句，悅人耳目。既務悅人，非俳優而何？』」（見《二程集》，第 239 頁。）《宋元學案》截引此詩及程頤的評語以證「始，先生於群書博極，能文章，至是涵養益粹，言如不出口，弅弅若無能者。」（見《宋元學案》卷三十一《呂范諸儒學案》，第 1105 頁。）《宋元學案》所說「於群書博極，能文章」，出自收入《伊洛淵源錄》卷八的《祭文》：「子之學，博及群書，妙達義理，如不出諸口：子之行，以聖賢爲法，其臨政事，愛民利物，若無能者：子之文章，幾及古人，薄而不爲。」（見《藍田呂氏遺著輯校》，第 617 頁）由此可知，《宋元學案》對呂大臨學思歷程的記述，實際上是以相關材料爲基礎的推測。現代學者多據此以證呂大臨入洛後接受了洛學思想，開始「涵泳義理」，實則均脫離了具體的語境，未作進一步深入的考察。

〔註95〕李燾：《續資治通鑒長編》卷四百七十二，第 32 冊，第 11276 頁。

〔註96〕朱熹：《伊洛淵源錄》卷八，參見《朱子全書》第 12 冊，第 1032 頁，亦見《藍田呂氏遺著輯校》，第 617 頁。

文》曰：

> 嗚呼！吾十有四年而子始生。其幼也，吾撫之；其長也，吾誨
> 之。以至宦學之成，莫不見其始終。於其亡也，得無慟乎！得無慟
> 乎！子之學，博及群書，妙達義理，如不出諸口；子之行，以聖賢
> 爲法，其臨政事，愛民利物，若無能者；子之文章，幾及古人，薄
> 而不爲。四者皆有以過人，而其命乃不偶於世，登科者二十年而始
> 改一官，居文學之職者七年而逝，茲可哀也已，茲可痛也已。〔註97〕

文中除悲痛之情溢於言表，亦可見呂大臨爲學、踐行、政事、文章的特點。

蜀學領袖蘇軾雖與道學有異，對洛學領袖程頤之言行亦非常不滿，但對
呂大臨卻期許甚重，評價甚高。在《呂與叔學士挽詞》中，蘇軾寫道：

> 言中謀猷行中經，關西人物數清英。
>
> 欲過叔度留終日，未識魯山空此生。
>
> 論議凋零三益友，功名分付二難兄。
>
> 老來尚有憂時歎，此涕無從何處傾。〔註98〕

「叔度」爲東漢人黃憲之字，其人品學超群，尤以氣量廣遠著稱，《後漢書》
有傳。「魯山」爲唐人元德秀，世稱魯山大夫，道德高尚，學識淵博，爲政清
廉，名重當時，新舊《唐書》有傳。「三益友」，據王文誥推測，指張載、程
顥、程頤。「二難兄」，指呂大忠和呂大防。所謂「老來尚有憂時歎，此涕無
從何處傾」，王文誥認爲是因爲當時黨禍日盛，蘇軾寄望於呂大臨解除紛亂，
但不幸呂大臨病故。若果如此，亦可見呂大臨當時不拘黨派，氣量廣大。

曾同爲秘書省正字的詩人秦觀寫《呂與叔挽章四首》，表彰呂大臨經術通
明、文章典雅、品德高尚，追憶昔日之友情，惋惜其不幸早逝：

> 舉舉西州士，來爲邦國華。
>
> 藝文尤爾雅，經術自名家。
>
> 正有高山仰，俄成逝水嗟。
>
> 賢人各有數，不獨歲龍蛇。
>
> 數日音容隔，人琴遂已虛。
>
> 門生應有諡，國史可無書。

〔註97〕朱熹：《伊洛淵源錄》卷八，《朱子全書》第12冊，第1032頁。《伊洛淵源錄》
未記《祭文》作者，李幼武《宋名臣言行錄外集》卷六引爲呂大防所作。

〔註98〕王文誥輯注：《蘇軾詩集》，中華書局，1982年，第1967～1968頁。

舊室懸蛛網，遺編走蠹魚。

定無封禪草，平日笑相如。

追惟獻歲發春間，和我新詩憶故山。

今日始知詩是讖，魂兮應已度函關。

風流雲散了無餘，天祿空存舊直廬。

小吏獨來開鎖鑰，案頭塵滿校殘書。〔註99〕

呂大臨的學生周行己寫《哭呂與叔四首》，則憂歎「道」之可傳：

平生已作老藍川，晚意賢關道可傳。

一簣未容當百漲，獨將斯事著餘編。

掩留也復可疑人，不向清朝乞此身。

芸閣校讎非苟祿，每回高論助經綸。

朝聞夕死事難明，不盡心源漫久生。

手足啓云猶是過，默然安得議虧成。

朝廷依制起三王，歎惜眞儒半已亡。

猶有伊川舊夫子，飄然鶴髮照滄浪。〔註100〕

元祐後期，黨爭日趨激烈，加之道學創始人張載、程顥及其早期弟子的日漸離世，均使道學在中央的影響越來越受到局限。道學的發展方向，已不是有用於世，而是轉向學術傳承，在個人的道德實踐和典籍著述中去等候一個新時代的到來。

二、著述及特點

呂大臨的爲學特點在於特別注重對六經、禮制的研習和實踐。《宋史·呂大臨傳》稱其「通六經，尤邃於禮。每欲掇習三代遺文舊制，令可行，不爲空言以拂世駭俗」。〔註101〕經學和禮學構成呂大臨道學的基礎，而經學、禮學、道學的交融也成爲其道學思想中最具特色的地方。這與張載「六經循環，年

〔註99〕周義敢等編注：《秦觀集編年校注》（下），人民文學出版社，2001 年，第 750
～751 頁。
〔註100〕周夢獃箋校：《周行己集》，第 209～210 頁。
〔註101〕脫脫：《宋史》卷三百四十，第 10848 頁。亦見馮從吾《關學編》卷一，第
11 頁。《郡齋讀書志》稱「通六經，尤精於禮」，《東都事略》稱「通六經，
尤深於禮」。

欲一觀」〔註102〕、「進人之速無如禮」〔註103〕的學術特點是一致的，而與二程略有區別，反映出較強的關學特色。反映在著述中，就是他對儒家五經幾乎都有注解，尤其著意於三禮之學。

（一）概況

所謂「六經」，即詩、書、禮、樂、易、春秋，是從儒家經學的實質性內容來說的；就文本而言，其實只有「五經」，即《周易》、《尚書》、《詩經》、《儀禮》、《春秋》。經學之中，禮學因涉及古代名物制度，最爲繁雜。再加上時過境遷，人們的生活和行爲方式發生變化，具體的禮儀規定如何因革損益就會變得有很大的人爲性。道學中偏重「上達」的學者，往往直指心性，對經學和禮學多不重視。相反，偏重「下學」的學者則往往需要處理和平衡經學特別是禮儀制度的繁雜性和身心修養的易簡性之間的關係，變得內部張力更大。其修養工夫，就不只是「心」的工夫，還要廣泛涉及「身」的工夫。雖然在儒家思想中，身心是統一的，修身的核心是修心，但畢竟身心仍有內外之別。重視禮學的道學家，往往對這一點有著清醒的意識，這也構成關洛二學的一大分野。

呂大臨這種「通六經，尤邃於禮」的思想特點，反映在其著述上，就是他幾乎對五經都有解說，進而在理解、探究道學義理的前提下，還重視考證古禮的名數制度，並且嘗試制定了專門的禮儀，使之可以具體操作，開後世重家禮、鄉約之先河。

由於關中地區在北宋以後頻繁遭受戰亂，流傳於南宋的呂大臨的著述就已不多。再加上後世社會思潮的變化以及後出典籍對早先著作內容的整編、吸收和替代，呂大臨原著漸趨散佚。成書於南宋孝宗淳熙年間的《郡齋讀書志》，由於距離北宋時間較近，對呂大臨的著作收錄最爲完備，其中錄有呂大臨著作八種，分別是：

(1)《易章句》十卷〔註104〕，

(2)《書傳》十三卷，

〔註102〕 張載：《經學理窟·義理》，見《張載集》，第277頁。

〔註103〕 張載：《經學理窟·禮樂》，見《張載集》，第265頁。

〔註104〕 晁公武《郡齋讀書志》衢本作「呂氏《易章句》十卷」，袁本作「《芸閣先生易解》一卷」，黃丕烈校語云「《通考》『十』作『一』，當是」。《宋志》亦作「《易章句》一卷」。見孫猛：《郡齋讀書志校正》，第41頁。

（3）《芸閣禮記解》四卷，

（4）《編禮》三卷，

（5）《呂與叔論語解》十卷，

（6）《老子注》二卷，

（7）《考古圖》十卷，

（8）《呂與叔玉溪集》二十五卷、《玉溪別集》十卷。

值得注意的是，《郡齋讀書志》提到的八種著作中，除文集與《老子注》外，其餘都是經學和禮學類著作。〔註105〕而這些經解還僅是晁公武所親眼見到的，因而存在遺漏。朱熹在《伊洛淵源錄》還提到：「（大臨）有《易》、《詩》、《禮》、《中庸》說、《文集》等行世」〔註106〕。朱熹所說的《易說》、《禮說》，應當就是指晁公武所錄的《易章句》和《禮記解》。除去重複，朱熹還提到呂大臨著有《詩說》。度正《跋呂與叔易章句》亦云：「余家舊藏呂與叔《文集》、《禮記解》、《詩傳》。」〔註107〕度正家藏的《詩傳》應當就是朱熹提到的《詩說》。由此可見，呂大臨還著有對於《詩經》的解說著作。此外，朱熹還說：「呂與叔《中庸》義，典實好看，又有《春秋》、《周易》解。」〔註108〕據此，呂大臨還應當有《春秋解》。《宋史·藝文志》還錄有「《孟子講義》十四卷」。由此可見，呂大臨確實「博及群書，妙達義理」〔註109〕，對《周易》、《尚書》、《詩經》、《禮記》、《春秋》等「五經」以及《論語》、《孟子》都有說解。

呂大臨著有五經解，在道學人物中並不特殊。呂大臨長於經學，當與張載的影響有關。張載曾對學生說：「某觀《中庸》義二十年，每觀每有義，已長得一格。六經循環，年欲一觀。」〔註110〕張載非常重視經學，據後世史志和書目著錄記載，他對六經《論》《孟》同樣均有說解，如《易說》、《春秋說》、《詩說》、《禮記說》、《論語說》、《孟子說》等。這些著作大部分都已散佚，完整流傳的只有《橫渠易說》，其餘部分收入《經學理窟》和《正蒙》。程頤晚年亦有撰寫五經解的打算。與張載一致，呂大臨不但對諸經均有解說，而且其思想宗旨同樣出於《中庸》。

〔註105〕《考古圖》與禮學相關，不同於今日所謂博物考古或歷史考古。

〔註106〕朱熹：《伊洛淵源錄》卷八，見《朱子全書》第 12 冊，第 1032 頁。

〔註107〕度正：《跋呂與叔易章句》，見《藍田呂氏遺著輯校》，第 626 頁。

〔註108〕黎靖德編：《朱子語類》卷第一百一，第 2561 頁。

〔註109〕朱熹：《伊洛淵源錄》卷八，見《藍田呂氏遺著輯校》，第 617 頁。

〔註110〕張載：《經學理窟·義理》，見《張載集》，第 277 頁。

　　除經學和禮學著作外，呂大臨的文集數量也不小。《郡齋讀書志》所錄爲《玉溪集》二十五卷、《玉溪別集》十卷。之後，除《宋史・藝文志》提到「《玉溪先生集》二十八卷」外，便再未見流傳。〔註111〕呂大臨曾專門研習過「文章之學」，他在《與友人書》中自稱「某往者輒不自量，學爲文章」〔註112〕。再加上他以後長期研習古禮和孔孟微義，因此，《祭文》中稱讚說「子之文章，幾及古人，薄而不爲」〔註113〕，可以說並非虛言。朱熹也說：「呂與叔《文集》煞有好處。他文字極是實，說得好處，如千兵萬馬，飽滿沆壯。」〔註114〕可見，呂大臨作文不僅僅在於形式，而是更注重內容的表達。呂大臨有詩「學如元凱方成癖，文似相如始類俳；獨立孔門無一事，只輸顏氏得心齋」〔註115〕，正反映了他文學觀的道學特點。

　　儘管呂大臨的著述頗豐，但完整流傳至今的很少，這便極大地影響了後人對呂大臨思想的研究。長期以來，受到研究者足夠重視的文獻僅僅是收在《程氏文集》中的《與呂大臨論中書》，以及收入《性理大全》和《宋元學案》的十數條語錄，最多再加上收在《程氏經說》中的《中庸解》。

　　實際上，收入《性理大全》和《宋元學案》的十數條語錄都來自呂大臨的經學著作，而呂大臨的主要經學著作如《易章句》、《禮記解》、《論語解》、《孟子解》等的主要部分，都被收集整編到後人所編的《周易》、《禮記》、《論語》、《孟子》的注釋之中得以保留下來，可以作爲研究北宋道學對經典注釋和意義闡發的重要參考文獻。更爲重要的是，在呂大臨這裡，道學與經學、禮學呈現出十分密切的關係，因而呂大臨的諸經解是研究其道學和哲學思想不能繞開的著作。〔註116〕

〔註111〕在以後的文章選錄中，宋趙汝愚輯《宋朝諸臣奏議》錄呂大臨《論選舉六事奏》一篇；南宋呂祖謙編《宋文鑑》收入呂大臨《克己銘》、《考古圖後記》、《中庸後解序》、《北郊》、《送劉戶曹》等詩文 5 篇；南宋四川眉山地區刻宋人文集《國朝二百家名臣文粹》，內容爲宋代名公 199 人的著述議論文，保存了大量無集宋人作家之文，其中錄有呂大臨文 22 篇。（見《新刊國朝二百家名臣文粹》（全六十冊），中華再造善本，北京圖書館出版社，2005 年。）上述文章今全部輯入《全宋文》第 110 冊，其中共輯有呂大臨所作文三十二篇。
〔註112〕呂大臨：《與友人書》，見《全宋文》第 110 冊，第 155 頁。
〔註113〕朱熹：《伊洛淵源錄》卷八，見《朱子全書》第 12 冊，第 1032 頁。
〔註114〕黎靖德編：《朱子語類》卷第一百一，第 2556 頁。
〔註115〕程顥、程頤：《河南程氏遺書》卷第十八，見《二程集》，第 239 頁。
〔註116〕今人陳俊民整理的《藍田呂氏遺著輯校》，是目前最爲完備的呂氏著述輯錄，爲我們的研究提供了方便。其中包括從納蘭性德編《合訂刪補大易集義粹

（二）易學

在呂大臨著作中，首先值得注意的是《易章句》。北宋儒學復興初期，儒家經典《周易》和《春秋》具有重要的地位。發展到道學，由於「性與天道」等形上學問題成爲其立論和體認的基點，《周易》的地位遠高於《春秋》，而道學家的《春秋》學則並不顯著。

與《春秋》討論禮義大防等人事問題不同，《周易》因其直接討論的是天道問題，早自漢代以來就素稱「五經」之首，衍化出名目眾多、派別各異的易學流派，其主流爲兩漢象數易學和魏晉義理易學。作爲道學家的張載、二程並不絕對排斥象數易學，但他們主要使用的是「由天道論證人事」的義理解易方法。

以《易傳》特別是《繫辭》解《易經》是張載和二程共尊的法門。對於易學的宗旨，張載明確指出：「聖人與人撰出一法律之書，使人知所向避，《易》之義也。」〔註117〕張載著有《橫渠易說》傳世，《宋史》更稱其學「以《易》爲宗」。程顥不重視著書，其道學思想雖然以體認「一本」著稱，但天道論在其思想中也有重要的地位。在其語錄中，關於《易》之天道論的談話比比皆是。程顥強調：「聖人用意深處，全在《繫辭》，《詩》、《書》乃格言。」〔註118〕程頤更是對《周易》相當重視，晚年親自撰寫《易傳》，反覆修改，直到臨終前才出示弟子。程頤的《易傳》成爲後來宋明理學注《易》的最高典範。

作爲張載和二程的弟子，呂大臨也撰有《易章句》。關於《易章句》，《郡齋讀書志》有錄目，並提要作：「其解甚略，有統論數篇。」〔註119〕呂大臨原書已佚，清納蘭性德所輯《合訂刪補大易集義粹言》之中，收有呂大臨的易說。《合訂刪補大易集義粹言》本是由《大易集義》和《大易粹言》二書「合訂刪補」而成，《集義》只載上下經解，《粹言》有《易傳》部分但卻不載呂大臨之說。〔註120〕南宋呂祖謙因《程氏易傳》不解《繫辭》以下《易傳》部

言》、衛湜編《禮記集說》、朱熹編《論孟精義》等書中輯出的《易章句》、《禮記解》、《論語解》、《孟子解》等書，雖非全璧，但確如輯者所言「足見其大概」。見陳俊民輯校：《藍田呂氏遺著輯校》，中華書局，1993 年初版。經修訂增補後，又新編入北大《儒藏》精華編第 220 冊。可與《全宋文》所輯呂大臨文三十二篇合觀。

〔註117〕張載：《橫渠易說・繫辭上》，見《張載集》，第 182 頁。
〔註118〕程顥、程頤：《河南程氏遺書》卷第二上，見《二程集》，第 13 頁。
〔註119〕晁公武：《郡齋讀書志》卷第一，見孫猛：《郡齋讀書志校正》，第 40～41 頁。
〔註120〕《四庫全書總目提要》卷六曰：「是書乃取宋陳友文《大易集義》、方聞一《大

分，而編有周敦頤、二程以及程門高弟等十三家論易著述及語錄而成的《周易繫辭精義》，其中雖載有呂大臨之說但不完備。〔註121〕因此，不但《易章句》之「統論數篇」今已不可見，即便原書是否有《繫辭》以下之說，也難以判定。

對於《易章句》的特點，度正《跋呂與叔易章句》說：

> 今觀《易章句》，其間亦有與橫渠異而與伊川同者，然皆其一卦一爻之間小有差異，而非其大義所在，其大義所在，大抵同耳。〔註122〕

按照度正的意思，呂大臨《易章句》雖然同時受到張載和程頤二人之易學的影響，但大體上則同於張載。陳俊民指出：「呂大臨的《易章句》同《橫渠易說》、《伊川易傳》相比，無論就其釋《易》方法與形式來說，還是就其易學內容與主旨而論，都同張載《易說》的『原儒』思路一脈相承，帶有更明鮮的原始儒家《易傳》思想的特徵。」〔註123〕「總的來說，呂大臨的易學方法原本於《易傳》（即『十翼』），直承於有宋一代由胡瑗（翼之）開先河的易學義理派風氣，以張載《易說》闡發的『天人合一』主題為架構，採取同爾後程頤《易傳》相類似的傳注形式，按十翼義例釋經文，參證儒家經史闡經義，用平實精約的文筆，推天道以明人事倫理，充分發揮了儒家《易傳》的『三才之道』。」〔註124〕這一說法是中肯的。

易粹言》（案：此書原本誤作曾穜，今考正。）二書而合輯之。友文書本六十四卷，所集諸儒之說凡十八家，又失姓名兩家。聞一書本七十卷，所集諸儒之說凡七家。……惟《粹言》有《繫辭》《說卦》《序卦》《雜卦》，而《集義》止於上下經，故索引未能賅備。」（見《欽定四庫全書總目》（整理本），中華書局1997年，第60頁。）《四庫全書總目提要》卷三載「《大易粹言》十卷」，曰：「所採凡二程子、張子、楊時、游酢、郭忠孝及穜師郭雍七家之說。」無呂大臨。（見《欽定四庫全書總目》（整理本），第23頁。）陳俊民《藍田呂氏遺著輯校》從中輯出關於上下經解的部分三百三十九條，又從宋呂祖謙編《晦庵先生校正周易繫辭精義》中輯出關於《繫辭》上下和《說卦》的注解二十九條，定名為《易章句》。

〔註121〕《周易繫辭精義》該書不僅包括今本《繫辭》上下，還涵納《說卦》、《序卦》、《雜卦》三部分。全書共引范仲淹、胡瑗、周敦頤、程顥、程頤、張載以及程門高弟呂大臨、謝良佐、楊時、侯仲良、尹焞、游酢、胡宏十三家之說。

〔註122〕度正：《跋呂與叔易章句》，見《藍田呂氏遺著輯校》，第626頁。

〔註123〕陳俊民：《關於藍田呂氏遺著的輯校及其〈易章句〉之思想》，見《藍田呂氏遺著的輯校》，第24頁。

〔註124〕陳俊民：《關於藍田呂氏遺著的輯校及其〈易章句〉之思想》，見《藍田呂氏

在易學史上，以義理解《易》最有影響的人物是王弼。王弼的貢獻在於一掃象數的繁雜，以老莊解《易》，直接明瞭。王弼易學通過唐孔穎達等編訂的《周易正義》對後世易學影響極大。北宋易學的主流是義理解易，如胡瑗、王安石、程頤等。呂大臨易學中也有涉及象數部分，如他對「揲蓍三變」〔註125〕、「參天兩地」〔註126〕的解釋，但大體均是「推天道以明人事」。〔註127〕

試比較張載、程頤和呂大臨對《乾卦》卦辭「元亨利貞」的解釋：

> 天下理得，元也；會而通，亨也；說諸心，利也；一天下之動，貞也。貞者，專靜也。〔註128〕

> 元者萬物之始，亨者萬物之長，利者萬物之遂，貞者萬物之成。〔註129〕

> 元，所以本也；亨，所以交也；利，所以成功也；貞，所以為主也。〔註130〕

三人都把「元亨利貞」理解為四德，屬義理派解《易》的路徑，但對四德具體內涵的理解又各不相同。

張載的解釋與其天道性命理論相關。所謂「天下理得」源於《周易‧繫辭傳》首章：「易簡而天下之理得矣。天下之理得，而成位乎其中矣。」因而，張載所謂「理」是指天地變化中恒常不變的「易簡之理」，具有本體性的特質，所「會通」者當指人生遭際的各種事物。能得理通事，便需悅心定性，因而「元亨利貞」實際上是精神修養到一定境界後所達致的一時並起的結果。

程頤的解釋則不同，他把「元亨利貞」看作是萬物的始、長、遂、成的過程，也即理解為天地所具有的的四德，尚不直接等同於人事。因而在解釋《乾卦‧文言》時，程頤又強調「元亨利貞，乾之四德，在人則元者眾善之首也，亨者嘉美之會也，利者和合於義也，貞者乾事之用也。」〔註131〕顯然，程頤對「元亨利貞」四德做了「在天」與「在人」的區別，人事源於天理。

遺著的輯校》，第25頁。

〔註125〕呂大臨：《易章句》，見《藍田呂氏遺著輯校》，第62頁。

〔註126〕呂大臨：《易章句》，見《藍田呂氏遺著輯校》，第180頁。

〔註127〕《四庫全書總目提要‧易類》曰：「《易》之為書，推天道以明人事者也。」

〔註128〕張載：《橫渠易說》，見《張載集》，第69頁。

〔註129〕程頤：《周易程氏傳》卷第一，見《二程集》，第695頁。

〔註130〕呂大臨：《易章句》，見《藍田呂氏遺著輯校》，第61頁。

〔註131〕程頤：《周易程氏傳》卷第一，見《二程集》，第699頁。

呂大臨的解釋相對簡略，其解釋路徑與張載接近，可以說更加立足於人事著眼，但形而下的意味更重，而這也正是呂大臨解《易》的最大特點。

再如對《乾卦・文言》的解釋，張載著意突出窮神知化、內正性命、聖人天德的重要性，程頤同樣不斷強調人當修德而合於天道，呂大臨則強調正事安分。呂大臨對《乾卦》九二、九三《文言》解釋說：

> 人倫者，天下之常道，百世所不易，大君所先治也。九二，人道之極而位正中，惟人倫之為務，故庸言之信，庸行之謹；九二成德，所以常久而不散，在乎閑邪、不伐而已。〔註132〕

> 忠信進德，如有諸己，又知所以充實之也；「修辭立其誠」，正名是事，行其實以稱之也。「所立卓爾」，而欲從之，知至至之也，於德有先見之明也；「人不堪其憂，而不改其樂」，知終終之也，於分有當安之義也。〔註133〕

在道學家對乾卦的解釋中，九二往往被看作是臣德、人德或學者之德，九五則被看作是君德、天德或聖人之德。呂大臨在九二、九三《文言》解釋中，突出了對人倫常道的重要性，以此要求學者知之以充其實、安之以行其實，但對九五卻未致片言，更可見他在《易章句》中關心的主要是對人倫常道的堅持，而較少用心於「性與天道」等形上問題的思辨。

在解釋《坤卦》六二《象傳》時，呂大臨有一段很重要的話：

> 理義者，人心之所同然，屈而不信，私意害之也；理義者，天下之所共由，畔而去之，無法以閑之也。私意害之，不欽莫大焉；無法以閑之，未有不流於不義也。直則信之而已，方則匡之而已，非有加損於其間，使知不喪其所有、不失其所行而已。二者，克己復禮也。克己復禮，則天下莫非吾體，此其所以大也。心誠求之，雖不中不遠矣，此所以「不習無不利」也。六二居坤下體，柔順而中，君子存心治身，莫宜於此。〔註134〕

在這段話中，呂大臨提出了「存心治身」的義理根據和方法。修身的根據在於「理義」的共通性，這既是人心的本然狀態，也是天下國家之所以維持其倫理秩序的根源。一旦人以自私之心隔絕、蒙蔽，必然會流於不敬不義。因

〔註132〕呂大臨：《易章句》，見《藍田呂氏遺著輯校》，第63頁。
〔註133〕呂大臨：《易章句》，見《藍田呂氏遺著輯校》，第63頁。
〔註134〕呂大臨：《易章句》，見《藍田呂氏遺著輯校》，第66頁。

此，學者所當做的工夫便是「克己復禮」，袪除私意，大其心，以誠求之，體認到「天下莫非吾體」，回覆人心原初狀態。

呂大臨所謂「理義」，出於《孟子‧告子上》：「心之所同然者何也？謂理也、義也。聖人先得我心之所同然耳。」理與義均是行為的客觀準則，孟子較多講「義」，偶爾也講「理」，理似比義的客觀性和準則性更強。雖然如此，對於人心而言，理義是內在的，不是社會教化的結果，而是人心原本具有的。故而孟子接著強調「理義之悅我心，猶芻豢之悅我口」，理義與食欲一樣，都屬於人的天性。呂大臨這裡所表達的思想與孟子是相同的。他進一步認為，恢復人的理義天性的方法就是「克己復禮」。「克己復禮」便是「存心治身」，二者的內涵是一致的。儒家修身的方法正是要把禮與身心的關係協調一致。一方面，這當然存在著為社會禮儀所體現的人倫進行理論辯護的目的；另一方面，這又是儒家不同於佛老，試圖通過禮儀文化的認同和教養，對個體身心行為進行規範、修養、提升的最重要方法。

呂大臨這裡的論述實際上已經涉及到儒家的心性之學。他以《孟子》解《易》，也非僅此一處。這證明《易章句》雖然沒有像張載、二程自覺進行形而上的闡釋，但基本的路徑是一致的。結合前述乾卦的解釋中對人倫常道的強調，呂大臨強調「克己復禮，則天下莫非吾體，此其所以大也。心誠求之，雖不中不遠矣」，這與張載「知禮成性」和「大其心則能體天下之物」〔註135〕的思想頗為相通。

所謂「心誠求之，雖不中不遠矣」，是對《大學》的引用。對《孟子》和《大學》的相同引用，也出現在《禮記解‧中庸》首章首句「天命之謂性，率性之謂道，修道之謂教」的解釋中。《禮記解‧中庸》的解釋遠比此處詳盡，但大旨則基本相同。而《禮記解‧中庸》與誤被當做是程顥所作的《中庸解》，義理基本一致。所以，如果此處解釋確係《易章句》原本所有，那麼可以推斷出三種可能：第一，《易章句》成書於呂大臨從學於張載的關學時期，但在洛學時期仍保留了關學時期的基本思路；第二，《易章句》成書於關學時期，但同時已與二程有所往來，同時受到張、程兩方面影響，基本的思想大旨已經形成；第三，《易章句》成書於從學二程之後的洛學時期，只是解釋過於簡略，沒有太著意發揮「性與天道」的形上理論。無論是哪種可能，呂大臨在所謂關洛兩個時期或前後期的思想差異，都沒有歷代學案所說的那樣大。而

〔註135〕張載：《正蒙‧大心篇》，見《張載集》，第 24 頁。

度正所說「今觀《易章句》，其間亦有與橫渠異而與伊川同者，然皆其一卦一爻之間小有差異，而非其大義所在，其大義所在，大抵同耳」〔註136〕，看來是有根據的。特別是呂大臨對易卦「中」位之重要性的反覆強調，既可以說是對張載「大中至正」之道的繼承，同時也爲其後來與程頤論「中」提供了理論的支持。〔註137〕

（三）禮學

在儒家五經中，如果說易學主要是「推天道」，那麼禮學則重在「明人事」。由於孔子罕言「性與天道」，多言「克己復禮」，所以禮學更能保持傳統儒學的樸素特質。如前所述，范祖禹舉薦呂大臨時稱其「修身好學，行如古人」〔註138〕，《宋史》稱其「通六經，尤邃於禮。每欲掇習三代遺文舊制，令可行，不爲空言以拂世駭俗」〔註139〕，其對「五經」特別是《禮記》的解說和對《編禮》、《考古圖》的撰錄，都證明呂大臨對「古道」與「禮學」的重視。在現存可見的策論、奏摺中，呂大臨也常常是古今對比，言必稱「古」。呂大臨這種重視三代「遺文舊制」的精神，可以看作是與同時代道學發展主流對儒家傳統「上達」方向之發展略顯不同的「下學」方向的繼承，因而具有「原儒」特點。當然，無論是在「原始儒家」，還是在宋代「新儒家」，「上達」與「下學」實際上是不能分離的，因而這種不同也僅僅是側重點的不同而已，並沒有本質上的差別。

關中學者的「重禮」之風和「原儒」特點，是由張載所開創的。呂大臨《橫渠先生行狀》記張載「政事大抵以敦本善俗爲先，每以月吉具酒食，召

〔註136〕度正：《跋呂與叔易章句》，見《藍田呂氏遺著輯校》，第626頁。

〔註137〕陳俊民指出：「雖說他同張載一樣重視『禮』的道德規範作用，但張載最終還是將『禮』歸結爲『理』，認爲『禮出於理之後』，只有先『知理則能制禮』（《張子語錄》下），因而在《易說》中，同二程一樣，把『窮理』、『盡心』、『盡性』作爲修養核心，充分體現出理學作爲『心性義理之學』的理論特色。而呂大臨《易章句》卻遠未做到這一點，即使以後的禮論、『中』說，亦與張載心性之說，難以相伯仲，難怪張載早就批評他『求思偏隘』（同上）。這又是他同張載同『曲』之異『調』也。」（見氏著：《關於藍田呂氏遺著的輯校及其〈易章句〉之思想》，見《藍田呂氏遺著的輯校》，第59頁。）陳先生指出《易章句》中對心、性、理等道學形而上問題的論述不足是有根據的，但他以此判斷呂大臨禮論、中說難以與張載相伯仲，則有以偏概全之嫌。

〔註138〕李燾：《續資治通鑒長編》卷四百七十二，第32冊，第11276頁。

〔註139〕脫脫：《宋史》卷三百四十，第10848頁。

鄉人高年會於縣庭，親爲勸酬，使人知養老事長之義」〔註140〕，這本於鄉飲酒禮；「繼遭期功之喪，始治喪服，輕重如禮；家祭始行四時之薦，曲盡誠潔」〔註141〕，這顯然是本於喪禮和祭禮；「其家童子，必使灑掃應對，給侍長者；女子之未嫁者，必使親祭祀，納酒漿，皆所以養孫弟，就成德」〔註142〕，這是養人與成人之禮，是冠禮和昏禮之前的必經過程；「論治人先務，未始不以經界爲急，講求法制，粲然備具」〔註143〕，這是本於《周禮》。張載晚年退居橫渠，還親自「與學者議古之法，共買田一方，畫爲數井，上不失公家之賦役，退以其私正經界，分宅里，立斂法，廣儲蓄，興學校，成禮俗，救菑恤患，敦本抑末，足以推先王之遺法，明當今之可行。」〔註144〕可見，張載不僅重視「窮神化，一天人」，思考宇宙的運行之道，而且特別重視人倫實踐，而這些都是本於經典的記述和他對經典的理解。

關中學者重禮之風雖由張載開創，但在呂氏兄弟身上得到更加充分的體現。《宋史・呂大防傳》記曰：

> （大防）與大忠及弟大臨同居，相切嗟論道考禮，冠昏喪祭一本於古，關中言禮學者推呂氏。嘗爲《鄉約》曰：「凡同約者，德業相勸，過失相規，禮俗相交，患難相恤，有善則書於籍，有過若違約者亦書之，三犯而行罰，不悛者絕之。」〔註145〕

「藍田四呂」之中，呂大鈞與張載同年中進士，並且是張載較爲早期的弟子，其治學特點尤其表現在勇於躬行踐履。《宋史・呂大鈞傳》記：「大鈞從張載學，能守其師說而踐履之。……雖皆本於載，而能自信力行，載每歎其勇爲不可及。」〔註146〕張載也曾對二程說：「關中學者用禮漸成俗」〔註147〕，「秦俗之化，亦先自和叔有力焉，亦是士人敦厚，東方亦恐難肯向風。」〔註148〕《伊洛淵源錄》所錄的《（呂大鈞）行狀略》記載了呂大鈞如何勇於行禮儀、化風俗，如何在張載的教導下由博返約，如何在張載逝世之後繼續推行禮教

〔註140〕呂大臨：《橫渠先生行狀》，見《張載集》，第 382 頁。
〔註141〕呂大臨：《橫渠先生行狀》，見《張載集》，第 383 頁。
〔註142〕呂大臨：《橫渠先生行狀》，見《張載集》，第 383 頁。
〔註143〕呂大臨：《橫渠先生行狀》，見《張載集》，第 384 頁。
〔註144〕呂大臨：《橫渠先生行狀》，見《張載集》，第 384 頁。
〔註145〕脫脫：《宋史》卷三百四十，第 10844 頁。
〔註146〕脫脫：《宋史》卷三百四十，第 10847 頁。
〔註147〕程顥、程頤：《河南程氏遺書》卷第十，見《二程集》，第 114 頁。
〔註148〕程顥、程頤：《河南程氏遺書》卷第十，見《二程集》，第 115 頁。

等事。可見，呂氏兄弟是關中之學向社會教化產生廣泛影響的重要推動者。

張載與呂氏兄弟推行禮學和社會教化並非出於自己的私意或私智，而是有所本的，這便是爲何他們反覆要強調「論道考禮」、「一本於古」的原因。范育《呂和叔墓表》記：

> 始居諫議（呂蕡）喪，衰麻斂奠葬祭之事，悉捐俗習事尚，一仿諸禮。後乃寖行於冠昏、飲酒、相見、慶弔之間，其文節粲然可觀，人人皆識其義，相與起好矜行，一朝知禮義之可貴。〔註149〕

呂氏一家從爲父親守喪開始，就力圖「悉捐俗習事尚，一仿諸禮」，其後又進一步推廣到冠禮、昏禮、鄉飲酒禮、士相見禮等，這些具體的禮儀操作當然需要有相應的名數器物和制度節文，因而呂氏兄弟大多對於各種禮節的名數制度有精深的研究。關學之精於禮以及呂大臨對於禮學的成就，也受到程頤的肯定，《程氏遺書》記：

> 曰：「聞有五經解，已成否？」曰：「惟易須親撰；諸經則關中諸公分去，以某說撰成之。禮之名數，陝西諸公刪定，已送與呂與叔。與叔今死矣，不知其書安在也？」〔註150〕

晁公武《郡齋讀書志》在「《編禮》三卷」條下記曰：「右皇朝呂大臨與叔編。以士喪禮爲本，取『三禮』附之，自始死至祥練，各以類分，其施於後學甚悉。尚恨所編者『五禮』中特凶禮而已。」〔註151〕據此，呂大臨的《編禮》可能尚未完成，是否與程頤所說的「陝西諸公刪定」之書有關係也不得而知。

呂大臨還參與撰寫了《家祭禮》。陳振孫《直齋書錄解題》記：「《呂氏家祭禮》一卷，丞相京兆呂大防微仲、正字大臨與叔撰。」〔註152〕這應該也是出於《呂和叔墓表》所說的「衰麻斂奠葬祭之事，悉捐俗習事尚，一仿諸禮」而編訂的。由此也可證明呂大臨是呂氏兄弟推行禮學活動中的重要參與者。

《編禮》與《家祭禮》今已完全佚失，流傳後世、影響巨大的《考古圖》實際上也是呂大臨出於「論道考禮」所作。《考古圖後記》中說：

> 暇日論次成書，非敢以器爲玩也，觀其器，誦其言，形容彷彿，

〔註149〕范育：《呂和叔墓表》，見《藍田呂氏遺著輯校》，第 612 頁。
〔註150〕程顥、程頤：《河南程氏遺書》卷第十八，見《二程集》，第 239 頁。
〔註151〕晁公武：《郡齋讀書志》卷第二，見孫猛：《郡齋讀書志校證》，第 81 頁。
〔註152〕陳振孫：《直齋書錄解題》卷六，上海古籍出版社，1987 年，第 187 頁。

以追三代之遺風，如見其人矣。以意逆志，或探其製作之原，以補
經傳之闕亡，正諸儒之謬誤。天下後世之君子，有意於古者，亦將
有考焉。〔註153〕

雖然呂大臨因《考古圖》而成爲後世金石學的先驅，但從他之所以作《考古
圖》的本意來說，顯然也是出於「道學」實踐的目的。

呂大臨注重道學的社會實踐，在其初次請見程顥時就表達的非常清楚：
「雖自明之德，上達不已，而禮樂之文，尚有未進，學士大夫無所效法。」〔註
154〕道學不但需要「上達」，也需要使學士大夫有所「效法」。「上達」是儒者
個人的修身問題，而使學士大夫有所「效法」，則需要詳備並且具有可操作性
的「禮樂之文」。前者固然重要，後者更是世之所急。由此可見呂大臨之學不
但「有體」，更要「有用」。

禮有器、有文、有義，在呂大臨所有的禮學著作中，最能反映其禮學思
想的無疑是《禮記解》。呂大臨所作《禮記解》原本已佚，今本《禮記解》是
從衛湜《禮記集說》中輯出的。據衛湜《禮記集說》記載：

藍田呂氏大臨，字與叔，《解》十卷。案《中興館閣書目》止一
卷，有《表記》、《冠義》、《昏義》、《鄉飲酒義》、《射義》、《燕義》、
《聘義》、《喪服四制》八篇而已。今書坊所刊十卷，又有《曲禮》
上下、《孔子閒居》《中庸》、《緇衣》、《深衣》、《儒行》、《大學》八
篇。〔註155〕

對於《禮記解》的版本源流還可以參考陳振孫《直齋書錄解題》，其中對《禮
記解》的提要說：

《芸閣禮記解》十六卷，秘書省正字京兆呂大臨與叔撰。案《館
閣書目》作一卷，止有《表記》、《冠》、《昏》、《鄉》、《射》、《燕》、
《聘義》、《喪服四制》凡八篇。今又有《曲禮》上下、《中庸》、《緇
衣》、《大學》、《儒行》、《深衣》、《投壺》八篇。此晦庵朱氏所傳本，
刻之臨漳射垛，書坊稱《芸閣呂氏解》者，即其書也。《續書目》始
別載之。〔註156〕

〔註153〕呂大臨：《考古圖後記》，見《全宋文》第110冊，第163頁。
〔註154〕呂大臨：《與程伯淳書》，見《全宋文》第110冊，第157頁。
〔註155〕衛湜：《禮記集說·名氏》，見《通志堂經解》第12冊，第348頁。
〔註156〕陳振孫：《直齋書錄解題》卷二，第47頁。

衛湜所說的書坊所刊十卷本《禮記解》大體即是朱熹所傳《芸閣呂氏解》。但衛湜和陳振孫各自所言多出《館閣書目》所記八篇之外的「八篇」，在篇目上略有差異。衛湜所說有《孔子閒居》無《投壺》，陳振孫則相反。或許二人看到的版本仍有小的差異。這就使得衛湜《禮記集說》所收呂大臨對《禮記》的解釋實際上不是十六篇，而是十七篇。〔註157〕導致篇目錯出不一的另外一種可能是《禮記解》並非呂大臨在世時整理好的成書，而是各篇或幾篇分別流傳，後由朱熹整理刊刻成書。

對於《禮記》整體的性質，呂大臨認為：

> 今之所傳《儀禮》者，經禮也。其篇末稱「記」者，記禮之變節，則曲禮也。漢興，高堂生傳《禮》十七篇，今《儀禮》是也。戴聖傳《禮》四十九篇，今《禮記》是也。《禮記》所載，皆孔子門人所傳授之書，雜收於遺編斷簡者，皆經禮之變節也。〔註158〕

依此，在呂大臨看來，「曲禮」是相對於「經禮」而言的，《禮記》屬曲禮，《儀禮》屬經禮。《儀禮》所記的是「祭祀、朝聘、燕饗、冠昏、鄉射、喪紀之禮」，是涉及家國秩序的重大禮節，是原則上不可改變的節文；《禮記》則是「禮之變節」，是「大小尊卑、親疏長幼，並行兼舉、屈伸損益之不可常者」〔註159〕，需要在具體場合中隨時應變，其中不變者唯有禮之義理。因此，《禮記》所載看似是對《儀禮》的補充，實際上是「雜收於遺編斷簡」的「孔子門人所傳授之書」，因而在義理上更能體現「禮之時」與「禮之義」，具有更大的闡釋空間，更能適應於時代和境遇變化的要求。

在儒家經學傳統中，禮學雖然貫穿於「五經」之中，但其最集中的體現仍然是《儀禮》。而從儒家經典的演化來講，禮學又不限於《儀禮》，實際上是「三禮之學」，包括《周禮》、《儀禮》和《禮記》。「三禮」之中，《儀禮》偏重對於三代以來禮儀交往形式的記載，是禮學的本經，今文經學家相信其為孔子所作；《周禮》偏重政治制度層面，體現了對於國家制度的理想設計，古文經學家相信其為周公所作；《禮記》則是漢代經學家對先秦至西漢初年眾多孔子後學所作論、說、記等文獻的收集整理和彙編，內容最為龐雜。

〔註157〕清末《清麓叢書續編》所刊載的牛兆濂校刊本《藍田呂氏禮記傳》即為此十七篇。今《藍田呂氏遺著輯校》所收《禮記解》完整的篇目亦為此十七篇。
〔註158〕呂大臨：《禮記解·曲禮上第一》，見《藍田呂氏遺著輯校》，第187頁。
〔註159〕呂大臨：《禮記解·曲禮上第一》，見《藍田呂氏遺著輯校》，第187頁。

由於在「五經」中，禮學涉及到實際的禮儀制度及其意義理解，與社會生活和時代變遷最為息息相關，所以，三禮各自的重要性，不僅在同時代的不同經學學派中有所不同，在不同的時代中更是呈現出巨大的變化。宋儒治經，重在義理。在北宋整體的經學氛圍中，《儀禮》因尤為繁雜且難以操作，其地位漸趨下降，甚至在神宗熙寧年間，遭到王安石廢黜。《周禮》則普遍被看作周公所作「三代」古制，寄託了政治改革的理想，因而較被看重。王安石為「三經」作「新義」，便以《周禮》為最重要。張載亦極為重視《周禮》。《禮記》則被看作是孔子後學所作的「殘章斷簡」，內容亦雜而不純，個別被認為是純而不雜之篇如《中庸》、《大學》等的地位逐漸上升，成為經學入門之書。

從具體內容看，《禮記》中既有對具體禮儀的補充記載，也有專門解釋《儀禮》的義理說明，還有的則是記載孔子的言論，或闡發孔子思想之儒家後學的言論。因而，如有學者所言，《禮記》實具有「儒家子學叢書」的性質。這與《論語》、《孟子》的性質更加相似，不同之處在於，道學家認為《禮記》純雜互見，各篇思想需要具體分析。如張載說：「《禮記》則是諸儒雜記，至如禮文不可不信，己之言禮未必勝如諸儒。如有前後所出不同且闕之，記有疑議亦且闕之，就有道而正焉。」〔註160〕程頤也說：「《禮記》之文，亦刪定未了，蓋其中有聖人格言，亦有俗儒乖謬之說。乖謬之說，本不能混格言，只為學者不能辨別，如珠玉之在泥沙。」〔註161〕

正因為《禮記》的理論性、多樣性和開放性，在經學發展史上，其地位不斷上升。經過中唐以後的「疑經運動」以後，北宋儒者實際上已經重視《周禮》和《禮記》勝過《儀禮》，其原因在於前二書之中包含著更多直接與現實相關的儒家義理。呂大臨沒有選擇注解《儀禮》或《周禮》，而是在《禮記》之中選擇若干篇作解說，同樣體現了這一特點。這一點看似既不符合呂氏家族重視禮制的家風，也不符合張載重視《周禮》的學風，但卻符合呂大臨在道學基礎上努力在士大夫中間推行禮學、倡導禮學，進而達到在整個社會「化禮成俗」的社會治平理想。

《宋史》稱張載「尊禮貴德」〔註162〕，二程也指出張載關學的特點是「以

〔註160〕張載：《經學理窟・義理》，見《張載集》，第277頁。
〔註161〕程顥、程頤：《河南程氏遺書》卷第十八，見《二程集》，第240頁。
〔註162〕脫脫：《宋史》卷四百二十七，第12723頁。

禮立敎」〔註163〕，禮學在張載思想中具有重要的意義和價值。呂大臨正是在張載的影響下，推進了他關於禮學的觀點。「禮」首先包括「禮文」和「禮義」。呂大臨認爲《禮記》是對「經禮之變節」的記載，這樣就突出了禮義的重要性。實際上，禮義本身就是對禮制內容的理解，失去了意義的形式就不再成爲形式，所以二者不是隔絕的。呂大臨對禮義的分析中，包含著對禮制形式的重視。因此，呂大臨對《禮記》諸篇的解釋主要以解釋「諸禮曲折之文」背後的意義爲主，即從先王制禮之本心本意來理解禮的來源、功能和本質。呂大臨說：

> 先王制禮，其本出於君臣父子、尊卑長幼之間，其詳見於儀章
> 度數、周旋曲折之際，皆義理之所當然。〔註164〕

以此而言，可以說「禮學」成爲呂大臨思想最後的歸結所在。本心儘管是眞實的，但只有在一個禮法世界中，本心的豐富意義才徹底地展開。這裡並不存在外在世界和內在世界的對峙，而是一個完整的意義世界的呈現，這便是禮的「合內外」的意義。德與知是對價值根源的把握所需的工夫路徑，禮法世界則不但要依賴德與知的把握，而且還要呈現爲客觀世界的存在。這看起來具有外在性，但卻是「天道性命」落實的必然。

縱觀呂大臨《禮記解》所詮解的十七篇，如以劉向《別錄》的分類來看，分別涉及「制度」、「通論」、「吉禮」、「吉事」和「喪禮」等，尤以通論和吉事爲多。〔註165〕但劉向對《禮記》的分類沒有一個統一的標準，因而受到後世的詬病。如果從義理的側重點來看，那麼這十七篇實際可以分爲兩類：

第一類是《中庸》、《大學》、《表記》、《緇衣》、《儒行》、《孔子閒居》等六篇，側重儒家修身與治國思想的闡發。其中，呂大臨尤其重視《中庸》和《大學》，後文再詳論。《表記》和《緇衣》，同《中庸》一樣，相傳均爲子思所作。呂大臨認爲，《表記》「論仁爲多」〔註166〕，《緇衣》「言爲上者，言行

〔註163〕《河南程氏粹言·論學篇》：「子厚以禮立敎，使學者有所守據也。」見《二程集》，第 1195 頁。

〔註164〕呂大臨：《禮記解·冠義第四十三》，見《藍田呂氏遺著輯校》，第 382 頁。

〔註165〕《曲禮》上下、《深衣》屬「制度」，《孔子閒居》、《中庸》、《表記》、《緇衣》、《儒行》、《大學》屬「通論」，《投壺》、《鄉飲酒義》屬「吉禮」，《冠義》、《昏義》、《射義》、《燕義》、《聘義》屬「吉事」，《喪服四制》屬「喪禮」。參見任銘善：《禮記目錄後案》，齊魯書社，1982 年。

〔註166〕呂大臨：《禮記解·表記第三十二》，見《藍田呂氏遺著輯校》，第 311 頁。

好惡，所以爲民之所則傚，不可不愼也」〔註167〕，如此等等，都是對「聖人之學」的具體展開或某一重點的強調。《儒行》一篇，太宗淳化年間曾「治賜新及第進士及諸科貢舉人《儒行篇》各一軸，令至所著於壁，以代座右之銘」〔註168〕。呂大臨雖然對其所記孔子語錄的眞實性提出了懷疑：「此篇之說，有矜大勝人之氣，少雍容深厚之風，似與不知者力爭於一旦，竊意末世儒者將以自尊其教，有道者不爲也」，但他又從義理上予以肯定：「雖然，其言儒者之行，不合於義理者殊寡，學者果踐其言，亦不愧於爲儒矣。」〔註169〕這仍然表現出呂大臨注重實行，而非形上思辨的特點。

第二類是《曲禮》上下、《冠義》、《昏義》、《鄉飲酒義》、《射義》、《燕義》、《聘義》、《喪服四制》以及《深衣》、《投壺》等，主要側重對古禮的補充和對禮儀意義的解釋。呂大臨認爲，《曲禮》所載是「雜記諸禮曲折之文」，而所謂的「曲折之文」就是禮之「大小尊卑、親疏長幼，並行兼舉、屈伸損益之不可常者」〔註170〕，實際上所要突出是禮在不同時代、環境、場合、關係等情況中的具體表現。由於禮儀制度會隨著環境和關係的改變而改變，禮儀規範可因時而起，故而學者所需掌握的關鍵是其意義，而非節文。呂大臨眞正注重的是「禮之義」，而「禮之文」只有在「禮之義」的理解之中才能隨時應變，眞正發揮作用，而不淪爲虛文。同樣，「祭祀、朝聘、燕饗、冠昏、鄉射、喪紀之禮」本來都是「節文之不可變者」〔註171〕，但呂大臨認爲《禮記》中「凡冠、昏、射、鄉、燕、聘《義》，皆舉其經之節文，以述其製作之意者也」〔註172〕。這就使禮從形式的外在刻板規定上昇到義理的理解層面。這種理解，同呂大臨制定《編禮》、《家祭禮》是相表裏的。有「禮之用」才能體現「禮之義」，有「禮之義」也才能夠眞正呈現出「禮之用」。「禮之用」反映在具體的「禮之文」、「禮之節」、「禮之器」、「禮之時」之中，而「禮之義」

〔註167〕 呂大臨：《禮記解‧緇衣第三十三》，見《藍田呂氏遺著輯校》，第339頁。

〔註168〕 《宋會要輯稿‧選舉》，轉引自余英時：《朱熹的歷史世界》，第87頁。

〔註169〕 呂大臨：《禮記解‧儒行第四十一》，見《藍田呂氏遺著輯校》，第360頁。程頤曾對此表示不同看法：「《禮記‧儒行》、《經解》，全不是。因舉呂與叔解亦云：『《儒行》夸大之語，非孔子之言，然亦不害義理。』先生曰：『煞害義理。恰限《易》，便只「潔靜精微」了卻；《詩》，便只「溫柔敦厚」了卻，皆不是也。』」（見《河南程氏遺書》卷第十九，《二程集》，第254頁。）

〔註170〕 呂大臨：《禮記解‧曲禮上第一》，見《藍田呂氏遺著輯校》，第187頁。

〔註171〕 呂大臨：《禮記解‧曲禮上第一》，見《藍田呂氏遺著輯校》，第187頁。

〔註172〕 呂大臨：《禮記解‧冠義第四十三》，見《藍田呂氏遺著輯校》，第382頁。

則是在「遺編斷簡」之中的「聖人微義」，需要「自明不已」，「上達天德」。
此外，如《深衣》「此篇純記深衣之制度而已。古者衣裳殊制，所以別上下也」
〔註173〕，《投壺》記「投壺，射禮之細也」〔註174〕，這兩篇雖然重在講明古
制，但實際上同樣是要說明古人制禮重在養人之德的意義。

在《明道先生哀詞》中，呂大臨曾說：

> 去聖遠矣，斯文喪失。先王之流風善政，泯沒而不可見；明師
> 賢弟子傳授之學，斷絕而不得聞。以章句訓詁為能窮遺經，以儀章
> 度數為能盡儒術；使聖人之道玩於腐儒諷誦之餘，隱於百姓日用之
> 末；反求諸己，則園然無得；施之於天下，則若不可行。異端爭衡，
> 猶不與此。〔註175〕

呂大臨的這一段話，雖然是為了引出對於程顥之所以承擔道統的時代使命意
識，但也反映了他對其所處時代之下儒學所面臨的困境的認識。在呂大臨看
來，先王之政不行、往聖之學不興的根本原因，不在於儒學之道的不足，而
在於後世儒者把「章句訓詁」和「儀章度數」當作儒家經術的實質，所以偏
離了孔孟儒學的「傳道」精神，儒學僅僅成為口頭「諷誦」的無用之物，既
不能修身，也不能治國，儒學的教化功能已經完全喪失，由此導致佛老異端
之學的興盛。正是在「反求諸己」、「以經求道」的義理前提下，張載、二程、
呂大臨等道學家打破了漢唐「五經」次第的刻板形式，開始從「義理」著眼，
「執殘編斷簡，欲逆求聖人之意於數千百年之上」〔註176〕。這表明呂大臨努
力在性命義理和禮文制度兩者之間尋找一種平衡，並將二者內在地重新融合
起來。呂大臨對《禮記》中的十七篇予以通篇解讀，不僅反映出其道學思想
和經學、禮學的聯繫，也全面地呈現出呂大臨的義理規模和格局。

（四）《中庸解》和《大學解》

北宋道學的形成，與《中庸》、《大學》的上昇是同步的。張載說：「學者
信書，且須信《論語》、《孟子》。《詩》、《書》無舛雜。《禮》雖雜出諸儒，亦
若無害義處，如《中庸》、《大學》出於聖門，無可疑者。」〔註177〕程頤也說：

〔註173〕呂大臨：《禮記解‧深衣第三十九》，見《藍田呂氏遺著輯校》，第355頁。
〔註174〕呂大臨：《禮記解‧投壺第四十》，見《藍田呂氏遺著輯校》，第357頁。
〔註175〕程顥、程頤：《河南程氏遺書》附錄，見《二程集》，第337頁。
〔註176〕呂大臨：《與友人書》，見《全宋文》第110冊，第155頁。
〔註177〕張載：《經學理窟‧義理》，見《張載集》，第277頁。

「《禮記》除《中庸》、《大學》，唯《樂記》爲最近道，學者深思自求之。」〔註178〕北宋儒學一個影響最爲深遠的事件，就是《禮記》中的《中庸》和《大學》作爲「孔氏之遺經」，受到特別的重視，日益獨立出來，與《論語》和《孟子》放在了同樣重要的位置，作爲儒家「傳道」之學的代表性著作。呂大臨也是如此。晁公武在《郡齋讀書志》「《芸閣禮記解》四卷」條下記曰「右皇朝呂大臨與叔撰。與叔師事程正叔，禮學甚精博，《中庸》、《大學》尤所致意也。」〔註179〕

《中庸》毫無疑問是屬於思孟心性儒學一系的作品，甚至是從孔子到孟子之間的「傳心之作」，因而其價值更爲北宋道學家看重。〔註180〕張載早年向范仲淹獻用兵之策，范仲淹「一見知其遠器，乃警之曰：『儒者自有名教可樂，何事於兵。』因勸讀《中庸》」〔註181〕。張載道學的理論結構建立在《周易》之上，但其心性思想則受《中庸》影響甚大。〔註182〕

對呂大臨的思想建構來說，《中庸》毫無疑問是其最核心的經典。呂大臨認爲：

> 《中庸》之書，聖門學者盡心以知性，躬行以盡性，始卒不越乎此書。孔子傳之曾子，曾子傳之子思，子思述所授之言以著於篇。
> 故此書之論，皆聖人之緒言，入德之大要也。〔註183〕

這對《中庸》的地位看的非常高。這裡不僅概括了《中庸》的思想宗旨是聖人傳授於學者「入德」的核心義理，其工夫特點是「盡心」、「躬行」以「知性」、「盡性」，而且還將《中庸》義理根源追溯到了孔子，並且描述了從孔子到子思的傳承譜系。聯繫到朱熹《中庸章句序》，這裡對朱熹《中庸》思想的影響顯而易見。

〔註178〕程顥、程頤：《河南程氏遺書》卷第二十五，見《二程集》，第 323 頁。

〔註179〕晁公武：《郡齋讀書志》卷十九，見孫猛：《郡齋讀書志校證》，第 1012 頁。

〔註180〕勞思光對此持有不同看法，認爲「其中混有形上學、宇宙論及心性問題種種成分。其時代當晚於孟荀，其方向則是欲通過『天人之說』以重新解釋『心性』及『價值』，實與孔孟之學有異。」見氏著：《新編中國哲學史》第二卷，廣西師範大學出版社 2005 年，第 56 頁。但新出土的簡帛文獻進一步證明這一傳統說法是具有一定的依據的，可參見梁濤：《郭店竹簡與思孟學派》，中國人民大學出版社 2008 年，第 267 頁以下。

〔註181〕呂大臨：《橫渠先生行狀》，見《張載集》，第 381 頁。

〔註182〕周敦頤的道學貢獻，同樣是源自他以《中庸》詮釋《周易》，可見北宋道學之共同的問題意識和精神氛圍。

〔註183〕呂大臨：《禮記解·中庸》，見《藍田呂氏遺著輯校》，第 270 頁。

　　呂大臨的《中庸解》有多個版本，其中之一一度被當做是程顥著作，收入《程氏經說》得以廣泛流傳。在理學史上影響巨大的與程頤的《論中書》之起因「中者道之所由出」一語，即出自《中庸解》首章的解釋，而《論中書》所討論的中和、性道與未發已發問題都與此相關。呂大臨《中庸解》也曾得到朱熹的高度肯定。《中庸》對呂大臨道學思想格局的建構，起到確至關重要的作用。因此，《中庸解》可以看做是呂大臨道學思想的集中表達，而對《中庸》首章的詮釋又可以看做其道學的骨架來源。

　　呂大臨對於《大學》的重視也值得注意。一般來說，《大學》的重視是自二程兄弟的提倡以後才開始的。呂大臨所記《東見錄》之中就有程顥關於《大學》的若干段語錄。但對於《大學》的學派歸屬和思想宗旨，後世一直有爭議。〔註184〕在《禮記解·大學》的序中，呂大臨說：

> 《大學》之書，聖人所以教人之大者，其序如此。蓋古之學者，有小學，有大學。小學之教，藝也，行也；大學之教，道也，德也。禮樂射御書數，藝也；孝友睦姻任恤，行也。自致知至於修身，德也；所以治天下國家，道也。古之教者，學不躐等，必由小學然後進於大學。自學者言之，不至於大學所止則不進；自成德者言之，不盡乎小學之事則不成。〔註185〕

顯然，呂大臨對《大學》主旨的理解，與其對《中庸》主旨的理解，是一致的，都是出於入德之序，因而都可以放在工夫論的視域中來理解。呂大臨強調《大學》的特點：一個是「教人之大」，「大」就是學之所「止」；另一個是「序」，也即「大人之學」亦需循序漸進的過程。在呂大臨的解釋中，這二者與《中庸》是一理貫通並且互相補充的。

　　《大學》與《中庸》不同的是，如果說《中庸》主旨集中於修身之道，所謂「聖門學者，盡心以知性，躬行以盡性」，「聖人之學，不使人過，不使人不及，立喜怒哀樂未發之中以為之本，使學者『擇善而固執之』」〔註186〕，

〔註184〕朱熹曾把《大學》歸於曾子名下，馮友蘭則把《大學》歸於荀學，牟宗三說《大學》是一個「空架子」。如此，如何闡釋《大學》的內在義理顯然有更大的隨意性。參見馮友蘭：《中國哲學史》上冊，華東師範大學出版社，2000年，第268頁以下；牟宗三：《心體與性體》中冊，上海古籍出版社，1999年，第350頁。

〔註185〕呂大臨：《禮記解·大學第四十二》，見《藍田呂氏遺著輯校》，第370頁。

〔註186〕呂大臨：《禮記解·中庸》，見《藍田呂氏遺著輯校》，第270頁。另見《中庸

那麼，《大學》的主題就顯得更加寬泛，從格物致知到正心修身，再到齊家治國，都在論述的關注範圍之內。在呂大臨看來，儘管《大學》以「大學」命名，實際上還隱含了對於「小學」的要求，即不但提出了修身成德的要求，還必須從人倫常道的日常培養開始，否則就落於空言。這一點在《中庸》中同樣受到了強調。因此，《大學》恰好可以看作對《中庸》主旨的補充和拓展。從心性到身與國的推擴中，《大學》之道起著重要的遞進作用，因而在呂大臨從「理學」向「禮學」的貫穿推進中，具有普遍性的意義。

（五）《論語解》和《孟子解》

在呂大臨道學思想的經典來源上，與《中庸》同等重要還有《孟子》。呂大臨對《中庸》首章的獨特詮釋，與他把《中庸》與孟子思想融合起來創建關於儒家「心性一本論」的體系密切相關。在《易章句》特別是《禮記解》中，我們隨處可見孟子思想之影響。與《禮記》所收之篇的純雜互見相比，《論語》和《孟子》在儒學傳承中的地位當然更加無可置疑。呂大臨對孟子尤其推崇，在《與友人書》中，他說道：

> 蓋道始於堯而備於孔子，孔子之後，無以加矣，可加非道也。
> 孟子之徒，知義理無出於孔子，故未嘗立言。然而反復論辨不止者，直欲終身盡心於孔子之道而已。〔註187〕

在呂大臨看來，孔子代表了儒家義理之全體，孟子只是對孔子之道的維護而已，而他自己則以孟子為法，以發明「孔子之道」為己任。

呂大臨對《論語》之解說，亦是立足於「義理」。他在《與友人書》中接著說：

> 某往者輒不自量，學為文章，既而若有所發，中道自悔，視前所為，殊可羞惡，乃一切棄去。又不自量，將以鄙滯不明之質，執殘編斷簡，欲逆求聖人之意於數千百年之上。其為力雖勤，而不知其果有得之歟？非歟？然鄙心以為聖人雖亡，而義理固在。果知義理之所在，則雖數百千年之上，猶今日也。譬諸觀水，苟知性之趣下，則雖江河淮濟之別，細大曲直之殊，以此理求之，無往而不得其性也。某近以此說求《論語》，因妄為之解。不敢自異於先儒，欲

後解序》，《全宋文》第 110 冊，第 162 頁。「立喜怒哀樂未發之中」，《全宋文》為「喜怒哀樂未發之前」。

〔註187〕呂大臨：《與友人書》，見《全宋文》第 110 冊，第 155 頁。

少發聖人之微義。〔註188〕

晁公武《郡齋讀書志》、尤袤《遂初堂書目》、《宋史·藝文志》都載有呂大臨《論語解》一目，《宋史·藝文志》還載有《孟子講義》一目。然據《經義考》所記，二書原本已佚。朱熹輯《論孟精義》中有呂大臨解，今收入《藍田呂氏遺書輯校》的《論語解》和《孟子解》就是據朱熹《論孟精義》輯出。〔註189〕

據《郡齋讀書志》，「《呂與叔論語解》十卷。右皇朝呂大臨撰。與叔雖程正叔之徒，解經不盡用其師說。」〔註190〕由晁公武之語與朱熹《論孟精義》的編輯原則兩相對比，可知朱熹《論孟精義》在收入《論語解》和《孟子解》時，應該做過大量的刪節，最終收入的僅僅是關鍵語句而已。

此外，依晁公武之言，《論語解》似乎應該是在從學二程後所作，但「解經不盡用其師說」則說明其中包含了呂大臨自己獨立的見解。與朱熹刪定的《中庸輯略》一樣，朱熹是把呂大臨排在二程弟子的第一位，可見朱熹把呂大臨看做程門弟子，從解經的義理上與程門並無本質的衝突，甚至優於其他程門弟子。

總之，雖然包括呂大臨在內受到關學學風影響的學者大多具有「原儒」的思想特點，但作爲「新儒學」的北宋「道學」，並非是簡單地向先秦原始儒家的復歸。在中國歷史上，對上古三代以來禮教文化的維護，是儒家一直以來的最顯著傳統。孔子自言「述而不作，信而好古」（《論語·述而》），通過對古代經典的編修整理，保存並發展了西周禮樂文明的文教精神。後世儒家「稽古」、「好古」，一方面是對上古三代文教傳統的延續，同時更是對孔子已經發展和內化的文教精神和歷史意識的繼承。呂大臨之學並非僅僅注重道德

〔註188〕呂大臨：《與友人書》，見《全宋文》第110冊，第155頁。

〔註189〕朱熹在《論孟精義·自序》中說：「間嘗搜輯條疏，以附本章之次，既又取夫學之有同於先生者，與其有得於先生者，若橫渠張公，若范氏、二呂氏、謝氏、游氏、尹氏，凡九家之說，以附益之，名曰《論孟精義》，以備觀省，而同志之士有欲從事於此者，亦不隱焉。」（朱熹：《論孟精義》卷一，見《朱子全書》第7冊，第11頁。）陳振孫《直齋書錄解題》記：「《語孟集義》三十四卷。朱熹撰。集二程、張氏及范祖禹、呂希哲、呂大臨、謝良佐、游酢、楊時、侯仲良、周孚先凡十二家，初名『精義』，後刻於豫章郡學，始名『集義』。」（陳振孫：《直齋書錄解題》卷三，第77頁。）增出的三家是朱熹後來修訂所加。

〔註190〕晁公武：《郡齋讀書志》卷第四，見孫猛：《郡齋讀書志校證》，第138頁。

性命之理的身心體驗，而且重視在經學和禮學中挖掘儒學的古義和聖人的微意，顯得與原始儒家的素樸精神更為相似。但不同於漢唐儒學僅僅重視對五經的「章句訓詁」和禮樂的「儀章度數」，北宋道學的最大特點是重視由孔孟儒學的精神切入，去瞭解五經和禮學的道德修養和社會實踐意義。呂大臨特別重視社會教化問題，但其學術思想的根本仍在於從「心性」入手，體會「聖人之意」，成就道德自我，以此推及社會、人倫。

三、《中庸解》問題

呂大臨最主要的著作是《中庸解》，其中不但反映出他精於禮學，而且包涵著他對「性與天道」問題的詳細討論。然而，圍繞《中庸解》和《禮記解‧中庸》的版本、成書時間、思想定位、學派歸屬乃至能否從中考察出他的思想發展等問題，均有必要再做澄清，這不僅是出於版本學上「辨章學術，考鏡源流」的理由，而且也可以看出呂大臨思想的獨立性及其特點。

（一）《明道中庸解》與《中庸後解》

如前所述，《郡齋讀書志》在「芸閣禮記解」條下稱「與叔師事程正叔，禮學甚精博，《中庸》、《大學》尤所致意也」〔註191〕，在「呂與叔玉溪集」條下又稱其「解《中庸》、《大學》等篇行於世」〔註192〕，但晁公武並沒有在《郡齋讀書志》中收錄呂大臨所著《中庸解》和《大學解》二書，這或許因其流傳甚少的緣故，更可能是二書原本為呂大臨《禮記解》中對於《中庸》、《大學》兩篇之解釋的單行本，因而二書實際上均已被包含於《禮記解》之中。

此外，晁志收有「《明道中庸解》一卷」，實即呂大臨所作。尤袤《遂初堂書目》記有呂大臨著《中庸再解》。〔註193〕《宋史‧藝文志》記有《中庸解》一卷，《大學解》一卷。〔註194〕由這些不同的題名上看，呂大臨至少作有兩部《中庸》解。

先說關於《明道中庸解》的問題。《郡齋讀書志》在「明道中庸解」條下說：「右皇朝程顥撰。陳瓘得之江濤，江濤得之曾天隱，天隱得之傅才孺，云

〔註191〕晁公武：《郡齋讀書志》卷第二，見孫猛：《郡齋讀書志校證》，第80頁。
〔註192〕晁公武：《郡齋讀書志》卷十九，見孫猛：《郡齋讀書志校證》，第1012頁。
〔註193〕尤袤：《遂初堂書目》，中華書局，1985年，第3頁。
〔註194〕脫脫：《宋史‧藝文志》，見《宋史》卷二百二，第5049頁。

李丙所藏。」〔註195〕晁公武在此特意將此本的傳承過程列出，表明其流傳很少。對此，朱熹曾專門做過考證，在《朱子語錄》中記有：

> 問：「《明道行狀》謂未及著書，而今有了翁所跋《中庸》，何如？」
>
> 朱子曰：「了翁初得此書，亦疑行狀所未嘗載，後乃謂非明道不能爲此。了翁之倩幾叟，龜山之婿也。翁移書曰：『近得一異書，吾倩不可不見。』幾叟至，次日，翁冠帶出此書。叟心知其書非是，未敢言。翁問曰：『何疑？』曰：『以某問之龜山，乃與叔初年本也。』翁始覺，遂不復出。」〔註196〕

朱熹所說「了翁」就是指陳瓘，「幾叟」指陳淵，曾從學於楊時，並爲楊時之婿。了翁所跋《中庸解》，也即晁公武所錄《明道中庸解》。陳瓘自稱「得一異書」，可知此書非常罕見。陳瓘對此書作者雖有所疑，但從義理上判斷「非明道不能爲」，可見其思想大旨與程顥極爲相似。但據二程親炙高弟楊時所證，此書「乃與叔初年本也」，證明其作者不是程顥，而是呂大臨。〔註197〕

楊時稱《明道中庸解》是「與叔初年本」，那麼，楊時顯然知曉呂大臨後來還作有另一本《中庸》解說，後者是否就是尤袤《中庸》所見之《中庸再解》呢？《中庸再解》原本已佚，但在呂祖謙編《皇朝文鑒》卷九一中收有呂大臨的一篇《中庸後解序》。其中提到：「然朝廷建學設官，職事有不得已者，此不肖今日爲諸君強言之也。諸君果有聽乎，無聽乎？」〔註198〕最後，呂大臨特別提示道：「諸君有意乎於今日之講，猶有望焉；無意，則不肖今日自爲譊譊無益，不幾乎侮聖言者乎？諸君其亦念之哉。」〔註199〕由此觀之，《中庸後解》當爲講義。元祐元年，呂大臨曾任太學博士，《中庸後解》可能就是

〔註195〕晁公武：《郡齋讀書志》卷第二，見孫猛：《郡齋讀書志校證》，第79頁。
〔註196〕黎靖德編：《朱子語類》卷九十七，第2494頁。
〔註197〕《明道中庸解》就是收入今《二程集》之中的《中庸解》。宋刻《程氏經說》未收《中庸解》，明徐必達才開始收入。《四庫全書總目提要》卷三十三曰：「《書錄解題》謂之《河南經說》，稱《繫辭》一、《書》一、《詩》二、《春秋》一、《論語》一、《改定大學》一。……明徐必達編《二程全書》，並《詩解》二卷爲一卷，而別增《孟子解》一卷、《中庸解》一卷，共爲八卷。」見《欽定四庫全書總目》（整理本），第425頁。以下爲與呂大臨其他的《中庸》解說著作相區別，有時仍稱此書爲《明道中庸解》，凡此均指呂大臨所著但收入於《程氏經說》的《中庸解》。
〔註198〕呂大臨：《中庸後解序》，見《全宋文》110冊，第161頁。另見《禮記解・中庸》，見《藍田呂氏遺著輯校》，第270頁，個別文字有異。
〔註199〕呂大臨：《禮記解・中庸》，見《藍田呂氏遺著輯校》，第270頁。

此時講經所記的講義。而《中庸再解》與《中庸後解》應是一書二名。

《中庸後解》原本也已佚失，今所見呂大臨對《中庸》的解說除了《明道中庸解》外，就是衛湜《禮記集說》中所收部分。那麼，衛湜在編撰《禮記集說》時，是否看到過《中庸後解》並將之收入其中呢？

衛湜《禮記集說》的《中庸》部分，是在朱熹《中庸輯略》的基礎上編成的。乾道年間，石𡒊編《中庸集解》，「斷自周子、二程子、張子而益以呂大臨、謝良佐、游酢、楊時、侯仲良、尹焞之說」〔註200〕。其間，朱熹曾助成其事。朱熹稱：「子重之為此書，採掇無遺，條理不紊，分章雖因眾說，然去取之間不失其當，其謹密詳審，蓋有得乎行遠自邇、登高自卑之意。」〔註201〕其中還提到：「明道不及為書，今世所傳陳忠肅公之所序者，乃藍田呂氏所著之別本也。」〔註202〕但之後幾年，隨著朱熹思想的成熟和研究的深入，他又認為：「凡石氏之所輯錄，僅出於其門人之所記，是以大義雖明而微言未析。至其門人所自為說，則雖頗詳盡而多所發明，然倍其師說而淫於老佛者亦有之矣。」〔註203〕朱熹一邊作《中庸章句》以「折衷」著述說，一邊將原石𡒊編《中庸集解》予以刪節成《中庸輯略》一卷，同時又作《中庸或問》二卷以記其去取之意。《中庸輯略》今存，其中所錄呂大臨的解說，多有「呂曰」、「一本云」、「又曰」等，可見所錄解說不限於一本。其中已包含有《明道中庸解》部分。

石𡒊《中庸集解》雖然受到朱熹的批評，但其首要價值恰恰在於其對二程及其門人的《中庸》之說「採掇無遺」，具有保存資料的價值，可惜自朱熹《中庸章句》行世，已經刪節的《中庸輯略》也少見，更不復說《中庸集解》。慶幸的是，《中庸集解》實際上經過衛湜在《中庸輯略》基礎上的恢復，後全部收入《禮記集說·中庸》。衛湜在該篇中說：

> 《中庸》一篇，會稽石氏《集解》，自濂溪先生而下凡十家。朱

〔註200〕紀昀：《四庫全書總目提要》卷三十五，見《欽定四庫全書總目》（整理本），第 463 頁。

〔註201〕朱熹：《晦庵先生朱文公文集》卷七十五，見《朱子全書》第 24 冊，第 3639 頁。

〔註202〕朱熹：《晦庵先生朱文公文集》卷七十五，見《朱子全書》第 24 冊，第 3640 頁。

〔註203〕朱熹：《晦庵先生朱文公文集》卷七十六，見《朱子全書》第 24 冊，第 3675 頁。

文公嘗爲之序，已而自著《章句》，以十家之說刪成《輯略》，別著
《或問》以開曉後學。今每章首錄鄭注、孔疏，次載《輯略》，即繼
以朱氏。然十家之說，凡《輯略》所不敢取者，朱氏《或問》間疏
其失，僅指謫三數言，後學或未深解。今以石氏本增入，庶幾覽者
可以參繹其旨意。其有續得諸說，則附於朱氏之後。〔註204〕

可見，衛湜《禮記集說・中庸》不但恢復了《中庸集解》的原貌，並且比之
更加詳盡。

　　《禮記集說・中庸》的開始部分是對《中庸》的總說，錄有呂大臨的三
段解說，其中一段恰好同於《中庸後解序》。這便可以做兩種推斷：要麼是《中
庸後解》已被收入《禮記集說・中庸》中，要麼就是衛湜僅僅收錄了《中庸
後解序》一文，而沒有收錄《中庸後解》。

　　衛湜在序言自稱「盡載程張呂楊之說，而諸家有可取者亦兼存之」〔註
205〕，在《名氏》又說：「以上解義，唯嚴陵方氏、廬陵胡氏始末全備，自餘
多不過二十篇，或三數篇，或一二篇，或因講說僅十數章，其他如語錄，如
文集，凡有及於禮經，可以開曉後學者，裒輯編次，麤已詳盡。」〔註206〕可
見，衛湜盡量收集了他能夠看到的所有關於《禮記》的解說，二程、張載、
呂大臨、楊時的解說更是片語必載。再者，《禮記集說・中庸》是在石墪《中
庸集解》的基礎上編訂的，石墪的編輯特點也是「採掇無遺」，而他又與朱熹
爲友，朱熹反覆論及呂大臨對《中庸》的解說不止一本，因此必然不可能直
錄序文而未有正文。

　　既然《禮記集說・中庸》對呂大臨之解說全部收錄無遺，那麼可以推斷，
呂大臨除了作有曾被誤認爲是程顥所著的《中庸解》以及《中庸後解》以外，
別無其他。那麼，由此也可以推定，《禮記解・中庸》就是《中庸後解》。或
者說，《中庸後解》就是流傳於當時的《禮記解・中庸》單本。而《中庸後解》
或《禮記解・中庸》既然本爲講義，這也可間接證明，《禮記解》全書亦爲講
義，其成書時間，是在呂大臨居太學博士以後，而非在其「關學階段」。

　　（二）《中庸解》與《禮記解・中庸》

　　今存《禮記集說・中庸》中，可以同時見到兩個版本呂大臨《中庸》解，

〔註204〕衛湜：《禮記集說》卷一百二十三，見《通志堂經解》第 13 冊，第 346 頁。
〔註205〕衛湜：《禮記集說・序》，見《通志堂經解》第 12 冊，第 347 頁。
〔註206〕衛湜：《禮記集說・名氏》，見《通志堂經解》第 12 冊，第 349 頁。

每章的「呂氏」項下，分別以「一本云」和「又曰」起首，這一點同於《中庸輯略》，沿襲了後者的體例，但比之要詳盡得多，應是衛湜依照《中庸集解》的增錄。其中，一本較為扼要，另一本較為詳細。扼要之本，基本上同於《明道中庸解》，那麼詳細之本就應當是所謂的《中庸後解》或《禮記解·中庸》了。〔註207〕

　　關於《中庸解》與《禮記解·中庸》的關係，也可以朱熹的辨別為證。在《中庸或問》中，朱熹指出：

　　　　呂氏之書，今有二本，子之所謂舊本，則無疑矣。所謂改本，則陳忠肅公所謂程氏明道夫子之言而為之序者，子於石氏《集解》雖嘗辨之，而論者猶或以為非程夫子不能及也。奈何？曰：是則愚嘗聞之劉、李二先生矣。舊本者，呂氏大學講堂之初本也；改本者，其後所修之別本也。陳公之序，蓋為傳者所誤而失之，及其兄孫幾叟具以所聞告之，然後自覺其非，則其書已行而不及改矣。近見胡仁仲所記侯師聖語，亦與此合。蓋幾叟之師楊氏，實與呂氏同出程門，師聖則程子之內弟，而劉李之於幾叟，仁仲之於師聖，又皆親見而親聞之，是豈胸臆私見口舌浮辨所得而奪哉？〔註208〕

據朱熹所見，呂大臨《中庸》解只有兩個版本。但與楊時所說《中庸解》是呂大臨「初年本」不同，朱熹認為《中庸解》是呂大臨後來的「改本」，「舊本」是「呂氏大學講堂之初本」。顯然，朱熹所指的「舊本」就是呂大臨在作太學博士期間「為諸君強言之」的《中庸後解》的單行本。但是，既然《中庸後解》是「初本」，《中庸解》是「改本」，理當《中庸解》「後」於《中庸後解》，為何名實顛倒呢？我們可以推斷，所謂「中庸後解」之名，很可能是後人在二本流傳過程中所取，呂大臨所作只有《中庸解》和《禮記解·中庸》。由此也可以進一步肯定，尤袤《遂初堂書目》所錄的《中庸再解》之「再解」的意思，無非也是指與「解」相區別的「另一解本」而已，實際上與《中庸後解》是同一著作。至於所謂的「後」或「再」，最多只是證明晚出，並不證明寫作時間之晚。

〔註207〕陳俊民輯本《禮記解·中庸》，是直接從衛湜《禮記集說》中輯出的，因而實際上包括了《明道中庸解》。後文凡稱《中庸解》，均指收入今《二程集》之中的呂大臨《中庸解》；《禮記解·中庸》指呂大臨《禮記解》中的「中庸篇」。呂大臨對《中庸》的解說，則以「《中庸》解」表示。

〔註208〕朱熹：《中庸或問》，見《朱子全書》第6冊，第557～558頁。

正因爲如此，朱熹雖然明知楊時說《明道中庸解》是「與叔初年本」，仍在《或問》中確信「所謂舊本，則無疑矣。所謂改本，則陳忠肅公所謂程氏明道夫子之言而爲之序者」。即是說《禮記解・中庸》爲舊本、初本，而《中庸解》爲改本、後本。在《朱子語類》中，朱熹說：

> 向見劉致中說，今世傳明道《中庸義》是與叔初本，後爲博士
> 演爲講義。先生又云：「尚恐今解是初著，後撮其要爲解也。」
〔註209〕

朱熹說的「今解」，也即呂大臨後出之《中庸》解說，或所謂問者所說的「今世傳明道《中庸義》」，也即《中庸解》。劉致中即劉勉之。劉勉之與楊時的觀點是一樣的，都認爲《中庸解》是「初本」，後來在呂大臨做太學博士時進一步擴充講解而成《禮記解・中庸》，即單行本的《中庸後解》。而朱熹則提出了不同的推測，認爲《中庸解》應當是「改本」，其根據爲何，並未再說。或許是朱熹認爲《中庸後解》較爲繁瑣，《中庸解》則直接明瞭。但這依然僅僅是推測，並沒有證實。因此朱熹在《中庸或問》中自問自答說「呂氏之書，今有二本，子之所謂舊本，則無疑矣」，「無疑」的只是其作者，其成書時間之先後則仍然有疑問。朱熹的推斷顯然並沒有其他旁證，只是從內容的比較中做出的義理判斷。那麼，他是如何看待兩本的內容差異呢？

朱熹在《中庸或問》中說：

> 若更以其言考之，則二書詳略雖或不同，然其語意實相表裏，
> 如人之形貌，昔腴今瘠，而其部位神采初不異也，豈可不察而遽謂
> 之兩人哉？又況改本厭前之詳，而有意於略，故其詞雖約，而未免
> 反有刻露峭急之病，至於詞義之間，失其本指，則未能改於其舊者，
> 尚多有之，較之明道平日之言平易從容而自然精切者，又不啻碔砆
> 之與美玉也。於此而猶不辨焉，則其於道之淺深，固不問而可知矣。
〔註210〕

朱熹以其「言」考之，認爲兩本《中庸》解義理一致，僅是詳略不同。總得來說，他對兩本《中庸》解多少持批判態度。當然，這主要由於朱熹要把呂大臨的《中庸》解與程顥所著之間劃清界限所致。他進一步認爲「改本」出於前本太繁而予以刪減，不但未能全改舊貌，反倒刻意爲了言簡意賅，所以

〔註209〕黎靖德編：《朱子語類》卷六十二，第1485頁。
〔註210〕朱熹：《中庸或問》，見《朱子全書》第6冊，第558頁。

使得用詞表意顯得常不能豐滿，容易導致誤解。雖然由於朱熹將比較兩本《中庸解》的參照對象定爲程顥之義理，所以使得二本之間的差異顯得不夠突出，但這也可以證明二本的差異實際上並不足以證明今人所說成書於關洛兩個階段因而明顯體現出關洛兩派的不同致思趨向的判斷。如果果眞是那樣，那麼精於辨析北宋道學義理之微的朱熹，便不可能不指出這一點。

倒是被陳瓘認爲「非明道不能爲此」、朱熹「於石氏《集解》雖嘗辨之，而論者猶或以爲非程夫子不能及」的《明道中庸解》，經胡宏判斷，與張載的關係更加密切：

> 後十年，某兄弟奉親，南止衡山，大梁向沈又出所傳明道先生解，有瑩中陳公所記，亦云此書得之濤。某反覆究觀詞氣，大類橫渠《正蒙》書，而與叔乃橫渠門人之肖者。微往日師聖之言，信以今日己之所見，此書與叔所著無可疑，明甚。〔註211〕

胡宏從語辭義理上對《中庸解》的作者進行判斷，難免主觀理解之嫌。但從楊時、侯師聖、胡宏、劉勉之、朱熹的辨別看，《明道中庸解》當屬呂大臨作，亦無任何疑問。

由於《中庸解》和《禮記解・中庸》在內容的詳略上有明顯的差異，進而就有必要考察其思想的著重點是否隨之也有差異，這便成爲考察呂大臨思想演變的一個可能的入手點。朱熹僅從文本詳略的角度比較了《中庸解》與《禮記解・中庸》（《中庸後解》）的不同，如果從思想義理上分析，則需做出更進一步的區分。但從內容上可以看到，兩本的基本義理的確如朱熹所言是一致的，不存在明顯的思想轉變問題。

雖然如此，《禮記解・中庸》在篇幅上要遠遠大於《中庸解》，其擴展的部分大多涉及禮學，關注點確實有所轉移。問題在於《禮記解・中庸》大量涉及禮學，是在《中庸解》成書之後又加進去的呢，還是原本就有，後經刪減而成《中庸解》？如果擴大道學的視域，重禮學恰恰是關學的特點，那麼，似乎當先有《禮記解・中庸》。如果朱熹是因爲《禮記解・中庸》大量涉及禮學而判定其爲早出，而《中庸解》則是在此基礎上的刪節，那麼朱熹的判定顯然就與他以程門爲宗、以張載關學爲輔翼的道統觀有關。由此，這一發展便隱含著在朱熹道統觀下從關學到洛學的進一步純粹化的問題。但情況也可以相反，《中庸解》也可能先成書，後在呂大臨講學過程進行了禮學的發揮，

〔註211〕胡宏：《題呂與叔中庸解》，見《胡宏集》，第189頁。

以更切近於落實。無論如何，做出推理的前提都是假設這兩個解本可以反映出呂大臨的思想發展過程，但實際上二者的發展不大，因而兩種推測都不足以坐實，其意義並不是很大。

《禮記解·中庸》的講說性質同《禮記解》其餘諸篇的特點相一致，如《禮記解·儒行》同樣提到「此先儒所以存於篇，今日講解，所以不敢廢也」〔註212〕，可見《禮記解·儒行》也是講義。因此可以進一步肯定，呂大臨在做太學博士時所作的講義並非《中庸》一篇，也包括《禮記解》中的其他各篇。如前所述，呂大臨《禮記解》十卷本實際上是後人整理而成的，南宋時同時流行著呂大臨的《中庸》講義也就很自然，而《中庸後解》就是《禮記解》中後來單行傳世的一篇。由此推斷，《禮記解》應當全部是呂大臨任太學博士期間在太學講經的記錄整理。《禮記解》既然是呂大臨任太學博士時所講，顯然並非「關學階段」所作，而是「洛學階段」的作品，因而使將呂大臨思想的發展區分爲關洛兩個階段變得不再重要。

呂大臨作太學博士是在元祐元年，程頤與呂大臨論「中」約在此時。《禮記解·中庸》開篇釋「率性之謂道」就提出「中者道之所由出」的命題，《論中書》的討論恰恰就是由此開始。在《論中書》中，呂大臨最後也承認「中者道之所由出」容易引起混淆，並轉而從心之未發、已發來澄清自己的觀點。因此，《禮記解·中庸》應該成書於《論中書》同時或稍早，否則呂大臨就不會輕易使用一個容易引起混淆的命題。

總之，在「共倡道學」的前提下，張載與二程既有著一致的理論追求，在具體的爲學路徑以及由此引發的理論視角上又多有不同，呂大臨也是如此。在後世學者看來，呂大臨的理學思想既然是在關洛兩派的影響下形成的，而關洛二學又有許多不同甚至對立，這就自然會反映在呂大臨在關洛二學中的擇取變化之中，因而對呂大臨的通常分析路徑，是將其放在關洛兩派的義理規模之下，來考察其思想發展的過程及其學派歸屬。然而，從《禮記解》的內容來看，其思想與關洛之學始終保持在同異之間，很難說其在關學階段就完全受張載思想的影響，在洛學階段就完全受二程思想的影響。把呂大臨現存著述簡單地區分爲關洛兩個階段是困難的，而在此基礎上研究其思想的發展就難免犯先入爲主之見的失誤。

早在張載在世時，關學和洛學在建立自己的理論體系時就在不斷討論，

〔註212〕呂大臨：《禮記解·儒行第四十一》，見《藍田呂氏遺著輯校》，第360頁。

在共同的道學前提下，形成了既有關注重心不同也有工夫入手徑路不同的兩種理學形態。呂大臨固然受張載和二程的影響，但在其自身的理論探索和實踐過程中，他的思想必然有其自身的特色。因此，只有在道學的整體話語中，研究其思想自身的內在脈絡和特色，才是理解呂大臨思想最為切近的途徑。

第二章　道學與工夫

作為宋明六百年理學的奠基和形成階段的北宋「道學」，與南宋朱熹以後特別是明代理學相比，其最大特點在於時代性和精神性的「問題意識」突出而理論辨析尚不精細，學派間「互動」頻繁而門戶界限並不明顯。〔註1〕因此，理解道學興起之精神，不僅需要關注其時代氛圍，也需要從學術傳統中理解其話語的生成。

從觀念史、思想史、學術史和文化史的角度看，道學的精神傳統可以追溯到孔孟儒學，正是孔孟儒學為道學理論設置了話語邊界。自孔子以後，儒學就漸趨形成「經學」、「禮學」與「心性之學」三重學術資源。「經學」和「禮學」是其發展的基本載體，而作為「安身立命」之基準的「心性之學」則是其精神旨歸，三者分別代表著儒學的知識淵源、生活方式和生命理解，共同構成了儒者的「意義世界」。

漢唐儒學在前二者方面奠定了基礎，但在後一者則偏離了孔孟的方向，遂遭受佛老的激烈挑戰。北宋道學正是在重新理解儒學的學術傳統過程中，回到生命個體的精神世界，塑造個體生存者的意義。這是張載所謂「為天地立心，為生民立道，為往聖繼絕學，為萬世開太平」〔註2〕的內在必然之義，

〔註1〕 宋明理學的總結者之一的黃宗羲曾說：「嘗謂有明文章事功，皆不及前代，獨於理學，前代之所不及也。牛毛繭絲，無不辨晰，其能發先儒之所未發。」（見黃宗羲：《明儒學案·發凡》，中華書局，2008年，第17頁。）可謂非虛言也。相比明代理學辨析之精微，北宋道學在宋明理學史上的地位主要是針對漢唐經學和佛老之學廓清「問題」、指明「方向」。所謂北宋道學的「奠基」作用，即是基於此。

〔註2〕 《近思錄拾遺》，見《張載集》，第376頁。

也構成了理解呂大臨道學形成、發展及其理論貢獻的整體話語結構和精神脈絡。本章即回溯儒家的禮學、經學、心性之學傳統，以此進一步理解道學話語之形成及其工夫指向之確立。

一、禮與文

人的「意義世界」和「文化世界」是由人所創造的。當人類憑藉其獨有的「意識」和「理性」能力，去認識和改變世界時，人的「意義世界」和「文化世界」也就產生了。由此，「意義」、「價值」或「文化」代表著人類社會走出蒙昧以後與其他萬物相區別的最本質特徵，同時也使得人與世界的聯繫從「自發」狀態進入「自覺」狀態，世界被「人化」或「生存化」了，從而具有了屬人的「生命性」。

（一）中國文化的「文教」傳統

無論是對於人類個體，還是對於人類群體而言，世界的「生命性」都不是突如其來的，而是要經歷一個漫長的意識覺醒過程。個體的意識覺醒過程表現為心理的自然發展和文化教育的心性培養，而群體的意識覺醒過程則表現為宗教、文化形態的出現以及向多樣化形式的發展、定型和漸變。

因此，任何一個悠久的文明體系，都可以追溯出它的「文教」源頭。這個源頭不但會奠定這一文明體系下的政治制度、社會生活與精神追求的基本存在樣態，還會制約其在歷史變遷中面臨各種內在與外在問題時所作出的調適、改革和發展方向，並且也蘊含著區別於其他文明體系之特徵的最基本精神要素。

中國文化的「文教」源頭是從「神道設教」開始的。《周易・觀・彖傳》云：「觀天之神道，而四時不忒，聖人以神道設教，而天下服矣。」《易傳》作者提出「神道設教」的概念，本身就是對中國文化起源的理性追溯，但卻同時又保留著中國文化源初的人與世界一體共存、生命相融的觀念。在這一語境中，「神道」源於「天」而表現於「人」，是聯繫天人之間的中介。因而，對於「神道」的內涵，就可以從「天」與「人」兩個角度理解：當「神道」表現於「天」時，它可以理解為自然而然、不受人為影響的普遍、絕對規律；當其表現於「人」時，則轉變為種種文化制度，以使紛亂的社會擁有內在統一的秩序。

　　簡而言之，「神道」體現著人對客觀自然世界也即「宇宙」的認識，無論這一世界是以物質形式（表現爲天地自然運行）出現，還是以精神形式（表現爲萬物有靈和祖先崇拜）出現，因而它包含著「宇宙論」（cosmology）的意蘊；而「設教」則體現著人的文化行爲，無論它是宗教祭祀、禮儀制度，還是道德精神，而這無疑又具有「人類學」（anthropology）的性質。在「神道設教」的源初價值世界中，文化形式仍舊是混沌一體的，直觀性強於思辨性，「價值世界」以其素樸的形式開始萌芽並成長著。

　　「神道設教」的意義不僅在於揭示了宇宙與人類或自然與社會的統一性，而且在於揭示了人類觀念中知識和價值的統一性。「神道」無疑代表了人類早期文化中「自我意識」的覺醒。無論是將「神」實體化爲一種自然存在，還是功能化爲一種靈性或能動性的力量或品質，對客觀世界之「道」的「神性」認定，都必須建立在充分的意識覺醒的前提下。在純粹的自然世界中，是無所謂「神」可言的。只有當人類的自我意識和精神世界覺醒以後，對精神能動性的崇信越來越強，以及對生成變化的感知越來越敏銳，神性、靈性、能動性等等才成爲了人類觀念中具有發揮「世界觀」功能的核心因素。正因如此，「神道設教」實際上代表著人類文明萌發期的世界觀。

　　與「軸心時代」的哲學世界觀不同，不同民族的早期文化形式中的共同之處是，對客觀世界之「神性」的理解，幾乎都是借助於對宇宙和人類之起源及其存在狀態和存在價值的文學化、形象化的語言敘述來表達的，這便是「神話」（mythos）和「宗教」（religion）的形成之源。這與人類早期思維方式的素樸性是一致的。當《易傳》將此概括爲「神道」時，實際上已經是從哲學普遍性的角度對此作出了理解。「科學」和「哲學」思維是在神話和宗教的基礎上後起的。就此而言，我們可以將神話和宗教稱爲「原創性思維」，而將科學和哲學思維稱爲「闡釋性思維」。前者是綜合的和一體的，而後者則是分析的和分化的。神話和宗教中包含著宇宙論和人生觀，但卻不同於哲學的理性思辨表述，更多是形象化和直觀化的語言陳述。在這裡，語言、儀式、敘述都帶有了「神聖化」的特質和功能。早期人類文明，正是通過「形象化」的感知和記憶，保持了自我與宇宙的共在關係和生命聯繫。

　　在早期人類文明的發展過程中，表現爲神話和宗教的「神道」，代表著人類對宇宙、自我和人生的「理解」，是在「觀念」中將個體自我與群體以及宇宙連接爲一體的手段；但這不僅是一種理解方式，而且也是一種實踐和操作

的方式。對客觀世界的理解，無疑最終要服務於人類的社會「實踐」活動和「生存」狀態。正是基於此，《易傳》在「神道」的基礎上，又提出「設教」的觀念，就具有了邏輯必然性。「聖人以神道設教」實際上所要揭示的，既是「宇宙」對於「文化」的存在根源性，同時也是「文化」對於「宇宙」存在的價值呈現性。「神道」首先是對於宇宙、萬物及其變化的知識性的理解，而「設教」則是在此前提下具有人為價值性和目的性的文化、制度、行為模式等的創制，「設教」以實踐的方式詮釋著「神道」的理解。

正因如此，同時具有宗教性、習俗性、觀念性和制度性的「禮」，構成了中國文化的最大特質，而「禮」亦成為中國文化更具有現實性的文教源頭。「禮」不但規定了中國傳統文化的政治、法律、宗教、思想等各方面生活內容，也形塑了中國人的「意義世界」。〔註3〕

為什麼不同於其他民族，源於俗的「禮」可以構成中國文化的文教源頭？這固然是由於在中國文化中，「禮」與「俗」沒有嚴格地區分開來，更重要地原因則在於「禮」保留了其源於宗教的「形象性」，同時又具有同後世其他文化形式一致的「表意性」。「禮」同時具有內容和形式兩個層面的意義，在內容方面它包羅我們現在所說文化的各個領域，在形式方面它高度抽象為一種「表意」功能。不僅如此，「禮」既反映著對由天、地、人、神、物、我等宇宙存在和君、臣、父、子、朋、友等人倫關係的理解和認識，同時它本身又是一套行為規範和行為模式，其旨趣是實踐性的。因此可以說，「禮」代表著一種中華民族的生活方式，既具有實質性的物質和文化內容，同時也擁有一個源初性和開放性的意義世界。

當古希臘智者學派提出了「自然」與「人為」之爭的問題時，實際上也便提出了「哲學」如何對待「宗教」、「認識」如何對待「價值」、「人生」如何對待「宇宙」的問題。智者的態度是重視人為價值的，但卻消解了前蘇格拉底「自然哲學」的絕對合理性和正義性。反之，自然哲學家將宇宙的產生和存在及其內在秩序看作是人類社會存在及其價值的前提，恰恰又導致了理

〔註3〕禮不但代表著中國文化的特質，而且可以代表中國古代文化的全部。鄒昌林很恰當地指出：「『禮』在中國，乃是一個獨特的概念，為其他任何民族所無。其他民族之『禮』，一般不出禮俗、禮儀、禮貌的範圍。而中國之『禮』，則與政治、法律、宗教、思想、哲學、習俗、文學、藝術，乃至於經濟、軍事，無不結為一個整體，為中國物質文化和精神文化之總名。」（見氏著：《中國禮文化》，社會科學文獻出版社，2000年，第14頁。）

論和政治態度的封閉，無從適應急劇變化的政治和社會現實狀況的理論需要。蘇格拉底和柏拉圖的哲學體系正是在這一情況所做出的超越和綜合。他們著眼於「人爲」的問題，但卻將之追究於人類靈魂之中內在的自然本性和宇宙根源。由此，他們進一步在理性沉思的基礎上，構建人類實踐領域如倫理、政治等方面的合理秩序。但在根本上，這仍然是理論和思辨的。這就使宗教和哲學的界限自古希臘以後基本上是涇渭分明。

　　與之不同，在由先秦諸子奠定的中國思想文化傳統中，理論思辨從來不是主流，問題之核心可以說始終是實踐和價值問題。先秦儒、墨、道、法諸家對於「天人」問題的爭論，同樣是在繼承三代以來「神道設教」之禮樂遺產的基礎上，進而對之做出不同詮釋的結果。從邏輯上講，墨家繼承並發展了把「神道」實體化爲「鬼神之道」的傳統，道家和法家則將之徹底消解爲「自然之道」，儒家則「畏天知命」、「貴仁好禮」、「敬鬼神而遠之」，既保留了鬼神存在的可能性，又將其社會秩序理想建立在內在心性基礎上。此後，儒家思想成爲後世中國文化的主流意識形態，墨家和道家思想則極大地影響了道教的形成，但無論是儒家，還是是道教，一方面都保留了與各種儀式、制度的相關性，另一方面在後世發展中又不斷充實著其宇宙論根源的理解，從而使之呈現出「即哲學即宗教」、「非哲學非宗教」的特點。這樣，中國傳統文化中的價值觀念，就表現出與其起源期的「神道設教」更加緊密地親緣性。

　　進一步從其具體內容上說，源於「神道設教」的「禮」，兼有「文化」和「制度」雙重涵義。從「文化」一詞的廣義來說，即作爲人類精神活動和實踐活動的結果，「制度」當然包含於「文化」之中。但如果把「文化」的內涵僅局限在人的精神世界，把文化活動僅只指向意義世界向個體的內化，那麼，「制度」因其外在的規範性，則又有其獨立特徵。這樣，就「禮」的起源而言，它具有總體性，但在後世的分化中，「禮」一方面轉化爲倫理道德和個體修養的方式，發揮其向主體內化的作用，另一方面又演變爲各種社會、政治、法律制度，發揮其社會和政治功能。雖然二者往往不可絕對分開，制度規範需要文化認同作爲前提，而文化認同亦需制度規範予以保障和落實，但我們仍然可以在哲學上對之進行區分，前者可稱之爲「禮義」，後者即所謂禮儀、禮制、禮數、禮器、禮法等「禮」之各種形式和內容。

　　與此相應，在「禮」的發展和分化過程中，它還具有時間和空間的雙重

結構：在時間上，由於禮本身的特質強調「報本反始」（《禮記‧郊特牲》），使得中國文化在分化過程中，又不斷經過人們的溯源意識而重新強調其整體性和始源性，「和」構成了「禮」文化的精神旨歸，這也使以儒學為代表的中國學術思想始終在多樣發展中更強調自身的整體性和貫通性；在空間上，也即在其結構、功能及其發展中，「禮」向主體的內化作用與外在的強制規範作用始終構成一種張力，需要後世不斷對之作出平衡。隨著社會結構的複雜化和觀念的變遷，作為文化總體的「禮」必然會產生分化，其整體性的作用必然漸趨消解。與此同時，「禮」對後世文化發揮的最重要影響，便不是「禮儀制度」，而是在不斷地溯源過程中所延續著的由其形塑的「意義世界」。由此，「禮」之理解的「哲學化」也就勢所必然。

（二）儒家哲學的實踐性與超越性

北宋道學對「禮」的理解，主要集中在「禮義」也即禮的精神方面。程頤說：「大凡禮，必須有義。禮之所尊，尊其義也。失其義，陳其數，祝史之事也。」〔註4〕這也是對儒家哲學傳統的繼承和發揚。

在中國傳統文化中，「禮」的起源往往被追溯到古聖、先王的創制。這亦證明了「禮」的始源性、人文性和文化總體性。但自「道術將為天下裂」（《莊子‧天下》）之後，「學術」隨之興起。在儒、墨、道、法諸家中，對「禮」文化進行整體繼承並予以精神發揚的是儒家。從其創立之始，儒學就以其對中國自上古以來一個漫長時期所形成的生活方式、禮樂制度、人文教化觀念的保存和護持最為有力，以其「和而不同」的精神，既具備區別於其他諸學派的最顯著特徵，又能夠在此基礎上融合來自不同異質思想的合理成分，不斷隨著時代的要求而前行；既內化為儒者對人生理想的追求，又鼓勵士人為建立合乎人性要求的社會秩序而努力，由此形成儒學「以經載道」、「以學傳道」的精神品格。

也恰因如此，儒學在時代思潮的變換中，不斷遭受來自現實和理論的雙重挑戰。早自孔子創立儒學之後，儒家思想在其一開始形成和傳播的過程中，就首先遭遇到了來自「諸子百家」的批評和競爭，以致孟子發出「楊朱、墨翟之言盈天下，天下之言不歸楊則歸墨」（《孟子‧滕文公下》）的感慨；其後，在漫長的儒釋道三教並行格局中，又遭受到來自佛道二教所謂「大道精微之

〔註4〕程顥、程頤：《河南程氏遺書》卷十七，見《二程集》，第177頁。

理，儒家之所不能談」〔註5〕的譏諷；近代以來，又由於儒學始終容納和倡導禮法秩序，客觀上有利於秦漢以后皇權專制社會的運轉和維持，因而被批判爲統治者的幫兇。客觀而言，儒學因其與中國社會和文化特有的結構緣合力，的確易於被統治者有選擇地接受，從而具有了意識形態性，但其意義不僅在於對禮樂制度和精神教養的護持，更重要的是其具有的「本於天而實現於人」的鮮明實踐性格和創造精神。

在儒家看來，「禮」不但具有實踐性，而且也具有形式性和超越性，這突出地表現在「禮」對文化的表意功能中。正如徐復觀指出：「中國之所謂人文，乃指禮樂之教、禮樂之治而言，應從此一初義逐步瞭解下去，乃爲能得其實。」〔註6〕《周易·賁卦·象傳》說：「剛柔交錯，天文也；文明以止，人文也。觀乎天文，以察時變；觀乎人文，以化成天下。」在《易傳》作者眼中，「文」是聯接「天」與「人」的中介，其中既包含著對宇宙自然之運行（「時變」）的理解、體會和認知，也包含著對社會生活秩序（「天下」）的理想建構和維持護養，並且這二者之間不是對立的或者互不相干的兩極，而是在聖賢君子對自身使命的承當過程中「各得其分」〔註7〕，維持一種相互統一協和的關係。因而，對天人之「文」的「觀」、「止」、「化」便共同構成人類群體活動得以維持一定秩序的基本前提。《周易·觀卦·象傳》：「觀天之神道，而四時不忒，聖人以神道設教，而天下服矣。」所表達的是同樣的涵義，只不過這裡特別提出了「聖人」與「教」的關係問題而已。

「禮」之超越性源於其宗教性。許慎《說文解字》云：「禮者，履也。所以示神致福也。從示，從豊。」從字形上看，「示」與「豊」都與古人的宗教祭祀活動相關，「示神致福」更表明「禮」處於人與鬼神之間的互動關係之中。同古希臘哲學由對宗教神話的激烈批判來表明人文理性的發展不同，從儒家文獻中可以看到，「禮」由祭祀功能向人文功能的演變是一個漸趨的過程，而且後者始終是以一種溫和涵容的理性態度，容納了前者最重要的精神意義。「禮」的功能通過兩方面來發揮：一方面是外在的行爲規範和要求，另一方面同時要體現爲內在的敬畏誠信精神。雖然「禮儀」和「誠敬」是相互結合

〔註5〕范育：《正蒙序》，見《張載集》，第4頁。

〔註6〕徐復觀：《原人文》，收入氏著：《中國思想史論集》，上海書店，2004年，第206頁。

〔註7〕朱熹釋「止」爲「各得其分」，突出了其中的道德和倫理涵義，見朱熹：《周易本義》象上傳第一，《朱子全書》第1冊，第95頁。

而同等重要的，但外在形式服務於內在精神，後者往往更加被強調。在「禮」的發展過程中，人文理性越來越佔據核心，但其宗教源頭之所以仍然被強調，實際上是爲了表明「禮」在精神意義上的神聖性和超越性。《禮記・禮器》云：「禮也者，反本修古，不忘其初者也。」所表達的正是這個意思。由「禮」生「別」，名分、等差、尊卑是其外在規範功能的體現，而由「誠敬」而引發的對人之心、性、情的細緻探討和對道德修養的強調，則反映了禮的內在化，兩方面共同構成了「禮」之教化功能的發揮和實現。

因此，在儒家傳統的理解中，「禮」之本質不同於「俗」，它是由聖人先王所製作的。依照後世儒家的經籍文獻追述，這一製作過程經歷了上古三代歷史中一個漫長的時期，遂人、伏羲、神農、黃帝、唐堯、虞舜、夏禹、商湯、文王、武王等諸多聖王都參與其中〔註8〕，這種理解顯然並非建立在歷史事實的基礎上，其根本意義在于反映了儒家對「禮」之理解的「生命化」。

孔子以繼承文王之「文」自居，而文王之所以被尊崇爲「文」，在孔子看來，是因爲他能夠繼「天」立命，代表著從「殷人尊神，率民以事神，先鬼而後禮」到「周人尊禮尚施，事鬼敬神而遠之」（《禮記・表記》）這一「文教」傳統的進一步確立。《中庸》進一步指出：「《詩》曰：『惟天之命，於穆不已！』蓋曰天之所以爲天也。『於乎不顯，文王之德之純！』蓋曰文王之所以爲文也，純亦不已。」孔子所理解的「文」的精神爲後世儒家發展指出了基本方向，這既包括「道」的超越性追求向度，也包括「教」的社會性關懷層面。

「禮」之神聖性、超越性與其實踐性、教化性，最終都落實於生命個體的內在之「文」中，表現爲一種人格理想。正因如此，在儒家傳統中，「聖」與「王」、「師」與「政」也即道德與政治、理想與現實之間，始終存在著深厚的互動關係，而所有這些又都可以籠統涵蓋在「文」的內容和視域之中。從政治和歷史意義上講，周初在總結殷商滅亡教訓的基礎上，不但確立了「敬德保民」的天命思想，而且通過封建制和宗法制，奠定了基本的禮法社會格局。在後世儒家看來，周公制禮作樂不僅是一個歷史史實的問題，而且代表著儒家的政治理想。「周監於二代，郁郁乎文哉！吾從周。」（《論語・八佾》）

〔註8〕 孔穎達《禮記正義》曰：「尊卑之禮起於遂皇」，「嫁娶嘉禮始於伏犧」，「祭祀吉禮起於神農」，「自伏犧以後至黃帝，吉、凶、賓、軍、嘉五禮始具」，「虞、夏、商、周各有當代之禮」，「於周之禮，其文大備」。見《禮記正義》卷第一，北京大學出版社，1999 年，第 1～3 頁。

孔子的歷史使命感正是在直承周公以來的西周禮樂傳統，努力延續這一統系。直到北宋，張載仍然力持「封建」和「宗法」，以求「漸復三代」。

在對「禮」文化的反思中，儒家哲學使「禮」之宗教意義和政治意義都內化於主體之道德修身的「生命」境域之中得到重新理解。孔子曾在危難之時感歎自己的生命價值：「文王既沒，文不在茲乎？天之將喪斯文也，後死者不得與於斯文也；天之未喪斯文也，匡人其如予何？」（《論語‧子罕》）孔子將自己的生命價值與「文」緊密地聯繫在一起。以現代的觀點說，「文」無疑屬於人的創造物。但在孔子這裡，「文」並非僅僅是屬人的，其中也包含著對於自然秩序與個體生存意義的自覺、承認與支持，因而具有宇宙論的意義，孔子將之歸結於「天命」。朱熹解「文」曰：「道之顯者謂之文，蓋禮樂制度之謂。」〔註9〕孔子之「文」就是孔子之「道」，其具體內容就是「禮樂制度」，而其根源則「上達於天」。孔子對天命的體認，具有超越性，但沒有走向宗教超越的方向。天命以天道的方式展開，也即是說個體生存意義與自然秩序在本源上是合一的，而「禮」正是來源於對自然秩序的理性自覺和價值賦予。

正因如此，使得中國文化的各方面內容均是在「禮」的意義世界中進行的。不同於西方文明將自然秩序予以對象化研究的思維方式，中國文化經過禮樂的陶冶之後，整個宇宙都帶有了「人文」的意義。因此可以理解，儒學對於宇宙的理解與禮樂實際上是不可分割的，而道學在宇宙論層面提升禮樂所形塑的意義世界也是對這一傳統的秉承。儒家視野中的「文明」，原本就是通過「禮之節」和「樂之和」的文治教化達到長幼尊卑有序、「各得其分」、「文明以止」的過程，因而「文明」一詞本身就包含著禮宜樂和的文教理想。後世把「文」理解辭章之學，但先秦之「文」的內容所指則基本上可以與「禮」等同。與「文」介於天人之間相同，「禮」同樣源於天而體現於人。《禮記‧禮運》云：「夫禮，必本於大一，分而爲天地，轉而爲陰陽，變而爲四時，列而爲鬼神。」這即把「禮」與「天」聯結了起來，「天」具有人文意義的同時，也爲作爲行爲規範的「禮」找到了超越性的價值源頭。

儒家思想將自然秩序置入到「禮」的意義世界中理解，這也表現在其對個人生命「存在」的認識之中。孔子在論述個人的修身成德時說：「質勝文則野，文勝質則史，文質彬彬，然後君子。」（《論語‧雍也》）《禮記‧禮器》說得更加清楚：「先王之立禮也，有本有文。忠信，禮之本也；義理，禮之文

〔註9〕　朱熹：《四書章句集注》，第110頁。

也。無本不立，無文不行。」直接來說，「質」或「本」是個人本然具有的原始品質，「文」則是對質的文化修飾，因而「質」是修身成德的基礎，「文」是修身成德的形式化要求。推而廣之，所謂的「質」可以看作是儒家所講全部「德」與「禮」的實質性內容，與之相對應的「文」則是「德」與「禮」的一切外在表現形式。〔註10〕

孔子對於文質關係的闡釋，實際上不但提醒人們注意保持「文質並重」的「中庸」之道的必要性，同時也隱含了實現這一點的艱難性。在整個儒學發展歷史中，這種文質之間既相互關聯又趨於背離的關係，不但要求歷代儒學家在時代性的內容中取得一個恰當的平衡點，同時也要不斷防止和矯正種種偏離的趨勢和可能。先秦以後，在兩千年來的儒學發展史上，儒學最主要的兩種學術形態是在漢代正式形成的「經學」形態（漢學）和在宋代正式創立的「道學」形態（宋學），可以說正是這種動態平衡之中的產物。

（三）「禮者理也」：道學的禮學理解

北宋禮學的發展，是在佛老之學的挑戰下，由漢唐儒學重禮儀制度而漸趨轉向對「禮」之修身和教養功能的重視，同時也是對於「禮」與「文」脫離「本」與「質」的批判。司馬光曾區分「文」之古今涵義的不同：「古之所謂文者，乃詩書禮樂之文，升降進退之容，絃歌雅頌之聲，非今之所謂文也。今之所謂文者，古之辭也。」〔註11〕一方面，「文」在後世的學術發展過程中越來越趨於形式化，已經喪失了它原初的豐富內涵，逐漸狹隘化爲辭章之學；另一方面，「禮」實際上也變得越來越瑣碎，僅僅成爲章節訓詁、儀章度數，失去了對意義世界的引導力。

經過漢唐儒學在根本精神上的衰微之後，呂大臨曾這種狀況有著非常清楚地認識：「去聖遠矣，斯文喪失。先王之流風善政，泯沒而不可見；明師賢弟子傳授之學，斷絕而不得聞。以章句訓詁爲能窮遺經，以儀章度數爲能盡儒術；使聖人之道玩於腐儒諷誦之餘，隱於百姓日用之末；反求諸己，則罔然無得；施之於天下，則若不可行。異端爭衡，猶不與此。」〔註12〕在呂大

〔註10〕在整個儒學思想結構中，文質關係表現爲「仁」與「禮」的內在關係：「仁」是儒學的精神性要求，「禮」是儒學的形式化體現。與此相應，在儒家的學術傳承過程中，文質關係又表現爲「道（理）」與「經（文）」的關係：「道（理）」是儒學的終極關切點，「經（文）」則是儒學的現實傳播形式。

〔註11〕司馬光：《答孔文仲司戶書》，見《全宋文》第56冊，第17頁。

〔註12〕程顥、程頤：《河南程氏遺書》附錄，見《二程集》，第337頁。

臨看來，隨著文的精神不再，「政」、「學」、「經」、禮、文均已發生異變，喪失了實質性的內容，既無用於己，也使佛老異端之學橫行天下。改變這種狀況的辦法只有使「禮」與「文」回覆到先秦源初一體的狀態，這便成為北宋儒學發展的必然趨勢。

北宋道學在繼承儒家傳統禮學的基礎上，進一步突出其超越內涵和其修身功能。周敦頤已開始將「禮」的意義提升為義理內涵，而非禮儀制度：「禮，理也；樂，和也。禮，陰也；樂，陽也。陰陽理而後和，君君、臣臣、父父、子子、兄兄、弟弟、夫夫、婦婦，萬物各得其理，然後和。故禮先而樂後。」〔註13〕張載尤以重視「禮」的功能而著名，程頤總結張載的教學方法說：

> 子厚以禮教學者，最善，使學者先有所據守。〔註14〕

張載不僅把禮作為一種人為的教學方法，而且將禮的根源追溯到「天」：「禮亦有不須變者，如天敘天秩，如何可變。禮不必皆出於人，至如無人，天地之禮自然而有，何假於人？天之生物便有尊卑大小之象，人順之而已，此所以為禮也。」〔註15〕性與天道相通，因而，對於人而言，「禮」之根本源於「性」：「禮所以持性，蓋本出於性。持性，反本也。凡未成性，須禮以持之，能守禮已不畔道矣。」〔註16〕因而可以把「禮」理解為「自然秩序」，具有自然性和必然性，所謂：「禮者聖人之成法也，除了禮，天下更無道也」。〔註17〕

正因如此，張載強調「禮」與「理」的關係是：「蓋禮者理也，須是學窮理，禮則所以行其義，知理則能制禮，然則禮出於理之後。今在上者未能窮，則在後者烏能盡！」〔註18〕「理」與「禮」在本質上是同一的，其區別只在於，「理」是認知的對象，而「禮」則需實行，因而「禮出於理之後」，「知理則能制禮」。

在個體修身實踐過程中，「禮」不僅具有外在規範作用，使個體的舉止得體、行為莊敬，更為核心是關注主體自身氣質和行為的轉變，以成就德性。因而，張載特別強調禮的「敬」、「誠」、「仁」等內在虔敬態度、道德情感和

〔註13〕周敦頤：《通書・禮樂第十三》，見《周敦頤集》，中華書局，1990 年，第 25 頁。

〔註14〕程顥、程頤：《河南程氏遺書》卷第二上，見《二程集》，第 23 頁。

〔註15〕張載：《經學理窟・禮樂》，見《張載集》，第 264 頁。

〔註16〕張載：《經學理窟・禮樂》，見《張載集》，第 264 頁。

〔註17〕張載：《經學理窟・禮樂》，見《張載集》，第 264 頁。

〔註18〕張載：《張子語錄》下，見《張載集》，第 326～327 頁。

價值品質，對個體行禮實踐的「合內外之道」，亦即內外互動的結構模式作了深入的闡發。〔註19〕

二程也將「禮」與「理」聯繫起來，強調其自然性和必然性。如程顥說：「禮者，理也，文也。理者，實也，本也。文者，華也，末也。理是一物，文是一物。」〔註20〕這即是說「禮」既有其本，也有其文，「禮」之本即是「理」。因而，以「理」來理解「禮」，就能在繁文縟節中把握住「禮」的本質。二程同樣強調「禮」不出於人的私意製作，而是出自「自然秩序」：「恭者私為恭之恭也，禮者非體（一作禮。）之禮，是自然底道理也。只恭而不為自然底道理，故不自在也。須是恭而安。今容貌必端，言語必正者，非是道獨善其身，要人道如何，只是天理合如此，本無私意，只是個循理而已。」〔註21〕

同時，由於道學普遍認同「性與天道」是一致甚至同一的，所以「禮」也本於人性。二程強調：「聖人緣人情以制禮，事則以義制之。」〔註22〕所謂「人情」，是指所有人共有的普遍性情感，是性的自然外在表現。「禮」合於天理，當然也合於人情，天理與人情在其普遍性層面是同一的。與天理、人情相對的是人的私意、私智和私欲：

> 視聽言動，非理不為，即是禮，禮即是理也。不是天理，便是
> 私欲。人雖有意於為善，亦是非禮。無人欲即皆天理。〔註23〕

因而二程對孔子「克己復禮為仁」多有發揮。程顥說：「克己則私心去，自然能復禮，雖不學文，而禮意已得。」〔註24〕程頤說：「非禮處便是私意。既是私意，如何得仁？凡人須是克盡己私後，只有禮，始是仁處。」〔註25〕克己就是祛除人的私心。私意一除，仁的境界便自然呈現。這便需要在心上做工夫。

二程特別注重「敬」：「敬即便是禮，無己可克」〔註26〕。「敬」具有收攝

〔註19〕張載說：「『敬，禮之輿也』，不敬則禮不行」。（《正蒙·至當篇》，見《張載集》，第 36 頁。）又說：「此心苟息，則禮不備，文不當，故成就其身者須在禮，而成就禮則須至誠也。」（《經學理窟·氣質》，見《張載集》，第 266 頁。）
〔註20〕程顥、程頤：《河南程氏遺書》卷十一，見《二程集》，第 125 頁。
〔註21〕程顥、程頤：《河南程氏遺書》卷二上，見《二程集》，第 34 頁。
〔註22〕程顥、程頤：《河南程氏遺書》卷六，見《二程集》，第 84 頁。
〔註23〕程顥、程頤：《河南程氏遺書》卷十五，見《二程集》，第 144 頁。
〔註24〕程顥、程頤：《河南程氏遺書》卷二上，見《二程集》，第 18 頁。
〔註25〕程顥、程頤：《河南程氏遺書》卷二十二上，見《二程集》，第 286 頁。
〔註26〕程顥、程頤：《河南程氏遺書》卷十五，見《二程集》，第 143 頁。

集中的意涵，但不是被動消極的，因而「敬心」實際上也就是「養心」。因此，二程特別強調以禮義「養心」的作用：「學莫大於致知，養心莫大於禮義。古人所養處多，若聲音以養其耳，舞蹈以養其血脈。今人都無，只有個義理之養，人又不知求。」〔註27〕

　　總之，在道學的視野中，作為儒學傳統的「禮」被進一步從禮儀、禮制、禮器、禮節等具體的行為規範提升到「禮義」的層次，與天道流行的自然秩序居於同一個層面。如果說，「天理」強調一種抽象的普遍性，那麼「禮」則是自然秩序在人倫實踐領域的具體體現。就此而言，「禮」不但具有在實然世界的基礎上對「意義世界」的建構能力，而且因其所具有的神聖性、人文性和歷史性，禮的「意義世界」可以直接與人的心性相通，達到身心轉化和生命提升的作用，這是道學為何要將禮學重新理解為「為己」之學的原因所在。「禮」不僅可以與生命個體的身心直接相關，而且因為整個儒學所關注的領域如家國天下全部可以收攝在「修身」的前提之下，這種意義的貫通性，使得道學對「禮」的實踐功能的理解不局限在一己的生命內部，而是不斷向「天地」與「天下」雙向貫通，以此克服一己的生命的私意、私智和私欲，從而使生命轉化的意義得以完成，這便是道學所強調的「成己成物」的內涵。

二、經與學

　　如果說「禮」與「文」都是從「教」的層面自上而下、自聖王而凡俗、自整體而個別來貫徹的，那麼只有通過「學」才能真正喚醒每個人自身內在的主體性自覺，進而對於「禮」與「文」所建構的意義世界進行領會、認同和踐履。這種自覺性最終表現為一種自由、自願、自然的精神境界，也即內心的「安」與「樂」。〔註28〕因而，雖然禮與文有其歷史性和神聖性，但最終必須落實到生命個體的主體自覺中，才能由「思之勉之」達到「不思不勉」，自然合一。

　　正因為如此，儒家特別強調「學」的重要性。「教」的意義可以是教育、教

〔註27〕程顥、程頤：《河南程氏遺書》卷十七，見《二程集》，第177頁。
〔註28〕在踐禮過程中，道學家更強調禮與心的自然性。有人問程頤：「先生謹於禮四五十年，應甚勞苦。」程頤回答說：「吾日履安地，何勞何苦？它人日踐危地，此乃勞苦也。」（《河南程氏遺書》卷一，見《二程集》，第8頁。）程頤又說：「推本而言，禮只是一個序，樂只是一個和。只此兩字，含畜多少義理。」（《河南程氏遺書》卷十八，見《二程集》，第225頁。）

養，也可以是教化；既可以面對生命個體，也可以面向人倫秩序和社會秩序；既可以是存在性地導向生命個體的內在意義世界，同時也可以僅僅是功能性地體現著某種「意識形態」的作用。「學」則不然，無論其內涵是知識性的，還是道德性的，它都要求面對生命個體的內在心靈世界，它既是自覺的，也是開放的。因此，儒家之所以重視「學」，喻示著其重視生命個體的核心理念。

「學」者，覺也，效也。儒家之「學」並不傾向於對外在事物的知識性瞭解，而是首先著重於對道德人格的樹立，因而包含了理性的自覺和行為上的效法與實踐。行為上的效法，固然是實現道德修養的最基本途徑，但從個體的角度看，對「道」的自覺和人格的內向反省具有更為先在的意義。在儒家傳統看來，孔子以繼承三代文化、倡導禮樂教化為己任，但其意義不在於其實踐的歷史效果，而在於孔子的自覺，也即他在日常生活中對文化價值的擔當和對人生價值的體會。重視在實踐中對生命意義的自覺，使得儒學雖然包含著知識的要素，但在根本上則帶有道德性和宗教性的雙重意義。因此，孔子罕言「性與天道」，而是「時止則止，時行則行」（《周易‧艮‧象傳》），並不注重在道德哲學方面做過多智性的辨析，而是隨時隨地在具體的語境中啟發學者提升生命的境界和層次。他對於三代以來經學文獻和禮法制度的態度是保守的，但其精神品格則是理想的，由此鑄就了儒學注重由己身推之於天下的實踐性品格，這無疑使儒家哲學具有了高度的具體性和靈活性。「經」與「權」、「中」與「時」的關係，始終是在儒學精神的理解及其發展過程中構成最為重要的張力。

（一）經學創立及其生命轉化意義

由於儒學強調學說的歷史性和實踐性，所以儒學並不過多著意於理論體系的建構，而是在歷史和實踐中對「禮」與「文」進行傳承、轉化和提升，其行為依據在於「禮」，而理論依據則在於「經」。由此，「經學」成為儒學發展的主要學術載體。〔註29〕

儒學創立與孔子晚年整理「六經」關係密切。在儒家傳統中，「禮」為聖王所制，孔子有德無位，對禮的貢獻更多是傳承而不是製作；「經」則不然，

〔註29〕即便最具有實踐性品格的「禮學」，後世往往首先指得是經學中的「三禮之學」，其次在廣義上才指一切關於「禮」的研究，禮學研究無疑是以經典中記載和闡釋為主體的。因而在一定程度上講，「儒學」即等同於「經學」，所謂儒學之漢宋之別，即是在經學上的區分。

雖然「六經」原本屬於上古三代文獻，並非爲儒家獨有，但對「六經」所內涵的意義世界的領悟和表達，則只有經過孔子才最終完成。當孔子強調自己「述而不作，信而好古」（《論語・述而》）時，他所表達的意思不是自謙，也不僅僅是對傳統的信守和堅持，而是對個體生命之意義世界的內在轉化和提升的表達。這是立足於個體生命的視角轉變。當某種理論還僅僅著眼於對傳統的繼承時，其眼光仍然是外在的；一旦這一理論與生命本身相融時，理論、傳統乃至世界就都變爲生命的自然流露。正因如此，當儒家學派延續中國上古以來的文教精神，開始逐漸建構其博大精深的道德學說和政治倫理體系時，儒學並沒有突出自身理論或制度上的獨創性，而是更強調傳統對於生命轉化的意義。「六經」構成了孔子所學和所述之「道」的文獻載體。

儘管「六經」在先秦就有源頭，並且在孔子那裡孕育並包涵著對於個體生命的超越性的精神，但「經學」作爲一種學術形態的正式確立，卻是在漢代特殊的社會政治背景下完成的。〔註30〕漢承秦制，最後完成國家的「大一統」。政治的統一要求思想的統一。先秦學術雖向多元化方向發展，但本同出一元。儒家學者所傳承的「六經」文獻源於三代，並且經過西周以來在貴族階層廣泛的禮樂文化教育，實際上也爲其他諸家所尊奉，是「諸子百家」共同的思想資源和反省對象，這就使得「六經」本身具備融合諸家的條件。由此，當「罷黜百家，獨尊儒術」以後，作爲官方意識形態的「經學」得以成立。但此所謂「尊儒」，實際上是「尊經」、「尊術」。尊「儒術」、尊「六經」並不能簡單等同於尊「儒學」。因此如《孟子》也在「罷黜」之列。當「經」與「學」在漢代相結合而成爲「經學」的時候，失落的恰恰是孔子那裡「六經」對於個體生命的超越精神。

雖然漢代學者對孔子整理「六經」的意義有很高的認可，所謂「中國言六藝者，折中於夫子，可謂至聖矣」（《史記・孔子世家》），但在漢儒看來，六經皆禮，「經學」及其中所包含的禮制都是出於「聖人設教」的需要，其意義主要是對社會生活秩序的理想建構。漢儒通過進一步的發揮，將儒學及其中的禮制演變爲政治制度的設計。漢儒雖然認識到了「六經」或「六藝」所包涵之禮樂文化的歷史和政治的意義，但卻沒有看到其道德和精神意義。

〔註30〕 對於兩漢經學的研究，可參見錢穆：《兩漢經學今古文評議》，商務印書館，2001 年，第 277～281 頁；徐復觀：《中國經學史的基礎》，見氏著：《徐復觀論經學史二種》，第 48～56 頁。

〔註 31〕正是孔子的人格，才是禮樂文化的精神象徵。「至聖」不是強調孔子「位」的尊貴，而是強調「德」的顯赫，「德」的地位顯然要居於「政」的地位之上。但在漢儒看來，孔子之「德」的表現就在於對禮樂制度之社會意義和社會功能的強調。

正因為如此，漢代儒學在先秦儒家諸子的學術探索基礎上，綜合陰陽家、道家、法家等「百家學」的成分，延續上古三代以來的政教文化傳統，一方面在秦漢大一統皇權專制社會中發揮「通經致用」的精神，另一方面又在思想發展中必須漸趨喪失其獨立性。通過對政治現實的適應，「經學」學術形態得以確立。不僅如此，綜合了「百家學」的儒家由百家學之一獲得了「王官學」的地位，被尊奉為所有學術之首，正式宣告了先秦諸子家學的結束。但是，當儒家從「六經」轉變為「六藝」，從重「學」轉變為重「術」，隨之而來的，一方面是儒學的「通經致用」的政治功能的發揮，另一方面則是道德品格的降低。當經學與政權的關係過於密切時，儒學原本的理想主義精神必然大打折扣，儒生的作用若非與世合流，就只能在章句訓詁中保存「學統」了。

越六朝隋唐，「儒學」僅僅是漢代「經學」的餘續而已，外在形式遮蔽了其內在精神，而此時真正具有精神活力的是玄學和佛學。早自東漢末年，儒家經學已經開始隨著漢帝國的衰弱而衰微。儘管如此，玄學的興起仍然需要以「援道入儒」的方式，打破儒家經學一統天下的局面。玄學之所以能夠在思想史上取代經學的主導地位，首先在於其以道家的超脫精神適應了動亂社會中士大夫的心靈需要。與此同時，理論更為完備的佛學，無論在心性論上，還是在宇宙論上，都遠勝玄學一籌。不僅如此，佛教還有一套完善的宗教形式，這無疑使佛教不但吸引了社會上層士大夫的心靈世界，同時也滿足了普通民眾的精神渴求。這樣，佛教不但對儒家心性論和宇宙論提出更加強有力的挑戰，而且對儒家在社會領域中的「倫理秩序理想」也構成了威脅。佛教的發展引起了一部分儒家士大夫的強烈危機感，對儒學自身的反省和對佛老異端之學的批判，構成了新儒學形態產生的理論前提。

實際上，「經學」的形成是一個長期的歷史過程，其意義不只是歷史的，也不是服務於政治上維持社會秩序和統一思想的目的。六經之學的「教育」和「教養」意義要遠遠大於其「政治」意義，後者服務於前者，而不是相反。

〔註31〕關於「六經」與「六藝」的區別，可參見蔣國保：《漢儒稱「六經」為「六藝」考》，載《中山大學學報》（社會科學版），2009 年第 1 期。

〔註32〕漢儒看重儒學的政治功能，然而對於孔子來說，整理原本屬於王官之學的「六經」典籍，其意義首先不在於還原西周初期的禮法政治結構，而是要通過「學」的方式保存禮的教化功能。正所謂：「古之儒者，博學乎六藝之文。六學者，王教之典籍，先聖所以明天道、正人倫、致至治之成法也。」（《漢書・儒林傳》）「明天道」、「正人倫」、「致至治」，都包含於六經義理之中，但其結構可以有不同的理解，既可以把「致至治」當做是最高目的，「明天道」、「正人倫」僅是達到目的的手段，也可以把「明天道」、「正人倫」看作是最高目的，而「致至治」是自然所達致的結果。漢儒重視前者，宋儒則看重後者。

就具體的性質和功能來說，「六經」可以分為三類：一是《詩》、《書》，屬於三代典籍，側重透過對其中義理的學習影響人的性情；二是禮樂，屬於禮儀演練，側重透過行為、舉止、言行來培養人的德性；三是《易》和《春秋》，原本是卜筮和國史記錄，在春秋時代貴族教養中的作用尚未受到足夠的重視，但其地位自漢代以後漸趨上昇，成為理解天道與政治秩序的最重要典籍。總的看來，「六經」雖然源於上古三代以來的禮樂文化，但其直接針對的是人性的培養，這一特點並不始於孔子，卻被孔子所大加提升和發揚，儒學所形塑的「意義世界」具有了確定的形式和內容。經典的意義，一方面在於以典籍的形式保存歷史文化和記憶，另一方面則作為「常道」的載體，突出對其精神和道德意義的學習和實行。前者僅是其歷史和知識功能，後者才是其精神和生命意義。

理解儒家經學的精神意義，無疑需要始終回到孔子的生命之中。知識的追求總是趨向於抽象的普遍一般性，這就有可能脫離具體的情境而形成外在的教條化理解，從而偏離個體生命之道德生活的具體性，這正是孔子避免走向知識

〔註32〕徐復觀說：「經學是由《詩》、《書》、《禮》、《樂》、《易》、《春秋》所構成的。它的基本性格，是古代長期政治、社會、人生的經驗積累，並經過整理、選擇、解釋，用作政治、社會、人生教育的基本教材的。因而自漢以後兩千年來，成為中國學術的骨幹。它自身是在歷史中逐漸形成的。」（見氏著：《中國經學史的基礎》，見《中國經學史二種》，第 6 頁。）徐氏這裡實際上指出了「經學」之所以確立的三個要素：其一，經學的形式系統，是由《詩》、《書》、《禮》、《樂》、《易》、《春秋》六經的結合而構成，缺一不可；其二，經學的基本功能是在政治和社會生活中用來教養人生的，其中內涵著一個統一的意義結構；其三，經學本身是一個開放的系統，其形成和發揮功能都經歷了一個歷史過程。

化方向的主要原因。〔註33〕在孔子的思想中，知識始終是服務於道德的。正如子貢所說：「學不厭，智也；教不倦，仁也。仁且智，夫子既聖矣。」（《論語·子罕》）智是包含於仁之中的，因而智本身也是一種德，必須符合道德的要求。不但關於歷史文化的知識需要服務於個人道德的養成，即使是關於天道自然的知識也同樣服務於修身實踐的需要，這是儒學一以貫之的精神。

然而，也正是因為孔子的學說並不是某種固定和刻板的理論，而是一種生活的具體智慧，這就更可能導致其門人弟子和後世儒家學者因著時代的不同任務和自己的不同性情而對之產生理解上的差異，從而隱含著後世儒學以不同的知識形態呈現自身的最初原因。

（二）「經以載道」：道學的經學旨趣

「道」與「學」的割裂，儒學社會教化作用的喪失，是北宋「道學」重建首先需要面臨的問題。正是針對佛老的挑戰和儒學的衰微，宋儒開始重新理解「經學」的精神意義，恢復其在孔子那裡原本具有的「成德之教」或「性命道德之學」的傳統。由此，北宋道學開始由對「五經」文獻的關注轉向對於孔子和孔子後學的「傳道」文獻的關注。在宋代「疑經惑傳」思潮下，經學文獻實際上已被普遍認為是「殘編斷簡」。正因如此，這便更強化了儒者「執殘編斷簡，欲逆求聖人之意於數千百年之上」〔註34〕的努力。因此，北宋道學的精神氛圍是，從對孔孟儒學的核心精神的理解出發，重新評估和把握經學的核心義理，以此喚起對於儒學文教精神適合於時代的內在理解。這是儒家經學的再一次回到生命個體的意義世界中，也代表了儒學在佛道二教的衝擊後的最高發展。在其後七八百年中，「道（理）學」必然成為儒學發展的主流。

北宋儒學的特點，正在於它處於一個由「經學」到「道學」的特殊歷史時期。如何由對經典的理解，得到對宇宙人生和社會秩序之「道」的體認，成為他們思考的重心所在。道學家一方面批判漢唐儒家的經學思想，另一方面仍然從根本上肯定儒學的基礎在於經學。宋儒對漢儒的批判態度，尤以程朱理學一系為最。二程、朱子越過漢唐，遙繼孔孟，看似完全忽略了秦漢以後儒者一千多年對儒學發展的貢獻，但他們都沒有否定經典是理解儒學精神的唯一憑藉，實際上所要表達的不過是對儒學精神的重新理解和對「道統」

〔註33〕李景林：《教養的本原》，遼寧人民出版社，1998年，第99頁。
〔註34〕呂大臨：《與友人書》，見《全宋文》第110冊，第155頁。

的重新喚醒，因而不可能隔斷儒學自身發展的傳統。換言之，道學家所批判的只是漢唐儒的章句訓詁之學，而其對「經學」的理解，可以說是在努力扭轉其精神方向，恢復先秦儒學中所具有的對「意義世界」的建構能力和對於「生命轉化」的實際作用。

　　因此，無論是理論來源，還是講學形式，道學都與經學有著的密切的聯繫。周敦頤指出「文所以載道」〔註35〕，程頤也提出「經所以載道也」〔註36〕，他稱程顥「得不傳之學於遺經」〔註37〕，所強調的都是「由經以求道」的「體道」工夫。道學家除了仍然對「五經」都有關注和說解以外，最具特色的是《語錄》。但是，考察道學家的《語錄》，就會發現其中很大一部分仍然是在解釋「五經」《論》《孟》中的許多重要文本和觀念。之所以如此，是因為語錄原本是由學生所記錄下來的道學家講學內容或師生問答之語，其關注重心無疑仍然是儒家五經，或借五經來闡發自己的身心體認或政治觀念。

　　這種「以經載道」的傳統，使宋儒可以在上古堯舜之道於「軻之死，不得其傳焉」的一千年之後，仍然可以跨過漢唐，遙繼先秦，追溯出一個「道統」，創立儒學的「道學」形態，以規約皇權，排斥異端，教化社會，使之朝向其理想社會的方向發展。此中關鍵，就在於對於孔孟之道所塑造的意義世界的理解。正是在這種語境中，宋儒的「得君行道」才保持著孔孟儒學原本具有的理想主義的意義。作為統治者的「君」，雖然承擔的社會責任更大，但他同樣是一個生命個體，在這一意義上，「壹是以修身為本」（《大學》），不僅針對的是家、國、天下的差序格局而具有基礎性，而且也具有對於所有個體而言的普遍適用性。儒家的「道統」，並不證明儒學是一個封閉的、一成不變的現成物，也不證明儒學是一個脫離現實、虛構歷史的空幻理想。相反，回到「三代」，重建「道統」，恰恰是儒學生命力的體現。道學家更多地在孔孟之道中來理解「三代」的精神意義，這既是對儒家文教精神和功能的自然合法性論證，也是歷史合法性的論證，因而具有歷史性和精神性的雙重意義。

　　正因如此，「道學」的最大特色之一，就在於重視「以言傳道」、「以身體道」，而非「以文載道」。就文字需以義理為本而言，倡導「以文載道」也可以說是道學繼承「古文運動」的一個特點，故而道學激烈排斥文辭之學。但

〔註35〕周敦頤：《通書‧文辭第二十八》，見《周敦頤集》，第35頁。
〔註36〕程顥、程頤：《河南程氏遺書》卷第六，見《二程集》，第95頁。
〔註37〕程顥、程頤：《河南程氏文集》卷第十一，見《二程集》，第640頁。

道學家往往不重視「作文」,而更重「體道」,因「道」有不可言說者。在道學史上,張載是比較注重文辭的,但他說:「人言命字極難,辭之盡理而無害者,須出於精義。」〔註38〕他把文辭看作是義理的體現。正因如此,他又說:

> 學者潛心略有所得,即且誌之紙筆,以其易忘,失其良心。若所得是,充大之以養其心,立數千題,旋注釋,常改之,改得一字即是進得一字。始作文字,須當多其詞以包羅意思。〔註39〕

由此可見,張載之重視「作文」,是把文字作為修身而體貼義理也即「大心」、「養心」的途徑,而不是以辭章為目的。因而,道學家論學便主要以對話(後世往往集為「語錄」)、書信的方式隨「機」而談。這使得道學文獻在形式上顯得極為零散,但在語義詮釋空間上又展現出極大的拓展餘地。即便是向為儒家傳統所重視的經學注解著作,往往亦體現出極強的「六經注我」特色。這是清代漢學興起後,道學屢遭詬病的一點。但如以「體道」為核心,「言」與「文」便退居次位。學問需「以身體道」、「以言會意」,道學著作由此表現出生動活潑的面貌,而不僵化於字詞考據。

「六經」不僅是治世之書,更是修身之書,這是道學家的共識。在張載看來,經的意義,首先表現在它以語言文字的形式保存了「道」的傳承,因此,讀經最重要的是瞭解其中的「義理」,不斷提升生命的意義。他說:「語道斷自仲尼,不知仲尼以前更有古可稽,雖文字不能傳,然義理不滅,則須有此言語,不到得絕。」〔註40〕孔子以前,當然也有「道」的存在,但需有文字可傳,才能被後人領會。正因有了孔子對「六經」的整理,才使道統傳承不絕。因此,張載解經不重視文字訓詁,而是重視其中的「義理」。他認為,六經所包含的義理是其他書籍所不具備的。〔註41〕六經之重要,表現在其「有

〔註38〕 張載:《橫渠易說》,見《張載集》,第 198 頁。

〔註39〕 張載:《經學理窟・義理》,見《張載集》,第 275 頁。

〔註40〕 張載:《經學理窟・義理》,見《張載集》,第 278 頁。

〔註41〕 張載學問博而不雜,他曾將六經與史書、醫書、文集、道藏、釋典等做了區別:「嘗謂文字若史書歷過,見得無可取則可放下,如此則一日之力可以了六七卷書。又學史不為為人,對人恥有所不知,意只在相勝。醫書雖聖人存此,亦不須大段學,不會亦不甚害事,會得不過惠及骨肉間,延得頃刻之生,決無長生之理,若窮理盡性則自會得。如文集文選之類,看得數篇無所取,便可放下,如道藏釋典,不看亦無害。既如此則無可得看,唯是有義理也。故唯六經則須著循環,能使畫夜不息,理會得六七年,則自無可得看。若義理則儘無窮,待自家長得一格則又見得別。」(《經學理窟・義理》,見《張載集》,第 278 頁。)

義理」，能夠起到修養人身心的作用。正如生命是流淌不息的，當生命個體在社會生活中需不斷應付事物、承當責任時，更需有義理的支配和氣質的擔當，因而身心的修養和對意義世界的體認便不可停歇。六經所發揮的作用就在於它與人的身心意義世界直接相關。

張載特別強調重複地、循環地閱讀六經，以此涵養義理，靜心治亂，克除私意。他自述其閱讀經驗：

> 某觀《中庸》義二十年，每觀每有義，已長得一格。六經循環，年欲一觀。觀書以靜爲心，但只是物，不入心，然人豈能長靜，須以制其亂。〔註42〕

閱讀「六經」之所以需要不斷循環，一年一觀，是因爲經典的意義世界是敞開的。通過經典的閱讀，心靈世界不斷得到轉化。所以，「靜心」雖是閱讀經典、涵養義理的前提，但心不可能常靜不動，靜只是暫時的，能夠「治亂」才是閱讀經典的目的和結果。因此，經典中的理論便不是僵死的學說，而需要將其還原爲生命個體自身的修養實踐過程，給予學者相應的啓發。張載把賢人和聖人做了區分，從學者到賢人固然不易，從賢人到聖人也不易，但無論是哪個階段，六經都不可廢棄，否則就會喪失義理的客觀性。〔註43〕

正因如此，「養心」成爲張載經學之核心要義，具體內容又包括「精理」、「總觀」和「心解」等等。首先是「精理」。張載強調，六經之中所蘊含「義理」的客觀性和精微性，因而要精熟其中的義理，尤其反對以功利心有意穿鑿。語言是表達義理的工具，學者當然不能舍本逐末。讀經當以義理貫穿，文本間貫通發明，與養心工夫彼此交織。在閱讀過程中，「心」無疑是主體。當義理尚未融貫於心時，當然二者不發生關聯，反之，一旦義理融貫於心時，其效果就是心靜理明：「書多閱而好忘者，只爲理未精耳，理精則須記了無去處也。仲尼一以貫之，蓋只著一義理都貫卻。學者但養心識明靜，自然可見。」〔註44〕既然如此，讀經最避諱的是有功利心或有成見。以此，「義理」也成爲

〔註42〕張載：《經學理窟・義理》，見《張載集》，第277頁。

〔註43〕張載說：「由學者至顏子一節，由顏子至仲尼一節，是至難進也。二節猶二關，然而得仲尼地位亦少《詩》《禮》不得。孔子謂學《詩》學《禮》，以言以立，不止謂學者，聖人既到後，直知須要此不可闕。不學《詩》直是無可道，除是穿鑿任己知。《詩》、《禮》、《易》、《春秋》、《書》，六經直是少一不得。」（《經學理窟・義理》，見《張載集》，第278頁。）

〔註44〕張載：《經學理窟・學大原上》，見《張載集》，第279頁。

判別經書眞僞的最重要憑據。但辨別經書眞僞不是張載讀經的目的。相反，讀經是爲了涵養「義理」。

其次是「總觀」。「總觀」與「精理」在用意上是一致的，只不過「精理」強調義理的客觀性並以此來養心，而「總觀」則強調「大心」以觀經書作者之「總意」，前者側重於客觀義理，後者側重於主體之「意」，實際上是彼此循環的關係。這就要求突破語言的限制，進入聖賢作者的心靈世界中。張載特別重視觀書以求「意」，如他反覆說「觀書必總其言而求作者之意」〔註45〕，「學者觀書，每見每知新意則學進矣」〔註46〕。這固然是針對訓詁之學糾結於語言文字的應用所提出的，但更重要的是他看到了孔孟儒學的學術精神是針對生命個體的心靈世界，而不是形式化的文化、制度，更不是語言載體本身。

所謂「新意」之「新」，當然是經典本已蘊含的，否則便是「私意」，但它同時也是在閱讀主體的心靈世界中敞開和呈現的。這樣，心靈才在不斷地「新」的過程中，實現精神的提升和心靈的轉化。〔註47〕由此，他強烈反對學者不能敞開主體心靈世界而陷入語言的牢籠之中。這就要求學者必須「大其胸懷」、「大其心」，以「言」貫「意」。張載說：「欲求古法，亦須先熟觀文字，使上下之意通貫，大其胸懷以觀之。」〔註48〕「大其心則能體天下之物，物有未體，則心爲有外。世人之心，止於聞見之狹。聖人盡性，不以聞見梏其心，其視天下無一物非我，孟子謂盡心則知性知天以此。」〔註49〕所謂「大其胸懷」，也就是張載所講的「大其心」。可見，張載對讀經的理解始終與他的工夫理論緊密結合在一起。

最後是「心解」。對聖賢之意，張載特別強調「心解」：「當自立說以明性，不可以遺言附會解之。」〔註50〕「心解則求義自明，不必字字相較。譬之目明者，萬物紛錯於前，不足爲害，若目昏者，雖枯木朽株皆足爲梗。」〔註51〕

〔註45〕 張載：《經學理窟‧義理》，見《張載集》，第275頁。
〔註46〕 張載：《張子語錄》中，見《張載集》，第321頁。
〔註47〕 張載嘗以「小兒指物」的比喻強調學者必須以「言」達「意」，以此涵養義理：「觀書且不宜急迫了，意思則都不見，須是大體上求之。言則指也，指則所視者遠矣。若只泥文而不求大體則失之，是小兒視指之類也。常引小兒以手指物示之，而不能求物以視焉，只視於手，即無物則加怒耳。」（《經學理窟‧義理》，見《張載集》，第276頁。）
〔註48〕 張載：《經學理窟‧周禮》，見《張載集》，第251頁。
〔註49〕 張載：《正蒙‧大心篇》，見《張載集》，第24頁。
〔註50〕 張載：《經學理窟‧義理》，見《張載集》，第275頁。
〔註51〕 張載：《經學理窟‧義理》，見《張載集》，第276頁。

所謂「心解」，實際上是在突出作爲生命主體的學者在閱讀過程中的創造性因素。「精理」與「觀意」雖有主客之別，但都是以聖賢所作之經典爲中心，而「心解」則已經完全指向學者也即閱讀主體本身。「心解」意味著學者完全脫離語言文字，生命主體超越了任何形式的限制，包括時間和空間的隔閡也被打破，學者與聖賢之間實現了完全意義的心靈契合。這與以後的心學一派的理論頗爲相近。

在張載那裡，經學已經不再是文字訓詁之學，而是身心性命之學，這是很顯然的。同樣，二程對經學的重視也是在這一層面上成立的。

程頤將學者劃分爲三類：「古之學者一，今之學者三，異端不與焉：一曰文章之學，二曰訓詁之學，三曰儒者之學。欲趨道，舍儒者之學不可。」〔註52〕從學術傳統上講，「訓詁之學」是漢唐經學的主要內容，當然包含於儒學之中，即便「文章之學」雖有獨立的發展，也受儒學影響很大，特別是自韓愈「古文運動」以來更是如此。程頤把二者都從「儒者之學」中剔除，一則是因爲二者向形式化的發展，已經與儒家的精神傳統漸行漸遠，二則是他在努力提升儒學中重「道」的傳統，「能文者謂之文士，談經者泥爲講師，惟知道者乃儒學也」〔註53〕。正因如此，二程也與張載一樣，雖尊經卻不是毫無選擇，也以「義理」辨別經書眞僞。

二程反對文章之學和訓詁之學，並不等同於反對經學；他雖疑經，但並不是要拆毀經典的權威性。程頤明確說：

聖人之道傳諸經，學者必以經爲本。〔註54〕

可見，程頤之所以強調經學的重要性，首先在於「道」有其客觀性，不能以私意揣測或造作。同樣，程頤對文章之學的反對，不是反對所有「文章」本身，而是反對把關注點放在文辭、文采上而偏離了「道」的「作」文。〔註55〕

〔註52〕程顥、程頤：《河南程氏遺書》卷十八，見《二程集》，第187頁。
〔註53〕程顥、程頤：《河南程氏遺書》卷六，見《二程集》，第95頁。
〔註54〕程頤：《爲家君作試漢州學策問三首》，見《二程集》，第580頁。
〔註55〕《語錄》中記：「曰：『古者學爲文否？』曰：『人見六經，便以謂聖人亦作文，不知聖人亦（一作只。）攄發胸中所蘊，自成文耳。（一作章。）所謂「有德者必有言」也。』曰：『游、夏稱文學，何也？』曰：『游、夏亦何嘗秉筆學爲詞章也？且如「觀乎天文以察時變，觀乎人文以化成天下」，此豈詞章之文也？」（程顥、程頤：《河南程氏遺書》卷十八，見《二程集》，第239頁。）程頤在《爲家君作試漢州學策問三首》又說：「後之儒者，莫不以爲文章、治經術爲務。文章則華靡其詞，新奇其意，取悅人耳目而已。經術則解釋辭訓，

正因後世傳道與文章的分離，所以，程頤才將二者做出分別，以指引學者：「學者必求其師，記問文章不足以爲人師，以所學者外也。故求師不可不慎。所謂師者何也？曰理也，義也。」〔註56〕

二程經學以「道」爲本，以「經」爲「道」之載體。程顥說：「今去聖久遠，通數千祀，然可覆而舉之者何也？得非一於道乎？道之大原在於經，經爲道，其發明天地之秘，形容聖人之心一也。」〔註57〕程頤還用「器」與「用」的關係來比擬「經」與「道」的關係：「經所以載道也，器所以適用也。學經而不知道，治器而不適用，奚益哉？」〔註58〕這都是在表達，「經」與「道」首先是緊密結合在一起的，無「道」當然不成爲「經」，但若無「經」，後人便難以知悉「道」，繼而需要在「道」的視野下提升「經」的意義。

在程頤看來，「道」就是「聖人之意」，雖是客觀的，但反映在聖人的個體生命之中。因此，讀經首先在明義理，同時也是在觀「聖人之意」。「義理」是客觀的，連聖人作經的目的也是指向於此，所謂「古之學者皆有傳授。如聖人作經，本欲明道。今人若不先明義理，不可治經。蓋不得傳授之意云爾。」〔註59〕二程也以理解經典中的義理爲首要的任務。「善學者，要不爲文字所梏。故文義雖解錯，而道理可通行者不害也。」〔註60〕因此，

> 學者當以《論語》、《孟子》爲本。《論語》、《孟子》既治，則六經可不治而明矣。讀書者，當觀聖人所以作經之意，與聖人所以用心，與聖人所以至聖人，而吾知所以未至者，所以未得者，句句而求之，晝誦而味之，中夜而思之，平其心，易其氣，闕其疑，則聖人之意見矣。〔註61〕

所謂「聖人之意」，當然也是明義理，二者基本是一回事。但對讀者的個體生命而言，「義理」有時容易走向脫離生命的形式化，正如程頤指出「思索經義，不能於簡策之外脫然有獨見，資之何由深，居之何由安？非特誤己，亦且誤

較先儒短長，立異說以爲己工而已。如是之學，果可至於道乎？」（見《二程集》，第580頁。）

〔註56〕程顥、程頤：《河南程氏遺書》卷二十五，見《二程集》，第323頁。
〔註57〕程顥：《南廟試九敘惟歌論》，見《二程集》，第463頁。
〔註58〕程顥、程頤：《河南程氏遺書》卷六，見《二程集》，第95頁。
〔註59〕程顥、程頤：《河南程氏遺書》卷二上，見《二程集》，第13頁。
〔註60〕程顥、程頤：《河南程氏遺書》卷六，見《二程集》，第378頁。
〔註61〕程顥、程頤：《河南程氏遺書》卷二十五，見《二程集》，第322頁。

人也」〔註 62〕，聖人之意則始終是內在於生命個體的自覺體驗的表達，更加靈動，因而容易調發讀者的精神能動性。

由於重視「聖人之意」，程頤特別重視《論語》、《孟子》、《中庸》和《大學》，乃至《詩經》、《周易》和《春秋》。程頤重視《論語》、《孟子》，就是因為與其他經書相比，其中對孔孟的生命有頗為直接的體現，如他說：「凡看《語》、《孟》，且須熟玩味，將聖人之言語切己，不可只作一場話說。人只看得此二書切己，終身盡多也。」〔註 63〕這樣，領會六經最好的辦法就是從閱讀《論語》、《孟子》開始。

概而言之，程頤經學的目的不是出於擴展知識的考慮，而是通過閱讀聖賢經典去把握聖賢氣象，進而提升自己的道德生命。

> 凡看文字，非只是要理會語言，要識得聖賢氣象……若讀此不
> 見得聖賢氣象，他處也難見。學者須要理會得聖賢氣象。〔註 64〕

所謂「聖賢氣象」，就是道德生命的表現和實踐。道德、氣象、經典與生命意義的轉化，在道學家看來，彼此是同構的。「學者不學聖人則已，欲學之，須熟玩味。聖人之氣象，不可只於名上理會。如此，只是講論文字。」〔註 65〕正確的讀經的方法，能夠把經典的意義體現在個人的生命中，展現出相應的效應。這實際上是把「體用」、「心性」和經學相結合以後的體現。

因此，程頤必然不是僅僅把經學看作是一個「知」的過程，而是行知合一的，也即行需要有知，而真知必能行。知行之間，發揮關鍵作用的是生命個體的「意義世界」發生了改變。這個改變雖然在目的上是自覺的，但在過程上則是自然的。

在這一改變過程中，經典發揮的作用是媒介性的，而不是根本的。經典必須被還原為主體生命的體現，而讀者又能夠憑藉經典的閱讀，領會作者的生命精神，這一「起承轉合」的過程才能被完成。聖賢的生命體驗是「起」，經典的表述或記錄是「承」，學者朝向經典所指引的方向提升自身的生命境界是「轉」，學者自身的生命體驗則是「合」。這一過程，最終要打破的正是個體生命在知性和歷史中有限性。用詮釋學的眼光看，這就是一種「視域相融」，

〔註 62〕　程顥、程頤：《河南程氏粹言・論學篇》，見《二程集》，第 1186 頁。
〔註 63〕　程顥、程頤：《河南程氏遺書》卷二十二上，見《二程集》，第 285 頁。
〔註 64〕　程顥、程頤：《河南程氏遺書》卷二十二上，見《二程集》，第 284 頁。
〔註 65〕　程顥、程頤：《河南程氏遺書》卷十五，見《二程集》，158 頁。

所謂「聖人之語，因人而變化；語雖有淺近處，即卻無包含不盡處。」〔註66〕

三、心性與本體

經過「生命轉化」（self-transformation）之後出現的「意義世界」，從本質上說，是人的生存世界「觀念化」以後的產物，不同於實然存在本身。在這一意義上，無論是「禮」之「文」，還是「經」之「學」，因其在顯見的形式中均包含著隱微的精神意義，所以都需要經過理性認知和精神轉化以後，其與生命個體的「本體論」（ontological）關係才會顯發出來。「意義」，就其在中國哲學語境中最原本的層面講，既表達著對一種客觀的價值秩序即「義」的理解，同時只能經過生命個體的心靈之「意」才能呈現。因而，「意義」必然既與客觀世界的存在相關，同時也只有在生命個體的「心性」中它才能生成。就此而言，「意義世界」雖然包含於「禮」之「文」（禮樂、禮制、禮器、禮節、禮義等）或「經」之「學」（經典、經學）中，但其與生命個體的關係，卻需要透過「心性」理論來理解。這種對世界秩序的理解必然只能是「形而上」或「本體論」的。

（一）「本體」的內涵及其演變

在中國哲學中，對世界「存在」（being）之「形而上」的理解，首先與「體用」問題緊密地聯繫在一起。清初學者李顒認為「體用」概念出自佛教。顧炎武與之商榷：

> 承教謂「體用」二字出於佛書，似不然。《易》曰：「陰陽合德而剛柔有體。」又曰：「顯諸仁藏諸用。」此天地之體用也。《記》曰：「禮，時為大，順次之，體次之。」又曰：「降興上下之神，而凝是精粗之體。」又曰：「無體之禮，上下和同。」有子曰：「禮之用，和為貴。」此人事之體用也。經傳之文，言體言用者多矣，未有對舉為言者爾。若佛書如《四十二章經》、《金光明經》，西域元來之書，亦何嘗有「體用」二字？晉、宋以下，演之為論，始有此字。

〔註66〕 程顥、程頤：《河南程氏遺書》卷十七，見《二程集》，第 176 頁。如溫偉耀指出，這裡的實質是：「聖人通過典籍展開了一個可能的生命世界。詮釋者以自己的視域與之相遇，而帶來生命體驗的新路向和轉化。這就是讀聖賢典籍而可以提升自己道德生命的道理。」（見氏著：《成聖之道》，河南大學出版社，2004 年，第 80 頁。）

彼之竊我，非我之藉彼也，豈得援儒而入墨乎？〔註67〕

顧炎武從《周易》、《禮記》、《論語》中尋找根據，以證明「體用」之意爲儒學所本有，多少有些解釋發揮的意味，畢竟「體用」之意的蘊含與「體用」概念的提出還是不同的。

實際上，宋儒晁說之早已認爲：「經言體而不及用，其言用而不及乎體，是今人之所急者，古人之所緩也。究其所自，乃本乎釋氏體用事理之學。今儒者迷於釋氏而不自知者，豈一端哉？」〔註68〕可見「體用」概念的提出雖未必自佛教始，但與佛教有極大關係，概可無疑。乃至清儒陳確認爲：「『本體』一詞，不見經傳，此宋儒從佛氏脫胎來者。」〔註69〕作爲雙音節詞的「本體」概念的提出，雖然同時包涵了「本」與「體」兩個字的內涵，但其基本的涵義還是在於「體」。重「體」的思維傾向，使中國哲學的「形上」思考始終不脫離「具體」，無論這個「具體」是指生命個體、事物總體或是世界整體。

在漢語典籍中，「體」的概念在先秦便已出現。如《尚書‧金縢》所說的「體！王其罔害」，《詩‧衛風‧氓》所云：「爾卜爾筮，體無咎言」，均指卜兆或卦體。後世「體」的意思主要指人的身體，引申爲其他事物的全體。如《禮記‧禮器》：「禮也者，猶體也，體不備，君子謂之不成人。設之不當，猶不備也。」鄭玄注「猶體」爲「若人身體」。先秦時期偶爾也出現「體用」並舉的說法，如《荀子‧富國》：「萬物同宇而異體，無宜而有用，爲人數也。」楊倞注「體」爲「形體」。這裡「體」的內涵，雖然不是直接指人的身體，但顯然也只是在日常生活經驗中所直觀到的有形有象、可感可狀的具體事物個體，尚未上昇到「形而上」的高度，也不具備哲學的內涵。

雖然《易》與《禮》所說的「體」都是指具體事物，但隨著哲學思維的發展，二者都朝著抽象「整體」的內涵發展。如東漢經學家鄭玄在《禮序》中說：「禮，體也，履也。統之於心曰體，踐而行之曰履。」〔註70〕禮的實踐原本就離不開人的身體參與，當鄭玄把禮的形式理解爲人的身體，把禮的實踐理解爲人的行爲時，雖然出於相關性的比喻，但已經十分接近後世的「體用」思維中的分合關係了。鄭玄又將這種區分運用到了《周禮》（「經禮」）和

〔註67〕 李顒：《二曲集》，中華書局，1996年，第148頁。

〔註68〕 黃宗羲：《宋元學案》，中華書局，1986年，第863頁。

〔註69〕 陳確：《瞽言四‧與劉伯繩書》，見《陳確集》，中華書局，1979年，第466頁。

〔註70〕 孔穎達：《禮記正義》卷一，第3頁。

《儀禮》（「曲禮」）的關係分別中：「然則三百、三千雖混同爲禮，至於並立俱陳，則曰此經禮也，此曲禮也；或云此經文也，此威儀也，是《周禮》、《儀禮》有體履之別也。」〔註71〕鄭玄還認爲：「體之爲聖，履之爲賢。」〔註72〕這是因爲，禮的製作出於聖人，而賢人則按禮來規範自身的行爲，同樣帶有後世「體用」思維的特點。

王弼繼承漢易的卦體說，如他常講的「上體」、「下體」、「一體」等，都指的是六十四卦中由三爻或六爻組成的「卦體」，這裡「體」的涵義仍然保留了先秦以來代表具體事物的原義。但是，當他把《老子》融入到他的易學理論進而形成「貴無論」去解釋世界時，「體」的涵義無形中已被提升了。老子提出道生萬物，而道本身無形無名。王弼在《老子注》第三十八章中說：「雖德盛業大，富有萬物，猶各得其德。雖貴以無爲用，不能舍無以爲體也。」〔註73〕韓康伯在《周易·繫辭注》中又說：「聖人雖體道以爲用，不能舍無以爲體。」在王弼看來，既然萬物都「以無爲用」，那麼「無」不僅是用，也當是體，體用當是統一的。王弼雖然把「無」看作是「體」，「無」成爲了「體」的一個規定性，但「體」作爲具體事物原義實際上仍然保留著。「無」與「體」不能等同，除了「無」的規定性以外，「體」同時還是「有」。正因如此，王弼同時提出以「無」爲「本」的理論。

「本」原指草木的根或幹，引申爲事物的根源、根基或主體，通常與「末」相對。如《論語·學而篇》「君子務本，本立而道生」，《大學》「物有本末，事有終始」等，運用十分廣泛，往往強調某事物的重要性或根源性。就其源初意涵上講，「本」比「體」的內涵顯得抽象。當儒家以「禮」爲「體」時，道家則提出以「道」爲「本」的思想。如《莊子·天下篇》：「以本爲精，以物爲粗，以有積爲不足，澹然獨與神明居。古之道術有在於是者，關尹、老聃聞其風而悅之。」這裡的「本」，所指即是的「道」，與具體的「物」相對。正因如此，王弼在解釋《老子》的時候，很自然地提出：「天下之物皆以有爲生，有之所始，以無爲本。將欲全有，必反於無也。」〔註74〕萬物由道所生，道無名無形，因而「無」成爲萬物賴以生成長育的根源。

〔註71〕孔穎達：《禮記正義》卷一，第3頁。

〔註72〕孔穎達：《禮記正義》卷一，第3頁。

〔註73〕樓宇烈：《老子道德經注校釋》，中華書局，2008年，第94頁。

〔註74〕樓宇烈：《老子道德經注校釋》，第110頁。

　　魏晉以後，「體用」並舉隨著佛教的發展逐漸流行，並日趨與「心性」理論相結合。王弼所開創的玄學體用觀和本體論雖在中國哲學史上有著重要的價值，但卻遠不如後世佛教的精密，其重要原因就在於尚未融入心性理論，因而最終只是在思維方式上影響後世，在具體內容上則被佛教代替。其後，僧肇提出：「用即寂，寂即用，用寂體一，同出而異名，更無無用之寂而主於用也。」〔註75〕這與玄學的體用思維近似，但所表達的是佛學的內容，其超越性更強。隋唐以後，經佛教各宗大師的創造性詮釋，體用問題與心性問題已經不可分離。佛教對「體」的理解首先由「人身」提升為「法身」，強調「體」之中「佛性」或普遍人性的意義，這使「體」更具抽象性。天台宗開始把「體用」和「理事」聯繫起來，「體」的整體性和抽象性增強了，個別性和具體性逐漸被消解。華嚴宗尤其注重以體用關係闡釋其理論。佛學發展到禪宗，體用觀與心性論的結合已經十分緊密，「體」主要在「心體」意義上使用。〔註76〕

　　經過佛學「體用」觀的發展以後，中國哲學中的「體」雖然保留著具體性，與具體事物不可割裂，但已經抽象為整體性「存在」。尤其是當其與心性論結合之後，經過「心」之整體直觀、反思、澄澈以後的「世界整體」成為「體」的基本涵義，具體事物則不再是「體」，而成為「體」之表現即「用」。「體」具有了認識論、修養論和方法論的涵義，如「心體」（與「物」相對）、「性體」（與「情」相對）、「道體」（與「器」相對）等，成為理解「意義世界」的基源。無論「體」的具體實指為何，其基本特徵都是內在、深微、整體、普遍的，而「用」則成為其外在的、明顯的、個別的、具體的表現。經過佛教體用觀的發展，中國哲學對「體」的理解基本與「本體」相同。

　　在佛學「體用」觀形成的同時，中國哲學的「本體」理論也日漸成熟。〔註77〕「本體」之所以可以成為一個哲學概念，最主要的原因與「本」的「根源」

〔註75〕僧肇：《般若無知論》，見張春波：《肇論校釋》，中華書局，2010 年，第 106 頁。

〔註76〕參見景海峰：《中國哲學的現代詮釋》，人民出版社，2004 年，第 94～96 頁。

〔註77〕如謝榮華所說，「早期『本體』一詞側重於物象本有之體狀、體位、體例，這種用法可說一直是中國哲學中『本體』概念的應有之義，然而早期『本體』一詞表現出強烈依賴並局限於物象的特點，從這一角度說，『本體』一詞沒有完成其哲學概念化的過程。」（見氏著：《中國古代哲學中「本體」概念考辨》，載《中國哲學史》，2005 年，第 1 期。）

義的廣泛應用相關。在「本體」一詞的構成上,「本」的意義比「體」的意義更加重要。當「本體」一詞流行時,「本覺」、「本性」、「本心」等說法也大量出現同時,即可證明此點。通過「本」之根源義的附加,「心」、「覺」、「性」、「體」等都由具體的意涵上昇為抽象的、普遍的涵義。如前所述,即便「體」由原本具有的具體事物義上昇為抽象的整體義,它仍然不能與具體事物完全割裂,這一點明確反映在「體用」總是並舉的結構之中。但經過「本」與「體」的結合,使得對整體存在或根本存在的理解,具有脫離具體事物和表象的可能。這為哲學理論進入到形而上的「心性」領域提供了條件。正因如此,禪宗大量使用的「本體」內涵,往往所指是直契世界根本的「本心」或「心體」。其「本體」理論和「心性」理論合二為一。

(二)道學之「本體」論及其心性意蘊

北宋道學家的「本體」理論既是對佛教「本體」理論具體內容的批判,也是對其哲學思維層面的繼承。北宋道學家最早提出「本體」概念的是張載。在《正蒙・太和篇》中,張載明確提出:

> 太虛無形,氣之本體,其聚其散,變化之客形爾;至靜無感,性之淵源,有識有知,物交之客感爾。客感客形與無感無形,惟盡性者一之。〔註78〕

當代學者多因這一說法,把張載的理論體系定性為「氣本論」,甚至把「本體」理解為西方哲學中的「存在」(being),因而稱之為「唯物論」。但「本體」一詞在張載著作中僅此一見,更多使用的是「體」的概念。

張載所使用的「體」,有時是名詞,有時是動詞。作為動詞的「體」,較易理解,其常常是身心之能動性的充分發揮或比擬,如:「大其心則能體天下之物」〔註79〕,「天體物不遺,猶仁體事無不在也」〔註80〕,「物兼體而不遺」〔註81〕。作為名詞的「體」,大多指承載著變化功能的實體,如:「聚亦吾體,散亦吾體」〔註82〕,「一物兩體,氣也」〔註83〕,「太虛無體,則無以驗其遷

〔註78〕 張載:《正蒙・太和篇》,見《張載集》,第 7 頁。
〔註79〕 張載:《正蒙・大心篇》,見《張載集》,第 25 頁。
〔註80〕 張載:《正蒙・天道篇》,見《張載集》,第 13 頁。
〔註81〕 張載:《正蒙・參兩篇》,見《張載集》,第 13 頁。
〔註82〕 張載:《正蒙・太和篇》,見《張載集》,第 7 頁。
〔註83〕 張載:《正蒙・參兩篇》,見《張載集》,第 10 頁。

動於外也」〔註84〕，「未嘗無之謂體，體之謂性」〔註85〕。因此，張載所說的「體」，與其表示具體事物的原初內涵仍有聯繫，只不過更強調整體性而已，與西方哲學完全排斥具體性的「存在」（being）是不同的。

回到張載「太虛無形，氣之本體」一語的理解，所謂「體」揭示的是「太虛」與「氣」的共通性，而「本」則意味著「太虛」是「氣」的根源，也即是說「太虛」與「氣」都是「體」，這是其相「通」之處，但無形之「太虛」是有聚有散之「氣」的「本源」，二者又有所不同。

張載所用「本」之概念處也甚多。張載所謂「本」往往不同於「體」之顯見，因為就人之「體」而言，身心具有感覺和直觀的能動性，就天之「體」而言，它包含萬物，萬物不斷生生流行，當其落於氣上講，即具有虛實、動靜、聚散等表象或特徵。而「本」則需經過「推」或「立」之後才能被知曉。如他說：

> 知虛空即氣，則有無、隱顯、神化、性命通一無二，顧聚散、
> 出入、形不形，能推本所從來，則深於易者也。〔註86〕

這即意味著僅僅感受或直觀到「氣」之「聚散」、「出入」、「形不形」，是不足以稱為「知本」的，還需要「推」其所「來」，瞭解到「虛空」與「氣」之間的「有無」、「隱顯」、「神化」、「性命」關係，既相「通」又從「來」，二者不可偏廢。

正因如此，張載接著批評佛教有體而無用，所謂「憒者略知體虛空為性，不知本天道為用，反以人見之小因緣天地」〔註87〕。在中國哲學的語境中，不僅儒學，即便是佛教，在「體用」關係上也是同時並舉的，無「用」也即意味著無「體」，體用是不可分離的。張載所用的「體」之概念，仍然具有在身心感受和直觀層面的指謂，只不過對佛教來說，更加突出「心」而已。這就使張載認為佛教在人之「體」的層面有其合理之處，但在「本」的層面則失去「天人」之分際，本末倒置，致使其在根本上不能立足，導人「蔽於詖而陷於淫矣」。

因此，張載在「本」與「體」的涵義上所指是有分別的，如果說「體」

〔註84〕張載：《正蒙·參兩篇》，見《張載集》，第11頁。
〔註85〕張載：《正蒙·誠明篇》，見《張載集》，第21頁。
〔註86〕張載：《正蒙·太和篇》，見《張載集》，第8頁。
〔註87〕張載：《正蒙·太和篇》，見《張載集》，第8頁。

多在「感通」的層面講，那麼「本」多突出其「根源」和「依據」的意義。如：「聖人以剛柔立本，乾坤毀則無以見易」〔註88〕，「氣本之虛則湛無形，感而生則聚而有象」〔註89〕，「湛一，氣之本；攻取，氣之欲」〔註90〕，「天本參和不偏，養其氣，反之本而不偏，則盡性而天矣」〔註91〕，「體物體身，道之本也」〔註92〕，「氣之性本虛而神，則神與性乃氣所固有，此鬼神所以體物而不可遺也」〔註93〕，等等。

總之，與西方哲學中的最高存在「being」不同，道學所謂「本體」，不是對實然存在的世界的最終根據的思辨推測，而是服務於生命個體的精神轉化或道德修養，這一特點隨著宋明理學的發展而表現地越來越明顯。

南宋朱熹開始大量使用「本體」一詞。由於朱熹以「理」為最高存在，「氣」之感通性相對不夠重視，因而在「本體」一詞的使用上，更重視其「本」而不是「體」：「天道者，天理自然之本體」〔註94〕，「才是說性，便已涉乎有生，而兼乎氣質，不得為性之本體」〔註95〕，「虛靈自是心之本體」〔註96〕，如此等等，雖然其涵義在指「理」、「性」和「心」時各有所不同，但都是同時既強調「本」之「根源義」，又強調「體」之「依據義」。在這裡，「體」的內涵正在被「本」所融攝。

到了明代陽明心學以後，使用「本體」極多，其涵義與朱熹基本相同，只不過朱熹多在客觀層面說，而陽明學則多指精神主體之「本心」或「良知」，是在主體層面說的。由此，大談「本體」問題的同時，所謂「工夫」也成為當時最重要的哲學問題。可以說，工夫問題是本體問題帶出來的，因為在中國哲學中，由於理論的實踐性，本體問題原本就蘊含著工夫問題，只不過工夫更多處在實踐領域，不可「指月」而談「指」，討論本體實際上都以工夫的實踐為基底，但隨著本體問題的討論被竭其所盡卻仍然紛擾不斷，工夫問題的討論就勢所必然。

〔註88〕 張載：《正蒙‧太和篇》，見《張載集》，第9頁。
〔註89〕 張載：《正蒙‧太和篇》，見《張載集》，第10頁。
〔註90〕 張載：《正蒙‧誠明篇》，見《張載集》，第22頁。
〔註91〕 張載：《正蒙‧誠明篇》，見《張載集》，第23頁。
〔註92〕 張載：《正蒙‧大心篇》，見《張載集》，第25頁。
〔註93〕 張載：《正蒙‧乾稱篇》，見《張載集》，第63頁。
〔註94〕 朱熹：《四書章句集注》，中華書局，1983年，第79頁。
〔註95〕 黎靖德編：《朱子語類》卷九十五，第2430頁。
〔註96〕 黎靖德編：《朱子語類》卷五，第87頁。

（三）道學本體論的「天人性命」維度

道學的本體理論與先秦儒學的心性理論關係密切。孟子和荀子是先秦儒家心性理論的開創者。孔子以「仁」來理解人性，卻罕言「性與天道」，孟子在肯定性本之於天的先天性和道德情感的合理性的前提下，把仁和心、性加以溝通，建立了心、性、天合一的道德人性論，對心之能動性和超越性做了極大地高揚和發揮。荀子則從對自然情欲的否定中強調建立禮法制度的合理性，雖然降低了心性的超越性，但對「心」之知性特徵的強調，無疑豐富了儒家的心性論。《中庸》的「誠」和《大學》的「慎獨」也是後世儒家心性理論的重要來源。

漢唐儒家如董仲舒、王充、韓愈等人，雖然努力綜合先秦心性論，但基本上是沿著荀子的路徑，主要在氣化宇宙論的角度看待人性，人性被劃爲「三品」，看到了現實人性的複雜性，其缺陷卻是在失去普遍性的同時更重要的是失去了超越性，因而難以與本體理論直接溝通。因而，漢唐儒學由於本體論的不振而不足以與佛老匹敵，可以說其來有自。

如果說，儒家心性理論首先是受到佛教的挑戰並借鑒了佛教的體用思維得到了恢復和提升，那麼儒學本體理論所內涵的「天道」向度，則是儒家批判佛教的最主要根據。儒家哲學是「天人合一」之學，孔子相信「天生德於予」（《論語・述而》），孟子相信四端之心是「我固有之」（《孟子・告子上》），同時也是「天之所與」（《孟子・告子上》），《中庸》首章說「天命之謂性，率性之謂道，修道之謂教」，《周易・繫辭傳》「立天之道曰陰與陽，立地之道曰柔與剛，立人之道曰仁與義」，無疑都是強調心性來源於天道自然，這就爲儒家的本體理論打開了一個「天人之際」的拓展向度，使得儒學在修身的同時不遺棄對現世的關懷，把精神的提升和生命的轉化與道德修養、社會責任、歷史使命緊密結合在一起。

正因如此，當張載強調「爲天地立心，爲生民立道」〔註97〕以及「乾稱父，坤稱母；予茲藐焉，乃混然中處。故天地之塞，吾其體；天地之帥，吾其性。民，吾同胞；物，吾與也」〔註98〕時，首先感受到是一種強烈的道德責任感，繼而是一種博大的精神境界和宇宙胸懷。儒家對「命」的認識，繼承了「三代」以來的精神遺產，原本具有宗教信仰性的意涵。經過孔孟「人

〔註97〕《近思錄拾遺》，見《張載集》，第 376 頁。
〔註98〕張載：《正蒙・乾稱篇》，見《張載集》，第 62 頁。

文主義的覺醒」以後的改造，「命」不再是上帝的命令或意志，而主要是一種人所難以控制的外在必然性。

與此同時，「天」或「天命」則經過心性理論的涵養之後，已經成爲道德修養、社會責任、歷史使命的超越性的源頭。孔子所謂「知天命」（《論語・爲政》），孟子所謂「口之於味也，目之於色也，耳之於聲也，鼻之於臭也，四肢之於安佚也，性也，有命焉，君子不謂性也；仁之於父子也，義之於君臣也，禮之於賓主也，智之於賢者也，聖人之於天道也，命也，有性焉，君子不謂命也」（《孟子・盡心下》），乃至《易傳》的「窮理盡性以至於命」和《中庸》的「天命之謂性，率性之謂道，修道之謂教」等，所強調的都是「性」與「命」或「性與天道」既相關聯又相分際的關係。這樣，「性命之學」或「性理之學」實際上使得儒家「心性之學」具備了整體性的特徵，構成了儒家「天人之學」中「本體與工夫」理論雙向循環的完整模式。

從心性理論到本體理論，可以說是儒家發展的必然，宋明理學是對這一發展的完成。從先秦心性論到漢代強調氣化生成萬物包括人性的宇宙論，經過玄學包涵著宇宙生成的宇宙本體論，再經過佛學在心性理論基礎上建立的佛性本體論，理學本體論也是對中國哲學本體論的完成。

理學中的「本」與「體」是處於「天人之際」的概念。與「本體」理論直接相關的是心性，「心」是主體精神，具有自覺性和能動性，「性」則是表示普遍的先天本性，是客觀的和超越的。「本體」首先是「性」之「體」，其次也需要「身心」作用的參與。沒有「心性」理論，「本體」就恍惚難指，失去了賴以呈現的憑藉。但道學理論又反對把「本體」歸原於「心性」，而是最終溯源於「天」的整體存在。「天」具有的根源性和整體性，保證了「本體」的客觀性、自然性和超越性。「天」與「人」之間既在本然上合一又在實然上分離的關係，使得身心修養和生命轉化成爲必要，而理學對這一問題的探討又無疑深化了它的本體理論。

總之，如果說在「本」與「體」的原始涵義上，主要是外在、直觀和具體的概念，那麼，經過佛學心性理論的廣泛討論，「本」與「體」已經內化爲意義世界的指向，而道學正是在這一基礎上不但對意義世界做了符合儒家傳統的修正，同時也指出了通向這一意義世界的道路，即如何通過精神轉化或道德修養回複本然存在並提升人生境界，這就是道學中「本體」與「工夫」問題的實質。

四、道學話語

　　北宋道學，正是在與儒家漢唐以來的「經學」和「禮學」傳統的互動中，重整儒學的學術資源，漸趨走向對作為「聖人之意」的「心性之學」的重視，重現建構以「天道性命」等形上問題為基礎的新的理論體系，作為學者「為學工夫」的起點，進而重振倫理綱常，對每一個生命個體的現世生活給予更合理的解釋和引導。從「義理」到「性命」，從「言道」到「體道」，從「本體」到「工夫」，共同構成了道學之興起與演進的公共話語。

（一）從「義理之學」到「性理之學」

　　依照後世來看，北宋興起的這一新的儒學學術形態被命名的「理學」。從其涵義看，「理學」一名原本既可以指代「義理之學」，也可以指代「性理之學」。〔註99〕所謂「義理之學」，是與經學之中的「訓詁之學」相對而言，側重在儒家「經學」形態下理解「理學」的學術革新意義；而「性理之學」則指與學者個人身心性命的體認直接相關的實質性精神意義。但在北宋道學家看來，儒家所謂「義理」是個體生命對「道德性命之學」體認的最高指向，因而「義理之學」本質上就是「性理之學」。自南宋以後，在理學內部的話語系統中，「理學」通常直接等同於「性理之學」而非「義理之學」的省稱。〔註100〕「理學」與「性理之學」遂合而為一。

　　雖然「性」與「理」都是先秦學術的舊有概念，但只有經過了《孟子》、《中庸》和《易傳》對「性」的超越性意義的指認，乃至佛教心性之學的發展，宋明儒學才在繼承孔孟心性之學的傳統之下，開始漸趨高揚既客觀超越又遍在萬物的「性命」之「理」。〔註101〕因此可以說，無論是「性理」還是「義

〔註99〕　參見陳植鍔：《北宋文化史述論》，第 218 頁以下；徐洪興：《思想的轉型》，第 5 頁。

〔註100〕　《性理精義》卷一《序》說：「三代以來聖賢相傳授，言性而已。宋時始有性理之名，使人知盡性之學，不外循理。」據清人考證，朱熹的高弟陳淳撰有《北溪字義》，又稱《四書性理字義》，同時又有程端蒙撰《性理字訓》，熊節撰《性理群書》，三書都以「性理」標名，「性理之名由是而起」。（見《四庫全書總目提要》卷九十四，《欽定四庫全書總目》（整理本），第 1234 頁。）明胡廣等沿襲《性理群書》的形式，奉敕編輯《性理大全書》七十卷，進一步確立了程朱理學的統治地位。在此基礎上，清初康熙又御定《性理精義》十二卷。

〔註101〕　但也正是因為這一超越性特點，宋明理學的一個可能的發展方向就是會使得「理」成為一個外在的強制性規範原則，尤其當這一原則被皇權政治所利用

理」，「理學」之根本精神確乎在於對生命個體之「性」以及與之相貫通之「天道」的超越性理解，而不僅侷限於對「事理」、「名理」的一般性看法或支解。宋明理學以精於「天道性命」之論見長，其眞正的精神核心仍然在於對於「心性」的理解，這與先秦儒學無疑在根本精神上是一致的。

「性理之學」的最初表現形態是「道學」，而作爲「性理之學」的「道學」又僅僅是北宋興起的諸多「義理之學」中的一支。宋初即已開始的「疑經變古」和「排斥佛老」運動，正是同屬「義理之學」的「道學」思想得以產生的前期醞釀和理論準備。這樣的時代風氣，預示著「道學」一以貫之的問題意識和其具體展開的邏輯發展軌迹。由此而言，「道學」的發展就不僅僅是外在的理論必然，而且也是生存於一個具體時代之下的個人對於時代使命的意識和對精神方向的領會所致。生命不僅僅爲學術而存在，學術也爲生命而存在。生命是多樣之中的選擇，學術同樣是如此。個體生命的生存感受必然會決定一個時代之學術的發展方向，這便會形成多樣的學風及其交融。北宋中期興起的「道學」運動，一方面是出於對儒學衰微和佛老之學熾傳的理論回應，另一方面也是出於對家國天下秩序不振的強烈憂患意識。由後者所構成的價值內涵，恰恰是前者之所以成立的題中應有之義。這樣的思想主題，顯然是北宋儒者所共同面對的。

在精神層面，北宋儒學與漢代儒學不同，其所面對的最大挑戰不來自政治，而是來自對於佛老。對此，張載弟子范育在《正蒙序》中曾頗爲沉痛地說：

> 自孔孟沒，學絕道喪千有餘年，處士橫議，異端間作，若浮屠老子之書，天下共傳，與六經並行。而其徒倚其說，以爲大道精微之理，儒家之所不能談，必取吾書爲正。世之儒者亦自許曰：「吾之六經未嘗語也，孔孟未嘗及也」，從而信其書，宗其道，天下靡然同風；無敢置疑於其間，況能奮一朝之辯，而與之較是非曲直乎！
> 〔註102〕

之後，便可能更加導致對儒學眞正內在精神的偏離和誤解。正是有鑒於此，牟宗三試圖從理論上爲「性理」二字正本清源：「『性理』一詞並非性底理，乃是即性即理。」「『性理』之得名，普通以爲始自明道之言『理』或『天理』以及伊川之言『性即理』。實則『理』之一詞是就道體性體之實而帶上去的，理字並無獨立之實。」（見牟宗三：《心體與性體》上，第53頁。）

〔註102〕范育：《正蒙序》，見《張載集》，第4~5頁。

北宋儒學的「辨佛老」不自道學始，但只是到了道學，才具有了充分的義理根據。道學學派中，「關學」尤以批判佛老著稱。在張載、范育、呂大臨的學說中，均有「嚴異端之辯」的特點，這一點曾得到二程、朱子的高度讚揚。關學學派之「嚴異端之辯」與關學重視禮教密切相關，這一點也爲二程和朱子所承認。但如果說在「嚴異端之辯」方面，程朱對關學學派是無保留地肯定的，在對儒學本體和禮教功能的理解上則存在著諸多分歧。

　　此外，北宋儒學的「辨佛老」向深度發展，與孟子的地位之上昇，亦有著密切的關係。實際上，孟子的地位之所以會迅速上昇，首先是由於孟子激烈批判異端、維護儒家道統傳承的姿態，被面對佛老挑戰的宋儒廣泛接受。孔子曾說「攻乎異端，斯害也已」（《論語・爲政》），但對同時代的異端如隱逸者卻並不持激烈的批判態度。孟子則以捍衛孔子之道自居，激烈地批判楊墨等學派。這種批判異端之「不得已」的精神，對唐宋以後的儒學反省和復興影響甚巨。同時，這也使得儒學對「道」的理解越來越具有排他性。中唐韓愈就已經以繼承孟子之志自居：「釋老之害過於楊墨，韓愈之賢不及孟子，孟子不能救之於未亡之前，而韓愈乃欲全之於已壞之後」〔註103〕，因而又稱「斯吾所謂道也，非向所謂老與佛之道也。堯以是傳之舜，舜以是傳之禹，禹以是傳之湯，湯以是傳之文武周公，文武周公傳之孔子，孔子傳之孟軻；軻之死，不得其傳焉」〔註104〕云云。但韓愈對孟子的繼承實際上只停留在其闢異端的精神姿態上，對孟子之所以闢異端的心性之學則理解不多。

　　孟子的精神姿態雖然爲宋儒批判佛老提供了可資效法的榜樣，但這畢竟是外在的，孟子所倡導的「心性義理之學」或「道德性命之學」才是理解儒學優越性的根本。由此，北宋儒學漸趨走向「心性義理之學」或「道德性命之學」就是必然之勢。實際上，這並非道學家有此認識。王安石說：
先王所謂道者，性命之理而已。其度數在乎俎豆、鐘鼓、管絃之間，而常患乎難知，故爲之官師，爲之學，以聚天下之士，期命辯說，誦歌弦舞，使之深知其意。〔註105〕這就是說師學禮樂都是圍繞「性命之理」而展開的。王安

〔註103〕韓愈：《與孟尚書書》，見馬其昶：《韓昌黎文集校注》，第215頁。

〔註104〕韓愈：《原道》，見馬其昶：《韓昌黎文集校注》，第18頁。

〔註105〕王安石：《虔州學記》，見《王文公文集》，上海人民出版社，1974年，第401頁。鄧廣銘說：「在北宋一代，對於儒家學說中有關道德性命的義蘊的闡釋和發揮，前乎王安石者實無人能與之相比。由於他曾一度得君當政，他的學術思想在士大夫間所產生的影響，終北宋一代也同樣無人能與之相比。」（見氏

石也是較早重視孟子的儒者，這一點與李覯、司馬光乃至歐陽修都不同，而與張載、二程等道學家相同。

北宋儒學復興之所以都注意到了孟子的價值，是因爲，儘管「禮」與「文」是區別不同生活方式最顯見的根據，但必須進一步追溯其超越於人類構造的客觀自然源頭，才具有合理性價值。正如孔子說「人能弘道，非道弘人」（《論語・衛靈公》），人是道的當下承擔者，「禮」與「文」必須待人而後有，因而無論是「禮」還是「文」，只有在人性內部找到其動力來源，才能得以落實。正是在這一意義上，漢唐儒學的不振，根本上在於其理論基礎建立在外在的禮制約束之上，從而缺乏對於人性道德動力的肯定。即便是孔子所謂的「道」，固然通向天命，但是同樣只有在內在人格的修養過程中，才能被把握其本質和生命。對於這一點，孟子的繼承可以說最爲顯豁。

因此，「道」必然通向於「德」，「命」必然落實於「性」。「德」是天地之生化流行在人身上的體現，「性」是天之所賦、人之所稟的內在超越性根據，而「命」則由人所不可控制的外在偶然性變成生命主體精神轉化的內容，從實然存在轉化具有了「意義世界」的內涵。這樣，在道學理論中，所謂「道德性命」之學，或「天道性命」之學，或「身心性命」之學，三者成爲同義的關係。三個稱謂的基本義理框架，都來自於先秦孔孟的「天人之學」體系。在「天道性命」一詞中，天道流行不息，決定人之性命的仁愛誠敬，客觀之「天道」與主體之「性命」相對；在「道德性命」一詞中，道決定德，性決定命，客觀之「道」與主體之「德」相對，客觀之「性」與主體之「命」相對；在「身心性命」一詞中，客觀之「身」與主體之「心」相對，客觀之「命」與主體之「性」相對。總之，所謂「道德性命」之學，實際上是對先秦儒家心性之學的發展，構成了對客觀存在和主體意義的完整理解，由此爲道學之成立奠定了內在的理論前提。

（二）「道」的生命反省、體認與落實

在中國文化傳統中，「道」與「德」都有著悠久的傳統，但只有在孔子那裡，當作爲總德的「仁」成爲理解「德」之內涵的最重要精神時，「天道性命」相貫通之學才有了內在的可能。而到了孟子，以其剛毅果決的精神，將孔子

著：《王安石在北宋儒家學派中的地位》，見《鄧廣銘治史叢稿》，北京大學出版社，2010年，第150頁。）可見，「道德性命之學」代表著當時的時代風貌。

所罕言的「性與天道」完全展開，建立了儒學最重要的心性理論。這正如陸九淵所講：「夫子以仁發明斯道，其言渾無罅縫，孟子十字打開，更無隱遁。」〔註106〕不僅如此，孔子特別把「仁」與「禮」聯繫了起來，「克己復禮」成為成性、成仁的工夫，其教養內化的作用更加突出；而孟子「知言」、「養氣」、「盡心」等理論也成為北宋道學工夫理論的重要來源。

正因如此，這便成為北宋道學為何強調「斯文喪失」、主張回歸孔孟的最主要原因。正是在孔孟之學的基礎上，通過「道」、「德」、「仁」、「禮」等一系列範疇的重新理解，「道學」的理論體系逐步建立起來，「心性」之學朝向「天道性命」之學更開闊的方向發展，其內在「意義世界」被完全地揭示出來。

作為最早被提升為哲學範疇的「道」，本為儒家和道家所共享的一個核心概念。尤其是「道家」，更把「道」提升為其所區別於其他諸家的關鍵性概念。正因為如此，所以「道學」一詞最早用來指代「道家之學」也就不是偶然的。〔註107〕自唐韓愈重新提出「斯吾所謂道」的問題，如何重新理解儒家之「道」才日益被儒者所強調。〔註108〕韓愈在《論道》中開宗明義地提出「仁與義為定名，道與德為虛位」的觀點，指出了儒家之道在「道」與「德」的共名之下還有著更為實質性的內容，這才是儒家之「道」可與佛老之「道」爭勝負的關鍵。

然而韓愈尚未在義理層面有更深的建樹。中唐之後，社會秩序崩潰，學術建設也隨之夭折。到了北宋慶曆年間，社會秩序有所恢復，重建社會秩序的精神基礎提上了日程，以范仲淹、歐陽修、胡瑗、孫復、石介等為代表的一大批儒者士大夫才成為北宋「道學」運動興起的真正先驅。他們雖然在「道

〔註106〕陸九淵：《語錄上》，見《陸九淵集》，中華書局，1980年，第398頁。

〔註107〕《隋書・經籍志》記載：「漢時，曹參始薦蓋公能言黃老，文帝宗之，自是相傳，道學眾矣。」可見，黃老道家之學是「道學」之名較早的所指。

〔註108〕馮友蘭指出：「韓愈提出『道』字，又為道統之說。此說孟子本已略言之，經韓愈提倡，宋明道學家皆持之，而道學亦遂為宋明新儒學之新名。」（見氏著：《中國哲學史》下，華東師範大學出版社，2000年，第199頁。）陳寅恪在《論韓愈》一文中指出韓愈的八大貢獻。（見氏著：《金明館叢稿初編》，三聯書店，2001年，第319～332頁。）又如張亨在《張載「太虛即氣」疏釋》一文中指出：「從儒學的本身來看，這時期（指北宋中前期——引者注）的儒者大多還是遠承韓愈的影響。他們一方面提倡古文，攻擊楊億等駢麗之文；一方面推原道統，排斥佛老。」該文引證相關文獻頗為翔實，詳細可參見氏著：《思文之際論集》，新星出版社2006年，第150～152頁。

學」理論上尚未建立系統，但在精神追求、人格風範、問題意識、體用方法等等方面都爲其後的「道學」興起指出了方向。

經過漢唐儒學在根本精神上的衰微之後，呂大臨曾在《明道先生哀詞》中感歎北宋儒學的精神狀況：「去聖遠矣，斯文喪失。先王之流風善政，泯沒而不可見；明師賢弟子傳授之學，斷絕而不得聞。」〔註109〕這可以說是北宋以道學重建爲己任的儒者對其時代之下儒學危機的共同感受，其中當然也隱含著呂大臨個人對於儒家精神的切身體會和重振儒學之使命的擔當。呂大臨清楚地意識到，儒學衰微的根本原因在於儒者囿於章句訓詁和名數制度，既不能理解聖人的微言大義，也不能用之於修身和治國，因而淪爲無體無用之空言。因此，呂大臨所提出的「去聖之文」、「先王之政」和「明師之學」，實際上分別代表著儒家傳統在「文」、「政」、「學」三方面的開拓，涵蓋著北宋道學家對於儒學精神源頭、社會功能和學術傳承三者的賡續使命。〔註110〕正因爲如此，當張載以「爲去聖繼絕學，爲萬世開太平」〔註111〕爲己任、呂大臨同樣以「有道者當任其責」〔註112〕自命時，所謂「去聖遠矣」就不僅僅是一句說辭，而是體現了北宋道學家對整個儒家傳統精神的領會以及重振道學任務的自覺。

面對歷史和時代的新問題，北宋儒學開始了新的理論理解和思想建設，這便是「道學」思想體系的確立，這無疑是由張載、二程共同奠基和完成的。但僅就「道學」一詞的使用而言，並非二程首創，而是時代風氣使然。〔註113〕

〔註109〕 程顥、程頤：《河南程氏遺書》附錄，見《二程集》，第 337 頁。

〔註110〕 儒家將「文」（道）、「政」、「學」並重，始於孔子，可以説源遠流長。可參見杜維明：《古典儒學中的道、學、政》（見氏著：《道、學、政：論儒家知識分子》，上海人民出版社，2000 年，第 1～12 頁）。現代新儒家學者牟宗三又首倡「道統」、「政統」與「學統」之新「三統」説，以「道統」指德性之學，「政統」指政治形態，「學統」指知識之學，賦予了「文」（道）、「政」、「學」三者在現代社會之中的新的内涵和意義。可參見牟宗三：《略論道統、學統、政統》（收入鄭家棟編：《道德理想主義的重建》，中國廣播電視大學出版社，1992 年，第 88～99 頁），其中有對儒家傳統精神的疏導與檢討。另參見李明輝：《當代新儒家的道統論》（見氏著：《當代儒學的自我轉化》，中國社會科學出版社，2001 年，第 137～159 頁）。

〔註111〕 張載：《張子語錄》，見《張載集》，第 320 頁。

〔註112〕 呂大臨：《與程伯淳書》，見《全宋文》第 76 冊，第 157 頁。

〔註113〕 參見姜廣輝：《論宋明理學與經學的關係》，載《湖南大學學報》（社科版），2004 年第 5 期。

而「道學」二字的內涵，也並非指關於「道」的學術形態，而是對「道」的個體生命體認。

關於「道學」一詞在道學家群體中的使用，據呂大臨《橫渠先生行狀》，早在嘉祐初，張載「見洛陽程伯淳、正叔昆弟於京師，共語道學之要」〔註114〕，這可以看作是張載、二程共倡道學的開始。但這裡對「道學」一詞的使用，則是出於呂大臨的追溯。而在今本《張載集》中，張載提及「道學」者僅一次，即在其致弟子范育的書信中稱：「朝廷以道學、政術爲二事，此正自古之可憂者。」〔註115〕

把「道學」與「政術」並提，證明張載所理解的「道學」並不僅僅是「道德性命」之學，同時也內涵著強烈的「欲復三代」的政治關懷，其中顯然寄託著儒者對於社會秩序和人生價值的理想。〔註116〕這表明張載所理解的「道學」不僅具有個體性的意義，也具有群體性的意義，即國家治理的方針、政策等需能體現「道學」，以「道學」爲指導，這就使得「道學」不能只如道家、道教之學，僅關乎個人身心性命，而且能夠落實於家、國、天下的治理之中。張載之學旨正是在於由學而明道，由道而明政、明術，這是儒家之「道學」的顯著特點。

在程顥去世之後，程頤逐漸開始以「道學」概括他們兄弟二人及其學派的學術思想和宗旨。程頤不僅認爲其兄弟之特有貢獻在於「自予兄弟倡明道學，世方驚疑」〔註117〕，且在《上太皇太后書》中明確提出「儒者得以道學輔人主」〔註118〕，將「道學」的功用直接指向了統治者個人的身心。然而這種理想在殘酷的政治鬥爭中卻是難以實現的，眞正對後世產生影響的卻是其學術，而非政治。

張載和二程所使用的「道學」一語顯然不能等同於後世已經學術形態化的「理學」。在他們心目中的「道學」，更多指的是「道」與「學」。「學」是對「道」之體認和認同，「道」則不僅是宇宙運行之必然性和合理性，也是人倫道德之自然來源。

〔註114〕呂大臨：《橫渠先生行狀》，見《張載集》，第381頁。
〔註115〕張載：《答范巽之書》，見《張載集》，第349頁。
〔註116〕參見陳俊民：《「道學、政術」之間——論宋代道學之原型及其眞精神》，見氏著：《三教融合與中西會通》，第251頁。
〔註117〕程頤：《祭李端伯文》，見《二程集》，第643頁。
〔註118〕程頤：《上太皇太后書》，見《二程集》，第542頁。

　　凡此均說明道學之創與儒學傳統自身、佛老異端挑戰以及當時儒者所生存之政治社會環境之間的關係，「道學」理論勢必既具有強烈的政治秩序關懷，同時也需具備與佛老抗衡的內在「天道性命」體認，而後者無疑才是理論根本。二程以「理」為最高範疇，但程頤不名其學為「理學」，而是名之為「道學」，可以說正是出於其強烈的擔「道」意識，也與其認為「道德性命」與「文教治道」從根本上是一致的這一觀點相關。

　　但正因「道」兼有超越性和歷史性二義，使「道學」內涵之理解不如「理學」清晰，由此又構成了侷限。這突出地表現在，由於道學家具有明確的政治傾向性，加之「道學」一名所必然內涵的排他性，「道學」成為兩宋黨爭中派別傾軋的理由，因而在後世擁有了特定的歷史意義和政治意義。但究其實質，從道學家自身的思想和理論看，其政治性更多表現為從儒家治世理想和其自身建構的形上心性理論而來的理想政治秩序關懷，與現實政治權益交涉極少。對歷代儒者而言，政治當然不能徹底脫離出他們的視野之外。道學家儘管有著強烈的政治關懷，但道學之成立，首先在於道德義理和心性工夫，而非實際的政治功業和社會穩定。在道學家的理解中，前者是本，後者是末，或者更恰當地說，前者是體，後者是用，末生於本，用源於體，二者的關係不可分離，但也不可顛倒。因而理解道學家的貢獻和影響，便不應著眼於其歷史意義，從現實政治後果入手，也不當從政治功利目的入手，而應從道學思想自身所展開的哲學詮釋空間進入。

（三）「道學」理論的產生與多維互動

　　在共同的思想宗旨之下，張、程之間始終能夠保持著學術間的交往，彼此視為同道。其共同點首先表現在對於儒家理想追求的一致性。在此前提下，又具體表現為如政治觀點的相近、為人氣象的相互欣賞和學術創作的贊同等多方面。正是在多方面的理論思考和人格表現中，「道」的精神面貌才生動地展現出來。「道學」固然提供了一套理論，但其根本則是生命個體的意義世界，因而不能不落實於具體的歷史之中。

　　程顥曾說：「某接人多矣，不雜者三人：張子厚、邵堯夫、司馬君實。」〔註119〕程顥稱道的三人，所長學術各自有別，程顥對三人的學術觀點也都保留了自己的看法，因而這裡所謂「不雜」並非是一個學術上的判別，而是在

〔註119〕程顥、程頤：《河南程氏遺書》卷二上，見《二程集》，第21頁。

爲人氣象上的欣賞。程顥又說：「君實之能忠孝誠實，只是天資，學則元不知學。堯夫之坦夷，無思慮紛擾之患，亦只是天資自美爾，皆非學之功也。」〔註120〕在程顥看來，人格氣象，不僅需要天資，也需要後天的爲學。在爲學方面，程顥讚賞的是張載。程頤也曾評價張載所著《西銘》說：「橫渠道盡高，言盡醇，自孟子後儒者，都無他見識。」〔註121〕正是出於這種共同的道學追求，所以朱熹在梳理北宋道學譜系和伊洛淵源的時候，始終把張載作爲二程道學的輔翼來看待。

共同的精神理念實際上又隱含著不同的學術徑路，這不僅構成了北宋諸多學派之間錯綜交匯的局面，更重要的意義則在於其極大地促進了理論思考的深入，逐漸形成系統的「道學」理論形態。不同於其他學派，關學和洛學由於具有共同的理論宗旨和目標，並且張載又是二程的表叔，因而從其形成之始，二者的關係就最爲密切。張載先於二程辭世，但據流傳於後世的文獻所考，張載在世時至少和二程有四次論學，他們所討論的問題對宋明理學的總體規模和發展走向影響甚深：

第一次論學是在嘉祐初。呂大臨《橫渠先生行狀》記：「嘉祐初，見洛陽程伯淳、正叔昆弟於京師，共語道學之要。」〔註122〕又據《宋史・張載傳》所記「嘗坐虎皮講易京師，聽從者甚眾。一夕，二程至，與論易」〔註123〕，可知這次討論的內容主要是以易學爲主。此時的張載、二程均未形成自己的思想，「共語道學之要」正表明了他們在出入佛老、返歸六經之後，開始正式走向致力於對「道學」的探索。

第二次論學是嘉祐四年（1059），張載與程顥以書信的方式討論了「定性」問題，有程顥《定性書》存世，從中可以看出張、程所論的主要是道德修養的工夫論問題。

第三次論學是熙寧二年（1069），張載任崇政殿校書，數次致信程頤，同樣討論的是工夫論問題。程頤有《答橫渠先生書》、《再答》，對張載之學提出了批評。

第四次論學是熙寧九年（1076），張載應召知太常禮院，過洛陽與二程會

〔註120〕程顥、程頤：《河南程氏遺書》卷二上，見《二程集》，第 27 頁。

〔註121〕程顥、程頤：《河南程氏遺書》卷十八，見《二程集》，第 196 頁。

〔註122〕呂大臨：《橫渠先生行狀》，見《張載集》，第 381～382 頁。

〔註123〕脫脫：《宋史》卷四百二十七，第 2723 頁。

晤論學，張載門人蘇昞錄有《洛陽議論》存世。〔註124〕

　　張載去世後，一方面二程對張載之學繼續辯難，另一方面張載弟子也問學於二程，加強了關洛二學的融合。正如程頤曾批評「異之凡相見須窒礙，蓋有先定之意」〔註125〕，「呂與叔守橫渠學甚固，每橫渠無說處皆相從，才有說了，便不肯回」〔註126〕，關學門人在入洛以後實際上並非完全轉向洛學。而洛學弟子如楊時、游酢等人認爲張載之學源於二程的門戶之見，同樣與其對二派的學術觀點的認識和評價有關。

　　儘管二程對張載之學做出了批評，程門弟子對關學學派的獨立性做了貶抑，但二程及其學派的歷史貢獻恰恰在於它的承前啓後作用。關學與洛學的互動，特別是以洛學門人爲主導的從北宋到南宋道學話語的發展，爲整個宋明理學的發展奠定了理論基礎和精神指向，乃至如同儒學反思要不斷回到先秦孔孟一樣，以後的理學反思同樣出現了不斷回到周、張、二程的現象，這正是由北宋道學的理論規模和話語源頭地位所決定的。

　　從理論上講，呂、范等人對二程觀點的保留意見和程門弟子的抑關揚洛，乃至後世理學的諸多理論爭辯，都根本上源於張載和二程在共倡「道學」的前提下，存在著許多理論關懷和入學徑路的差異。概而言之，這主要表現在三個方面：

　　其一，宇宙本體論不同。張載重視氣化之道的宇宙生成論，把「太虛」確立爲宇宙的本體，強調「氣」之聚散感通作用，進而把「天地之性」與「氣質之性」進行區分，其學以「天道性命相貫通」爲特徵。二程則以「天理」爲本體，以氣化之道爲天理的流行，因而對張載「太虛即氣」的思想提出不滿，並試圖予以「矯正」。程顥的理論以「一本」爲特徵，重視理性直覺的體會；程頤則把理氣、性情二分，進一步強化了理與性的主宰性作用。

　　其二，道德修養工夫論也不同。由於張載重視氣化的作用，反映在人性論上，就把變化氣質看做道德修養的一個重要階段，把「窮理盡性以至於命」看做是「以人合天」三個階段。程顥則以天理爲最高本體，本心就是天理，無須變化氣質的工夫，便是天理的自然流行。程頤提出「涵養須用敬，進學

〔註124〕以上論學文獻大都保存於二程語錄和文集之中。由於張載的文集幾乎不存，張載的相關書信已經佚失。
〔註125〕程顥、程頤：《河南程氏遺書》卷第二上，見《二程集》，第27頁。
〔註126〕程顥、程頤：《河南程氏遺書》卷十九，見《二程集》，第265頁。

則在致知」〔註127〕，其特點雖然有別於大程，同樣注重「心」之上的道德修養。

其三，在社會政治思想方面，張載重視社會教化，二程則更重視「得君行道」。張載以禮立教，使學者有所據守，進而倡導變化氣質，修己成德，以至用禮成俗，教化社會，最終達到經世治國。二程則直指君心，把《大學》「正心誠意」之學用於規範君主統治之中。程頤早年的上書和晚年擔任經筵講師，都是出於如此目的。這種不同的政治思想雖然不是道學的核心，但卻反映出關洛二學核心理論的差異。

總之，在關、洛二學之間，如果說關學顯得更加重視從「實然」層面推進理論的建構，表現出博大和思辨的特色，那麼洛學則更加注重從「本然」層面涵蓋天道與人倫，理論建構顯得更加圓融並切於身心。與之相關，在回歸原始儒家的理論形態和思想特色方面，關學思想比洛學思想更重視「經學」和「禮學」等儒學傳統內容，因而更具有「原儒」特色；而在心性義理之學方面，洛學思想則比關學思想顯得更爲「純粹」。

二程去世之後，由於理論發展和時代環境的變化，程門弟子的理論關懷重心也在逐漸轉移，這也可以看作是對北宋道學理論的發展。二程之後，在程門諸弟子中，影響最大的是謝良佐和楊時。謝良佐發展了程顥的「仁說」，楊時則以「體驗未發」爲其思想宗旨，謝、楊均以道德修養工夫爲其思想重點。楊時之後經羅從彥、李侗，三傳而有朱熹，對宋代理學做出系統的總結，並經過對二程及其後學文獻的整理、對「四書」的注解以及與張栻、呂祖謙、陸九淵、陳亮等人的論學，一個完整、系統的理學理論體系建立起來，成爲後世理學發展不可繞開的高峰。

但如果追溯二程以後理學家所關注的許多理論問題，實際上大體已經在張載、二程的學說就已經蘊含。當二程把「理」或「天理」提升爲天道性命的本體，爲之注入了儒家道德倫理的內涵，以此貫通天人，統攝自然世界與人文世界，這就已經爲儒家的價值理想建立起了形而上的根據。雖然隨著理論的發展，後世的話語空間和語境界限還會發生不斷地變化，但「道學話語」的基本內容和核心旨趣，無疑在北宋張載、二程的共倡「道學」中就已經完全形成了。

〔註127〕程顥、程頤：《河南程氏遺書》卷十八，見《二程集》，第188頁。

五、思想重述

張載、二程等人的貢獻首先在於奠定了道學的「本體宇宙論」宗旨。〔註128〕「本體宇宙論」與「宇宙本體論」不同，前者在根本上屬於「本體論」，後者在根本上屬於「宇宙論」；前者是在心性體認的前提下徹悟宇宙本體，而後觀照宇宙生化，宇宙論帶有境界論的意味；後者則是由宇宙生化直接追溯其不變的根本和動源，不一定需要借助心體的領悟力，亦可直接通過知性的推導獲得，因而往往以知識論為前提。因此，無論是「本體宇宙論」還是「宇宙本體論」，都需要以對「心性」的理解為前提。道學理論的深刻內涵，直接來看，反映在宇宙論方面；而從根本上著眼，則反映在心性論方面，由此構成道學理論的「工夫」指向。

（一）從學術傳承到思想重建

儒家「宇宙論」的建立，早自《易傳》即已開始。特別是在漢代，出於對上至「天道」、下至「禮教」的雙重理解的需要，漢儒在綜合道家和陰陽家的思想成果之後，使儒家宇宙論的建立成為當時儒學發展最重要的方面。北宋道學宇宙論的建構既是對漢唐儒學宇宙論建構任務的繼續和進一步完成，但也是在不斷回應佛教和道教宇宙論體系的挑戰前提下的轉型。

道學宇宙論建構任務的完成，意味著儒學不同於佛老、諸子之學中的特質正在被進一步澄澈出來，這便是儒家的「心性論」傳統。正是心性論，才使得道學的道德實踐具備內在的根源和動力，才最清楚地彰顯出「道學」的儒家性格，真正體現了「道學」之所以為「道學」的本質特點所在。因而，只有真正地理解了道學的心性論，道學宇宙論的真正意義才可以顯現出來。同時，心性論的探討是服務於道德修養實踐的，而非一個純理論問題。心性理解的變化，必然導致工夫理論的差異。這樣，道德修養的「工夫論」問題，也就呈現出來，而這也構成儒家哲學從漢唐儒學注重外在的禮法約束向內在的道德實踐轉變的最深遠影響。

自孔子以來的原始儒學，注重在心性根源的基礎上建立對於宇宙、人生與社會的理解，這是其最深刻的傳統，這一特點尤其在思孟學派那裡表現得

最為明顯。但這一傳統在漢唐儒學中一度遭到遺忘，而導致這一結果的原因不僅是出於儒者個人的選擇，也是「學術」發展的自身邏輯使然。

與其他諸子學派不同，儒學同時注重歷史文化與生活智慧，這就使儒家內涵著向不同方向發展的可能。儒家學者一方面注重對儒家經典的保存和研究，另一方面也注重個人對儒家之道的內在身心體會。因此，儒學除了努力建立和傳播自己「諸子家學」的思想學說外，還特別注意通過整理和闡釋「六經」來保持詩書禮樂教化的延續性。前者形成作為「子學」的儒家學術形態，如《論語》、《孟子》、《荀子》和收集在《禮記》中的眾多篇章；後者形成作為「經學」的儒家學術形態，如對於「五經」的傳、說、記、解等等。如此，儒學不但通過對宇宙大化直接的身心體認以獲得生命意義的理解，而且也通過經典、禮樂和人倫實踐等文化形式涵養身心，使其意義世界始終是群體性、道德性的，而非純粹個人性、自主性的。但是，一旦個人性的身心體認被外在的制度以及客觀性的知識完全替代，儒學在精神世界的失落便不可避免。

由此，後世儒家學者不但衍化出「傳道之儒」和「傳經之儒」的不同，即便是在「傳道之儒」中，也是「孔子歿後，儒分為八」（《韓非子·顯學》）。同樣，在「傳經之儒」中，正如徐復觀所看到，儒士實際上可分為思想家和經學家兩派，前者以建立自己的思想為原則看待「六經」而將其看做思想的資源，後者則專門研究、傳承和發揮某一經的義理為核心。〔註129〕真正在「傳道」與「傳經」之間找到一個恰當平衡點的仍然是少數。如果說「傳道」更多地跟學者自己的性情資質有關，那麼「傳經」顯然有利於建立學術結構的穩定性。因此，在時代的不同問題意識和學者的不同性情的影響之下，儒學的分化、結構重組、思想回溯和精神重建，可以說是其必然走向。

學術思想總是在一邊不斷回到其源頭汲取營養，一邊又在知識的不斷累積中前進。由此，先秦以後儒學的精神傳承主要借助於兩方面文獻的再解讀而得以展開：其一是後世儒家對孔子所整理的「六經」的再解讀，這屬於「傳經之儒」。其二是對於孔門弟子們所記述的《論語》和其他相關文獻如《禮記》、《孟子》的再解讀，這屬於「傳道之儒」。

理論關注重點的轉移，直接反映在所關注經典的變化之上。儒學的傳承最直接所依據的是儒家經典，道學也不例外。北宋儒學興起最開始關注的是

〔註129〕徐復觀：《中國經學史的基礎》，見《徐復觀論經學史二種》，上海書店出版社，2006年，第52頁。

《春秋》、《周易》，而後是《詩》、《書》、《禮》，之後則是《易傳》、《中庸》，總體上經歷了一個由「經」向「傳」，漸趨向《論語》和《孟子》復歸的過程。〔註130〕北宋道學家最終在《孟子》、《中庸》這裡找到了儒學的「大本」所在。

在儒家經學諸典籍中，《周易》和《春秋》最為直接地提供了一套「自然哲學」和「歷史哲學」的理解，因而漢儒適應了「大一統」的社會秩序的理論要求，在此基礎上建立一套重視禮儀教化的政治統治理念。與之不同，《中庸》、《孟子》中包含了更多的心性論資源。當佛老的發展要更加深入和危機到士人的人心秩序時，挖掘《中庸》和《孟子》的心性資源，便成為宋儒越來越迫切的任務。

對經典的不同倚重，反映出來的其實是道學所探討問題重點的挪移。儘管道學早期的代表人物均承接《易傳》、《中庸》特別是漢代以來的傳統，尤其著意於建立一個宇宙論的天道理解系統，但真正重要地則是他們如何重建心性論並且在此之中容納對於宇宙的理解，合天人，合性與天道，合道德與自然，合政治與歷史，既知人又知天。

概而言之，儒學一貫的核心問題可以歸結為如何解決「天人合一」的問題。在心性本體的確立問題上，儒學的經典資源來自《孟子》和《中庸》，也包括《易傳》，但三者在對「天人」如何「合一」的理解上卻有著不同的路徑。如果說《易傳》是以「天道」合「人道」，那麼《中庸》可以說恰恰是以「人道」合「天道」。

在北宋道學創立之時，張載和二程雖然都是《易傳》、《中庸》並重以合天人，但具體而言則又都是先建立天道宇宙論而後再以之下貫到心性之中，因此都是以《易傳》統《中庸》。正因如此，張載和二程或者致力於「先識造化」，或者先要求「體貼天理」。但是到了程頤晚年，在他與蘇昞、呂大臨的論學中，圍繞《中庸》首章「中和」之說，進一步開始討論工夫論問題，成為一個以後道學發展的主要趨向。這意味著直接從心性入手解決本體論問題漸趨呈現出來。

因此，儘管道學興起之初首重「宇宙論」的建構，不但具有外在的和歷史的原因，也是自身理論發展的內在需要，但是，正是在「心性」傳統的基礎上，儒學才能為宇宙和社會塑造秩序，傾注理想，貫諸使「應然」合乎「本

〔註130〕唐君毅：《中國哲學原論·原教篇》，中國社會科學出版社，2006 年，第 11頁。

然」的天人合一價值。道學宇宙論是人對宇宙秩序的價值重建，而不是一個外在認識論的問題。道學的根本精神在於對於人生的理解，其中當然不僅包括人類社會，也包括宇宙自然。無論前者，還是後者，只有落實在心性論問題上，才能使人生的道德實踐找到下手處。當北宋道學對宇宙「本體」的指向漸趨明確之後，如何以「心」去體貼本體，以「身」去躬行實踐，從而進入大道流行的自然秩序之中，將價值與自然在社會人生中統一起來，便成爲周張二程之後道學發展中最爲重要的問題。

（二）天道體認與心性工夫

從孔子繼承三代文明、創立儒家學派以來，「仁」與「禮」或曰「道德」與「禮樂」、「心性」與「天道」的關係構成其最爲核心的問題。「郁郁乎文哉，吾從周」（《論語・八佾》），禮樂是孔子繼承文明傳統的一個重要向度。同時，孔子影響後世更加巨大的一個貢獻是對「仁」的弘揚。把外在禮儀規範化爲主體對禮義的理解和認同，並且進一步體現在個人的道德修身實踐上，是孔子始終特別強調的理論經路。

儒家強調道德以「修身」爲基礎，但道德修養並非僅僅只具有個人性，而是在一個社會群體之中容納了社會秩序的意義和理想承當。這一點是其與佛教和道教的修身理論或工夫理論最大的不同。儒家道德修養的最高結果，不僅是成就「聖人」的至高精神境界，同時也是在努力建構和維持「禮樂」秩序這一被賦予了理想意義的現實世界。因此，「道德」與「禮樂」既是互相支持的，又保持著一定的張力。正因如此，孔子的思想才呈現出圓融、博大的氣象。

在孔子以後的儒家發展中，孟子特別發展了儒家思想注重道德、「仁義內在」的一面，荀子則強調了注重禮法秩序的一面。以後，漢唐儒學在社會秩序方面著力更多，而宋明理學在佛教和道教的衝擊下，特別拓展了「本體論」和「宇宙論」的一面，尤其是在道德「心性論」上達到了儒釋道「三教」的最高水平。北宋恰好處於一個新舊交織的時代，符合時代精神的「新儒學」即「道學」需要一方面爲人倫、禮法和社會秩序提供合理性的論證，另一方面則在心性論上建立起可以回應佛老的工夫途徑。張載、二程、呂大臨等北宋道學家，就處在這一時代任務之下。

呂大臨在《橫渠先生行狀》中已經指出張載道學的思想宗旨：

> 其自得之者，窮神化，一天人，立大本，斥異學，自孟子以來，

未之有也。〔註131〕

從宗旨上說，張載道學是要解決「窮神化，一天人，立大本，斥異學」的問題，這既是張載的學術特點，反映著他對儒學核心精神的理解，也是其自覺承當回應佛老心性論和宇宙論挑戰的時代使命使然。

「天人」是儒學自先秦以來最根本的問題，漢儒在陰陽五行學說基礎上形成了一套以「天人感應」為主旨的龐大的宇宙論體系，雖然在規約皇權、製作禮樂等方面起到了一定的作用，但這種「天人合一」的方式實際上是外在的，並沒有真正認識到人的精神本性和道德尊嚴，沒有為「天人合一」尋找到真正可靠的基點。正因此，張載批評漢儒「知人而不知天」〔註132〕，只在現象層面把握天，沒有把握天的價值根源義。漢代儒學的這種根本性的缺陷在佛學和道教心性論的挑戰下，完全地呈現出來。因此，如何「一天人」成為道學初創之時的一個艱巨任務。在呂大臨看來，張載「窮神化」所要解決的就是如何「一天人」的問題，最終的基點則落在了「立大本」之上，以此來應對佛道二教的挑戰。

從儒家經典的思想資源來看，「神化」思想來源於《易傳》。《易傳》擺脫了《周易》原本的占著功能，進一步從卦象的變化出發，突出以「天」與「易」的神妙莫測來表達其內在德性，「變」與「常」、「神」與「化」得到了有機的統一。正因為「天」之運行雖然神秘莫測，但又擁有內在不變的德性，所以「神」不是完全無法把握的。在張載看來，「神」雖然微妙，但卻不是神秘的，它體現在「天」的生生不息、化生萬物的過程中，這便是「天道」，也即是「化」。《易傳》曰：「知變化之道者，其知神之所為乎。」（《周易·繫辭上》）對人而言，則是「窮神知化，德之盛也。」（《周易·繫辭下》）在《正蒙·神化篇》，張載一開篇就指出：「神，天德；化，天道。德，其體；道，其用。一於氣而已。」〔註133〕可以是說，張載的這一思想完全出自《易傳》。

不僅如此，正如呂大臨強調張載的理論是「自孟子以來，未之有也」，其思想創造可以說是跳過漢唐、直承孟子。所謂「立大本，斥異學」，「教之必能養之然後信」〔註134〕，都可以從孟子那裡找到根源。如所周知，北宋孟子

〔註131〕呂大臨：《橫渠先生行狀》，見《張載集》，第 383 頁。
〔註132〕脫脫：《宋史》卷四百二十七，第 12723 頁。
〔註133〕張載：《正蒙·神化篇第四》，見《張載集》，第 15 頁。
〔註134〕呂大臨：《橫渠先生行狀》，見《張載集》，第 383 頁。

學興起的一個外在原因正是孟子激烈地批判楊墨異端，捍衛儒家道統，這為宋儒拒斥佛老異端提供了人格榜樣。孟子之所以能夠成功地「拒楊墨」，最根本的原因是其確立起了「心性本體」的思想。但他詳於心性的探究，卻略於對天的直接指點。與孟子相比，張載的本體論與天、氣、道、神、化等聯繫緊密，顯然要比孟子的心性論宏闊得多。在這一點上，《中庸》和《易傳》恰好發揮了溝通「天道」與「心性」的架構作用。張載本體論正是綜合《易傳》和《中庸》之後形成的。《宋史‧張載傳》稱張載「以《易》為宗，以《中庸》為體，以《論》、《孟》為法」〔註135〕是有道理的。

　　呂大臨不僅準確地概括了張載道學的宗旨，也指出了其道德修養工夫路徑：

　　　　學者有問，多告以知禮成性變化氣質之道，學必如聖人而後已，

　　聞者莫不動心有進。〔註136〕

「窮神化，一天人，立大本，斥異學」雖然重要，卻主要是張載個人的「學術」使命，是理論性的。但是，無論張載個人理論的根基，還是張載對於儒家學者的期望，都不是純粹理論性的論辯，而需要回到身心性命和人倫實踐中，將之落實於個體生命的修養工夫之上。因而，當張載建立其「太虛無形，氣之本體」〔註137〕的天道理論和「形而後有氣質之性，善反之則天地之性存焉」〔註138〕的人性論之後，如何「大其心則能體天下之物」〔註139〕，如何「知禮成性而道義生」，如何「盡心」、「窮理」以「合內外之道」，就都成為以後學者需要繼續深入討論的問題。

　　與張載重視《易傳》、《中庸》和《孟子》相一致，二程也同樣重視這些經典，這是道學的共同之處。「吾學雖有所受，天理二字卻是自家體貼出來。」〔註140〕由「天」到「理」，可以說是道學真正成熟的表現。張載重視天道的大化流行，因而始終強調由「窮神化」而「合天人」，以此「立大本」，進而回應佛老的理論挑戰；程顥則由「心是理，理是心」〔註141〕，「《訂頑》立心，

〔註135〕脫脫：《宋史》卷四百二十七，第12723頁。
〔註136〕呂大臨：《橫渠先生行狀》，見《張載集》，第383頁。
〔註137〕張載：《正蒙‧太和篇》，見《張載集》，第7頁。
〔註138〕張載：《正蒙‧誠明篇》，見《張載集》，第23頁。
〔註139〕張載：《正蒙‧大心篇》，見《張載集》，第24頁。
〔註140〕程顥、程頤：《河南程氏外書》卷十二，見《二程集》，第424頁。
〔註141〕程顥、程頤：《河南程氏遺書》卷十三，見《二程集》，第139頁。

便達得天德」〔註142〕，直接將「天道」與「天理」、「易體」與「神用」、「形上」與「形下」相互通同爲一，使得道學本體論更加圓融而成熟。

二程在重視《中庸》《易傳》之外，尤其重視《大學》。在呂大臨作的《哀詞》中，他如此理解程顥的學問和修養：

先生負特立之才，知大學之要；博聞強識，躬行力究；察倫明物，極其所止；渙然心釋，洞見道體。〔註143〕

呂大臨稱程顥「知大學之要」，所指的未必是《大學》。〔註144〕但是，正是《大學》一書，指出了一套循序漸進的「格物致知」、「正心誠意」的修身工夫系統，這與《易傳》的「窮理」、《中庸》的「盡性」與《孟子》的「盡心」相結合，使得孔孟的心性之學具有向客觀存在世界拓展的可能，道學也由此更具備現實關懷的理論品質。

呂大臨稱程顥「知大學之要」，並不是說程顥的道學理論僅僅止於《大學》的理論規模，而是將程顥的整個道學理論落實於《大學》所提供的修身工夫徑路之上。正因爲如此，所以「渙然心釋，洞見道體」便眞正顯示出程顥之學的理論特質所在。以心見道，心與道實則是一體，這便是程顥的「天人本一」之學，與張載「合天人」的理論徑路並不相同。這樣，程顥之學的最大影響就在於由「本體宇宙論」的理論建構向「心性工夫論」的轉移。事實上，程顥與張載論學的《定性書》，以及指點呂大臨的《識仁篇》，都集中在於如何體認本體這一工夫徑路問題上。

黃宗羲曾指出：「明道之學，以識仁爲主。」〔註145〕「識仁」說是程顥本體工夫思想的主要標誌，呂大臨《東見錄》之中多有記述。程顥之所以如此重視「仁」，是因爲「仁者，渾然與物同體」，也即是說「仁」是一種能夠貫通萬物的切身感受。因此，他對張載的《西銘》評價甚高。所謂「萬物一體」之「理」就是仁，仁爲總德，「義、禮、智、信皆仁」。對於此理，只要

〔註142〕程顥、程頤：《河南程氏遺書》卷五，見《二程集》，第77頁。

〔註143〕程顥、程頤：《河南程氏遺書》附錄，見《二程集》，第337頁。

〔註144〕呂大臨在寫給張載的一封書信中說：「近得伏見門牆，累日侍坐，雖君子愛人無隱，賜教諄諄，然以不敏之資，祈進大學，恐不克奉承，以負師訓。」（呂大臨：《上橫渠先生書一》，見《全宋文》第76冊，第153頁。）這裡所說的「大學」顯然是指「大人之學」，而非《大學》之書。《哀詞》中所言之「大學」，與此類似。

〔註145〕黃宗羲：《宋元學案・明道學案》，第542頁。

能有眞切感受，再以「誠敬」的態度存養，就既不需要防檢，也用不著執意索求。在程顥看來，作為「與物無對」的「仁」，既是本體，也是境界，「識仁」是最根本的工夫，這顯然與孟子「萬物皆備於我，反身而誠，樂莫大焉」（《孟子・盡心上》）是一致的，與張載「天地之塞，吾其體，天地之帥，吾其性。民吾同胞，物吾與也」〔註146〕，也是異曲同工。由此，所謂「識仁」也就是消除生命個體「與物有對」的偏弊，恢復人原本具有的宇宙本體，也是心性本體，「勿忘勿助」，遂順自然。

程顥與張載都重視「萬物一體」的精神境界，但工夫路徑有所不同，張載重視氣的感通作用，其工夫強調「大其心」，但天人是「合」，而不是「一」；程顥則強調天人「本一」、「理與心一」〔註147〕，強調直接以「仁心」感通物我。因此，程顥更加重視「內省」工夫，自然對《大學》之「修身」和「愼獨」有更多的認同。但程顥所理解的「致知格物」，不是外在事物的知識，而是將內心本有之「知」通過「至物」的方式呈現出來。他說：

> 嘗喻以心知天，猶居京師往長安，但知出西門便可到長安。此猶是言作兩處。若要至誠，只在京師，便是到長安，更不可別求長安。只心便是天，盡之便知性，知性便知天，當處便認取，更不可外求。〔註148〕

這即是說，「人心莫不有知，惟蔽於人欲，則亡天德（一作理）也」〔註149〕，事物之理只需在心上反省內求，既不需外求於物，也不必通過制氣的方式養心。因此，程顥強調「學者不必遠求，近取之身，只明天理，敬而已矣，便是約處」〔註150〕。所謂「誠」、「敬」、「仁」的工夫實際上一體的。

相對張載和程顥，程頤的工夫論述更加詳細。程顥去世之後，程頤與呂大臨、蘇昞論《中庸》之「未發已發」與「中和」問題，與楊時論《西銘》時進一步提出「理一分殊」的觀點，都是對於心性工夫論的深化，而不再集中於對於宇宙存在之客觀性的理論建構上。與程顥一樣，程頤也把「理」作為最高的哲學範疇，但與其兄不同的是，他並不直接認定向本心內求，也不強調仁心感通。相反，程頤吸收了張載關於「氣」與「性」的思想，將之與

〔註146〕張載：《正蒙・乾稱篇》，見《張載集》，第62頁。
〔註147〕程顥、程頤：《河南程氏遺書》卷五，見《二程集》，第76頁。
〔註148〕程顥、程頤：《河南程氏遺書》卷二上，見《二程集》，第15頁。
〔註149〕程顥、程頤：《河南程氏遺書》卷十一，見《二程集》，第123頁。
〔註150〕程顥、程頤：《河南程氏遺書》卷二上，見《二程集》，第20頁。

「理」對勘，提出了「理先氣後」、「理本氣末」的宇宙論和「性出於天」、「才出於氣」的人性論。這樣，在工夫論上，程頤更加重視《大學》的「格物致知」。

程頤同張載一樣，把知區分為「聞見之知」和「德性之知」：「聞見之知，非德性之知。物交物則知之，非內也，今之所謂博物多能者是也。德性之知，不假聞見。」〔註151〕可見，程頤所看重的也不是外在的物理知識，而是內在的道德自覺。他說：

> 致知在格物，非由外鑠我也，我固有之也。因物有遷迷而不知，
> 則天理滅矣，故聖人欲格之。〔註152〕

故而，他對《大學》的「格物致知」做了新的解釋：「格，至也，如『祖考來格』之格。凡一物上有一理，須是窮致其理。」〔註153〕「格猶窮也，物猶理也，格物猶曰窮理而已。」〔註154〕程頤把「格」訓為「至」，「物」訓為「事」，把「格物」等同於「窮理」，不但注重了道德知識的客觀性、超越性和主體性，也注意到了道德知識的普遍性和功能性。因此，與程顥認為「只心便是天，盡之便知性，知性便知天，當處便認取」不同，程頤更加注重「天下物皆可以理照，有物必有則，一物須有一理」〔註155〕。既然如此，那麼「若只格一物，便通眾理，雖顏子亦不能如此道。須是今日格一件，明日格一件，積習既多，然後脫然有貫通處。」〔註156〕程頤這種本體論和工夫論對朱熹影響巨大。

（三）關洛後學的體認工夫與理論反響

自張載和二程共倡道學之後，道學本體論建構的任務已經基本完成。張載去世之後，曾經師事張載的關中門人呂大臨、蘇昞、范育等相繼入洛問學於二程，程頤也曾親自由弟子陪同到關中講學。由於關洛二學同中有異，二程自然會以吸收和批評關學的方式來發展與闡釋自身的理論觀點。其後，與關學的衰落不同，洛學在二程逝世之後借助眾多弟子的傳播而承傳不息，尤其是由楊時所開出的「道南學派」和受謝良佐所影響的「湖湘學派」，更是對

〔註151〕程顥、程頤：《河南程氏遺書》卷二十五，見《二程集》，第317頁。
〔註152〕程顥、程頤：《河南程氏遺書》卷二十五，見《二程集》，第316頁。
〔註153〕程顥、程頤：《河南程氏遺書》卷十八，見《二程集》，第188頁。
〔註154〕程顥、程頤：《河南程氏遺書》卷二十五，見《二程集》，第316頁。
〔註155〕程顥、程頤：《河南程氏遺書》卷十八，見《二程集》，第193頁。
〔註156〕程顥、程頤：《河南程氏遺書》卷十八，見《二程集》，第188頁。

後世影響甚巨。

　　儘管道學理論的建立，始終是在自我反省與批判之中進行的，但第一次從精神實質到學術形態的系統清理是在宋室南渡之後。對北宋道學相關學者的思想定位和著述保存用功最大的無疑是朱熹。以回溯的眼光來看，宋代道學理論只有到了朱熹才真正得以定型，並對後世的學術、思想與社會發展，產生不可估量的歷史影響。〔註157〕而朱熹博大的理學系統之所以可以建立，也無疑有賴於北宋道學的奠基和發展。其思想由「中和舊說」到「中和新說」的形成以及「心性情三分」和「理氣二分」的理論格局的建立，均是在討論北宋道學本體論和工夫論的基礎上完成的。〔註158〕

　　朱熹對北宋儒者尤其是二程、張載及其門人之文獻的整理研究和思想評判，都是其建立自己思想體系過程中必經的步驟。朱熹曾編輯《二程遺書》和《上蔡語錄》；與呂祖謙一同編輯了《近思錄》，對程、張及其弟子之語的論學之語擇要分類編排；整理《論孟精義》、《中庸輯略》，二書均是對程、張及其弟子解經之語的編輯；特別是編輯了朱熹自稱「盡載周、程以來諸君子形實文字」的《伊洛淵源錄》。同時，朱熹還為北宋道學的主要文獻，或作注解，或作評判，從而確定其理論地位。經過朱熹對道學學統的清理和定位，不僅建立了系統的「道學／理學」形態，而且也建立起了系統的「道學史／理學史」形態。〔註159〕

　　理論的發展總是在不斷地反思中進行的。在朱熹看來，二程後學「多流於禪」多少與其末流過於注重本體和境界而工夫不足的弊病相關，而張載關

〔註157〕錢穆認為朱子不僅「集理學之大成」，而且「集宋學之大成」、「集儒學之大成」。見氏著：《朱子新學案》上，巴蜀書社，1986 年，第 17～25 頁。對朱熹如何在南宋眾學派中建立其最有影響的「道學」理論的「歷史性」研究，可參見田浩：《朱熹的思維世界》，江蘇人民出版社，2011 年；亦可參考何俊：《南宋儒學建構》，上海人民出版社 2004 年，第 103 頁以下。

〔註158〕參見劉述先：《朱子哲學思想的發展與完成》，臺灣學生書局，1982 年，第 195 頁以下。

〔註159〕朱熹對北宋道學「學統」的梳理，最顯著的成果表現在《伊洛淵源錄》和《近思錄》之中。二書之中對「道學」人物的擇取和排序，直接影響了後世所有的理學學案類和學統類著作。如元代官方尊「道學」之名，元修《宋史》首先開始列《道學傳》之目，都以《伊洛淵源錄》為範本。一般學者則正因此而批評「道學」的狹隘，以「理學」之名代替「道學」之名即由此而起。這一對朱熹「道統觀」的不同看法之間的爭論甚至也反映在現代以來的道學研究之中。

學之「嚴異端之辨」卻恰恰能予以補足；但張載又錯把氣之「太虛」認定為本體，致使在理氣關係上不能正確定位，只能是二程理學的輔翼。顯然，經由關洛後學的工夫踐履以及理論探討，當程門後學由北宋入於南宋，道學理論在工夫論深化的基礎上重建宇宙論時，所表現出的理論特點相較於北宋道學就顯得更加縝密而清晰。

程頤的「中和」思想，在朱熹理學形成過程中意義極其重大，而其最集中的表述之一，就是由呂大臨「中者道之所由出」所引發的《論中書》。就呂大臨而言，《論中書》所討論的問題實質上發生於《中庸解》。正如朱熹指出，呂大臨《中庸解》的特點正在於工夫之篤實。如前所述，呂大臨所謂的「洛學轉向」實際上並不存在由「氣本論」到「理本論」的轉變，所謂的「本體」既不是理論思辨的產物，也不是理論認知的對象，而是道德修養工夫的價值性來源和最終指向。所謂的「氣本」，只能在有「氣」才有「生」即有氣才會有感通流行這一意義上才能成立；所謂的「理本」則更加直接地指向了一個價值本體，是物我達到「混然同體」、「樂莫大焉」的精神境界。在這裡，如果說呂大臨的思想發展是由於張、程的不同指點所引起的，那麼其最明顯之處在於工夫入手上有了深化，隨之在對本體的體會也形成了自己的特色。這一點，在呂大臨與程頤論「中」的過程中，表現的非常明顯。

朱熹曾在《中庸或問》以自問自答的形式，評價程門弟子與程頤對於《中庸》「隱微」的不同理解：

> 曰：「程子所謂隱微之際，若與呂氏改本及游、楊氏不同，而子一之，何耶？」曰：以理言之，則三家不若程子之盡；以心言之，則程子不若三家之密，是固若有不同者矣。然必有是理，然後有是心，有是心而後有是理，則亦初無異指也。〔註160〕

朱熹雖然不盡認可程門後學的許多觀點，但顯然他是認可程門後學對於師說的豐富和發展的。雖然朱熹對呂大臨的「中」的觀點評價不高，但他卻非常肯定呂大臨的《中庸解》。在程門弟子之中，朱熹對呂大臨的評價也最高，稱其「高於諸公」、「大段有筋骨」〔註161〕，「與叔年四十七，他文字大綱立得腳

〔註160〕朱熹：《中庸或問》，《朱子全書》第6冊，第556頁。

〔註161〕《朱子語類》卷一百一《程子門子》記：「蔡云：『上蔡老氏之學多，龜山佛氏之說多，游氏只雜佛，呂與叔高於諸公。』曰：『然。這大段有筋骨，惜其早死！若不早死，也須理會得到。』」（見黎靖德編：《朱子語類》，第2558頁。）黃宗羲在此基礎上說：「朱子於程門中最取先生，以為『高於諸公，大

來健，有多處說得好，又切。若有壽，必煞進」〔註162〕。究其原因，主要是出於呂大臨的工夫比較篤實，沒有像謝良佐、楊時、游酢等人「多流於禪」〔註163〕。而這實際上與自張載以來就「與浮屠老子辯」〔註164〕的關學學風有關。〔註165〕而二程後學「雜佛」之主要原因其實也是由於注重工夫，因而吸收了佛學的諸多修養方法。

因此可以說，張載和二程的門人弟子對道學的理論特點及其貢獻，主要集中於工夫體認和道德踐履之上。如果我們把呂大臨定位在南北宋之際，那麼呂大臨的問題意識及其思想特色，顯然並不是為道學建立本體論基礎，而是從一開始注意的就是道德工夫和禮法教化的問題。正是在道德與禮法的雙重張力中，呂大臨在關學與洛學、經學與道學、禮學與理學中的獨特地位和特點才可以呈現出來。

呂大臨面對的理論問題在於：一方面，理學的體系經過張載、二程的努力已經基本建立，雖然還沒有達到南宋朱陸時的定型階段，但卻保持著原始、博大的氣象，這尤其反映在關學的注重禮法秩序這一特點上；另一方面又需要在張載、二程尚沒有充分論證的問題上，繼續深入，這集中反映在張載對其「氣者在性學之間」的教導、程顥對其「學者須先識仁」的指點和程頤與其就「中者道之所由出」這一觀點的辯論等問題上，實質上這都涉及道德修養的工夫論問題。正是在這些問題的思考中，呂大臨雖在理論創新上不及張載、二程，但在道德實踐和生命體證上形成了他自己的思想特色，由此在解釋《中庸》、《大學》、《論語》、《孟子》、《禮記》、《周易》等儒學經典過程中，不但深化了對道學理論的體證和理解，也展示了他獨特的生命精神。

　　段有筋骨，天假之年，必理會得到』。」（見黃宗義：《宋元學案》卷三十一《呂范諸儒學案》，第1110頁。）

〔註162〕黎靖德編：《朱子語類》卷一百一，第2558頁。

〔註163〕黎靖德編：《朱子語類》卷一百一，第2556頁。

〔註164〕范育：《正蒙序》，見《張載集》，第5頁。

〔註165〕馮從吾稱呂大臨「尤嚴於吾儒異端之辨」（見《關學編》卷一，第11頁），又如朱熹說：「呂與叔後來亦看佛書，朋友以書責之。呂云：『某只是要看他道理如何。』其文集上雜記亦多不純，想後來見二程了卻好。」（見《朱子語類》卷一百一，第2561頁。）

第三章　感通與敬養

　　在儒家傳統的理解中，「實然世界」的存在內涵著「本然世界」的價值秩序，「氣」與「禮」就居於這樣的秩序結構之中。作為與現實世界存在密切相關的重要構成要素，「氣」不但是生成宇宙萬物的物質性本源，而且是天地萬物之間以及人與天地之間相互「感通」的前提，由此儒學形成樸素的「萬物一體」觀念，成為了「修身」、「養心」的外在現實性條件。

　　但「氣」並不天然具有價值性，當無形之氣凝結為有形之物和有身之人後，形質的偏弊和私欲小智的攪擾導致人之行為偏離天地之間原有的一體性和貫通性，善惡也由此產生。聖人制「禮」，「禮」既是天地秩序（理義）的體現，也是源於人之本心的產物，以此分別生命個體在社會中的具體分位，節制人的過度行為，使之不過不及，保持著「中」的品質。由此，「禮」的功能既在於使生命個體在內心的虔敬、純一、安寧中領會生命、鬼神乃至宇宙的「意義世界」，也在於以「修身」為基點，在倫理社會承擔責任、擔當表率，由常道達及至道。

　　北宋道學的「氣論」主要是由張載確立起來的，重視「禮教」同樣也是張載關學的重要特色，呂大臨對之都有所繼承。「氣」與「禮」作為實存的宇宙與社會的構成要素，其中不僅提出了通向「本然世界」的必然性要求，同時也提供了通向「本然世界」的內在實踐可能，這便是氣之「感通」作用和禮之「敬養」功能。

一、氣與體

　　在中國哲學中，「氣」既是一個極為重要又是一個極難被現代思維所理解

的哲學範疇。誠如日本學者小野澤精一所說：「如歷史地看，『氣』在中國，不僅自宋到明，在朱熹（朱子）和王守仁（陽明）為中心的理氣哲學中，在體系性的存在論中起著主要作用，而且可以看到，在戰國到漢代——把萬物的生成作為考察對象時開始，它就被作為實質組成人和物的能量的基礎，貫穿於包括儒教、道教及佛教的整個中國思想史。不僅在狹義的精神歷史範圍內，而且還包括人的身體方面——在道教不老不死的方技中，在漢醫學的治療處方中，它作為最原質的基礎原理在說明上被明確地使用。還不僅如此，甚至更推廣到文學、藝術方面，『氣』，在重視蘊藏於詩文和書畫深層的生動性的理論中也被使用著。」〔註1〕可以說，氣的理解並不限於其作為一個哲學範疇，而是全面反映著在中國社會結構和文化傳統中生成的獨特生活方式和精神氛圍。

（一）宇宙之氣與身體之氣

自「氣」的觀念產生以後，先秦對氣的理解，基本向兩個方向發展：一個是「宇宙論」方向，另一個是「身體觀」方向。由於中國哲學對宇宙與人生的理解，並不是純粹智性和知識的，而總是伴隨著相應的道德修養方式，「氣」的意義也可以在道德修養工夫的視域中獲得理解。如楊儒賓所說：「『氣』是先秦諸子思想的共法，早在孔、老興起之前，『君子時代』的中土君子對這個概念已非常熟悉。西周時期，氣被視為盈滿天地之間的物質性材料，其時有『元氣之說』；但氣也是構成人身的基本東西，它與『血』並稱，合稱為『血氣』。氣除了見於人身與自然之外，兩周時期的君子又主張『人助宣氣，與天地相參』。換言之，當時已有某種的『治氣』、『養氣』的工夫。」〔註2〕所謂「元氣」就是宇宙論的理解，而「血氣」是身體觀的理解，「治氣」、「養氣」則屬於道德修養論。這三個向度，實際上又是相通的：「治氣」、「養氣」正是要克制「血氣」的負面影響，向純粹、剛健、生生不息的「元氣」復歸。由此，由「氣」的觀念必然會引出對天道、性情、身心等問題的討論。或者至少可以說，天道、性情、身心等問題的討論，必然伴隨著「氣」之觀念的深化和更新。

與「氣」相關的另一個範疇是「體」。「體」本指人的身體，引申為其他

〔註1〕小野澤精一等：《氣的思想·原序》，上海人民出版社，1990年，第4頁。
〔註2〕楊儒賓：《儒家身體觀》，中央研究院中國文哲研究所籌備處，1999年，第12頁。

事物的全體。就人的身體而言，它是由氣化生成的；就其他事物乃至整個宇宙而言，同樣是由氣化生成、充盈、貫通的。因此，「氣」雖然是一個實體概念，可能最早源於古人對雨、雲、風的觀察和感受。〔註3〕但當其被理解爲人的生命構成和宇宙的原始狀態及貫通結構時，「氣」無疑包含了一種「和諧」的價值內涵，其哲學意義被進一步提升。於此，「氣」與「體」具有了內在的因緣性，「氣」成爲「體」之感受和貫通的實體性憑藉，「體」成爲「氣」的基本性質。

雖然如此，在孔孟原始儒家的經典著作之中，「氣」並不是一個主要的概念。在《論語》中，凡「氣」六見，約有四義：氣息、血氣、辭氣和食氣。〔註4〕四者均在身體的層面講：「氣息」近乎氣的本義；「血氣」構成人的身體，這是當時的共識；「食氣」是造成血氣的原因之一；「辭氣」則涉及言語意念，要符合「禮」的規約，爲後世儒家大加發揮。「血氣」和「辭氣」都隱含著天道心性問題，但孔子重視完整人格的觀照，不重視理論分析，所以向未展開。

孟子論「氣」較孔子爲重要，如其所說「我善養吾浩然之氣……其爲氣也，配義與道；無是，餒也。是集義所生者，非義襲而取之也」，「夫志，氣之帥也；氣，體之充也；夫志至焉，氣次焉。故曰：持其志，無暴其氣」，「志壹則動氣，氣壹則動志」（《孟子·公孫丑上》），如此等等，都是宋明理學熱衷討論的話題。

荀子明確提出「治氣養心」（《荀子·修身》）的說法，但與孟子不同，其所言之氣僅只是經驗層面的，不具有超越性的意義。如其言：「水火有氣而無生，草木有生而無知，禽獸有知而無義。人有氣有生有知，亦且有義，故最爲天下貴也。」（《荀子·王制》）氣是出於最基底的層面，爲萬物生而具有，並沒有任何差異性。

孔孟雖然對「氣」沒有過多地重視，「氣」論在儒道兩家中是道家特別是莊子的勝場，但卻不能因此而忽視其意義。毋寧說，「氣」是當時知識界的共識，孔孟將之看作隱性的前提，著意提升的是心性的超越向度。特別是在孟子這裡，「氣爲心的隱暗向度」〔註5〕，因而不可忽視。由此，當宋代道學興

〔註3〕參見張立文主編：《氣》，中國人民大學出版社，1990年，第19頁。亦參見前川捷三：《甲骨文、金文中所見的氣》，見小野澤精一等：《氣的思想》，第12～27頁。

〔註4〕參見張立文主編：《氣》，第27頁。

〔註5〕楊儒賓：《儒家身體觀》，第52頁。

起時便可在此尋找到思想資源。

在漢代儒學的發展中，由於漢儒對實然宇宙論的重視以及對儒道兩家資源的整合，「氣」在天道觀與人性論之中均佔有重要位置。如《淮南子·天文訓》：「道始於虛霩，虛霩生宇宙，宇宙生氣。氣有涯垠，清陽者薄靡而爲天，重濁者凝滯而爲地。」〔註6〕董仲舒：「天地之氣，合而爲一，分爲陰陽，判爲四時，列爲五行。」（《春秋繁露·五行相生》）〔註7〕劉歆：「太極元氣，函三爲一。」（《漢書·律曆志上》）何休《公羊傳解詁》明確以「元」爲氣：「元者，氣也。無形以起，有形以分，造起天地，天地之始也。」〔註8〕《易緯·乾鑿度》：「有太易，有太初，有泰始，有太素也。太易者，未見氣也。太初者，氣之始也。泰始者，形之始。太素者，質之始也。氣形質具而未離，故曰渾淪。」〔註9〕既然宇宙萬物都是由陰陽氣化而成，故而人性之中便有善有惡。如董仲舒說：「人之誠有貪有仁。仁貪之氣兩在於身；身之名取諸天，天兩有陰陽之施，身亦兩有貪仁之性。」（《春秋繁露·深察名號》）〔註10〕

北宋道學雖然批判漢儒，向孔孟儒學返歸，但卻通過《易傳》，部分地吸收了其中關於「氣化宇宙論」的內容，使之成爲感通天道自然流行和體知人性本然狀態的實然存在基礎。這種承繼關係尤其反映在張載的道學理論之中。張載說：「太和所謂道，中涵浮沉升降、動靜相感之性，是生絪縕相蕩、勝負屈伸之始。其來也幾微易簡，其究也廣大堅固。起知於易者乾乎！效法於簡者坤乎！散殊而可象爲氣，清通而不可象爲神。」〔註11〕在這裡，張載所要表達的正是「氣化」對於理解宇宙價值存在的重要意義，其中實際上包括著心性體認工夫在內，只不過這裡尚未顯豁地論及。〔註12〕

程顥的天道思想也建立在《易傳》基礎上，但不注重「氣」，而是注重「易」：「『天地設位，而易行乎其中矣』；『乾坤毀，則無以見易』。『易不可見，則乾坤或幾乎息矣』。易是個甚？易又不只是這一部書，是易之道也。不要將易又

〔註 6〕劉文典：《淮南鴻烈集解》，中華書局，1989 年，第 79 頁。

〔註 7〕蘇輿：《春秋繁露義證》，中華書局，1992 年，第 361 頁。

〔註 8〕徐彥：《春秋公羊傳注疏》，北京大學，1999 年，第 6 頁。

〔註 9〕趙在翰輯：《七緯》，中華書局 2012 年，第 33 頁。

〔註10〕蘇輿：《春秋繁露義證》，第 294 頁。

〔註11〕張載：《正蒙·太和篇》，見《張載集》，第 7 頁。

〔註12〕參見邱利平：《張載〈正蒙〉「太和所謂道」章疏解》，載《寶雞文理學院學報》，2013 年第 3 期。

是一個事，即事盡天理，便是易也。」〔註13〕「易」即是天道變化流行，所以即「道」；也是天道之所以如此的必然性，即「理」。所以程顥又說：「蓋上天之載，無聲無臭，其體則謂之易，其理則謂之道，其用則謂之神，其命於人則謂之性，率性則謂之道，修道則謂之教。」〔註14〕這裡的「體」就是流行變化的全體，所以稱天之「體」為「易」。天道雖然變化，但其中有恒常不變的必然性，因而稱之為「道」。其功能神秘莫測，落實於人則成為性。天道變化，所以生生不息，因此，「『生生之謂易』，是天之所以為道也。天只是以生為道，繼此生理者，即是善也。」〔註15〕可見，同樣是對道體的體會和描述，程顥與張載不同，他不重視氣，而是重視直接對天道之所以變化無窮、生生不息的價值根源的當下認定。

因此，程顥反對張載「虛空即氣」之說，認為「氣外無神，神外無氣。或者謂清者神，則濁者非神乎？」〔註16〕在「萬物一體」上，程顥與張載也不同，認為「所以謂萬物一體者，皆有此理，只為從那裡來。『生生之謂易』，生則一時生，皆完此理。人則能推，物則氣昏，推不得，不可道他物不與有也。」〔註17〕故而，程顥強調心的作用，這便是「敬」與「誠」：「『天地設位而易行乎其中』，只是敬也。敬則無間斷，體物而不可遺者，誠敬而已矣，不誠則無物也。詩曰：『維天之命，於穆不已，於乎不顯，文王之德之純』，『純亦不已』，純則無間斷。」〔註18〕

（二）「天下通一氣」與「大氣本一」

受張載和程顥影響，呂大臨道學理論所要最終達致的目的正是「天下通一氣，萬物通一理」。這一命題出自呂大臨對《大學》「致知在格物」的解釋：

> 「致知在格物」，「格」之為言「至」也。「致知」，窮理也。窮理者，必窮萬物之理，同至於一而已，所謂「格物」也。合內外之道，則天人物我為一；通晝夜之道，則生死幽明為一；達哀樂好惡之情，則人與鳥獸魚鼈為一；求屈伸消長之變，則天地山川草木人物為一。孔子曰「吾道一以貫之」，又曰「天下同歸而殊塗，一致而

〔註13〕程顥、程頤：《河南程氏遺書》卷二上，第31頁。
〔註14〕程顥、程頤：《河南程氏遺書》卷一，第4頁。
〔註15〕程顥、程頤：《河南程氏遺書》卷二上，第29頁。
〔註16〕程顥、程頤：《河南程氏遺書》卷十一，第121頁。
〔註17〕程顥、程頤：《河南程氏遺書》卷二上，第33頁。
〔註18〕程顥、程頤：《河南程氏遺書》卷十一，第118頁。

百慮」，又曰「天下之動，貞夫一者也」，故知天下通一氣，萬物通
一理。此一也，出於天道之自然，人謀不與焉，故大學之序，必先
致知。致知之本，必知萬物同出於一理，然後爲至。一物之不至，
則不能無疑，疑存乎胸中，欲至於誠，不啻猶天壤之異，千萬里之
遠，欲卒歸於道而無惑，難矣！〔註19〕

呂大臨的這段解釋，以「一」貫穿始終。在呂大臨看來，「致知」、「格物」、「窮
理」本是一事，這與二程的思想是一致的。「天下通一氣，萬物通一理」，正
是他「格物」、「窮理」、「致知」、「成性」的理論基礎。這是呂大臨對張載、
程顥「氣」與「理」思想的繼承。

「窮理」之說，首出於《周易·說卦傳》首章：「昔者，聖人之作易也，
幽贊神明而生蓍，參天兩地而倚數，觀變於陰陽而立卦，發揮於剛柔而生爻，
和順於道德而理於義，窮理盡性以至於命。」「窮理」之「理」上承「理於義」
之「理」，前者爲名詞，後者爲動詞，名詞之義由動詞之義引申而出。無論將
「理」之古義理解爲是「治玉」（《說文解字》），還是「爲土地劃分疆界」〔註
20〕，其中的條理、文理、秩序義都是明顯的。因而，「理」與「義」常可並舉。
「義」的本字爲「儀」，起於祭祀，代表著可資效法的道德規則和價值標準。
「理於義」，也就是使人倫社會中的秩序、規則、價值顯示出來，成爲生命個
體行爲的標準。以此意涵，所謂「窮理」之「窮」即「窮盡」之「窮」，即使
人倫社會之義理完全呈現的意思。就此而言，《易傳》所講之「理」，雖然隱
含著理的統一性和超越性，因而才可能「窮」，實則更側重於具體的分位、秩
序、規則。《易傳》所講之「理」，不同於客觀的物理事實之理，其將「理」
和「性」、「命」聯繫在一起，顯然與人的道德實踐相關，因而爲後世道學的
闡釋準備了前提。

道學所理解的「理」是超越性的「本體宇宙論」之理，因而宇宙萬物在
「理」的前提下通同爲一，這就是呂大臨所說的「致知之本，必知萬物同出
於一理，然後爲至」。這是道學所窮之「理」首先需要明確的方向。但「萬物
同出於一理」，不等於只是「一理」，否則就淪於佛教以虛空立說。因而，道
學強調「格物」，即將「物」與「理」看作是「萬」與「一」或「用」與「體」

〔註19〕 呂大臨：《禮記解·大學》，見《藍田呂氏遺著輯校》，第 373 頁。
〔註20〕 郭曉東：《識仁與定性——工夫論視域下的程明道哲學研究》，復旦大學出版
社，2006 年，第 50 頁。

的關係，二者是不可絕然割裂的。以此來理解呂大臨所言之「物」、「理」、「氣」、「一」、「誠」等概念，其強調的重點就在於對超越之宇宙本體及其生化作用的當下肯定和體認。

　　在這一義理前提，我們重點討論一下呂大臨所理解的「氣」的涵義。呂大臨對「氣」的理解，大體上也可分為「天地之氣」和「身體之氣」兩個方面來看。「天地之氣」，也可稱為「自然之氣」，可包括「大氣」、「五行之氣」和「鬼神之氣」等，其特點在於無處不在，彼此貫通；「身體之氣」，也可稱為「生命之氣」，則包括「血氣」、「勇氣」和「浩然之氣」等，是生命個體修身工夫中或克制、或充養的對象。這種「氣」的觀念及其區分，實際上在先秦時代就已產生。〔註21〕呂大臨對「氣」的理解，是在道學視域下對其的繼承和發揮。「生命之氣」，我們在本章第三節「禮與氣」部分詳細討論，這裡先看呂大臨對「天地之氣」的論述：

　　　　大氣本一，所以為陰陽者，闔闢而已。開闔二機，無時止息，則陰陽二氣安得而離？陽極則陰生，陰勝則陽復，消長淩奪，無俄頃之間，此天道所以運行而不息。入於地道，則為剛柔；入於人道，則為仁義；才雖三而道則一，體雖兩而用則一。〔註22〕

　　　　大氣本一，所以為陰陽者，闔闢而已。氣闢則溫燠發生，闔則收斂肅殺但。一體二用，不可以二物分之。分之二用物，則闔闢之機露則布，生生之用息矣。〔註23〕

這是呂大臨對《周易·說卦傳》「昔者聖人之作《易》也，將以任性命之理，是以立天之道曰陰與陽，立地之道曰柔與剛，立人之道曰仁與義」的解釋。呂大臨用「道」與「才」、「體」與「用」解釋之，並將此「性命之理」追究為「大氣本一」、「陰陽闔闢」、「運行不息」、「生生之用」。對於這兩段材料，歷來解釋者如陳俊民、姜國柱都傾向於以此論述呂大臨受張載影響的「氣本論」特徵。〔註24〕固然，這裡的確講「氣」之「本」為「一」，但卻未講萬物之「本」為氣。否則，如何以「氣本」產生「仁義」便會成為一個難以解決

〔註21〕 參見李存山：《中國氣論探源與發微》，中國社會科學出版社，1990年，第40頁以下。
〔註22〕 呂大臨：《易章句·繫辭上》，見《藍田呂氏遺著輯校》，第181頁。
〔註23〕 呂大臨：《易章句·繫辭上》，見《藍田呂氏遺著輯校》，第182頁。
〔註24〕 參見陳俊民：「關於藍田呂氏遺著輯校及其《易章句》之思想」，見《藍田呂氏遺著輯校》，第42頁。另參見姜國柱：《張載關學》，第405頁。

的問題，而「仁義」之性等同於氣之陰陽之性恰恰是漢唐儒學的宇宙論比附，不具有實質性的道德意義，這與前述「天下通一氣，萬物通一理」顯然是矛盾的。

呂大臨這裡所講之「本」，不是在最終依據的「本體」（being）意義上講，而是在本源、直觀、體會的「本體」意義上講的。也即是說，這裡對「大氣本一」的認識不是由「心」推理得之，而是由「身」體會得之。這是因為，氣與理不同，「萬物通一理」是不可離心的，需要心之內向反省體證才能得到這一結論，而「天下通一氣」則不需內向體證。既然人亦是物，亦由天生，天地之間，一氣運行，這都是無需論證的前提，那麼，人之身體，必然與萬物處於一體之中，「地道」之剛柔和「人道」之仁義無不出於「天道」之陰陽，三者之同不是在「陰陽之氣」上，而是在「道」之運行不息、生生不已的內在精神上。以此，「大氣本一」只是在實然世界的生成和現實結構上具有前提性，在義理結構上，「道」與「生」更加根本。

因此，呂大臨在上述兩段材料實際上要強調的不僅是「大氣本一」，而且是「天道所以運行而不息」，後者恰恰是對前者真實涵義的揭示和補充說明。所謂的「一」，不僅是「一氣」，而且也是「一理」。正因為「大氣本一」，所以「天道」才「運行而不息」。否則如果「分之二物」，就會出現「生生之用息矣」的情況。「大氣本一」是陰陽二氣闔闢變化的根源，由此形成天道的運行不息。但這並不能同於說「氣」就是天道的全部。實際上，「氣」代表著天道的流行狀態，其中包含著更進一步的價值秩序內容。當呂大臨強調「本」、「一」、「同」的時候，往往包含著「自然」也就是「本然」的意指。但這裡的「自然」卻不能等同於今天與「價值」所相對的「實然」，因為後者的評判已經預設了「一切判斷都是人為的」這樣一個認識論前提，而前者則並不通過認識論來達到對「自然」的認識，而是通過「體證」也即修養工夫論來達到，這就在「自然」中同時包含著價值性的「本然」和事實性的「實然」的雙重涵義。

呂大臨在論述他對「氣」的理解時，始終將其與人聯繫起來，突出氣之「本」與「生」，是要學者注意到其中的精神性。如他說：「至誠與天地同德。與天地同德，則其氣化運行，與天地同流矣。」〔註25〕「氣化運行」並不是一個人人通過耳目見聞所直接得到的事實，而是需要有精神上的前提，這就是人心之「至誠」。耳目見聞往往因氣質遮蔽，或是私意小智，使人之所見所

得滯於物欲，陷於一偏，無法從宇宙整體運行不息的本然狀態中，把握人原本就具有的道德超越精神。所以，只有通過修身工夫之後，回覆其天性，才可「與天地同流」。

氣的作用主要表現在「化」中。呂大臨在解釋《中庸》第三十章〔註26〕（特別是此章的「小德川流，大德敦化」）時說：

> 此言仲尼辟夫天地之大也。其博厚足以任天下，其高明足以冒天下；其化循環而無窮，達消息之理也；其用照鑒而不已，達晝夜之道也。尊賢容眾，嘉善而矜不能，「並育而不相害」之理也；貴貴尊賢，賞功罰罪，各當其理，「並行不相悖」之義也。「禮儀三百，威儀三千」，此小德之所以川流；「洋洋乎發育萬物，峻極於天」，此大德所以敦化也。〔註27〕

> 「祖述」者，推本其意；「憲章」者，循守其法；「川流」者，如百川派別；「敦化」者，如天地一氣。〔註28〕

> 五行之氣，紛錯於太虛之中，「並行而不相悖」也。然一物之感，無不具有五行之氣，特多寡不常爾；一人之身，亦無不具有五行之德，故百理差殊，亦「並行而不相悖」。〔註29〕

鄭玄對《中庸》此句的解釋是：「小德川流，浸潤萌芽，喻諸侯也；大德敦化，厚生萬物，喻天子也。」〔註30〕此義限於在人的品德著眼。與之相比，呂大臨則將之上昇到天道流行的高度，並且寄寓於氣之實體上。這已不是簡單的喻說，而是涉及到宇宙論的理解。由此，「大德」與「小德」的關係便成為天與人、體與用的關係。德與禮是多，但天道則一，其中無不具有「氣」的存在。「一氣」之中又有「五行之氣」，正如「一人之身」又有「五行之德」，一與多是體與用的關係。正是因為「氣」雖然化生萬物，但在其「本然」層面上，具有宇宙本體的性質，所以「氣」之中可以體現「一」，可以與「理」並言。「理」不僅存在於「一氣」之中，也存在於「氣」之「化」的過程中。理即氣，氣即理，二者也是「此一也，出於天道之自然，人謀不與焉」〔註31〕。

〔註26〕為方便起見，本書對《中庸》章節的劃分，俱以朱熹《中庸章句》為準。
〔註27〕呂大臨：《禮記解‧中庸》，見《藍田呂氏遺著輯校》，第305～306頁。
〔註28〕呂大臨：《禮記解‧中庸》，見《藍田呂氏遺著輯校》，第306頁。
〔註29〕呂大臨：《禮記解‧中庸》，見《藍田呂氏遺著輯校》，第306頁。
〔註30〕孔穎達：《禮記正義》卷五十三，第1460頁。
〔註31〕呂大臨：《禮記解‧大學》，見《藍田呂氏遺著輯校》，第373頁。

因此，所謂「天道之自然」不僅是「理」之必然表現，也是氣化流行的過程。所謂「合內外之道」，也就是合天人、合理氣、合物我之道。

（三）「凡厥有生，均氣同體」

在對「人」、「物」、「理」、「氣」的理解中，呂大臨特別強調「萬物一體」的觀念和境界。所謂「萬物一體」，源於儒家的「天人合一」，在《孟子》、《中庸》、《易傳》中都有明確的論述，而這些經典又恰好是張載、二程所共尊的，其精神脈絡的一致當然不言而喻。正如探討「天人合一」的事實前提是天人已有「分」，而問題在於如何能「合」一樣，「萬物一體」的事實前提也是各自為體，問題在於如何為「一」？

張載、二程借助了《孟子》、《中庸》、《易傳》的思想資源，特別強調「誠」、「仁」、「生」的意義。如張載說：「儒者則因明致誠，因誠致明，故天人合一。」〔註32〕又說：「乾稱父，坤稱母，予茲藐焉，乃混然中處。故天地之塞，吾其體；天地之帥，吾其性。民吾同胞，物吾與也。」〔註33〕程顥說：「仁者，以天地萬物為一體。」〔註34〕又說：「萬物之生意最可觀，此元者善之長也，斯所謂仁也。人與天地一物也，而人特自小之，何耶？」〔註35〕因此，所謂「萬物一體」是在主體超越精神上的「一體」，與客觀事實不在一個平面，更不是將人降低為一物，恰好相反，是要將人的精神提升到通觀宇宙，祛除個體的私意小智，直接體認一種豁達、自然、包容、惻隱的精神境界。在此境界中，認識、道德和審美是合一的，作為萬物之實存根源的「氣」，同樣具有這三重涵義。

呂大臨的「萬物一體」觀同時受到了張載和程顥的雙重影響，因此既強調以「仁心」直感，認為「仁者，以天下為一身者也」〔註36〕，也強調「一氣同體」：

> 天生人物，流形雖異，同一氣耳。人者，合一氣以為體，本無物我之別，故孺子將入井，人皆有怵惕惻隱之心，非自外鑠也。天下無一物非我，故天下無一物不愛，我體或傷，心則憯怛，理之自然，非人私智所能為也。人而不仁，非無是心，喪是心爾。〔註37〕

〔註32〕張載：《正蒙・乾稱篇》，見《張載集》，第 65 頁。
〔註33〕張載：《正蒙・乾稱篇》，見《張載集》，第 62 頁。
〔註34〕程顥、程頤：《河南程氏遺書》卷二上，見《二程集》，第 15 頁。
〔註35〕程顥、程頤：《河南程氏遺書》卷十一，見《二程集》，第 120 頁。
〔註36〕呂大臨：《禮記解・曲禮下》，見《藍田呂氏遺著輯校》，第 233 頁。
〔註37〕呂大臨：《禮記解・緇衣》，見《藍田呂氏遺著輯校》，第 349 頁。

從宇宙論視角理解，「氣」比「仁」更具有先在性。雖然對人而言，人的身心是同時共具的，但由於氣質的作用，「心」是需要反省而後才能自覺其本體，「身」則始終處於氣化過程之中，正因如此，物我無別，自然有惻隱之心，不是通過外在手段培養的結果。顯然，「氣」是就身而論的，「心」處於身之中，身具有的性質，心當然也具有。呂大臨這裡對「萬物一體」的論證，既有程顥的影響，但更接近於張載的理論。

呂大臨把「形」與「氣」做了區分，「形」雖異，「氣」卻是相同的。萬物既然都是由氣所生成，因而才會在本質上是一體的。因此，「氣」不但成為實現萬物感通為一的基礎，而且人也會在其中感受到仁心的存在。正是借助「氣」的流行，一「體」才成為可以感受的，「心」的感知作用才能發揮出來。就人而言，感通最終是人心的表現。因而，透過本心的呈現，可以發現天生人物的本性，也就是「理之自然」，從而打破物我的隔閡，達到「天下無一物非我，故天下無一物不愛」，這便是「仁」的境界。相反，當物我之間的一體關係被打斷、割裂時，「心」的作用便會被遮蔽。因此，從本體上講，「仁」就是天道本身也即「天之德」，「仁」不僅可以借助天道的生生不息來表現，而且可以通過人心的物我感通來達到。

《克己銘》被認為是經程顥「語之以『識仁』」的點撥，呂大臨「默識深契，豁如也」〔註38〕而後所作，其開篇說：

凡厥有生，均氣同體，胡為不仁，我則有己。〔註39〕

這裡同樣把「氣」與「仁」貫通起來理解。自先秦以後，儒家發展了「仁」的學說，而道家發展了「氣」的學說。但經過漢唐以後的發展，北宋道學重建宇宙論和心性論之時，顯然同時兼顧到了這兩種資源。實際上，「氣」往往與生命主體的「身」相關，而「仁」則與生命主體的「心」相關。正如生命主體的「身心」是不能割裂的，「氣」與「仁」也具有相互貫通的天然可能性。只是理解這一點，我們才能明瞭「氣」在道學發展中的重要意義。

二、感與通

氣化流行的自然性包含著價值性的規定，不僅是通過「天道生生」來表現，而且通過「萬物相感」與「人心相感」來呈現。可以說，天的最根本品

〔註38〕馮從吾：《關學編》卷一，第11頁。
〔註39〕呂大臨：《克己銘》，見《藍田呂氏遺著輯校》，第590頁。

性在於「生」，由此引申出「誠」、「神」與「仁」的德性；而物的最根本品性則在於「感」，由此萬物成為一體，共「通」於其本源之天。「天」的根源性既可以直接反映在「心」之本體中，也可以反映在「身」的與物共生、共在關係中。如果說重視「天」的根源性是北宋道學家共同之處，在人如何恢復和保持這種根源性，則表現出不同的看法。程顥更重視「心」的意義，呂大臨也有此傾向，但他同時也重視「氣」、「身」、「感」的作用，進而為其禮學論述和人倫常道關懷打開了更多的詮釋空間，這一點顯然又具有張載關學的特色。

（一）天地之感與義理之感

在儒家傳統哲學中，關於「感」的一個重要思想來源是《周易·咸卦·象傳》：「咸，感也。柔上而剛下，二氣感應以相與。止而說，男下女，是以『亨利貞，取女吉』也。天地感而萬物化生，聖人感人心而天下和平。觀其所感，而天地萬物之情可見矣。」在《易傳》中，感首先是剛柔二氣之感，繼而也是天地之感和聖人之感。呂大臨對此的解釋是：

> 咸，以無心感也。咸之所感不一，故咸之義又為感。天與地相感，故萬物化生；聖人與人心相感，故天下和平。理義者，人心之所同然。感無不應，應無不同。好色好貨，親親長長，以斯心加諸彼，未有不和不平者也。天地萬物，形氣雖殊，同生乎一理，觀於所感，則其情亦未嘗不一也。[註40]

呂大臨先從字形上把「咸」理解為「以無心感也」，但這句話顯然不能僅僅從文字的拆分組合上來理解，他實際上要強調的是「所感不一」。既然是「無心感」，那麼就不是發自「人心」對萬物的「感」，而是物與物之間的自然的「感」。物之間存在著各種各樣的差異，所以其「感」也不會相同，這就是「所感不一」。正因「不一」即有差異，「感」才有具體存在的前提。但是，如果萬物之間是絕對無法溝通的，那麼「感」同樣不可能。因此，萬物雖因氣之凝結成形，各自表現不同，但在根源上同時是天之「一理」所生，由不同中「感」其同，則其在本然狀態便都是彼此貫通，未有歧異。

呂大臨強調「無心感」是因為一旦「有心」，就會隔斷萬物之間的貫通性，從而陷於偏弊。他對《周易·咸卦》九四爻辭的解釋是：

[註40] 呂大臨：《易章句·咸卦》，見《藍田呂氏遺著輯校》，第114頁。

「憧憧往來，朋從爾思」者，有心於周物而未能無心，猶自思
焉。天下何思何慮？將無所不感，斯所以光大矣。〔註41〕

這就是說，要感通萬物，必須無心，否則會蔽於個人的思量揣測，不能得到
本體的貫通。「何思何慮」出自《周易・繫辭》中孔子對「憧憧往來，朋從爾
思」的解釋：「天下何思何慮，天下同歸而殊塗，一致而百慮。天下何思何慮？
日往則月來，月往則日來，日月相推而明生焉。寒往則暑來，暑往則寒來，
寒暑相推而歲成焉。往者屈也，來者信也，屈信相感而利生焉。尺蠖之屈，
以求信也；龍蛇之蟄，以存身也。精義入神，以致用也；利用安身，以崇德
也。過此以往，未之或知也；窮神知化，德之盛也。」張載對這裡所講的「晝
夜」、「寒暑」、「往來」、「屈伸」之道以及「精義入神」、「窮神知化」的命題尤
其重視，以此構建他的本體宇宙論體系。實際上，《論語・子罕》「子絕四：
毋意、毋必、毋固、毋我」，《孟子・公孫丑上》「必有事焉，而勿正，心勿忘，
勿助長也」，《中庸》「誠者，不勉而中，不思而得，從容中道，聖人也」，與
這裡所表達的都是同樣的意思。

呂大臨的這種理解，也受到了張載的影響。張載對「感」相當重視，如
他說：

有無一，內外合，（自注：庸聖同。）此人心之所自來也。若聖
人則不專以聞見為心，故能不專以聞見為用。無所不感者虛也，感即
合也，咸也。以萬物本一，故一能合異；以其能合異，故謂之感；若
非有異則無合。天性，乾坤、陰陽也，二端故有感，本一故能合。天
地生萬物，所受雖不同，皆無須臾之不感，所謂性即天道也。〔註42〕

張載這裡表述的非常清楚，他也遵循《周易・咸卦・象傳》的思路，實際上
把「感」區分為「天地之感」和「人心之感」，「感」首先所指是「天地之感」，
這是「人心之所自來」，而不是來自於人心。唯有聖人不以見聞桎梏其心，才
會認識到這種天地萬物之所感。天之所感的關鍵在於能夠「有無一、內外合」。
這與呂大臨所說是一致的。

雖然「感」是先於「心」的，無心亦可以感，但這是就天地來說的。對
人而言，「感物而動」畢竟是人心的主要功能，即便身體之直感亦需通過心的
作用，心對於「感」的主體地位是不可忽視的。對「心」而言，其與物連接

〔註41〕呂大臨：《易章句・咸卦》，見《藍田呂氏遺著輯校》，第115頁。
〔註42〕張載：《正蒙・乾稱篇》，見《張載集》，第63頁。

的方式首先是憑藉「感」。那麼，作爲生命主體的人如何能夠在感萬物的過程中，做到既「有心」而又「無心」呢？這便需要依靠「理義」。

「理義」一詞源於孟子：「心之所同然者何也？謂理也、義也。聖人先得我心之所同然耳，故理義之悅我心，猶芻豢之悅我口。」（《孟子·告子上》）孟子將「理」、「義」並舉，作爲心之所同的內容，是爲了突出生命個體的道德主體性地位。表面看來，作爲條理、秩序、規則的「理」、「義」表現在自然事物和社會倫常或禮儀規範中，似乎是外在的、人爲的標準，但孟子將之與「口之於味」、「耳之於聲」、「目之於色」相提並論，由顯見的事例類比易被人忽視的道理，意在提醒人注意到「理義」之內在。既然如此，當「聖人」首先認識到「理義」之內在，便獲得了「人心之所同」。聖人以「理義」感人心，當然不同於自私用智，恰恰打開了人心與天道相通的可能。不僅如此，以「理義」感人心，也即是以己之所好、所親、所敬加諸彼，自然不會有爭有怨，這便是「天下和平」。

但是，「理義」雖爲天下所同，卻不是顯見的。社會倫常和禮儀規範雖然表現著「理義」，但也有「無聲之樂，無體之禮，無服之喪」（《禮記·孔子閒居》），況且「禮之所尊，尊其義也。失其義，陳其數，祝史之事也；知其義，則雖先王未之有，可以義起也；不知其義，則陷於非禮之禮，非義之義，大人弗爲也」（《禮記·冠義》）。因此，內在於心的隱微之「理義」便成爲感人心、行人倫的關鍵。這便需要心之「虛」與「誠」。

（二）「虛」、「感」與「通」

爲什麼只有「聖人感人心」才能如同天地之感那樣「所感爲一」呢？呂大臨在解釋《周易·咸卦·象傳》「山上有澤，咸。君子以虛受人」時說：

> 澤居下而山居高，然山能出雲而致雨者，山內虛而澤氣通也。
> 土灰候氣，可以知也。故君子居物之上，物情交感者，亦以虛受也。
> 〔註43〕

澤氣感通而致雨是因爲山之內虛，與之相應，君子可以感萬物之情而通理義，同樣是由於其「虛心」可以有容。這裡首先涉及到的是「虛」與「氣」的關係，這是就天道層面來看；其次涉及「虛」與「心」的關係，這是就人道層面來看。「虛」在張載哲學中具有很高的地位，呂大臨論虛之處較之要少。張

〔註43〕呂大臨：《易章句·咸卦》，見《藍田呂氏遺著輯校》，第114頁。

載首先把「心之虛」與「氣之虛」聯繫在一起，「心之虛」本質上來源於「氣之虛」。然而，「心之虛」不僅僅是心的本然狀態，而且也是一個工夫論問題。張載把「虛心」當作體會聖人之言、向內修養身心、變化氣質以上達天德的重要工夫。正是因爲虛心工夫，聖人之學才可以成立，才能不斷變化氣質，袪除私意，達到無意必固我的天道無私境界。呂大臨也有類似的看法。

首先來看呂大臨對「氣」之感與虛的看法：

> 鬼神者，無形，故視之不見；無聲，故聽之不聞。然萬物之生，莫不有氣，氣也者，神之盛也；莫不有魄，魄也者，鬼之盛也。故人亦鬼神之會爾，此「體物而不可遺」者也。鬼神者，周流天地之間，無所不在，雖寂然不動，而有感必通。通雖無形無聲，而有所謂昭昭不可欺者，故「如在其上，如在其左右」也。弗見弗聞，可謂微矣，然體物而不可遺，此之謂顯；周流天地之間，昭昭而不可欺，可謂誠矣；然因感而必通，此之謂「不可揜」。〔註44〕

> 鬼神之理，至虛而善應。齊戒絜誠，虛心以求之，猶有不應，將以二三不定之私意，瀆而求之，其可得乎？〔註45〕

上引材料第一條，是呂大臨對《中庸》第十六章「鬼神之爲德，其盛矣乎」一段的解釋。在呂大臨看來，鬼神雖無形無聲，不可被直觀感知，但亦是氣。凡氣均有陰陽相感、翕闢開闔、往來屈伸的運動狀態，因而鬼神也有感有應。因其感而無形，故而鬼神之感具有不同於顯見事物感應的兩大特徵：一方面是其感甚微，另一方面是「有感必通」。這樣，把握「鬼神之感」成爲把握氣之感的最高形式。之所以如此的原因正是源於萬物有形而鬼神無形，鬼神最接近於氣之本原狀態。「無形」即是「虛」，因「虛」故「微」，因「虛」故「通」。因此，人與鬼神相感，亦需「虛心以求之」，而不可有成見習心。鬼神之理與人心之理似二實一，因而當鬼神之理由微而顯，人心之理實際上也隨之由微而顯。

由此，再來看呂大臨對於「心」之感與虛的看法：

> 鬼神者，二氣之往來爾。物感雖微，無不通於二氣。故人有是心，雖自謂隱微，心未嘗不動，動則固已感於氣矣，鬼神安有不見乎？其心之動，又必見於聲色舉動之間，人乘間以知之，則感之著

〔註44〕呂大臨：《禮記解‧中庸》，見《藍田呂氏遺著輯校》，第284頁。

〔註45〕呂大臨：《禮記解‧緇衣》，見《藍田呂氏遺著輯校》，第352頁。

者也。〔註46〕

喜怒哀樂之未發，則赤子之心。當其未發，此心至虛，無所偏倚，故謂之中。以此心應萬物之變，無所往而非中矣。〔註47〕

六十心知之虛，通貫乎全體，至七十然後化。〔註48〕

空空無知，有感必應，雖鄙夫有問，無不盡焉。〔註49〕

上引材料第一條同樣是對《中庸》第十六章的解釋，但與前述解釋略顯不同的是，這裡不再側重對鬼神之氣的特性的描述，而側重於心之隱微的特性。事實上，當在進行對天地或祖先的祭祀、喪葬之禮時，一方面要理解人如何與無形無聲之鬼神相感之理，另一方面也需理解人心之理。因為二者都是隱微的，所以也是一體呈現的。第二條材料是對《中庸》首章「喜怒哀樂之未發謂之中，發而皆中節謂之和」的解釋，呂大臨把「喜怒哀樂之未發」等同於孟子所說的「赤子之心」。「赤子之心」也即是人之「本心」。「喜怒哀樂之未發」時是本心未與物相感之時，此時的本心是「至虛」的，故而可以得理，也可以謂之「中」。「中」就是決定的恰當，既可形容理之不偏不倚，也可以之名體。以此體感應萬物，當然可以無往非中，恰如其分。呂大臨強調，這種對心之「感」與「虛」的體會，不是想像，而是工夫。因而，心之「虛」實際上首先需要「虛」其心，而後才能達到一種自然而然的「化境」。

由上可見，無論是「氣」之感，還是「心」之感，其「感」的可能都在於「虛」，而其結果則在於「通」。「虛——感——通」構成理解「氣」與「心」之「體用」的展現過程。顯然，正如「氣」雖無形，但生成變化，處在經驗界一樣，這裡的「心」也有經驗性，因而不能理解為超越性的本心；而氣與心之「虛」恰恰具有「本體」的涵義，由此才能「有感必通」。

（三）「寂感」與「體用」

如果說「虛」既可以被理解為一種本體之狀態，又可被理解為一種回復本體之工夫，那麼，「寂」則只能被理解為本體，其與「感」的關係也就是「體」與「用」的關係。在上引呂大臨對《中庸》「鬼神之為德」章的詮釋中，他還提到：「鬼神者，周流天地之間，無所不在，雖寂然不動，而有感

〔註46〕呂大臨：《禮記解・中庸》，見《藍田呂氏遺著輯校》，第284頁。
〔註47〕呂大臨：《論中書》，見《藍田呂氏遺著輯校》，第496頁。
〔註48〕呂大臨：《論語解・為政》，見《藍田呂氏遺著輯校》，第428頁。
〔註49〕呂大臨：《論語解・子罕》，見《藍田呂氏遺著輯校》，第448頁。

必通。」〔註50〕鬼神「無所不在」，是強調其遍在性，但又「寂然不動」，這是強調其本性、本質或本體。「無所不在」也是性、質、體，但與「寂然不動」相比，二者存在著「本」與「末」的關係。

「寂然不動」不是孤絕的「不動」，而是包含著「動」的「不動」，否則就不可能「周流天地」。因此，可以由「寂然不動」決定、主宰、產生「無所不在」，卻不能相反。經驗性的物也是「無所不在」的，但其變化無窮，是暫時性存在。局限在經驗物理解「無所不在」，只能是在平面層次無限循環，正是道學所批評的蔽於耳目聞見。只有進入超經驗界的「無所不在」，才可以由顯及微，把握到事物的本體。超經驗界的動靜，當然不同於耳目聞見之動靜，「無所不在」且不能為耳目聞見把握，這是其「靜」，但又「周流天地之間」，這是其「動」。「寂然不動」是在超經驗界的動靜合一，由此決定、主宰、產生著經驗界的萬物，因而可以「有感必通」，不受滯礙。

所謂「寂然不動」，出自《周易‧繫辭》：「《易》無思也，無為也，寂然不動，感而遂通天下之故。」原本指易卦或易數自然而然，不加營為，但又能適用於天下所有事物。呂大臨對此的解釋是：

> 寂為感體，感為寂用。妙於應物，非寂則不周；虛寂而方，無機則難感。寂然之中，天機常動；應感之際，本原常靜。洪鐘在簴，叩與不叩，鳴未嘗已；寶鑒在手，照與不照，明未嘗息。〔註51〕

呂大臨在這裡明確把「寂」與「感」理解為體用關係。所謂「機」，與「幾」同，指動之微，處於隱顯之間的一剎那。「寂然之中，天機常動」是靜中有動、體中有用，「應感之際，本原常靜」是動中有靜、用中有體。只有以「寂」為體，天道才能遍應萬物，不受形氣褊隘的局限；同時，只有以「感」為用，天道才能運動不已、生化不息、感通無限。這與周敦頤所說「動而無動，靜而無靜」表達的是同一意思。《周易》中的「寂感」主體本指易卦，北宋道學家普遍把「易」看作天道流行，「寂感」主體因而就成為「天」、「太極」、「氣」、「理」、「心」等，「寂」與「感」的關係也轉變為討論「靜」與「動」、「微」與「顯」的「本體宇宙論」問題。

由於「天道」與「性命」相貫通是道學理論的前提，因而「寂感」問題不僅反映在天道之中，也必然反映在人心中。呂大臨對《中庸》首章「喜怒

〔註50〕呂大臨：《禮記解‧中庸》，見《藍田呂氏遺著輯校》，第284頁。

〔註51〕呂大臨：《易章句‧繫辭上》，見《藍田呂氏遺著輯校》，第180頁。

哀樂之未發，謂之中」解釋說：

> 人莫不知理義，當無過不及之謂中，未及乎所以中也。喜怒哀樂
> 未發之前，反求吾心，果何爲乎？《易》曰：「寂然不動，感而遂通
> 天下之故。」《語》曰：「子絕四，毋意，毋必，毋固，毋我。」《孟
> 子》曰：「大人者，不失赤子之心。」此言皆何謂也？「回也其庶乎，
> 屢空。」唯空然後可以見乎中。空非中也，必有事焉。喜怒哀樂之未
> 發，無私意小知撓乎其間，乃所謂空。由空然後見乎中，實則不見也。
> 若子貢聚見聞之多，其心已實如「貨殖焉」，所蓄有數，所應有期，
> 雖曰富有，亦有時而窮，故「億則屢中」而未皆中也。〔註52〕

這便將天道的寂感一如與人心的感通無限聯繫了起來。呂大臨從《中庸》出
發，把天道本體理解爲「中」，「理義」亦是「中」。「中」既是對本體最根本
特徵的揭示，同時也可以藉以直接指代本體。「中」的涵義本爲不偏不倚、無
過無不及，這主要是在人之行爲上的表現。當其引申爲對天道本體的形容，
只有在「天人一本」的基礎上才能理解。所以呂大臨又指出了「中」的涵義
實際上還包含了「所以中」。那麼，「所以中」的涵義是什麼呢？呂大臨把《中
庸》首章同《周易》、《論語》、《孟子》聯繫起來，所謂的「中」就是喜怒哀
樂未發之前的心之本體，同「寂感一如」的天道本體是同一的。

因此，「感」並非僅僅是事物間的自然感應，也不能等同於人心的實然活
動，它可以上昇到本體論的層面，成爲超經驗界之理義、本心的作用。「天地
萬物，形氣雖殊，同生乎一理，觀於所感，則其情亦未嘗不一也。」〔註53〕
「感」在由「殊」到「一」的復歸中，起著極爲重要的作用。它一方面是天
地生物的一個基本條件，另一方面也爲人對生物之情的認識提供了可能。由
此，「感」成爲由天道到人心的中間環節。必須有物，才能有感，但所感者則
是人心之所同然的理義。「理」與「物」在這裡也成爲體用關係。有感必有應，
感而通之，必有同。天地萬物所不同的是由氣所成的形體，但其都生於共同
的理義，以理義相感成爲貫通天人的最重要工夫。

三、禮與氣

呂大臨對「大氣」、「五行之氣」和「鬼神之氣」等天地之氣的理解，重

〔註52〕呂大臨：《禮記解·中庸》，見《藍田呂氏遺著輯校》，第273頁。
〔註53〕呂大臨：《易章句·咸卦》，見《藍田呂氏遺著輯校》，第114頁。

在強調其「虛──感──通──同」的本體宇宙論展現。當天地之氣凝結爲物，體現在人的生命中就是「血氣」、「勇氣」和「浩然之氣」等，成爲是生命個體修身工夫中或克制、或充養的對象。

（一）「血氣」與「心志」

「血氣」這一概念，在《左傳》、《國語》、《論語》、《禮記》中都有出現，可以說是先秦對生命體之存在方式的共同認識。如《左傳‧昭公十年》：「凡有血氣，皆有爭心，故利不可強，思義爲愈。」《國語‧周語》「夫戎、狄，冒沒輕儳，貪而不讓。其血氣不治，若禽獸焉。」《論語》中也記載孔子對血氣的看法：「君子有三戒：少之時，血氣未定，戒之在色；及其壯也，血氣方剛，戒之在鬥；及其老也，血氣既衰，戒之在得。」（《論語‧季氏》）在醫家中，「血氣」更是重要概念：「人之血氣精神者，所以奉生而周於性命者也。經脈者，所以行血氣而營陰陽，濡筋骨，利關節者也。」（《黃帝內經》）先秦典籍，對「血氣」的看法基本上是一致的，即將之看作是生命個體的存在基礎。天地萬物都是氣所生成，當其凝結成形，成爲生命個體的時候，血氣一方面在體內通過經脈流動，另一方面又通過氣息、飲食等方式與體外之氣保持著流動的關係。但作爲生命個體的人，不僅有血氣，還有心志。如果心志被血氣主導，就與其他動物一樣，受個體利欲支配：血氣強時，好爭好鬥；血氣弱時，患得患失。這樣，血氣的局限，使其成爲轉化或克制的對象。倡導自然主義的道家進一步發展了「精氣」、「神氣」的觀念，強調養氣和養生的意義，而重視道德修養的儒家則進一步發展了「心」、「志」的觀念，強調養心、盡心、以志帥氣的重要性，在此基礎上也發展出「養氣」、「勇氣」、「浩然之氣」的觀念。

呂大臨對「血氣」的看法遵循了先秦以來儒家的理解，在這一方面，他並沒有太大的發展。首先，他認爲「血氣」是生命個體的存在基礎，在人體之中，有其自然變化的規律，少時未定，壯時方剛，老時衰弱，這是不可改易的；同時，他也認爲「血氣」的作用具有負面性，能夠習以成性，對人性善惡發生影響，因而需要生命個體以道德修養克制：

> 少則動，壯則好勝，老則收斂，皆氣使然，唯君子以德勝氣。
> 〔註54〕

〔註54〕呂大臨：《論語解‧季氏》，見《藍田呂氏遺著輯校》，第462頁。

四十五十，血氣盈而將衰，好惡習而成性，善惡已定，幾不可
易。〔註55〕

呂大臨強調血氣的意義是爲了突顯道德修養的重要性。聯繫其對於天地之氣
的正面看法，呂大臨對血氣的負面看法似乎與之牴牾，實則不然。天地之氣
產生萬物，物有形，而氣無形，正因如此，氣具有「有感必通」的能力。但
是，氣一旦凝結成形，即便是生命體，其氣亦受形體影響，因而失去「感通」
的能力。這時，天地之氣本有的感通能力，不是表現在形體血氣中，而是表
現在「心」上。形體血氣和耳目見聞，雖然也是流動相感的，但卻是被動的，
容易被外物牽引，形成偏弊。這便需要修養德性，「以德勝氣」、「以德勝習」。
在儒家傳統中，「德」與「氣」的關係，也就是「心」與「氣」的關係。反映
在生命個體的存在方式上，實質上這裡所處理的是「身心」關係。

儒家進一步認爲，「以德勝氣」需要依靠「禮」的作用。「血氣」的自然
傾向是好爭好鬥，因而在社會生活中，血氣之人必然不會安於居下、安於事
人。但人類社會必須有其人倫秩序，尊尊長長賢賢，有條不紊，使不同的人
得到相應的人格尊重，各安其份，各盡所長，這樣就不能不對人的自然欲望
有所節制規訓，這便有「禮」的產生。那麼，外在的禮儀制度如何轉化爲人
之所好呢？這涉及到「心」的作用：

蓋人之有血氣者，未有安於事人者也。今使知長者之可敬，甘
爲僕御之役而不辭，是所以存其良心，折其傲慢之氣，然後可與進
於德矣。〔註56〕

君子「致禮以治躬」，「致樂以治心」，養其血氣志慮，無所不在
於和，使放心邪氣不得接焉，此樂所以無故而不得舍也。〔註57〕

這就是說，禮樂的作用在於通過「存心」、「養氣」，從而引導對生命個體的身
心發展。

呂大臨對「心」與「氣」的看法，是對儒家孔孟傳統的繼承。孟子在著
名的「牛山之木」章，不但提出了「良心」的概念，也提出存養「夜氣」的
修養方法。之所以如此，是因爲孟子所說的「良心」首先是能夠進行知善知
惡之道德判斷的理性能力，但這一能力亦需有一個實體性的存在使之得以寄

〔註55〕呂大臨：《論語解·子罕》，見《藍田呂氏遺著輯校》，第 449 頁。
〔註56〕呂大臨：《禮記解·曲禮上》，見《藍田呂氏遺著輯校》，第 201 頁。
〔註57〕呂大臨：《禮記解·曲禮下》，見《藍田呂氏遺著輯校》，第 233 頁。

寓，這便是身體存在。身體存在的物質基礎是氣。因而，良心不是與氣徹底脫離的關係，二者是共存的。孟子因此提出以存養「夜氣」的方式保存良心。「夜氣」是人在夜裏不做刻意思維的身體之氣，也即天地自然之氣。

　　孟子對心與氣的看法，說明人與「禽獸」具有天然的不同之處，這不僅反映在「心」上，也反映在「氣」上。如果說「心」側重於道德判斷能力，相對而言是靜態的，當下呈現的；那麼，反倒「氣」是道德發動力量，是動態的、生成性。因而，對於道德修養工夫來說，「養氣」比「養心」更具有先在性。道學對「氣」在生命個體上的這種先在性，也有很突出的重視。但與孟子不同的是，道學理論一般不認為人的身體之氣只要不被梏窒，自然就是向善的，而是首先認定萬物都是由氣所生，繼而把人物所賦之氣進行區分，人賦之氣清明，物賦之氣昏濁，因而人有向善之能力，物則未有。呂大臨的看法也是如此：

　　　　「人一能之己百之，人十能之己千之」者，君子所貴乎學者，
　　　　為能變化氣質而已。德勝氣質，則柔者可進於強，愚者可進於明；
　　　　不能勝氣質，則雖有志於善，而柔不能立，愚不能明。蓋均善而無
　　　　惡者，性也，人所同也；昏明強弱之稟不齊者，才也，人所異也。
　　　　誠之者，反其同而變其異也。思誠而求復，所以反其同也；人一己
　　　　百，人十己千，所以變其異也。孟子曰「居移氣，養移體」，況學問
　　　　之益乎？〔註58〕

孟子不認為性之不善是由「才」所導致的，所謂「乃若其情，則可以為善矣，乃所謂善也。若夫為不善，非才之罪也。」（《孟子·告子上》）呂大臨則認為「性」是均善無惡，無有不同，「才」則恰好相反，可以說是無不有異。這樣，孟子「養氣」的目的是回到氣之自然狀態，而呂大臨則強調「變化氣質」，在氣質不同的基礎上向均善無惡的「性」復歸，其價值指向性更加突出。可以說，道學對先秦儒學發展之處，主要不在「心」與「氣」上，而在「性」。

（二）「知禮成性」與「以德勝氣」

　　由於對「性」之理解更加深入，道學之工夫便顯得更加細密。呂大臨一方面承認了人與人之間在氣質上的差異性，但又認為其可以通過心之作用，培養德性，使之獲得提陞轉化，恢復其原本相同的本然性質。因此，所謂「以

─────────────────

〔註58〕呂大臨：《禮記解·中庸》，見《藍田呂氏遺著輯校》，第297頁。

德勝氣」，所勝之氣就是人的氣質，而「德」實際上就是「性」之所成。性與德的關係是一體兩面，性是成德的主體和基礎，德是性的成就和表現。

在「變化氣質」、「以德勝氣」的過程中，「禮」所發揮的作用主要是形式性、過程性的。禮雖然也有實質性的內容，但禮是德的表現，其自身不成為最終的目的。這樣，禮在成性成德過程中的意義，就絕不是用外在的禮儀制度強行地規範、控制生命個體的行為，也不是強行改變心之認識，而是以一種相對自然而然的方式，使身體之氣在恰當的形式中得到轉化。這一轉化「氣質」的過程，由「知」與「學」始，經「禮」之習養的過程，最後到「性」之「成」而終。

對此，張載有一番更加詳細的論述，呂大臨顯然受其影響。張載此段論述言辭較繁，但亦值得詳引：

> 呂與叔資美，但向學差緩，惜乎求思也褊，求思雖猶似褊隘，然褊不害於明。褊何以不害於明？褊是氣也，明者所學也，明何以謂之學？明者言所見也。大凡寬褊者是所稟之氣也，氣者自萬物散殊時各有所得之氣，習者自胎胞中以至於嬰孩時皆是習也。及其長而有所立，自所學者方謂之學，性則分明在外，故曰氣其一物爾。氣者在性學之間，性猶有氣之惡者為病，氣又有習以害之，此所以要鞭闢至於齊，強學以勝其氣習。其間則更有緩急精粗，則是人之性雖同，氣則有異。天下無兩物一般，是以不同。孔子曰：「性相近也，習相遠也」，性則寬褊昏明名不得，是性莫不同也，至於習之異斯遠矣。雖則氣稟之褊者，未至於成性時則暫或有暴發，然而所學則卻是正，當其如此，其則漸寬容，苟志於學則可以勝其氣與習，此所以褊不害於明也。〔註59〕

顯然，張載把「學」、「氣」、「性」看作是「變化氣質」、「以德勝氣」過程中三個最重要的因素。氣與性本都是人生來就有的，但其功能和特質有所不同：氣各有差異，性則無不相同。雖然如此，但這並不是說氣與性從此就是既定不可改變的。否則禮樂、道德、工夫就都不再成為可能。無論生命個體自覺與否，氣都是流動的，而性都要經過一個「成」的過程。但因本然之性都是相同的，所以氣之可善可惡就成為唯一變化的因素。這即所謂「氣者在性學之間」。如果聽任氣之自然發展，其結果就是「習以成性」。所謂「習」，直接

〔註59〕張載：《張載語錄‧語錄下》，見《張載集》，第329頁。

理解就是指個體行爲的不斷重複而形成的慣常反映。如果以「氣」爲「習」，由於缺乏自覺性，就必然使行爲實際上受血氣欲望和外在環境之主導。這樣，習對性的影響，往往是使性進一步走向偏弊。反之，當人明白了「學」的意義，就具有了完全扭轉氣與性相互纏繞並向偏弊方向發展的可能。這使生命個體與生俱來的氣性之好壞，顯得並不重要。張載接著強調「學禮」的重要：

> 某所以使學者先學禮者，只爲學禮則便除去了世俗一副當世習熟
> 纏繞。譬之延蔓之物，解纏繞即上去，上去即是理明矣，又何求！苟
> 能除去了一副當世習，便自然脱灑也。又學禮則可以守得定。〔註60〕

可見，與「禮」相對的是「習」，而不是人之「氣」與「心」。禮的意義不在於外在地克制或規範身心，而在打破習俗纏繞，爲內向之養心和養氣創造條件，使心與氣的道德創造力自然地呈現出來。

呂大臨對「德」與「氣」之關係的看法，與張載完全相同：

> 大而化之，則氣與天地一，故其爲德，自彊不息，至於悠久、
> 博厚、高明，莫之能已也。其次，則未至於化，必繫所稟所養之盛
> 衰，故其爲德，或久或不久，孰使之然，非致養之功不能移也。如
> 顏子所稟之厚，所養之勤，苟未至於化，雖與「日月至焉」者有間
> 然，至於三月之久，其氣亦不能無衰，雖欲勉而「不違仁」，不可得
> 也。非仁之有所不足守，蓋氣有不能任也。猶有力者，其力足以負
> 百鈞，而日行百里；力既竭矣，雖欲加以一鈞之重，一里之遠，而
> 力不勝矣。故君子之學，必致養其氣而成性，則不繫所稟之盛衰，
> 所謂「從心所欲不踰矩」，「不勉而中，不思而得」者，安得違仁者
> 哉？可久，賢人之德，顏子其幾矣。〔註61〕

> 君子之學，必致養其氣。養之功有緩有速，則氣之守有遠近。及
> 其成性，則不繫所稟之盛衰。如顏子之所養，苟未成性，其於仁也，
> 至於三月久之，猶不能無違。非欲違之，氣有不能守也，則「日月至
> 焉」者，從何如矣？若夫「從心所欲不踰矩」，則其義將與天始終，
> 無有歲月之限。故可久則賢人之德，如聖人則不可以久言。〔註62〕

從本原上講，天人一氣，天地創生萬物需要憑藉氣的作用，天德至善，因而

〔註60〕張載：《張載語錄·語錄下》，見《張載集》，第330頁。
〔註61〕呂大臨：《論語解·雍也》，見《藍田呂氏遺著輯校》，第439頁。
〔註62〕呂大臨：《論語解·雍也》，見《藍田呂氏遺著輯校》，第438～439頁。

氣也是善的。在這個層面上，氣不可以變，也無所謂養，其是自然流行、自然展現的。儘管這對「天」而言是「自然」的，對「人」來說，由於人生有「形」，由形起「知」，便不同於「天」，卻必須經過一個「養氣」的修養工夫階段。

對人而言，只有「聖人」的精神境界和道德修養，才能與天相似，其身體之氣與天地之氣相通為一。天德之生化表現是「仁」，聖人與天德合一也就是「仁」的實現，並且可以「從心所欲」而「不違仁」。聖人之心可以自然展現而無惡，聖人之氣亦是如此。氣之生成萬物的表現是「化」，所謂「大而化之」也就是指生命個體在德性充養到一定境界之後，自然而然，與天地同流，無有人為私意，亦難以用言辭限制。此時可謂之「成性」，所成之「性」既是人之性，也是天之性。反之，未至於「化」則需養氣。未成性時，生命個體雖然有向善之心，但受所賦氣質厚薄之影響，向善之力則有所不足，因而不能至於無間斷，亦不能稱之為「化」。

這也意味著，在道德修養過程中，雖然「心」具有指向作用，但單憑心的作用，尚缺乏道德動力，這一動力是由「氣」來提供的。因而，呂大臨強調「君子之學，必致養其氣」，不僅僅是認為氣質有善有惡，因而需要變化，也是出於對氣之道德動力作用的肯定。呂大臨在這裡強調「氣」與「德」的關聯，「氣與天地一」必須經過「大而化之」之後才能達到，否則必須經過一個「致養成性」的過程。

呂大臨是在經典解釋過程中，形成了他以禮養氣成性的理論。同時也是對張載氣論的繼承，其特點在於強調氣在道德修養過程中原本具有的差異性、道德實踐的能動性、形態的過程性、功能展現的自然性等等。同時，他始終將「氣」與「性」、「禮」相提並論，意在突出「性」的價值指向性和「禮」的形式性、中介性作用。如他說：

> 君子之自養也，養其強力勇敢之氣，一用之於禮義戰勝，則德行立矣；其養人也，養其強力勇敢之氣，一用之於禮義戰勝，而教化行矣。〔註63〕

在呂大臨看來，「強力勇敢之氣」可以為「禮義戰勝」提供動力之源，使其精神意義徹底地展現出來，被人所心悅誠服。因而，以之「自養」可以「立德行」，以之「養人」可以「行教化」。可以說，養氣之功不僅可以修身，也可

〔註63〕呂大臨：《禮記解·聘義》，見《藍田呂氏遺著輯校》，第417頁。

以治國。呂大臨這裡強調「強力勇敢之氣」，就是在強調「氣」之道德實踐的能動性。又如他說：

> 浩然之氣，是集義所生，其所以充塞天地，固非一日之力。思無邪以養諸內，行無不慊以防諸外，積之有漸，至於睟面盎背，其充塞之驗與！〔註64〕

所謂「浩然之氣」，也就是天地之氣，但其表現於人的身體之中。「充塞天地」描述的並不是一個物質世界本身的原初事實，而是包含著性之價值性在其中的道德修養結果。正因如此，「充塞」之征才能表現在身體上。這一境界的養成，既需要內在「心」之純化，也需要外在「行」不擾亂，二者實際上都涉及禮的作用。不僅如此，更重要地是需要「集」或「積」，也即需要一個漸進的過程。這是強調以禮養氣成性的過程性和自然性。

（三）「禮原於心」與「禮法天地」

在道德修養過程中，呂大臨對身心的作用同等重視。心的本質是思，其功能主要是知，身的本質是氣，其主要功能是行，二者構成一種交相互養的關係。這是對《易傳》思想的繼承：

> 知崇禮卑，崇效天，卑法地，故知禮者，人之天地也，未有天地不具，而能有物者也。此人之所以為人，必在乎禮義也。知生乎思，思則得之，故盡致思之功，然後可以達乎高明；禮主乎行，行則致之，故盡躬行之實，然後可以極乎密察。〔註65〕

《易傳》在陰陽、乾坤、天地、男女等基礎上，以二分方式理解宇宙的生成、結構和人的道德精神。「禮」的道德功能主要在於在「行」也即道德實踐或禮儀操練的過程中，打破習俗的影響，為內向之養心和養氣創造條件，使心與氣的道德創造力自然地呈現出來。

> 天下之理義，無所不通，聖之謂也。無所不通，無所不敬，禮之所由制也。禮之行也，不在乎他，在長幼之分而已，性之德也。禮得於身之謂德，由學然後得於身，得於身則與先得人心之所同然者同之。〔註66〕

因此，禮的功能主要在於身之行，但其前提也需要心之知。沒有心之知，對

〔註64〕呂大臨：《孟子解·公孫丑上》，見《藍田呂氏遺著輯校》，第469頁。
〔註65〕呂大臨：《禮記解·冠義》，見《藍田呂氏遺著輯校》，第383頁。
〔註66〕呂大臨：《禮記解·鄉飲酒義》，見《藍田呂氏遺著輯校》，第395頁。

禮的意義就會缺乏自覺的理解。當然，沒有身之行，也沒有使禮義落到實處，只是彷彿影響而已。因此，就「禮」而言，禮之「義」是知的對象，而禮之「儀」則是行的對象。「氣之既充，威儀既備，而篤於仁，然後『三無』、『五起』之義，可得而盡矣。」〔註67〕「氣」是道德實踐的動力，「禮」（威儀）是道德實踐的形式，而「仁」（心）是道德實踐的價值根源，三者具備，那麼，道德實踐本身也就完備了。

由於「心」對於理解禮之「義」有著直接的關係，因而心對禮樂的意義就尤其關鍵，所謂「禮樂之原，在於一心。『致五至、行三無，以橫於天下』，乃一心之用也。人心其神矣乎？『四方有敗，必先知之』，所以為神也。君子之樂而易者，蓋以此也，是故能為民父母也。」〔註68〕這表明，禮具有修身、養氣的功能，但這一功能是在「心」的支配下進行的。這裡的「心」顯然是指「本心」，而不是受血氣欲望影響的實然之心。當天生人物之後，人之心都是實然之心，其本心是潛存的。由實然之心回到本然之心，需要的正是一個以「禮」存心、養氣、修身的過程。

這樣，「禮」就不可能僅僅是實然性的或經驗性的制度，而必須有其先驗性的價值和意義。實然性的或經驗性的制度是可以發生變化和被調節的，但先驗性的價值和意義則是不變。這個先驗性的價值和意義就是「理義」：

> 人之血氣、嗜欲、視聽、食息，與禽獸異者幾希，特禽獸之言與人異耳。然猩猩、鸚鵡亦或能之，是則所以貴於萬物者，蓋有理義存焉。聖人因理義之同然而制為之禮，然後父子有親，君臣有義，男女有別，人道所以立，而與天地參也。縱欲怠敖，「滅天理而窮人欲」，將與馬牛犬彘之無辨，是果於自棄而不欲齒於人類者乎？〔註69〕

> 德以道其心，使知有理義存焉；禮以正其外，使知有所尊敬而已。知有理義，知所尊敬，則知所以為善為不善，然後其心知止於是，而不欲畔而之他也。不善之名，雖愚不肖者恥之，如使民心知所以為善不善，則畔而之他者，眾人之所恥。眾人之所恥，雖愚不肖者，亦將不欲為矣。〔註70〕

〔註67〕呂大臨：《禮記解・孔子閒居》，見《藍田呂氏遺著輯校》，第267頁。
〔註68〕呂大臨：《禮記解・孔子閒居》，見《藍田呂氏遺著輯校》，第265頁。
〔註69〕呂大臨：《禮記解・曲禮上》，見《藍田呂氏遺著輯校》，第192頁。
〔註70〕呂大臨：《禮記解・緇衣》，見《藍田呂氏遺著輯校》，第341頁。

呂大臨所說的「理義」不能被理解爲經驗性的道德原則。經驗性的道德原則是針對現實的道德問題而建立的理性規範標準。在呂大臨看來，父子之情、君臣之義、男女之別的形式可以有很多，但其本身則是不可改變的，是源出於人之本心，是人所以爲人的先驗性意義。否則，人就失去了人之本性，必然會悖離人倫秩序。可見，「人性」或「人類」不是一個本質概念，而是對人之生命意義的先驗理解。正因如此，禮樂才必須是「聖人因理義之同然而制」，作爲「與天地參」的「聖人」與「理義」本身是毫無隔閡的，其所行無非義理，其所制之禮雖會呈現出時代的特殊性，但其所依據之「理義」原則本身則絲毫不受時代限制。這也是爲何呂大臨始終強調無論是「爲學」還是「行禮」都要理解「聖人之心」的原因。

禮樂除了源自「本心」或「聖人之心」外，也源於「天」，這是更加根本的源頭。在人倫社會中，作爲一種價值「當然」，禮之秩序不是完全「自然」的，而是由「聖人」或「先王」所制。但在儒家傳統中，「自然」和「當然」從根本上不是分離的。因此，禮之秩序同時也來源於眞實的「自然」世界：

> 先王制禮之意，象法天地，以達天下之情而已。《書》曰「天敘有典」，體也，人倫之謂也；「天秩有禮」，用也，冠、昏、喪、祭、射、鄉、朝、聘之類也。二者皆本於天，此禮之所由生也。禮之有吉凶，猶天之有陰陽，可異而不可相干也。禮有恩、有理、有節、有權，猶天之有四時可變，而不可執一也。仁義禮知，人道具矣，人道具則天道具，其實一也。〔註71〕

「聖人之心」是人心之所同然者，也是天地生人之本然之心。「聖人之心」與「聖人之氣」一樣，都是隨順自然，與天地同流，無意必固我。但「聖人之心」也是人心，因而是有內在的意識內容的。其內容客觀地說就是「理義」，主體地說就是「意」。「意」是心之所發，心之所存，心之所識。在呂大臨看來，聖人制禮之意不是出於維護社會秩序的功能性考慮，而是出於人倫秩序對天地秩序的效法。呂大臨引用「天秩有典，天敘有禮」，其意義不僅是爲禮尋找一個神聖的或超越性的源頭，實際上也是把天道與人道貫通起來理解的表現。

在社會秩序和人倫秩序之間，呂大臨未做區分，二者是等同的。他所注意的是在人倫和禮節之間的區分，人倫是根本，冠、昏、喪、祭、射、鄉、朝、聘等禮節是人倫之用。前者是「禮義」，後者是「禮儀」，二者是出於聖人對天

〔註71〕呂大臨：《禮記解‧喪服四制》，見《藍田呂氏遺著輯校》，第419頁。

地的效法。天有陰陽，禮有吉凶；天有四時，禮有恩、理、節、權，恩即仁，理即義，節即禮，權即知。表面看來，這很類似於漢儒的天人感應，但其實質是不同的。天是萬物之源，也是眾理之源，這是儒家的共識。天之陰陽是變化不息，神妙莫測，超出於人心之所能把握。禮之吉凶也是如此。雖然儒家信奉德福一致，但命與福畢竟有其外在性的一面。天之四時則是變中之常，而仁義禮知亦是如此，是人內在的德性，是求則得之、不可喪失的人倫根本。

（四）「理一而分殊」

禮既遵循著人心所同然之理義，又出於不變之人倫常道，這實際上涉及到了「理一分殊」的問題。理義是一，人倫則有分殊。「理一分殊」的說法本來出自程頤對張載《西銘》宗旨的概括。楊時對《西銘》有疑，認為其與墨子「兼愛」之說難以分別。程頤則認為：

> 橫渠立言，誠有過者，乃在《正蒙》。《西銘》之為書，推理以存義，擴前聖所未發，與孟子性善、養氣之論同功（二者亦前聖所未發），豈墨氏之比哉？《西銘》明理一而分殊，墨氏則二本而無殊（老幼及人，理一也；愛無差等，本二也）。分殊之蔽，私勝而失仁；無分之罪，兼愛而無義。分立而推理一，以止私勝之流，仁之方也；無別而迷兼愛，至於無父之極，義之賊也。〔註72〕

此一思想，後經朱熹而發揚光大。「理一」與「分殊」的關係也就是體與用的關係。程頤所論，實際上是如何處理理之超越性和人倫道德的現實性之間的問題。理是超越的，當然不受現實的限制，這就容易引導人脫離現實，進入純理智的意識構造的世界中。無論是墨子，還是佛教，都有這個傾向，這是儒家所不認可。但是，如果以現實性完全否定超越性，那麼，超越性的意義世界也不能建立起來，共通性的情感也會被遮蔽。

程頤借助了體用、仁義關係來理解超越性的理義和現實性的人倫之間的關係，這是將之放在生命個體內部來處理的方式。呂大臨則將之放在天地之中來看：

> 天下之理，未有不交而成者也。故天地交而萬物通，上下交而其志同，此所以君臣和，禮義行也。君臣、父子、長幼、夫婦之倫，吾性之所固有也。君子之所以學，先王之所以教，一出於是而已。

〔註72〕程頤：《答楊時論西銘書》，見《二程集》，第609頁。

故舜明於庶物，察於人倫，三代之學，皆所以明人倫也。人倫之大
分謂之經，其屈伸、進退、周旋、曲折之變謂之紀。大德敦化，經
也；小德川流，紀也。禮儀三百，經也；威儀三千，紀也。〔註73〕

在理之一與人之分之間，呂大臨強調了「交」的重要性。所謂「交」，實際上
也就是「感」。天地萬物雖然紛然雜陳，但從根本上又是消息流行、晝往夜來、
並行不悖的，這是因爲天地萬物從本然上是「一體」的。禮之秩序也就是「禮
儀三百，威儀三千」，同樣基於天地一氣、人我一體的事實，因而是各當其理。
天下之理要依靠萬物之交通感化表現出來，同樣，人所固有之性也要靠人倫
差等、禮文儀節表現出來。相比程頤，呂大臨更重視天的本源意義、氣的感
通作用、身心交養的修養方式以及禮的教養功能。

身心之間的關係無疑是由心所主導的，心在身心之學中具有價值的選擇
性和義理的涵容性。因而，心之知的作用顯得尤爲關鍵，禮則體現爲實踐性。
因此，呂大臨不但強調「本心」是禮制的基礎，同時也強調禮制在現實生活
中對於人之情感的調節作用。本心和理義，體現的是人倫秩序超越的一面，
然而在實踐中，本心的發用會受到氣質的影響，不能不有小過小不及。因而，
聖人制禮又有實際的功能。聖人亦是天地所生，有心有氣，因而有理義，亦
有情感。聖人之所以爲聖人，不僅是因其先得人心所同之理義，也是因爲他
能與天地萬物自然相感，毫無私意小智。因此，聖人所制之禮，便能夠調節
人的情感，使之能夠恰當：

循性而行，無物撓之，雖無不中節，然人稟於天者，不能無厚
薄昏明，則應於物者，亦不能無小過、小不及，故「喜斯陶，陶斯
詠，詠斯猶，猶斯舞，舞斯慍，慍斯戚，戚斯歎，歎斯闢，闢斯踴
矣。品節斯，斯之謂禮。」閔子除喪而見孔子，予之琴而彈之，切
切而哀，曰：「先王制禮，不敢過也。」子夏除喪而見孔子，予之琴
而彈之，侃侃而樂，曰：「先王制禮，不敢不及也。」故「心誠求之，
雖不中不遠矣」，然將達之天下，傳之後世，「慮其所終」，「稽其所
敝」，則其小過、小不及者，不可以不修，此先王所以制禮，故曰「修
道之謂教」。〔註74〕

人所秉賦之性，是相同的，所稟之氣則不同，因而所感就有不同。禮儀

〔註73〕呂大臨：《禮記解‧燕義》，見《藍田呂氏遺著輯校》，第 411 頁。
〔註74〕呂大臨：《禮記解‧中庸》，見《藍田呂氏遺著輯校》，第 271 頁。

－177－

節文雖然是外在的，但是正是有了禮儀節文，理義才能顯明的方式展現出來，從而被人們所把握。「禮，所以節文也。恭無節文，則罷於接物；愼無節文，則畏而失我；勇無節文，則暴而上人；直無節文，則切而賊恩。」〔註75〕德性修養有賴於對本心共通理義的把握，而具體的禮儀制度則使其具備了客觀性和現實性。

呂大臨始終將禮之功能定位在普遍與具體之間，這是道學理論所共有之體用思維模式的反映，也是呂大臨道學特別重視實踐性的體現。禮一方面表現爲在具體的、不同場合中有特殊規定的禮文、禮數、禮制、禮法、禮儀等，這需要學習、模仿、實踐和操練；另一方面，其背後所包含的「禮義」則是普遍的和超越的，這需要心之自覺，打通人與天地、物與物之間的隔閡，有感必通，隨順本然之心。聖人制禮是因「同」而制「別」：因爲「同」所以適用於所有人而具有普遍性，因爲「別」所以又隨著不同的情境之下有著各自的體現而具有具體性；而學者學禮、習禮則是因「別」而感「同」，也即在特殊的氛圍和處境中能夠體會到人心之超越性的本然，獲得對意義世界的領悟、感知和養育。正因爲如此，禮才能具有存心、養氣的功能，使生命個體與全體貫通，在天地之中體現出自身的地位，不僅成己，而且成物，最終達到「與天地參」的作用。

四、敬與養

從文化史的角度看，中國文化中「禮」之意義的發展可以說經歷了三個階段：首先，「禮」發源於上古民族的宗教祭祀；繼而在周初轉變爲一套系統的政治和宗法制度，同時被賦予了深厚的道德和倫理精神；到了孔子，禮進一步落實於生命個體之中，轉變爲生命個體的道德實踐方式。這一發展過程既是因「禮」文化本身遭遇到的時代問題所導致的，同時也是文化漸進演變的結果，因而後一階段對「禮」的意義理解總是以一種提升和轉化的方式保存著前一階段的意義理解。因此，在後世儒學對「禮」之意義的理解中，儘管是以道德實踐爲核心的，但同時在宗教祭祀的虔敬心態和在宗法倫理中的親情推擴都成爲道德實踐的重要內容，甚至可以說其在一定意義上起著基礎性的作用，這便形成「禮」之「敬」與「養」的意義。

〔註75〕呂大臨：《論語解·泰伯》，見《藍田呂氏遺著輯校》，第445頁。

所謂禮之「敬」，首先是對禮儀、禮制、禮俗、禮文、禮教的意義概括和提升，進而通過禮儀形式對生命個體的身體規範，使其精神在意義世界中亦隨之發生轉化和提升。因而，「敬」首先是個體性的。但從功能的角度講，正如禮重在別，其形式包括祭天祀祖、冠昏喪祭、鄉射朝聘等等，從而在禮之別天地、別宗族、別分位中衡定著人在宇宙、社會中的位置，維持著社會的秩序，「敬」也包括祀天之敬、鬼神之敬、男女之敬、君臣之敬等，通過「敬」的方式，將個體與整個生存世界聯繫了起來，因而又具有社會性。

禮之「敬」的功能的發揮，也就是禮之「養」的意義。「敬」首先是針對個體之「心」來說的。但「敬」不是強調外在形式與主體心靈的對置，使心靈世界強行符合外在的禮儀規範。如前所述，在儒家看來，「禮」是聖人先王效法天地、符合理義人情的一種創制，可以說它與主體心靈在本質上是一致的。這樣一種對「禮」的理解和實踐，使「禮」對心的規範是柔性的、漸進習養的。意義自覺是「禮」之規範的一個前提，而主體也始終具有一定的選擇性。這便是禮之「養」的意義。禮之「養」，不僅包括養心，也包括養身；不僅包括養己，也包括養人。如果說，禮之「敬」是對禮的精神核心的概括，那麼，禮之「養」則是對禮的整個功能及其特點的表述。

（一）從禮之「文」到禮之「義」

對禮之「敬」的意義理解，首先產生於對禮之「文」與禮之「義」的區別的自覺。在中國文化的奠定期中，所有的制度都可以被稱為「禮」，因而禮的形式必然包羅萬象，涉及人們生活的方方面面，甚至瑣碎龐雜，讓人難以遵循。這也正是以後在文化發展中，禮不斷遭受危機的根本原因所在。因此，把禮系統化，並提升為一個意義體系，就成為孔子在「禮壞樂崩」時代希圖恢復禮樂所必須面對的首要任務。孔子的眼光不是外在的、社會的、功能性的，而是內在的、個體的、生命的，因而禮之「義」不是外在於人的強制規範，而是發源於人心對天命的敬畏和對人倫達道的遵循，這便是「義」與「意」必然相關並凝結為一體的原因。這構成了後世儒學對禮之「意義」的基本看法。在《冠義》篇首的序中，呂大臨說道：

> 冠、昏、射、鄉、燕、聘，天下之達禮也。《儀禮》所載謂之禮
> 者，禮之經也；《禮記》所載謂之義者，訓其經之義也。先王制禮，
> 其本出於君臣父子、尊卑長幼之間，其詳見於儀章度數、周旋曲折
> 之際，皆義理之所當然。故禮之所尊，尊其義也。失其義，陳其數，

祝史之事也；知其義，則雖先王未之有，可以義起也；不知其義，
則陷於非禮之禮，非義之義，大人弗爲也。凡冠、昏、射、鄉、燕、
聘《義》，皆舉其經之節文，以述其製作之意者也。〔註76〕

所謂的「達禮」是指在人倫常道中帶有根本性的重大禮儀，載之典籍謂之「經」，
證明其有不可變性。但即便如此，由於禮直接體現爲具體的儀式和制度，其形
式上的不變就難免會導致脫離時代的變化而產生難以適用的特點。實際上，《儀
禮》在北宋的影響已經遠遠衰微，致使在社會教化中喪失了本應起的作用，而
使儒家禮學僅僅成爲「儀章度數」的考證之學，脫離生活實際。正因如此，呂
大臨特別重視《禮記》對於經義的闡釋，只有如此，才能發揮禮學的功能。常
變之間、形式與內容之間的平衡始終是儒家學術思想發展的動力。「儀章度數」
之所以擁有其必要性，首先在於其中蘊含著「義理之所當然」；達禮之不可變，
不是因爲形式的神聖性，而是根源於君臣父子、尊卑長幼之人倫常道的不可變。
掌握了禮數之中的義理依據，便可以革新禮的形式，從而適應時代的變化。

禮之文與義的關係，首先反映在時代變化致使禮文需要革新，義爲常，文
爲變。其次，它也反映在禮的運用過程中具體處境之不同要求禮隨之調節上，
義有是非而文無一定。「其文是也，其義非也，君子不行也；其義是也，其文非
也，君子行也。故『麻冕，禮也；今也純，儉，吾從眾』；男女不授受，禮也，
嫂溺則援之以手，此所以明是非也。」〔註77〕顯然，義才是禮之根本，而禮之
文是服務於其義的。再次，正因爲禮之義可以不受具體處境的限制，因而禮之
用可以發揮「化民成俗」之社會功能。「其文則擯相習之，其義則君子知之；修
其文，達其義，然後可以化民成俗也。」〔註78〕這說明，禮之文與義雖有悖離
的一面，但在整體功能上是同一的，功能是意義的一個構成因素。

禮之「文」與「義」的關係也就是禮之「文」與「質」的關係。這就是
說，「義」與「質」具有同一性。「義」代表著意義和功能，而「質」代表著
自然性的存在和本源。禮起於「質」，禮之質也就是禮之別，而禮之別正是禮
之敬的根源。所謂禮之「別」，也就是在天地、鬼神、尊卑、親疏、長幼等等
自然存在或社會倫理中分辨出原有之秩序：

親親之中，父子首足也，夫妻判合也，昆弟四體也，其情不能

〔註76〕呂大臨：《禮記解‧冠義》，見《藍田呂氏遺著輯校》，第382頁。
〔註77〕呂大臨：《禮記解‧曲禮上》，見《藍田呂氏遺著輯校》，第190頁。
〔註78〕呂大臨：《禮記解‧鄉飲酒義》，見《藍田呂氏遺著輯校》，第396頁。

無殺也；尊賢之中，有師也，有友也，有事我者也，其待之不能無
等也。因是等殺之別，節文所由生，禮之謂也，故曰「親親之殺，
尊賢之等，禮所生也」。〔註79〕

「別」的結果一方面是理性認識和知識的建立以及意識的自覺，另一方面是
文化制度的建立：「太上者，大道之行、天下爲公之時也。其治也，文不勝質，
務存其實，直情徑行，無所事於禮，故禮有不答而人不非也。後聖有作，「通
其變，使民不倦」，由是交際之道興焉。」〔註80〕禮是隨著文化或文明的發展
而產生的。但是，當文化產生以後，禮就具有向脫離「質」的方向發展的趨
勢，因而使禮之文容易流於繁雜造作。即便如此，也不能因文而廢質。

禮之所先，貴乎別也。不當別而別則文勝質，文勝質則史；當
別而不別則質勝文，質勝文則野。故尊卑無等，親疏長幼無差，視
聽言動不中於節，雖心在於敬而直情徑行，野人戎狄之道，君子不
爲也。〔註81〕

因此，禮之「文」或禮之「節」就成爲表現禮之「質」或禮之「別」的方式，
心之「敬」被涵容其中。

（二）作為精神凝聚狀態的「敬」

那麼，何爲「敬」呢？「敬」是二程特別重視的實踐工夫。朱熹說：「敬
者工夫之妙，聖學之成始成終者皆由此。秦漢以來，諸儒皆不識這敬字。直
至程子方說得親切。」〔註82〕二程均把「敬」看作是與「知」相對的「持養」
或「涵養」的方法。「敬只是涵養一事。」〔註83〕「學者須敬守此心，不可急
迫，當栽培深厚，涵泳於其間，然後可以自得。」〔註84〕這是其共同看法。

但兄弟之間亦有差別。程顥往往將「誠」和「敬」並舉，如他在《識仁
篇》中說：

仁者，渾然與物同體。義、禮、知、信皆仁也。識得此理，以
誠敬存之而已，不須防檢，不須窮索。〔註85〕

〔註79〕 呂大臨：《禮記解・中庸》，見《藍田呂氏遺著輯校》，第290頁。
〔註80〕 呂大臨：《禮記解・曲禮上》，見《藍田呂氏遺著輯校》，第193頁。
〔註81〕 呂大臨：《禮記解・曲禮下》，見《藍田呂氏遺著輯校》，第250頁。
〔註82〕 黎靖德編：《朱子語類》，第207頁。
〔註83〕 程顥、程頤：《河南程氏遺書》卷第十八，見《二程集》，第206頁。
〔註84〕 程顥、程頤：《河南程氏遺書》卷第二上，見《二程集》，第14頁。
〔註85〕 程顥、程頤：《河南程氏遺書》卷第二上，見《二程集》，第16頁。

又說：

> 「天地設位而易行乎其中」，只是敬也，敬則無間斷。體物而不
> 可遺者，誠敬而已矣，不誠則無物也。〔註86〕

但也在二者之間做分別看待：「誠者天之道，敬者人事之本。敬者用也。敬則誠。」〔註87〕「誠然後能敬，未及誠時，卻須敬而後能誠。」〔註88〕可以說，對人的修養工夫而言，誠是果位，而敬是因位。溫偉耀認為，在程顥那裡，「若『誠』是一種將道德生命內外貫通、天人無間的把持狀態，『敬』就是一種不受形勢、功利關係支配地（『無失』、『不遺』）對自己的道德自覺要求的工夫。」〔註89〕換言之，同樣作為道德修養工夫，「誠」更強調心之博大開闊，「敬」更強調心之主體自覺。

程頤對「敬」的看法後來被朱熹大加發揮，這就是著名的「涵養須用敬，進學則在致知」〔註90〕。程頤對「敬」的理解，強調其「直內」的功能：「切要之道，無如『敬以直內』。」〔註91〕「敬以直內」的說法源於《周易‧繫辭傳》，與「義以方外」相對而言。所謂「直內」，也就是強調「心內有主」：「『敬以直內』，有主於內則虛，自然無非僻之心。如是，則安得不虛？『必有事焉』，須把敬來做件事著。此道最是簡，最是易，又省工夫。」〔註92〕可見，「心內有主」不是有具體的思維意見，而是將心意凝聚為一體，不被思維意見佔據。

> 所謂敬者，主一之謂敬。所謂一者，無適之謂一。且欲涵泳主
> 一之義，一則無二三矣。〔註93〕

> 主一者謂之敬，一者謂之誠，主則有意在。〔註94〕

> 敬只是主一也。主一，則既不之東，又不之西，如是則只是中。
> 既不之此，又不之彼，如是則只是內。存此，則自然天理明。學者
> 須是將（一本無此字。）敬以直內，涵養此意，直內是本。〔註95〕

〔註86〕程顥、程頤：《河南程氏遺書》卷十一，見《二程集》，第118頁。
〔註87〕程顥、程頤：《河南程氏遺書》卷十一，見《二程集》，第127頁。
〔註88〕程顥、程頤：《河南程氏遺書》卷六，見《二程集》，第92頁。
〔註89〕溫偉耀：《成聖之道》，第54頁。
〔註90〕程顥、程頤：《河南程氏遺書》卷十八，見《二程集》，第188頁。
〔註91〕程顥、程頤：《河南程氏遺書》卷十五，見《二程集》，第152頁。
〔註92〕程顥、程頤：《河南程氏遺書》卷十五，見《二程集》，第149頁。
〔註93〕程顥、程頤：《河南程氏遺書》卷十五，見《二程集》，第169頁。
〔註94〕程顥、程頤：《河南程氏遺書》卷二十四，見《二程集》，第314頁。
〔註95〕程顥、程頤：《河南程氏遺書》卷十五，見《二程集》，第149頁。

可見，「主一」工夫實際上是強調心之意志的自主能力。因此，「一」可以謂之「中」：「發於外者謂之恭，有諸中者謂之敬。」〔註96〕而「敬」亦成爲「約」：「學者不必遠求，近取諸身，只明人理，敬而已矣，便是約處。」〔註97〕「敬即便是禮，無己可克。」〔註98〕

　　呂大臨曾向程頤請教克服「思慮紛擾」之法，程頤即答之以「主敬」：

　　　昔呂與叔嘗問爲思慮紛擾，某答以但爲心無主，若主於敬，則自然不紛擾。譬如以一壺水投於水中，壺中既實，雖江湖之水，不能入矣。〔註99〕

這對呂大臨造成何種影響，不可臆斷。但呂大臨在《禮記解》中對「敬」的重視，相對於二程則有過之而無不及。在呂大臨的現存文獻中，並無出現將「敬」理解爲「主一」的提法。呂大臨論「敬」的特點是，他不但在身心之學的基礎上，將禮的核心精神理解爲敬，而且特別重視「鬼神之敬」的基源性意義，以此將「敬」與「誠」緊密結合在一起。

　　呂大臨首先認爲，敬是修身的基礎，也是禮的基礎。他對《禮記‧曲禮上》首章解釋說：

　　　「自天子至於庶人，壹是以修身爲本。」「欲修其身，先正其心」者，敬之謂也。修身者，正言貌以禮者也。故「毋不敬」者，正其心也；「儼若思」者，正其貌也；「安定辭」者，正其言也。三者正矣，則無所往而非正，此「修己以安百姓」也。故天下至大，取之修身而無不足，故曰「安民哉」。此禮之本，故於記之首章言之。

〔註100〕

呂大臨借用《大學》的概念把「禮」之意義和功能理解爲「修身」，把「敬」之意義和功能理解爲「正心」。身與心是表裏關係，因而「禮」與「敬」也是表裏關係。廣義地說，身包括心，因而修身包括正心；狹義地說，身與心相對，身是心的外在表現，因而修身僅是正言貌。無論是廣義，還是狹義，心之敬都成爲禮的核心內容。以此爲起點，由心到身以至由己及人，禮之精神被貫穿起來，而禮之用也不僅表現在治己，也包括治人治國等全部內容。這

〔註96〕程顥、程頤：《河南程氏遺書》卷六，見《二程集》，第92頁。
〔註97〕程顥、程頤：《河南程氏遺書》卷二上，見《二程集》，第20頁。
〔註98〕程顥、程頤：《河南程氏遺書》卷十五，見《二程集》，第157頁。
〔註99〕程顥、程頤：《河南程氏遺書》卷一八，見《二程集》，第191頁。
〔註100〕呂大臨：《禮記解‧曲禮上》，見《藍田呂氏遺著輯校》，第187～188頁。

樣，禮的功能就不僅是工具性的，而且也是文化性和意義性的方面。它不是一種特殊的宗教修身方式，而是包含了廣泛的倫理內涵。

在身心之學的基礎上，呂大臨把禮的內容全部歸於內在的心之上：「苟無禮以節於內，則外物之輕重，足以移其常心矣。」〔註101〕又如他對《曲禮上》「君子恭敬、撙節、退讓以明禮」的解釋是：

> 「禮者，敬而已矣」；君子恭敬，所以明禮之實也。禮，節文乎仁義者也；君子撙節，所以明禮之文也。辭遜之心，禮之端也；君子退遜，所以明禮之用也。〔註102〕

在呂大臨看來，禮之實出於恭敬之心，禮之文出於仁義之心，禮之用出於辭讓之心。如前所述，禮的本質在於分別，禮之實也就是禮之質，是爲了區別尊卑長幼。另一方面，禮也是出於共同的理義，本於仁義之心，禮之文代表著理義的展現。最後，「禮者，自卑而尊人」（《禮記・曲禮》），以此養德，正是禮之功能。

「禮者，敬而已矣」的說法，出自《孝經・廣要道章第十二》：「禮者，敬而已矣。故敬其父，則子悅；敬其兄，則弟悅；敬其君，則臣悅；敬一人，而千萬人悅。所敬者寡，而悅者眾，此之謂要道也。」顯然，《孝經》以「敬」的方式把父子、兄弟、君臣連接在一個意義網絡之中，觸及其一，便會引發聯動一面。呂大臨以「禮者，敬而已矣」概括禮的精神，其用意也是如此。因此，敬不但是禮之實，而且是禮之常。

> 「禮者，敬而已矣」，敬者，禮之常也。「禮時爲大」，時者，禮之變也。……體常盡變，則禮達之天下，周還而無窮也。〔註103〕

所謂「常」，也就是禮之精神，而「變」則是指禮之儀文度數。儀文度數的特點在於隨著具體的處境而發生變化，而敬作爲禮的精神則是不變的。因此，呂大臨認爲，敬不但是修身的工夫，也是治國的基礎：「修己不敬，則道不立。進之則安人。人者，以人對己；進之則安百姓。百姓者，則盡乎人矣，此堯舜猶病諸者也。『修己以安百姓』，所謂『不言而信，不怒而威』者與！」〔註104〕這正是因爲「敬」以禮的形式將所有人的關係納入到了同一個意義網絡之中。

〔註101〕呂大臨：《禮記解・曲禮上》，見《藍田呂氏遺著輯校》，第193頁。
〔註102〕呂大臨：《禮記解・曲禮上》，見《藍田呂氏遺著輯校》，第192頁。
〔註103〕呂大臨：《禮記解・曲禮上》，見《藍田呂氏遺著輯校》，第189頁。
〔註104〕呂大臨：《論語解・憲問》，見《藍田呂氏遺著輯校》，第459頁。

（三）「鬼神之敬」的根源性

與重視鬼神之周流天地、有感必通的作用相一致，呂大臨在禮之敬的理解上，也相當重視敬於鬼神的精神意義。自孔子以後，禮的人文意義大體上已經取代了其宗教意義。換言之，禮的宗教意義已經被轉化和涵納到人文意義之中。呂大臨對鬼神之敬的理解，同樣不是出於向鬼神謀福，也不是出於對未知世界的畏懼，而是認爲這是禮之至敬的表現，從中可以表現出禮的根本精神。他說：

> 敬鬼神者，人謀非不定，而猶求於鬼神，知有所尊而不敢必也。〔註105〕

> 古之聖王，先成民，然後致力於神，民和而神降之福。……所以然者，本於致敬而已。〔註106〕

> 君子之事天地鬼神，與事其君長，其敬一也，故『敬則用祭器』。以事鬼神之敬敬之，敬之至也。〔註107〕

呂大臨把敬鬼神之事與敬人之事並舉，並且認爲前者更爲根本：「明則敬於人，『禮儀三百，威儀三千』，敬人之事也；幽則敬於鬼神，內盡志，外盡物，凡祭祀之禮，卜筮之用，皆敬鬼神之事也。」〔註108〕「七日戒，三日齋，竭誠盡愼以事鬼神，民猶以不見不聞爲可欺也。事君盡禮，擇日月以見君，民猶有不敬其上者。故君子之使民敬，必先斯二者。」〔註109〕可見，呂大臨之所以重視鬼神之敬，在於其中所體現的「盡」，即「盡志」「盡物」「竭誠盡愼」等。所謂「盡」，也就是竭、空、窮、極，在心思意念上毫無保留。這與二程的所理解之「敬」的自覺、自主內涵是一致的。正因如此，所以呂大臨強調「事鬼神」和「事君」爲體現禮之敬最重要的二事，而「事鬼神」更重於「事君」。

與程顥相似，呂大臨特別重視「敬」與「誠」的一致性：「『禮者敬而已』，無敬則不誠。」〔註110〕敬與誠之間也有一種因果關係。由於鬼神無形無象，但又無處不在，因而對鬼神之敬不同於對其他人物事情的敬，需要竭其心意，戒愼恐懼，保持誠心：

〔註105〕呂大臨：《禮記解・曲禮上》，見《藍田呂氏遺著輯校》，第224頁。
〔註106〕呂大臨：《禮記解・表記》，見《藍田呂氏遺著輯校》，第338頁。
〔註107〕呂大臨：《禮記解・表記》，見《藍田呂氏遺著輯校》，第339頁。
〔註108〕呂大臨：《禮記解・表記》，見《藍田呂氏遺著輯校》，第336頁。
〔註109〕呂大臨：《禮記解・表記》，見《藍田呂氏遺著輯校》，第313頁。
〔註110〕呂大臨：《禮記解・曲禮上》，見《藍田呂氏遺著輯校》，第192頁。

君子之行，莫先於敬鬼神。誠不欺於鬼神，則於天下也何有？故言禮者，必以祭祀爲先；營宮室者，必以宗廟爲先；造器者，必以祭器爲先；有田祿者，先爲祭服，示有尊也。〔註111〕

知鬼神爲可敬，則鬼神無不在，「洋洋乎，如在其左右」，雖隱微之間，恐懼戒慎而不敢欺，則所以養其誠心至矣。〔註112〕

「君子戒慎乎其所不?，恐懼乎其所不聞」，所以敬乎神明者，未嘗斯須忘也。神無方不在，則未嘗有所間也，故飲食必祭。所以祭者，莫適祭也，祭其神也。莫適祭，則吾之敬心無時而不存也。〔註113〕

古之有敬事者必齊。齊者，專致其精明之德，恍惚以與神明交者也。樂則散，哀則動，皆有害於齊也。故不樂不弔，全其所以齊之志也。〔註114〕

祭者竭吾誠意以求乎神，猶恐未盡也，故齊三日，必見其所祭者，立而詘，進而愉，退立如受命，已徹而退，敬齊之色不絕於面，如是則然後可以饗親。苟至於樂則敬弛，弛則忘之矣。〔註115〕

祭祀、齋戒本來都是普通的禮儀行爲，但當在祭祀過程中，表示對鬼神之敬時，這些儀式就都被賦予了神聖的意義。由此，可以非常清楚地看到，禮之行爲改變的不是客觀世界，而是主體內在的意義世界。而這種改變的方式是通過心思意念的高度集中所完成的。在與神明「交」的時候，心的狀態是無間斷，無功利，精明無私，物我合一。這就是由敬之工夫而實現的誠之境界。

因此，祭祀之禮便成爲最重要的禮儀，同時也成爲禮之大用的最基本表現。由祭祀之禮中所體現的「鬼神之敬」，不但可以養人誠心，而且可以由此立身，以至於治國：「祭祀之實，以誠敬交乎神明。誠敬之至，莫先乎盥。當是時也，恍惚以與神明交，使人觀之，斯心可以化天下矣。」〔註116〕治天下與治身是一體的，處於共同的意義網絡中，由「誠敬」一以貫之。生命個體在這裡獲得的意義，不是被迫地納入，而是主動地投入：「『相在爾室，不愧於屋漏』者，非特『無惡於吾志』，又將達乎神明而無慊者也。達乎神明而無慊，則其德有孚矣。

〔註111〕呂大臨：《禮記解・曲禮下》，見《藍田呂氏遺著輯校》，第231頁。
〔註112〕呂大臨：《禮記解・中庸》，見《藍田呂氏遺著輯校》，第289頁。
〔註113〕呂大臨：《禮記解・曲禮上》，見《藍田呂氏遺著輯校》，第209頁。
〔註114〕呂大臨：《禮記解・曲禮上》，見《藍田呂氏遺著輯校》，第216頁。
〔註115〕呂大臨：《禮記解・曲禮上》，見《藍田呂氏遺著輯校》，第312頁。
〔註116〕呂大臨：《易章句・觀》，見《藍田呂氏遺著輯校》，第95頁。

此所以不動而民敬，不言而民信也。」〔註117〕這當然帶有強烈的道德理想主義特徵，其政治效果要受到多重因素的影響。但這種道德理想主義卻反映出儒學在存在世界的認知和宗教信仰的態度上鮮明的人文情懷。

（四）「敬」的人倫意義

「禮有五經，莫重於祭」（《禮記・祭統》），禮本起源於原始宗教和巫術，祭祀對象包括天神、地祇、人鬼等一切精神存在。對天地的祭祀反映了人與自然的關係，對人鬼的祭祀則包含著濃厚的倫理意義。實際上，在後世儒家的理解中，天地是人之所出的根源，對天地的祭祀是出於「報本反始」（《禮記・效特牲》）的道德需要，這樣就把天地之祭同樣賦予了人倫意義：

> 祀天，禮之至敬者也。物無以稱其德，故禮簡誠至，則事天之禮盛矣。然人道有所未盡，故從其祖配之。所謂配者，當於祀天禮成之後，迎祖尸而已。以人鬼之禮祭之必配祭者，所以盡人道之至愛。〔註118〕

這說明，禮之「敬」統貫天人。在至敬之禮中，祭物就不能再表達人之敬的程度，因而以祖配之，天與祖並祭，敬之中不但有尊，而且有愛。如前文所述，禮本出於在差等秩序中區別尊卑的需要，這便與親或愛構成衝突。

> 愛之至則必忠，忠至於犯則不敬。敬之至則有義，以一義斷或入於不順則不愛。敬主於別，別則文，文煩則不靜。愛主於恩，恩則寬，寬而踰則無辨。〔註119〕

這便需要將愛的自然情感意味和敬的尊卑辨別功能同時予以提升融合，使其不是相互衝突，而是相互補充。

雖然「敬」與「愛」在表現和功能上有所不同，但二者又有相一致的一面，即其都是內心的一種狀態，可以同時體現在對對象的態度中。愛是情感趨向，使主體與對象接近並感同身受，共融一體；敬是自主意識，使主體與對象分別並確立自我的精神集中狀態。作為自然狀態的「愛」和「敬」是衝突的，但當二者在先王所制之禮中被提升為一種德性修養後，二者恰好構成一種平衡，所謂「尊親之道，一主於德，並行而不廢，則天下莫不尊親矣」〔註120〕。

〔註117〕呂大臨：《禮記解・中庸》，見《藍田呂氏遺著輯校》，第309頁。
〔註118〕呂大臨：《禮記解・效特牲》，見《藍田呂氏遺著輯校》，第256頁。
〔註119〕呂大臨：《禮記解・表記》，見《藍田呂氏遺著輯校》，第327頁。
〔註120〕呂大臨：《禮記解・表記》，見《藍田呂氏遺著輯校》，第327頁。

「尊親之道」最突出地表現在宗廟之禮中：

> 宗廟之禮，所以序昭穆，別人倫也，親親之義也。父爲昭，子
> 爲穆，父親也，親者邇，則不可不別也；祖爲昭，孫亦爲昭，祖爲
> 穆，孫亦爲穆，祖尊也，尊者遠，則不嫌於無別也。〔註121〕

宗廟之禮首先是「親」的體現，但其中有近有疏，因而有昭有穆，這又是「尊」的分別。親中有尊，尊中有親，這反映的是儒學的情感基源性和推擴性。這也表明，在由禮之「敬」爲基礎所構建的存在世界意義網絡中，不是平面的，而是立體有層次的。這個層次建立的動力，正是以仁愛爲根本表現方式的情感性。

這種「親」與「尊」、「愛」與「敬」並行的結構，不僅反映在對待不同對象的態度上，也反映在同一對象中。「『己孤不更名』，有所不忍也。『己孤暴貴，不爲父作諡』，有所不敢也。不忍，愛也；不敢，敬也。愛敬盡於事親而已。」〔註122〕愛是發自本心的自然情感，是一種順之向外的自我體現；而敬則是有對象針對性的精神自覺，是一種逆向收縮的意識狀態。因此，「敬」是修身立己的最主要手段，而「愛」則可以向他人推擴，爲進一步的人倫道德實踐提供動力。「以敬恕行仁，則人無所憾。」〔註123〕「唯敬與恕，則忿懘欲窒，身立德充，可以當天下之變而不避，任天下之重而不辭。」〔註124〕

在這一意義上，可以說，敬是親的推擴：

> 極天下之愛，莫愛於父；極天下之敬，莫敬於君。愛敬生乎心，
> 與生俱生者。故門內以親爲重，故爲父斬衰，親親之至也；門外以
> 君爲重，故爲君，亦斬衰，尊尊之至也。內外尊親，其義一也。故
> 以事父之義施之君，此君之服，以義制者也。〔註125〕

因此，敬之中也有愛的體現。敬不能無愛，無愛則缺乏道德動力之源。如對鬼神的祭祀，最重要的是祭親，在敬之中表達愛。敬實際上是功能性的，即使心思意念集中而無二無僞。這種尊親之道，反映在人事之中，就是父道之親親與君道之尊尊的關係：

> 人之大倫有二，內則父子，外則君臣，其義一也。雖然，父子

〔註121〕呂大臨：《禮記解·中庸》，見《藍田呂氏遺著輯校》，第288頁。
〔註122〕呂大臨：《禮記解·曲禮下》，見《藍田呂氏遺著輯校》，第229頁。
〔註123〕呂大臨：《論語解·顏淵》，見《藍田呂氏遺著輯校》，第454頁。
〔註124〕呂大臨：《禮記解·儒行》，見《藍田呂氏遺著輯校》，第362頁。
〔註125〕呂大臨：《禮記解·喪服四制》，見《藍田呂氏遺著輯校》，第420頁。

天合也，天合者不可解於心，身有隕而恩無絕也；君臣義合也，其
合也與父子同，其不合也則去之，與父子異也。〔註126〕

尊尊的形式是以親親為標準、為根據而建立和派生的。在宗法傳統中，這一
點很容易理解。實際上，如前文所述，親親自身在不同個體（如父與祖）和
同一個體（如父）中，也包含著敬。這是因為，生命個體之存在意義的確立，
除了需要與他者連接在同一個網絡之中，也需確立自身的存在感，這種意義
的雙重性使得「愛」與「敬」之辯證關係得以可能。

正因如此，尊尊不是尊「位」，而是尊「道」。如在君臣之間，地位雖不
同，但相敬之道則是一樣的。「君之使臣，臣之事君，尊卑之勢雖殊，其所以
相敬之道一也，故曰『君使臣以禮，臣事君以忠』。」〔註127〕而君臣相敬之道，
又需出於理義：

天道無私，莫非理義，君所以代天而治者，推天之理義以治斯
人而已。故曰「天秩有典，天敘有禮，天命有德，天討有罪」，莫非
天也。臣之受命於君者，命合乎理義為順天命，不合則為逆天命。
君之命出乎理義，則為臣者將不令而從；君之命不出於理義，則為
臣者雖令不從矣。此所以有逆命、順命之異，然後知其不可使為亂
也。〔註128〕

把禮之親與尊推擴為「理義」之「道」，本是儒家之傳統，也是道學對儒家孔
孟傳統的復興和發展。所謂「道」既是義理，也是實踐，因而包含著對身心
之學的重新理解和對人倫常道之形上根據的重建。道學對人倫秩序的建構，
是從身心之學開始向社會的推擴。禮之規範是整個社會規範的基礎，但禮之
的核心基點卻是建立在身心之學的實踐基礎上。正因如此，道以「尊」為大，
禮卻以「卑」為大：

「自天子至於庶人，壹是皆以修身為本」。我之於道也，知崇則
無不知，知有諸己矣；禮卑則無不敬，能有諸己矣，故「貌足畏也，
色足憚也，言足信也」。顛沛造次一於禮而不違，則「富貴所不能淫，
貧賤所不能移，威武所不能屈」，所謂「強立而不反」者也。故曰「修
身則道立」，又曰「齊明盛服，非禮不動，所以修身也」。

〔註126〕呂大臨：《禮記解・曲禮下》，見《藍田呂氏遺著輯校》，第 244 頁。
〔註127〕呂大臨：《禮記解・曲禮下》，見《藍田呂氏遺著輯校》，第 227 頁。
〔註128〕呂大臨：《禮記解・表記》，見《藍田呂氏遺著輯校》，第 333 頁。

在這段話中，呂大臨廣泛引證《大學》、《易傳》、《表記》、《論語》、《孟子》、《學記》的說法，解釋《中庸》的「修身則道立」的內涵。「修身爲本」的說法出自《大學》。《大學》開篇討論「本末」問題，提出「修身」爲齊家治國平天下之「本」。「知崇禮卑」出自《周易‧繫辭傳》「知崇禮卑，崇效天，卑法地，天地設位，而易行乎其中矣。成性存存，道義之門。」張載和二程都非常重視這段話，張載「知禮成性」之工夫的說法即來源於此，而二程則特別強調「天地設位而易行乎其中矣」所貫穿的「敬」之工夫。在《易傳》中，知禮關係也就是乾坤關係，只不過後者是天道，而前者是人道。乾坤之間是知與能或創造與實現的關係，因而知禮關係也是如此。所謂「知」是指對道之體認，道崇故知亦主崇；所謂「禮」是指對道之踐履，自卑以尊人，故禮主卑。因而，知禮均成爲「成性」之方法和工夫。「有諸己」的說法出自《大學》「有諸己而後求諸人，無諸己而後非諸人」，而孟子也尤其強調「有諸己」，所謂「反求諸己」，「有諸己之謂信」等等。「貌足畏也，色足憚也，言足信也」出自《表記》，分別指容貌之莊重、顏色之威嚴和言辭之信實，三者由表及裏，表明禮對身心的影響，《論語》和《冠義》亦有類似說法，呂大臨稱之爲「三者，修身之要，必學而後成，必成人而後備」〔註129〕。「富貴所不能淫，貧賤所不能移，威武所不能屈」出自《孟子》，是從立身之消極面「不得志獨行其道」講，其積極面是「居天下之廣居，立天下之正位，行天下之大道，得志與民由之」。(《孟子‧滕文公下》)「強立而不反」出自《學記》「九年知類通達，強立而不反，謂之大成。夫然後足以化民易俗，近者說服，而遠者懷之」。

總之，呂大臨理解的「理義」之「道」也就是身心之學，其核心內容凝結在「修身」二字上。修身即是立道，所謂「君子之善行，以修身踐言爲之本；其行禮也，以行修言道爲之本。以是爲質，則所見於外者皆文也。」〔註130〕這一思想在《中庸》中系統地概括爲：「爲政在人，取人以身，修身以道，修道以仁」，呂大臨對之解釋說：

> 政者，所以變化其不爲人者，使之爲人而已。如蒲盧化其非己者，使之如己而已。爲政之要，主乎治人而已，故曰「爲政在人」。人道不遠，取諸其身而已，故曰「取人以身」。「親其親，長其長，而天下平」，取諸身也；「施諸己而不願，亦勿施於人」，取諸身也。

〔註129〕呂大臨：《禮記解‧冠義》，見《藍田呂氏遺著輯校》，第 383 頁。
〔註130〕呂大臨：《禮記解‧曲禮上》，見《藍田呂氏遺著輯校》，第 190 頁。

道者，人倫之謂也。非明此，人倫不足以反其身而萬物之備也，故
曰「修身以道」。非有惻怛之誠心，盡至公之全體，不足以修人倫而
極其至也，故曰「修道以仁」。〔註131〕

在《中庸》中，「政——人——身——道——仁」構成了一個漸次內在的實踐
順序，這與其首章提出的「天——性——道——教」的實踐順序，在邏輯上
是一致的。所謂「政」也就是「治」，但呂大臨對「政」的理解不是外在的強
制或規範，而是內在的「變化」，因而實際上重在「教」而不在「治」。這樣，
治人之方法，就不是外取於他人，而是內取於自己，這便是「有諸己」。這意
味著政治成為了道德實踐的一部分。這一理解的根據是建立在「身」（包括
「心」）之共通性的基礎上。因而，「取人以身」實際上就是指「修身」，以修
身作為為政的前提，以修身的方式達致他人的意義世界，使他人自然地納入
到自我的道德實踐過程中。那麼，如何修身呢？這便是人倫道德實踐，呂大
臨將之稱為「道」。顯然，「人倫」之「道」之所以能夠成為「修身」以至「為
政」的前提，它不可能首先是外在的人與人之間的社會關係，因為經驗性的
認知不足以成為實踐之必然性的依據和保證。只有將人倫常道看作是內在於
自我的「人之所以為人」的超越性根據，由「修道」再「謂教」才能夠成為
可能。人倫無疑具有經驗性和功能性，但在道學理論看來，它必須首先是內
在性和意義性的，其次才表現為經驗性和功能性。正因為如此，「道」才必須
以「仁」為基礎。呂大臨把「仁」理解為「惻怛之誠心」、「至公之全體」，同
樣是建立在「身（心）」之共通性的基礎上。在這一視域中，「仁」與「誠」
具有了本體論的意義。

與「仁」和「誠」相比，「敬」的工夫論意義更加突出。「仁」和「誠」都
是由心而自然達之於身，而「敬」則需要經過一個精神凝聚集中的過程，其中
貫穿著身心的雙重工夫。首先，學需以敬為先。「學有豫則義精，義精則用不匱。
唯其始也，不敬則道（身）不立，不立則道不充。」〔註132〕「精義」是知的工
夫。《周易·繫辭下》說「精義入神，以致用也」，張載解釋為：「精義入神，事
豫吾內，求利吾外也」〔註133〕。知需要有「約」，這便需要由「敬」之工夫來
「立道」。其次，敬之精神凝聚作用也表現在使精神回到自身本然狀態，不受外

〔註131〕呂大臨：《禮記解·中庸》，見《藍田呂氏遺著輯校》，第290頁。
〔註132〕呂大臨：《禮記解·儒行》，見《藍田呂氏遺著輯校》，第362頁。
〔註133〕張載：《正蒙·神化》，見《張載集》，第17頁。

界形勢、地位的擾亂。「富貴者，知其所當敬，則不驕不淫；貧賤者，知其所自敬，則志不懾。」﹝註134﹞再次，敬之工夫還能使心思意念保持集中，引導「神」、「色」與「氣」。「事親主愛，察其色，不純以敬，故異於君也。上於面者，其氣驕，知其不能以下人矣；下於帶者，其神奪，知其憂在乎心矣；視流則容側，必有不正之心存於胸中矣，此君子之所以謹也。」﹝註135﹞最後，敬之工夫也體現在行爲的效果和作用上，所謂：「慎、篤、恭三者，皆行之敬也。慎其行則寡過……篤其行則誠著……恭其行則人敬。」﹝註136﹞正因爲「敬」之工夫貫穿於道德實踐的整個過程，即便聖人與天地同流，隨順自然，也需有敬的工夫。「《大雅》曰『穆穆文王，於緝熙敬止』，言文王之盛德，亦不越敬其容止而已矣。」﹝註137﹞這亦可說明，本體與工夫在根源處是合一的。

（五）禮之「養人」成德

無論是個體存在的感受性，還是道德實踐的自覺性，其前提都需要自我主體的確立和意義感的獲得。敬之工夫爲此準備了條件。而且，由於敬既貫穿著身心的雙重工夫，又貫穿於整個身心修養過程之中，當其與禮儀形式的廣泛性相結合之後，禮之敬的意義就轉變爲禮之養的功能。身心之養並非僅僅依靠禮樂，而禮樂的功能也並不是僅僅是爲了養身心，但禮樂對身心之養的意義最爲突出，這一點在傳統文化的諸特徵中庶幾無疑。呂大臨說：

> 夫先王制禮，豈苟爲繁文末節，使人難行哉？亦曰「以善養人」而已。蓋君子之於天下，必無所不中節，然後成德，必力行而後有功。其四肢欲安佚也，苟恭敬之心不勝，則怠惰傲慢之氣生；怠惰傲慢之氣生，則動容周旋不能中乎節；體雖佚而心亦爲之不安於其所不安，則手足不知其所措，故放辟邪侈，踰分犯上，將無所不至，天下之亂自此始矣。聖人憂之，故常謹於繁文末節，以養人於無所事之時，使其習之而不憚煩，則不遜之行亦無自而作，至於久而安之，則非法不行，無所往而非義矣。君子敬以直內，義以方外，敬義立而德不孤，則不疑其所行矣。﹝註138﹞

﹝註134﹞呂大臨：《禮記解・曲禮上》，見《藍田呂氏遺著輯校》，第 193 頁。
﹝註135﹞呂大臨：《禮記解・曲禮下》，見《藍田呂氏遺著輯校》，第 251 頁。
﹝註136﹞呂大臨：《禮記解・表記》，見《藍田呂氏遺著輯校》，第 313 頁。
﹝註137﹞呂大臨：《禮記解・緇衣》，見《藍田呂氏遺著輯校》，第 344 頁。
﹝註138﹞呂大臨：《禮記解・射義》，見《藍田呂氏遺著輯校》，第 400 頁。

「以善養人」，是對禮之功能的概括。這一功能的實現，除了前文述及之敬在禮之實踐中所具有的凝聚、收攝精神的作用以外，此段論述還突出了禮在道德修養過程中的禮之文繁與禮之難行的關係，以及習禮移性與治亂安危之間的關係。這都是從禮之功能來論說的。

　　首先看禮之文繁與禮之難行的關係。造成禮之文繁的原因，原本具有歷史性和社會性。如在盛大的典禮中，其禮節規定經過歷史的演變，由簡至煩，遂使財力、物力、人力都要具備相當的條件才可履行，隨著後世時代條件的變化和觀念的變遷，其履行之難便顯得愈加突出。一般而言，儒家對這一問題的解決，一則是「化約」，也即使繁文縟節約之以「義」，返其初始之「意」；二則是「損益」，使禮之形式在意義不變的前提下適時變化。無論是化約還是損益，都是針對禮而言的。「禮之節文少則質，多則文，同則質，異則文，致其文者，乃所以儘其敬也。」〔註139〕「禮主乎別，節文雖繁而不可亂也。因親疏、長幼、貴賤之等差，以爲屈伸、隆殺之節文，明辨密察，然後盡乎制禮之意矣。」〔註140〕此外，呂大臨的關注重心則回到主體生命自身，看到個體意志在繁文縟節中磨礪品格的意義。

　　　　先王之制禮，以善養人於無事之際，多爲升降之文，酬酢之節，
　　賓主有司有不可勝行之憂，先王未之有改者，蓋以養其德意，使之
　　安於是而不憚也。〔註141〕

雖然從效果上說，道德修養是由心而身、由內至外地展現出來；但從修養工夫來說，則是由身及心的一個逆向而爲的過程。從實踐過程看，繁文縟節勞力、折氣且需精神集中，這正是由身及心的逆向過程，因而成爲提升生命精神境界的方式。「凡此容止之節，疑若繁縟而難行。然大人成德，動容周旋中禮，則於斯也，不待學而自中。若夫學者將學於禮，必先從事於節文之間，安於是而不憚煩，則其德爲庶幾矣，茲禮文之所以不可簡也。」〔註142〕這即表明，禮之難行的原因表面上源於禮文之繁，實際上更根本的原因在於生命個體的精神有待提升。可見，呂大臨對禮之形式的態度是比較保守的。但也正因如此，他更強調禮之道德性和實踐性，而不是禮之知識性和制度性。從

〔註139〕呂大臨：《禮記解・聘義》，見《藍田呂氏遺著輯校》，第413頁。
〔註140〕呂大臨：《禮記解・鄉飲酒義》，見《藍田呂氏遺著輯校》，第397頁。
〔註141〕呂大臨：《禮記解・聘義》，見《藍田呂氏遺著輯校》，第415頁。
〔註142〕呂大臨：《禮記解・曲禮上》，見《藍田呂氏遺著輯校》，第210頁。

這一意義上可以看到，呂大臨不是一個經學家或政治家，而是注重實踐工夫的道學家。

其次再看習禮移性與治亂安危之間的關係。由於呂大臨把身心修養與政治教化看作是一體兩面的關係，因而他不但強調禮之踐行對於身心的修養作用，也強調其對於整個社會的政治教化功能。在呂大臨看來，社會秩序的破壞源於道德秩序的破壞，而道德秩序的破壞則是由於身心放佚、傲氣滋長、手足無措、行為不節所致。因此，社會秩序的維持不是依靠制度，而是依靠道德教養，這就需要依靠禮節的漸習漸養，使生命個體的習性在日常行為的潛移默化中得到約束和提升。

> 先王制禮作樂，以養人起居動作，多為文章以寓於聲色臭味之間，無非所以示人者也。薰沐漸漬，日遷於善而不自知也。〔註143〕

這樣，道德境界提升的同時，也是血氣之性的轉變。當人與人在意義的網絡中各自確立自身的位置和生存意義，現實的社會秩序也便完全合乎自然。在這裡，自然秩序、道德秩序和社會秩序是相同的，但其中又有本末之別。以本治末，體現的是聖人之德與知，亦聖人制禮之本意。

因此，禮之秩序並不僅僅是面向內在的身心修養工夫，它同時也保持著向外在自然和社會的開放。在本質上說，禮處於「政」與「俗」之間。「政者，正也」（《論語‧顏淵篇》），儒家所理解的「政」實際上是「教」，而「俗者，習也。上所化曰風，下所習曰俗」（《周禮》），禮與俗之間原本就缺乏明確的界限。

> 人生於天地之間，其強足以淩弱，其眾足以暴寡，然其群而不亂，或守死而不變者，畏禮而不敢犯也。人君居百姓之上，惟所令而莫之違者，恃禮以為治也。一人有禮，眾思敬之，有不安乎？一人無禮，眾思伐之，有不危乎？此所以繫人之安危，而不可不學者。〔註144〕

這樣，在社會領域中，儒家化的禮所發揮主要是教化的作用；在生命個體身上，也就是修身的作用。立足於生命個體，當禮不斷融合、轉化為自然而然的風俗習慣後，這不但是對原有質樸的、缺乏自覺的風俗習慣的改造，而且也是自覺的道德意識向自然的情感意識的回歸。

〔註143〕呂大臨：《禮記解‧射義》，見《藍田呂氏遺著輯校》，第402頁。
〔註144〕呂大臨：《禮記解‧曲禮上》，見《藍田呂氏遺著輯校》，第193頁。

在《禮記解》中，呂大臨對《冠義》、《昏義》、《鄉飲酒義》、《射義》、《燕義》、《聘義》進行了全篇解說，這不但是對禮義的具體揭示，也是對禮之敬的工夫和禮之養的功能的闡發：

> 「禮始於冠」者，童子所以成人也；「本於昏」者，有夫婦然後有父子，有父子然後有君臣也；「重於喪祭」者，人道之所終也；「尊於朝聘」者，所以明君臣之義也；「和於鄉射」者，所以合人情之懽也。八者備然後禮備，故曰「禮之體也」。〔註145〕

禮之意義和功能是一致的，但在具體內容上則各有不同，從成人到夫婦，從父子到君臣，從始到終，從義到情，禮涉及到了人之生活的方方面面，養人之功可謂大矣。

總而言之，呂大臨對禮的重視表現在其「義」、「別」、「節」、「敬」、「誠」、「養」、「化」等各方面，重視禮之尊義、別分、節情、誠敬、養人、教化等道德修養意義和社會功能。在此前提下，呂大臨亦重視禮之文、儀、制、數等，但這始終服務於禮的內在意義和修身實踐功能。在《禮記》和孔孟儒學的基礎上，呂大臨對禮的理解既立足於修身工夫和修養意義，同時也向社會教化推擴，使禮之理解在道學理論的視域中獲得了更加清晰的界定。

〔註145〕呂大臨：《禮記解·昏義》，見《藍田呂氏遺著輯校》，第389頁。

第四章　盡心與成性

　　道學理論一方面批判漢唐儒學的「氣性論」和「氣化宇宙論」，另一方面又批判佛老否定世界實有存在的「宇宙空無論」和「人生虛無主義」，這就使得道學理論必須把「天道性命」貫通起來，不但要為人倫常道提供一個超越的依據，而且要使這個超越之源向人生和人倫落實，從而為道德實踐提供根本性的動力。

　　在呂大臨這裡，這個道德實踐動力就是孟子所說的「本心」，而超越性的依據則在於與天道相通的「善性」。由此，「盡心」成為學者向「天地之性」復歸的修身工夫的基點和動力之源，是為學之起點，而「成性」則成為工夫之最終目標、過程和果效。

　　「本心」之中內涵著「理義」，既貫通著「天地之性」，也發而為當好當惡之情，使人之行為更行其當，得其「中」體。呂大臨發揮《中庸》對「性與天道」之理解和對人倫常道之重視的特點，尤其強調「中」的意義。「中」既是「道之所由出」的本體，也是生命個體行為適度的標準。「中」不源於人的克意安排，而是天地所降於人的稟賦，中即是性，性即是中。「中」不但成為理解天地之理義的根本，也成為人倫常道的基本根據。對「中」的闡釋，是呂大臨心性工夫論的又一大特點。

一、心與知

　　呂大臨在《橫渠先生行狀》中曾把張載的修養工夫概括為「知禮成性，變化氣質」〔註1〕，而他自己對「知禮」工夫亦相當重視。知禮工夫既是相對

〔註1〕呂大臨：《橫渠先生行狀》，見《張載集》，第383頁。

而言的，知主思，禮主行；又是貫通一體的，知是行禮的前提，禮是心知的實踐。因而，二者實際上是在「身心一體」觀念主導下的「身心交養」關係。呂大臨的工夫論特點基本上可以概括為：身心並舉，以心統身，以身踐心。這樣，在重視「盡心知性窮理」的同時，他也把禮之修養意義融合了進來。因此，這一工夫特點又可以進一步展開表現為「知禮成性」、「盡心躬行」、「知及仁守」、「敬恕行仁」等等。

（一）從身心交養到盡心知性

身心交養關係的認識，早在孔子思想中已有體現。如他說「巧言令色，鮮矣仁」（《論語‧學而》），「巧言、令色、足恭，左丘明恥之，丘亦恥之」（《論語‧公冶長》），都是認為仁或不仁的品德會表現在身體的行為舉止上，特別是在言辭和臉色上。之所以強調言辭和臉色，是因為這兩種身體表現最細微，也最與心思意念直接相關。

反之，身心修養之法也便可以從「出辭氣」、「正顏色」、「動容貌」入手來「正心誠意」。因而曾子說：「君子所貴乎道者三：動容貌，斯遠暴慢矣；正顏色，斯近信矣；出辭氣，斯遠鄙倍背矣。」（《論語‧泰伯》）如何出，如何正，便涉及到具體的禮儀制度。正因如此，雖然禮首先是外在的規範和約束，但儒家始終將其意義看作是內在的。

在孟子那裡，進一步發展出系統的心性論，其對身心關係的理解也更加深入。如他說：「君子所性，仁義禮智根於心。其生色也，睟然見於面，盎於背，施於四體，四體不言而喻。」（《孟子‧盡心上》），而「知言養氣」說的提出顯然也與此相關，非有親身實踐不足以言此。

孟子重在心上論述，而《禮記》則側重於身之論述，因而對身心影響在「貌」、「色」、「言」這樣一個漸次內在、漸次細微的身體行為中的表現更加重視。如《表記》：「君子不失足於人，不失色於人，不失口於人。是故君子貌足畏也，色足憚也，言足信也」；《冠義》：「冠而後服備，服備而後容體正，顏色齊，辭令順」。

凡此可見，儒家身心修養理論的最大特點是將具體的身心修養實踐與禮的文化形式緊密結合在一起，注重身心修養的道德性。所謂「正」、「齊」、「順」，都有很強的道德涵義。「正」、「齊」、「順」，既是行為的規範方法，也反映著內心的道德品性；前者外在，後者內在；內是本，外是末，身體的修養最終是心之修養的表現。

呂大臨對「知禮成性」解釋說：

> 知崇禮卑，崇效天，卑法地，故知禮者，人之天地也，未有天
> 地不具，而能有物者也。此人之所以爲人，必在乎禮義也。知生乎
> 思，思則得之，故盡致思之功，然後可以達乎高明；禮主乎行，行
> 則致之，故盡躬行之實，然後可以極乎密察。此「禮義之始」，所以
> 必「在乎正容體，齊顏色，順辭令」也。容體者，動乎四體之容者
> 也；顏色者，生色見乎面目者也；辭令者，發乎語言而有章者也。
> 三者，修身之要，必學而後成，必成人而後備。〔註2〕

呂大臨以「知禮」類比天地，以「禮義」（人倫）作爲「人之所以爲人」之根
據，以「修身」爲禮義之始，這既是對先秦儒家修身理論的繼承，也是對其
的發展。繼承之處已如上述，發展之處則突出地表現在呂大臨宇宙本體論理
論的更加系統化。

道學興起之初首重宇宙論的建構，其目的正是要在宇宙論之中挺立超越
性的本體，以之在肯定天人萬物本然存在之合理性以與佛老相較的同時，也
爲改變實然世界道德不修、禮義不立之不合理行爲提供理想性的動力。雖然
呂大臨相比張載、二程來說，其宇宙本體論的論述要少很多，但這種既肯定
現實存在之本然又批判其實然的理論精神，他與其師是一脈相承的。

這種同異之間，使得呂大臨最終在孔孟心性儒學的思想和原典中找到了
可以拓展其理論的精神源頭和文本依據，這突出表現在他對《中庸》和《孟
子》的重視。在這兩部經典之中，呂大臨既找到了落實天道流行的基點，也
找到了人倫實踐的動力。

呂大臨把《中庸》的爲學宗旨概括爲：

> 《中庸》之書，聖門學者盡心以知性，躬行以盡性，始卒不越
> 乎此書。孔子傳之曾子，曾子傳之子思，子思述所授之言以著於篇。
> 故此書之論，皆聖人之緒言，入德之大要也。〔註3〕

在這段話中，我們至少可以得到如下幾點推論：首先，呂大臨認爲《中庸》
是以「性」爲核心的。其次，他同時重視知與行的雙重工夫，二者相互貫穿，
知要落實在行上，行要有知的引導。具體方法首先是「盡心」，進而是「盡性」。
而「盡心」的同時也就能夠「知性」，「知性」又恰好爲「盡性」提供了理論

〔註2〕　呂大臨：《禮記解·冠義》，見《藍田呂氏遺著輯校》，第383頁。
〔註3〕　呂大臨：《禮記解·中庸》，見《藍田呂氏遺著輯校》，第270頁。

上的前提。這樣，「知」實際上起著一種中介性的作用。也就是說，「知」雖然有獨立的意義，但不是獨立於行的另外一個階段。作爲工夫實踐的「盡」，包容著「知」的意義，「知」的作用是在「盡」的過程中發揮出來的。第三，他把「盡心」作爲「盡性」的前提，把《孟子》與《中庸》看作是相互詮釋的關係，這正表明呂大臨將天道流行之展現與人倫實踐之動力結合在一起的工夫論特點。

「盡心」說是孟子提出的，而「盡性」說是由《中庸》和《易傳》提出的。「盡心」說的前提是「心」是「性」的表現，因而在孟子那裡，「四端」成爲「性善」之證明。孟子因此認爲，「盡心」便能「知性」。所盡之心是人的本然之心，所知之性是人的善性。孟子基本上是在人心內在的領域中論說的。但《中庸》和《易傳》則有所不同，二者都是在天道生生、「繼善成性」的前提下，論述「性與天道」的關係，因而較少直接涉及心。

在孟子那裡，所「盡」者爲心，而不是性，性是「知」的對象，因爲性善需要經過心之主體的反「思」以後才能獲得，現實的性則需要「成」。這樣，心性之間在超越性根據上是合一的，但在現實性上又保留了距離。《中庸》則直接從「天命之謂性」說起，在天人合一的前提，論述聖人之成己成物，所謂「唯天下至誠，爲能盡其性；能盡其性，則能盡人之性；能盡人之性，則能盡物之性；能盡物之性，則可以贊天地之化育；可以贊天地之化育，則可以與天地參矣。」因此，可以說孟子更注重工夫本身之展現及其超越性根據，而《中庸》則更注重工夫之果效及其與天合一之境界。呂大臨將「盡心」與「盡性」結合起來，就是基於他既注重工夫之內在動力又重視工夫之境界效果的原因。

在儒學史上，孔子立教，注重體會和踐履，較少理論上的辨析，尤爲罕「言」「性與天道」，但「性與天道」的主題在其生命中是存在的。這一主題遂成爲後世儒家大加發展的領域。在孟子這裡，這就表現爲「即心言性」，所謂「君子所性，仁義禮智根於心」（《孟子·盡心上》），「盡其心者，知其性也，知其性則知天矣」（《孟子·盡心上》），因而有了「盡心」之工夫；在《中庸》和《易傳》，是「即天言性」，所謂「天命之謂性，率性之謂道」，「自誠明，謂之性；自明誠，謂之教。誠則明矣，明則誠矣」。「乾道變化，各正性命，保合太和，乃利貞」（《周易·乾卦·象傳》），因而有了「盡性」之工夫。在呂大臨看來，「盡心」與「盡性」是一致的，這不僅表現在從孔子到曾子、到

子思、再到孟子的一線單傳，而且「盡心」是知的工夫，「盡性」是行的工夫，二者正好符合其知行並舉、身心兼養的特點。

呂大臨由「心」爲起點以達「性」，這既反映出北宋道學工夫論的共同之處，也體現出儒學自身的必然發展邏輯。與「生」相比，「性」是後起字。從字形看，「性」字意涵的重點不僅在於「生」，也在於「心」。因此，從語言認知的角度看，從「生」的意識到「性」的意識，代表著人類理解水平的提高。這樣就很容易理解，爲何在孟子以前，把性與生等同，把「生」的內涵理解爲「性」的內涵，是一種主流觀點。直到孟子「即心言性」觀點的提出，「性」不同於「生」的特殊意義才被完全確立下來。

在後世儒學理論中，如果說「生」強調的是性從天所命、生生固有的一面，那麼「心」則強調性與心靈知覺之能動作用的關係。這樣，從邏輯上講，從「生」到「性」再到「心」的轉進就構成了一個自然生化的橫向序列，反之，從「心」到「性」再到「生」則構成了一個逆向認取的縱向序列。前者既可以表現爲宇宙生化論，也可以表現爲宇宙本體論，後者則表現爲修養工夫論。

在孟子「盡心」說的基礎上，呂大臨把「盡心」理解爲「大其心」：

　　「盡其心」者，大其心也。心之知思，足以盡天地萬物之理，
　然而不及者，不大其心也。大其心，與天地合，則可知思之所及，
　乃吾性也。性即天道，故「知性則知天」。〔註4〕

呂大臨這裡的解釋特點，首先是把「大心」與「盡心」等同，其次是以「天地萬物之理」作爲「心」的內在規定性，其三是將心之「思」與「知」作爲「大」或「盡」之具體內容和工夫。

呂大臨的「大心」說是對張載思想的繼承。張載提出：「大其心則能體天下之物，物有未體，則心爲有外。世人之心，止於聞見之狹。聖人盡性，不以見聞梏其心，其視天下無一物非我，孟子謂盡心則知性知天以此。天大無外，故有外之心不足以合天心。見聞之知，乃物交而知，非德性所知；德性所知，不萌於見聞。」〔註5〕首先，張載所謂之「大」有「合」和「一」的內涵；其次，張載所謂「心」具有知覺能力，但卻不以知覺能力爲根本特性，乃由更加根本的源頭即「性」。呂大臨亦是如此認爲。他們都認爲，在知覺層

〔註4〕 呂大臨：《孟子解・盡心上》，見《藍田呂氏遺著輯校》，第478頁。
〔註5〕 張載：《正蒙・大心》，見《張載集》，第24頁。

面，也即「天地萬物」層面，心性是不同的；而在超越性層面，也即「天地萬物之理」層面，心性又是合一的。而所謂「大心」正是由前一層面向後一層面的躍升。這樣，「大」或「盡」就具有了強烈的工夫論意味，而心與性在超越層面上的同一，不僅爲大心工夫提供了理論的前提預設，也爲其提供了最終的實踐指向。

呂大臨的「大心」說也是對孟子思想的發展。在孟子那裡，「盡」雖然也有竭盡的意思，但主要意義是呈現，也即說人之內在的至善無惡之性由心和情來顯發出來。因而，只要向內反省原初自然之心，就可以當下了悟性善之義。因此，孟子所理解的心之工夫主要是「思」，實際上是以情感的方式把握心性之超越性。而呂大臨的「大心」說，由於引入了「天地萬物之理」的思想，其對心性之超越性理解就不能直接通過情感的方式而達致，而是要通過更複雜的道德修養實踐來完成，這就是他提出的「大心」、「虛心」、「窮理」、「盡性」、「成性」等工夫的實際意義。孟子「盡心」之結果是「知性」、「知天」，強調「知」的意義，也即是「心」之直覺意義；而呂大臨「大心」之結果是「窮理」、「盡性」乃至「成性」，始終強調的是「盡」的意義。在這一語境中，心之「知」具有了多重涵義：第一，出於成心的「私意小知」，是對物感的直接反應，但由於沒有價值規定，所以與私欲居於同一層次。它的道德意義顯然是負面的，是低級的知覺形式。第二，「知」是與「行」、「禮」相對的道德修養工夫，其直接目的是通過「盡心」、「大心」、「虛心」、「窮理」等形式達到對「天下通一氣，萬物通一理」或「理義之同然」的實際體認。

（二）心之「思」與「知」

如前文所述，呂大臨認爲要達到對「天下通一氣，萬物通一理」的認識，一個重要的前提就是「心」之「感」與「虛」。但感只是心之外在與他物相作用的能力，是實然之心，還不具有價值意義。獲得心之價值意義也即「天地萬物之理」的理解，要靠心之「思」與「知」的功能：

> 知生乎思，思則得之，故盡致思之功，然後可以達乎高明。[註6]

「思」是心之內向反省的過程。從認知的角度看，心理反思的對象源於經驗。但道學理論並不是要解決認知問題，而是價值問題。呂大臨說：

> 唯君子之學，自明而誠，明而未至乎誠，雖心悅而不去。然知

〔註6〕呂大臨：《禮記解‧冠義》，見《藍田呂氏遺著輯校》，第383頁。

不可不思，行不可不勉。〔註7〕

明是工夫，誠是本體，自明而誠，也就是由「思」而「知」之，以至達到天人合一，自然中理。「君子之學，方遵道而行，不勉則不中，不思則不得。」〔註8〕

這樣，「思」與「知」首先被定位為一種道德修養工夫，具體而言，其具有如下幾個特點：

第一，「思」具有內向性。「學也，問也，求之外者也；聞也，見也，得之外者；不致吾思以反諸身，則學問聞見，非吾事也。故知所以為性，知所以為命，反之於我，何物也？知所以名仁，知所以名義，反之於我，何事也？故曰『思則得之，不思則弗得也』。慎其所以思，必至於得而後已，則學問聞見，皆非外鑠，是乃所謂誠也，故曰『有弗思，思之弗得弗措也』。」〔註9〕學與問都是向外而求，思則是反諸己身，可見思恰恰是要排除對外在事物的認知性，是基於主體性、價值性的道德修養工夫。

第二，「思」不僅具有「成己」的意義，還具有「成物」的意義。「誠雖自成也，道雖自道也，非有我之得私也，與天下同之而已。故思成己，必思所以成物，乃謂仁知之具也。性之所固有，合內外而無間者也。」〔註10〕這即是說，「思」之本源出於「性」，而性是通萬物而所有的，因而「思成己」是立足於生命個體，恢復其本有惻隱之心的感通功能，而「思成物」則是以自身之價值意義遍照他物，使世界的意義完全呈現出來。

第三，「思」具有意志性。作為認知活動的「思」當然要排除主體的意志，但作為修養工夫，「思」必然需要意志性對其導向和推動。「誠之者，以人求天者也，思誠而復之，故明有未窮，於善必擇；誠有未至，所執必固。善不擇，道不精；執不固，德將去。」〔註11〕

第四，「思」也是知與行的中介。「由多聞多知而得之，又當精思以求其至約而行之。」〔註12〕由於「思」的內向性和意志性，因而可以將具有向外所「知」的內容與主體直接聯繫，經過選擇和化約，為道德實踐提供導引。

〔註7〕呂大臨：《禮記解‧中庸》，見《藍田呂氏遺著輯校》，第276頁。
〔註8〕呂大臨：《禮記解‧中庸》，見《藍田呂氏遺著輯校》，第279頁。
〔註9〕呂大臨：《禮記解‧中庸》，見《藍田呂氏遺著輯校》，第296頁。
〔註10〕呂大臨：《中庸解》，見《藍田呂氏遺著輯校》，第490頁。
〔註11〕呂大臨：《中庸解》，見《藍田呂氏遺著輯校》，第487頁。
〔註12〕呂大臨：《禮記解‧緇衣》，見《藍田呂氏遺著輯校》，第350頁。

第五，「思」不僅是學而未誠時的工夫，即使達到「誠一於理」的境界，仍然有「思」的存在。「誠一於理，無所間雜，則天地、人物、古今、後世，融徹洞達，一體而已。興亡之兆，今之有思慮，如有萌焉，無不前知。」〔註13〕因此可以說，思作爲心之功能，一方面具有主動性，另一方面又具有自然的感通性。

在「思」的基礎上，呂大臨把「知」的內容和意義區分爲「私意小知」與「知之至」，後者正是要破除前者的局限，達到對超越之「理」的認識：

> 性與天道，本無有異，但人雖受天地之中以生，而梏於蠢然之形體，常有私意小知撓乎其間，故與天地不相似，所發遂至於出入不齊而不中節。〔註14〕

「私意小知」源於人的身體，是道德修養需要克服的對象。而所謂「知之至」，並不是一般意義上的知識，而是「知止」、「知本」、「知化」，是在道德超越意義上的「知」：

> 反而求之，理之所固有而不可易者，是爲庸，親親、長長、貴貴、尊賢是已，謂其所固有之義，廣充於天下，則經綸至矣；理之所自出而不可易者，是爲中，赤子之心是已，尊其所自出而不喪，則其立至矣；理之所不得已者，是爲化，氣機開闔是已，窮理盡性，同其所不得已之機，則知之至矣。知者，與「聞一以知十」、「窮神知化」、「樂天知命」之知同，所謂「與天地參」者也。〔註15〕

在呂大臨看來，「知」顯然不是道德修養的全部。如果把道德修養理解爲人倫常道、人之本心和大化流行三個方面，「知」是相應於大化流行來說的。這並不是說人倫常道和人之本心不涉及「知」的工夫，只是由於這二者都處於人之範圍中，更重要的是實踐，因而呂大臨將人倫常道稱之爲「經綸」，將人之本心稱之爲「立至」，而把與人無涉的大化流行稱之爲「知之至」。這說明，呂大臨對「知」的理解是狹義的，將其與行嚴格區別開來。作爲一種心理活動的「知」，雖然對道德實踐會產生導向性的作用，但並不是全然內在的，而是必須將生命主體與整個存在世界連成一體。這樣，所謂「知之至」以及「窮理盡性」、「窮神知化」、「樂天知命」、「聞一知十」等，都是將心之「知」的

〔註13〕 呂大臨：《中庸解》，見《藍田呂氏遺著輯校》，第489頁。
〔註14〕 呂大臨：《禮記解‧中庸》，見《藍田呂氏遺著輯校》，第271頁。
〔註15〕 呂大臨：《禮記解‧中庸》，見《藍田呂氏遺著輯校》，第307頁。

能力擴充到極點，超越一己之私，達到人與物的相感相通。這實際上成為道德修養的驗效。

現代道德哲學往往把「知」、「行」區分為兩個階段，「知」是道德理性，而「行」是道德實踐，道德認知當然不同於規律認知，具有內在自覺的特點，但仍需先有知而後才能展現為行。呂大臨對「知」的理解，顯然與此不同。呂大臨也將「知」與「行」進行區分而不混為一談，同時他也認識到了道德之「知」的特殊性，將之理解為內在的道德自覺，而不是一種普遍性的知識，更不是外在的所見所聞。但呂大臨所理解的「知」，並不是先於「行」的一個獨立階段，而是始終處於道德實踐過程中，與之並行兼舉。因此，隨著道德實踐的深入，「知」的對象、意義同時與之提升。在這一意義上，「知」反倒成為了「行」之驗效：

> 仁者，誠於此者也；智者，明於此者也。反身而誠，知未必盡，如仲弓是也；致知而明，未必能體，如子貢是也。惟以致知之明誠其意，以反身之誠充其知，則將至於「不勉而中，不思而得」，故曰「仁且智，夫子既聖矣」。〔註16〕

在這裡，呂大臨借用了《中庸》「自誠明」和「自明誠」的結構詮解《論語》中的「仁且智」。「仁」同於「誠」，而「知」同於「明」。僅有內向化之誠，外在事物之意義並不能自然顯發；反之，僅有向外之知，由於未能反本，也不能守約，事物必然不能貫通。當然，呂大臨這裡所說的「誠」，實際上是作為工夫，而不是作為境界。作為工夫所至之境界的「誠」，誠則明之，事物之意義自然顯發，「誠」與「明」的區分已無必要。這裡對「反身而誠」的理解顯然與孟子不完全相同。因此，只有誠明兩進、仁智雙張，「誠」與「明」才能由工夫躍升為本體，達到所謂「不勉而中，不思而得」的自然流行境界，顯然此時也無需做「誠」與「明」或「知」與「行」的區分。

可以清楚地看到，正是由於呂大臨預設了一個超越性的價值世界，生命主體的工夫實踐才不僅在理論上更加細緻，在實踐上也更有針對性。「誠」與「明」，「仁」與「智」乃至心之「思」與「知」，都是既可以理解為本體，也可以理解為工夫。在現代道德哲學中，「誠」與「明」，「仁」與「智」屬於品德，而「思」與「知」屬於主體的道德理性，品德僅僅是道德理性的體現。在呂大臨這裡，作為本體的誠明、仁智、思知等，是描述性的，是對天地之

〔註16〕呂大臨：《孟子解・公孫丑上》，見《藍田呂氏遺著輯校》，第470頁。

道德價值或人生之理想道德境界的形容，也是道德修養的指向。這不是理論的預設，而是情感、理性、意志的圓融合一。作爲工夫的誠明、仁智、思知等，則是實踐性的，始終是具體性的，需要互相補充，並行兼顧。這種互補和兼顧不僅是在橫向平行意義上，而且也是在縱向立體上昇的意義上，也即二者最終由分別爲二走向圓融合一。

（三）「本心」與「理義之心」

由於「心」的最終指向在於超越性的宇宙全體的大化流行精神，我們可以理解，爲何呂大臨把《中庸》末章「（君子之道）知遠之近，知風之自，知微之顯，可與入德矣」解釋爲「求其本心」：

> 故君子之學，將以求其本心。本心之微，非聲色臭味之可得，此不可得而致力焉。唯循本以趨之，是乃入德之要，推末流之大小，則至於本源之淺深，其「知遠之近」歟！以見聞之廣，動作之利，推所從來，莫非心之所出，其「知風之自」歟！心之精要，至隱至妙，無聲無臭，然其理明達暴著，若懸日月，其「知微之顯」歟！凡德之本，不越是矣。知此，則入德其幾矣。〔註17〕

呂大臨把君子之學等同於「求其本心」，這顯然是以《孟子》詮釋《中庸》，但同時也以《中庸》重新理解了《孟子》。由此，「心」的意義不僅局限在內向之反思而得，也與天道流行直接關聯起來，演變爲一種「工夫——境界」形態。實際上，這也是在道學理論中對《孟子》和《中庸》的同時繼承、詮釋和發展。由於「心」在生命個體中具有「思」和「知」的功能，因而就道德行爲而言，心不但是道德之源，也是行爲之源和義理之源。這使呂大臨的「本心」可以直接等同於「性與天道」，擴展其在宇宙論中的意義。

「本心」雖然「不可得而致力」，但卻可以由流推源、由顯知微，這便是前述「思」與「知」的工夫。經過思與知之工夫，所恢復的價值意義的「心」，就是人之「本心」。「本心」之說，當然也是源於孟子。但孟子之「本心」首先以「惻隱之心」的形態出現，包含著很強的情感意味，而呂大臨之「本心」則首先是「理義之心」：

> 情之未發，乃其本心。本心元無過與不及，所謂「物皆然，心爲甚」。所取準則以爲中者，本心而已。由是而出，無有不合，故謂

〔註17〕呂大臨：《中庸解》，見《藍田呂氏遺著輯校》，第 493 頁。

之和。非中不立，非和不行，所出所由，未嘗離此大本根也。〔註18〕

呂大臨把本心理解爲「情之未發」、「中」、「大本根」，都是要將其內在的價值意義獨立出來，以之作爲道德判斷的標準。借助於《中庸》首章「中」與「和」的關係結構，本心與情恰恰隔絕了關係，成爲了超越經驗界的道德價值評判原則。

呂大臨對「理義之心」的理解，也是出於孟子：「心之所同然者何也？謂理也，義也」（《孟子・告子上》）。呂大臨對此解釋道：

> 我心所同，即天理、天德。孟子言同然者，恐人有私意蔽之。
> 苟無私意，我心即天心。〔註19〕

可見，「理義」是相對於「私意」而言的。私意無疑是出於個體的，理義則不出於己，而出於天，因而是心同理同。那麼，爲什麼人會有私意呢？呂大臨同樣追溯到生成源頭，將之歸咎於心爲形體所梏。

> 理義，人心之所同然，雖小人豈無是心哉？惟其爲形體所梏，
> 區區自處於一物之中，與萬物以爭勝負，故喪其良心，不與天地相
> 似，所以以人爲可欺，而閒居爲不善也。人猶可欺也，心不可欺也。
> 〔註20〕

這就意味著，在現實世界，心與身仍然是有區分的，身有形，故與他物相區分，心無形，故而可以突破局限，自覺自知。在道學理論看來，萬物生成不是隨意的，隨意生成的世界顯然是無意義的。因而，意義不是人心的構造，而是遍在於天生萬物的過程之中。由於形體之限制，使意義在萬物生化過程中的感通性發生阻隔。因而，心之修養工夫，顯然不是順其耳目見聞，了知每個事物的現象，而是通過現象，反思心體，把握萬事萬物所共通之理，以之重新理解世界，實現生命個體自我的價值。

如此，如何在氣質之性中能夠「達於天道，與聖人一」便成爲一個問題。這便需要通過「心」的作用。呂大臨說：「吾生所有，既一於理，則理之所有，皆吾性也」〔註21〕，「柔強昏明之質雖異，其心之所然者皆同」〔註22〕，即是說心具有超越氣質稟賦的差異的能力，能夠通向天地人物共通的義理根據。

〔註18〕　呂大臨：《中庸解》，見《藍田呂氏遺著輯校》，第 481 頁。
〔註19〕　呂大臨：《孟子解・告子上》，見《藍田呂氏遺著輯校》，第 478 頁。
〔註20〕　呂大臨：《禮記解・大學》，見《藍田呂氏遺著輯校》，第 374 頁。
〔註21〕　呂大臨：《禮記解・中庸》，見《藍田呂氏遺著輯校》，第 307 頁。
〔註22〕　呂大臨：《禮記解・中庸》，見《藍田呂氏遺著輯校》，第 298 頁。

這顯然是由孟子的心論推演而來。在孟子哲學中，理僅出現四次，並不是一個重要的概念，其意義都與人心相關。〔註23〕孟子把理與義相聯，如唐君毅所說，指的是「道德上之發自內心之當然之理」〔註24〕；又將心與耳目口等身體器官相提並論，可見他確實是從人本身擁有的能力來說的，以表明理義的內在性。但呂大臨則將之推之於「天理」、「天德」，其意義顯然是在區分心不僅會導致義理當然，也可能被氣質所蔽，從而導致私意。這樣，只有在無私意的情況下，「我心即天心」，這時的心才是孟子所說的「本心」。

這樣，「理義」雖然包涵著道德必然性的意味，卻不是外在於「心」，與之對質之抽象物，而是人心之中自然具有的感通性。

> 理義者，人心之所同然。感無不應，應無不同。好色好貨，親
> 親長長，以斯心加諸彼，未有不和不平者也。〔註25〕

感雖然是心的功能，但要「感無不應，應無不同」卻需要在理義的基礎上，才得以可能。無理義的感只是局限在一物一時，不能推及他人他物，只能是出於利欲，道德實踐就失去可能。

> 「天下同歸而殊塗，一致而百慮」，天下雖廣，出於一理，舉斯
> 心以加諸彼，推而放諸四海而準，無往而非斯心也。猶五寸之矩，
> 足以盡天下之方，此絜矩之道也。〔註26〕

這就意味著，由於心與理的合一，因而心之意義可以超越於具體時空的局限。

呂大臨這裡所說之「理」，我們當然不能理解為普遍性的事物規律，但也不能理解為普遍性的道德原理。因為，即便是普遍性的道德原理，仍然只是形式性的，而呂大臨所說之理則是有內容的，這便是「人倫」。呂大臨解釋《禮記・緇衣》「民以君為心，君以民為體」說：

> 心體之說，姑以為譬，若求之實理則非譬也。體完則心說，猶
> 有民則有君也；體傷則心憯，猶民病則君憂也。〔註27〕

以心體關係比喻君民關係，本來是虛指，二者不能等同，但「求之實理」，心體之間是「感而相通」的關係，君民之間雖不是身體之直接感通，但由於人心具有同然之理，以心同之，則與心體之間的關係是一致的，二者實際上都

〔註23〕 唐君毅：《中國哲學原論・導論篇》，第 8 頁。
〔註24〕 唐君毅：《中國哲學原論・導論篇》，第 16 頁。
〔註25〕 呂大臨：《易章句・咸》，見《藍田呂氏遺著輯校》，第 114 頁。
〔註26〕 呂大臨：《禮記解・大學》，見《藍田呂氏遺著輯校》，第 380 頁。
〔註27〕 呂大臨：《禮記解・緇衣》，見《藍田呂氏遺著輯校》，第 349 頁。

需要以理同之，而不是直接的實然同一。因此，理不是心的形式，而是有著實際的內容，這便是人倫。〔註28〕

　　正因如此，呂大臨與二程不同，較少使用「理」或「天理」的概念，而是常常「理義」並稱。在孟子的語境中，「理」與「義」結合，具有了倫理意義。呂大臨使用「理義」概念也是如此。

　　　　人倫者，天下之大經，人心之所同然者也。〔註29〕

　　　　人之血氣、嗜欲、視聽、食息，與禽獸異者幾希，特禽獸之言與人異耳。然猩猩、鸚鵡亦或能之，是則所以貴於萬物者，蓋有理義存焉。聖人因理義之同然而制爲之禮，然後父子有親，君臣有義，男女有別，人道所以立，而與天地參也。〔註30〕

呂大臨所說的「理義之心」最重要的內涵是「同」或「一」，而之所以「同」或「一」的內容就是人倫道德。這不是說人倫等同於人心，而是說人倫出於人心，而人心所同者是理義。人心與本心、良心是不能直接等同的，它具有實際內容。人心既可以是對本心的落實，也可以是對本心的偏離。當其作爲對本心的落實時，就是人倫，其所內具的必然性就是理義。通過「理義」，呂大臨將心之本然與人倫道德和禮儀制度貫通了起來。

　　理義之心，也即良心。「良心」說也是由孟子提出的。孟子「即心言性」正是爲了表明性的內在性，他所謂「心」首先是從心的功能說起，而不是要強調心理結構。心本身具有能夠感受的惻隱、羞惡、恭敬、是非等道德情感。這種道德情感，是人性通過人心的感知能動作用所自然產生、呈現出來，而不出於人的理性謀劃。正是這種善性的自然流露把人與萬物的區別呈現出來，性的本然意義借助人心的自反作用得到澄清。因此，孟子所言的心並不是任意的心理作用，而是內向自反、具有澄澈作用即經過「思」以後的「本心」、「良心」，或者說毫無功利目的的「赤子之心」。由心的感受作用可以發展、落實爲善的行爲即「爲善」，呈現出人的「仁義禮智」等德性，由此說明性之爲善的本質意義。

〔註28〕呂大臨也有「義理之心」的提法，但「義理之心」與「理義之心」有所不同，「義理之心」各側重理之「宜」，因而重視「推」，而「理義之心」是當下直接之「一」。「義理」是北宋儒學的共用語，而「理義」則是出自孟子，有特殊語境。
〔註29〕呂大臨：《禮記解・中庸》，見《藍田呂氏遺著輯校》，第290頁。
〔註30〕呂大臨：《禮記解・曲禮上》，見《藍田呂氏遺著輯校》，第192頁。

呂大臨在孟子立說的基礎上，將之進一步擴大到五倫和禮儀之中。他在對《中庸》首章的解釋中說：

> 性與天道，本無有異，但人雖受天地之中以生，而梏於蓁然之形體，常有私意小知撓乎其間，故與天地不相似，所發遂至於出入不齊而不中節。如使所得於天者不喪，則何患不中節乎？故良心所發，莫非道也。在我者，惻隱、羞惡、辭讓、是非，皆道也；在彼者，君臣、父子、夫婦、昆弟、朋友之交，亦道也。在物之分，則有彼我之殊；在性之分，則合乎內外，一體而已。是皆人心所同然，乃吾性之所固有。隨喜怒哀樂之所發，則愛必有等差，敬必有節文。所感重者，其應也亦重；所感輕者，其應也亦輕。自斬至緦，喪服異等，而九族之情無所憾；自王公至皂隸，儀章異制，而上下之分莫敢爭。非出於性之所有，安能致是乎？〔註31〕

呂大臨強調「良心」之根本是「性」，而「性」則「受天地之中以生」，實際上是在良心之所從來的根源上將之與實然之心和情做出區分。這樣，「良心」就成為生命主體內在的至善無惡的道德根據。「四端」之心固然是善的表現，由「四端」和「四德」擴展而出的「五倫」或《中庸》所稱的「五達道」，同樣是善的表現。由良心反向體察性與天道，所得到是性與天道的絕對性和超越性；而由「良心」到「四端」乃至呂大臨所說的「五倫」，則展現為天道善性在不同事物的特殊性和差異結構中的具體位分。正是通過「良心」的這種作用，超越性的本體在具體的人倫常道中得以恰當地呈現出來。可以說，良心是道德本體落實到人的現實生活中的樞紐性環節。

因此，「大心」或「盡心」的工夫也就是「充其良心」的工夫：

> 今夫人之有良心也，莫非受天地之中，是為可欲之善。不充之，則不能與天地相似而至乎大。大而不化，則不能不勉不思，與天地合德而至於聖。然所以至於聖者，充其良心，德性純熟而後爾也。〔註32〕

可見，在最終的果效上看，所謂良心、誠心、本心都是指超越性的本然之心，其不同只是在於「本心」是就情之未發而論，更強調理義之同然；「誠心」是就應事而論，體現為一種境界形態；而「良心」則是就善惡而論，包含著人

〔註31〕 呂大臨：《禮記解‧中庸》，見《藍田呂氏遺著輯校》，第 271 頁。
〔註32〕 呂大臨：《禮記解‧中庸》，見《藍田呂氏遺著輯校》，第 303 頁。

倫實踐之動力。

這樣，我們就可以把呂大臨所理解的「心」區分爲雙重結構：一方面是實然能感的人心，由此具備與現實存在的萬物相感相通的能力；另一方面又是本然至善的良心，此則超越現實存在，是從其內在價值所說的。這使道德修養工夫也出現了對應的雙重結構：一方面是心之「盡」，以恢復、呈現、擴充人之「本心」或「良心」；另一方面是心之「發」，「良心所發，莫非道也」，循禮修道，內外合一，無不中節。工夫的雙重結構是對心之內涵的雙重結構的應用：「盡」是由實然回覆爲本然，「發」則是由本然呈現爲實然。

二、本與中

在呂大臨對「心」之內涵的理解中，「人心」至靈能感，「本心」合於理義，「誠心」順成萬物，「良心」至善無惡。這樣就形成了對「心」之全方位的理解，呈現出心在實然世界和本然世界中的現實功能和價值意義。概而言之，在呂大臨看來，心不但是生命主體自覺的基礎，而且有著道德價值內涵，因而既可上達於「性與天道」，也可下達於「四端」、「五倫」和禮樂教化。

（一）「赤子之心」與「未發之中」

在心之諸涵義中，「本心」具有基礎性的地位。「本心」概念出自《孟子》，但僅爲一見。經過佛學挑戰之後，北宋道學特別注重立本，尤以張載爲然，所謂「學者先須立本」〔註33〕，又多有「推本所從來」的說法。「本」之所以重要，不僅是因爲它具有根源性的意義，而且還具有「合」、「一」的意義，也即由「本」可以推「末」，可以得理，可以馭萬，可以治眾，如此等等。因此，道學所言之「本體」的核心，不在於「體」，而在於「本」。正是由於把「本末」思維融入到了「體用」範疇之中，「體用」才由經驗性的「實體——功能」內涵上昇爲帶有本質性的「本體——現象」內涵。

孟子雖然對「本心」直接闡釋不多，但對「失其本心」的原因則多有論述。與之相比，呂大臨更注重對本心之自然狀態的闡釋。在孟子看來，「本心」雖然是自然呈現出來的，但很容易被「物蔽」〔註34〕、「陷溺」〔註35〕、「茅

〔註33〕張載：《張子語錄》中，見《張載集》，第324頁。
〔註34〕《孟子·告子上》：「耳目之官不思，而蔽於物。物交物，則引之而已矣。心之官則思，思則得之，不思則不得也。」
〔註35〕《孟子·告子上》：「富歲，子弟多賴；凶歲，子弟多暴。非天之降才爾殊也，

塞」〔註36〕乃至「放失」，因而需要內向反求。這是孟子「即心言性」的理路使然，其重點放在心之種種現象上來導引學者體會性之超越性。呂大臨則將人容易「失其本心」的原因統一歸之於本心受氣質的影響所致，由之產生「私意小知」，使得本心在「感物而動」之後，其價值判準功能受到擾亂，出現或過或不及的偏離自然狀態的情況。因此，呂大臨討論的重點不是在如何會「失其本心」，而是如何理解本心並進一步去保持本心，這便將關注點轉移到了具有超越性的心之本然狀態上，而不再著眼於現象的描述。

那麼，心的本然狀態是什麼樣的呢？呂大臨將孟子的「本心」與《中庸》首章的「喜怒哀樂之未發謂之中」進行相互詮釋：

> 情之未發，乃其本心。本心元無過與不及，所謂「物皆然，心為甚」。所取準則以為中者，本心而已。由是而出，無有不合，故謂之和。非中不立，非和不行，所出所由，未嘗離此大本根也。〔註37〕

呂大臨認為心之「中」的狀態就是心之本然狀態。「本心」之「中」有三層意義：一是「情之未發」，即情尚未感物而生；二是「無過與不及」，這也就是說本心自身不存在偏離的情況；三是此時的心可以裁斷萬物，以自身為價值評判的準則。這表明，「中」是「心」的超越性價值規定，其根據不來自於現實的經驗界。如前所述，「本心」實際上也是「理義之心」，因此我們也可以說「中」就「理義」，但「理義」不但有超越性，也潛藏著具體的道德倫理內容，而「中」與「誠」相似，表達的是價值內涵。「誠」是順成萬物，「中」則是行為恰當。

呂大臨不僅用孟子的「本心」解釋「喜怒哀樂之未發謂之中」，又以「赤子之心」解釋之：

> 喜怒哀樂之未發，則赤子之心。當其未發，此心至虛，無所偏倚，故謂之中。以此心應萬物之變，無往而非中矣。〔註38〕

這即是說，本心就是赤子之心，其之所以「中」，是因其「至虛」而「無所偏倚」。這樣，呂大臨把「喜怒哀樂之未發」理解為「本心」和「赤子之心」，而「中」也具有兩重涵義，即「無所偏倚」和「無過與不及」。「本心」與「赤子之心」都不同於「私意小知」之心，但「赤子之心」畢竟處在實然世界中，

其所以陷溺其心者然也」

〔註36〕《孟子·盡心下》：「山徑之蹊間，介然用之而成路，為間不用，則茅塞之矣。今茅塞子之心矣。」

〔註37〕呂大臨：《中庸解》，見《藍田呂氏遺著輯校》，第481頁。

〔註38〕呂大臨：《論中書》，見《藍田呂氏遺著輯校》，第496頁。

是否爲本然之心，就成爲一個需要繼續討論的問題。而「無所偏倚」和「無過與不及」雖然都能表示恰當，但二者也有所不同。因此我們有必要更進一步來討論呂大臨以「中」來詮釋「本心」的多種理論可能。

「赤子之心」的說法也源於孟子。《中庸》雖然提出了「未發」、「已發」的問題，但通篇沒有提及心，從「未發」、「已發」的直接所指來說，是講情；從整個第一章的語境來看，也涉及性、情和道的關係。孟子說：「大人者，不失其赤子之心者也。」（《孟子‧離婁下》）這並不是說「大人」之心與「赤子」之心是同一的，而是說大人之心中具有赤子之心的某些特質。赤子之心雖然是實然的，但卻源於天成，其特點是自然無僞，毫無刻意計較。大人之心雖然經過了一個道德自覺和修養的過程，但在源於天成、自然無僞這一點上，與赤子之心是相同的。張載亦說：「成吾身者，天之神也。不知以性成身而自謂因身發智，貪天功爲己力，吾不知其知也。民何知哉？因物同異相形，萬變相感，耳目內外之合，貪天功而自謂己知爾。」〔註39〕這裡所表達的意思實際上都是一樣的。

呂大臨說：

> 性與天道，本無有異，但人雖受天地之中以生，而梏於藐然之形體，常有私意小知撓乎其間，故與天地不相似，所發遂至於出入不齊而不中節，如使所得於天者不喪，則何患不中節乎？〔註40〕

性源於天道，但又與天道有所不同，這是因爲人生具有形體之後，便會產生「私意小知」，使本性被遮蔽起來。這是天道下落的表現。因此，一方面必須通過修養排除這些「私意小知」，使「性」恢復到本來的狀態，然後才能實現性道爲一，這即「率性之謂道」。另一方面，由於人所稟受的資質不同，所以有強弱、智愚的區分，因而需要改變氣質和習氣所導致的「小過小不及」，以禮節之，遵循常道，這即「修道之謂教」。二者共同成爲人性之上昇的表現。天道之下落和人性之上昇，構成了一個循環，由此才能成己、成物、成性。

因此，呂大臨對「赤子之心」進一步解釋說：

> 聖人智周萬物，赤子全未有知，其心固有不同矣。然推孟子所云，豈非止取純一無僞，可與聖人同乎？非謂無毫髮之異也。〔註41〕

〔註39〕張載：《正蒙‧大心》，見《張載集》，第25頁。
〔註40〕呂大臨：《禮記解‧中庸》，見《藍田呂氏遺著輯校》，第271頁。
〔註41〕呂大臨：《論中書》，見《藍田呂氏遺著輯校》，第497頁。

所謂「純一無偽」，或「此心至虛，無所偏倚」，都是相對於「私意小知」而言的，具有「本」、「良」、「誠」的意義。雖然赤子之心不可能不發展為有識有知之心，但此時其知和識還處於潛存的狀態，因而可以稱之為「未發」。因此，聖人之心是經過道德修養之後達到的理想境界，有識有知，這與赤子之心是不同的，但在其源於天成這一點上二者是沒有分別的。更重要的是，聖人之心與天合一，無思無勉，但亦同樣具有「本」、「良」、「誠」的品質。可見，呂大臨所講赤子之心，實際上也就是對本心的喻指。牟宗三說：「與叔之意是順孟子以『赤子之心』比喻本心，言『赤子之心』為中是取義語，非是以實然的觀點看兒童之心之喜怒無常也。」〔註42〕這是十分恰當的。呂大臨之所以有此喻指，則是因為他對「心」的理解是建立在「性與天道」的超越性的前提之下。

呂大臨說：

> 大人者，不失其赤子之心。赤子之心，良心也，天之所以降衷，民之所以受天地之中也。寂然不動，虛明純一，與天地相似，與神明為一。《傳》曰「喜怒哀樂之未發謂之中」，其謂此歟？此心自正，不待人正而後正，而賢者能勿喪，不為物欲之所遷動。如衡之平，不加以物；如鑒之明，不蔽以垢，乃所謂正也。唯先立乎大者，則小者不能奪，如使忿懥、恐懼、好惡、憂患一奪其良心，則視、聽、食、息從而失守，欲區區修身以正其外，難矣！〔註43〕

從喻指意義上說，赤子之心，純一無偽，不受外在事物的干擾，心性天是一，赤子之心實際上就是本心。《中庸》說：「誠者，不勉而中，不思而得，從容中道，聖人也。」聖人之心，正是如同天道流行一樣，沒有一絲勉強便能處處符合「中」的要求，其共同的品質都在於「誠」。可見，所謂「中」，與「誠」、「良」、「本」等詞語所指的超越意義是一致的。有所不同的是，「中」是從心性天之貫通意義上講的，當其展開時就是人之情感或行為的「自然中節」。這裡的「自然」，不是說沒有意志，而是說沒有刻意或私意。

（二）「純一無偽」與「義理當然」

呂大臨提出「喜怒哀樂之未發，則赤子之心」是以心之「純一無偽」來理解心性之本然狀態，但「喜怒哀樂」本身是情，這就涉及到心性和情的關

〔註42〕牟宗三：《心體與性體》，第 295 頁。
〔註43〕呂大臨：《禮記解·大學》，見《藍田呂氏遺著輯校》，第 377 頁。

係。呂大臨說「情之未發，乃其本心」，那麼，如何理解「心」與「情」的關係呢？呂大臨專論「情」之處不多，但孟子、張載、二程則論情較多，可視為呂大臨關於心性情關係的語境。

孟子說：「天下之言性也，則故而已矣。故者以利為本。所惡於智者，為其鑿也。」（《孟子·離婁下》）性本身必須通過發為情事，才能呈現自身。因此，問題不在於性是否應該發為情，以此將善歸於性，將惡歸於情，而是在於不以私意小智干擾其間，從而以情順性而正。張載指出：「孟子之言性情皆一也，亦觀其文勢如何。情未必為惡，哀樂喜怒發而皆中節謂之和，不中節則為惡。」〔註44〕這即是說情是否會導致惡，關鍵在於是否能夠「中節」，而「中節」的標準當然就是性。

《周易·乾卦·文言》：乾元者，始而亨者也。利貞者，性情也」，以「性情」來解釋「利貞」及其二者的關係，張載對此解釋說：

> 「利貞者，性情也」，以利解性，以貞解情。利，流通之義，貞者實也；利，快利也，貞，實也；利，性也，貞，情也。情盡在氣之外，其發見莫非性之自然，快利盡性，所以神也。情則是實事，喜怒哀樂之謂也，欲喜者如此喜之，欲怒者如此怒之，欲哀欲樂者如此樂之哀之，莫非性中發出實事也。〔註45〕

張載把性解作「流通」，情儘管表現為喜怒哀樂之實事，但卻是性之自然所發，而不是氣質的作用。因此，情可以超出於氣質之外，以性為正。

呂大臨所錄《東見錄》中亦有言：「『利貞者』，分在性與情，只性為本，情是性之動處，情又幾時惡。『故者以利為本』，只是順利處為性，若情則須是正也。」〔註46〕這段話與張載的意思相近。其實程顥早在答張載的《定性書》中就已指出：

> 夫天地之常，以其心普萬物而無心；聖人之常，以其情順萬物而無情。故君子之學，莫若廓然而大公，物來而順應。〔註47〕

接著，程顥又特別強調：

> 人之情各有所蔽，故不能適道，大率患在於自私而用智。自私，

〔註44〕張載：《張子語錄·語錄中》，見《張載集》，第 323 頁。

〔註45〕張載：《橫渠易說·乾》，見《張載集》，第 78 頁。

〔註46〕程顥、程頤：《河南程氏遺書》卷第二，見《二程集》，第 33 頁。

〔註47〕程顥、程頤：《河南程氏文集》卷第二，見《二程集》，第 460 頁。

則不能以有爲爲應迹；用智，則不能以明覺爲自然。〔註48〕

程顥實際上指出使情順性的關鍵，在於心到底在其間起到什麼樣的作用。「本心」所對的恰恰就是「用智」。

正因如此，呂大臨強調：

> 是皆人心所同然，乃吾性之所固有。隨喜怒哀樂之所發，則愛必有等差，敬必有節文。所感重者，其應也亦重；所感輕者，其應也亦輕。自斬至緦，喪服異等，而九族之情無所憾；自王公至皁隸，儀章異制，而上下之分莫敢爭。非出於性之所有，安能致是乎？〔註49〕

顯然，呂大臨認爲情是實然，性是應然，實然之情可善可惡，只有符合應然之性的價值規定，情才自然展現爲合理恰當。因此，「聖人之學，不使人過，不使人不及，立喜怒哀樂未發之中以爲之本，使學者『擇善而固執之』，其學固有序矣。」〔註50〕可以說，「中」就是性的內在價值。因而，情以性爲本，也就是當以「中」爲本。聖人立教，學者志學，亦莫非如此。「中」與「執中」的關係，正與「誠」與「誠之」的關係，完全一致。

在呂大臨看來，心當然不同於性。但心有道德自覺的能力，因而可以與性合一，這就需要「反求本心」。人情未發之前，人心本寂卻能感通萬物，出於天道自然，無意必固我，因而空而能見中，理義無所不當。「天道自然」是心之「無」的境界，「理義無所不當」這又是一種心之「有」的境界。「有無之境」始終是道學本體工夫論最核心的問題。〔註51〕「『大經』，天理也，所謂庸也；『大本』，天心也，所謂中也。『化育』，天用也，所謂化也。」〔註52〕呂大臨顯然已經清楚地意識到了這一問題在道德修養過程中的重要性。只有「有」的境界，才能使人之觀念中具有價值意義，有所立志，有所抉擇；只有「無」的境界，才能使內心不刻意行善，道德行爲才具有超越性的天道源頭。「空」與「中」也就是「無」與「有」的關係。道學最終會肯定人生價值的「有」，但也總會強調「無」在「有」之中的貫通性，以使「有」不成爲偏執、刻意、僞善，同時也不使「無」成爲虛妄和逃避。

〔註48〕 程顥、程頤：《河南程氏文集》卷第二，見《二程集》，第 460 頁。

〔註49〕 呂大臨：《禮記解・中庸》，見《藍田呂氏遺著輯校》，第 271 頁。

〔註50〕 呂大臨：《禮記解・中庸》，見《藍田呂氏遺著輯校》，第 270 頁。

〔註51〕 陳來：《有無之境——王陽明哲學的精神》，人民出版社，1991 年，第 3 頁以下。

〔註52〕 呂大臨：《禮記解・中庸》，見《藍田呂氏遺著輯校》，第 307 頁。

在《論中書》中，我們可以看到呂大臨在有無之間更偏重於價值的「有」，他以此確信其所論並非虛語：

> 聖人之學，以中爲大本，雖堯、舜相授以天下，亦云「允執厥中」。中者，無過不及之謂也。何所準則而知過不及乎？求之此心而已。此心之動，出入無時，何從而守之乎？求之於喜怒哀樂未發之際而已。當是時也，此心即赤子之心，（純一無僞。）即天地之心，（神明不測。）即孔子之絕四，（四者有一物存乎其間，則不得其中。）即孟子所謂「物皆然，心爲甚」，（心無偏倚，則至明至平，其察物甚於權度之審。）即《易》所謂「寂然不動，感而遂通天下之故」。此心所發純是義理，與天下之所同然，安得不和？前日敢指赤子之心爲中者，其說如此。〔註53〕

無論是「允執厥中」、「純一無僞」、「神明不測」，還是「至明至平」、「純是義理」，都表明「本心」具有價值的內在規定性。因而才能夠成爲人倫常道和禮儀制度的價值來源。自私而用智的情，顯然已經不具有順性而出的自然性，這就必然會導致或過或不及，使心被蒙蔽而失去其起初的本然狀態。所謂的「空」也就是袪除這些私意小智，使本心得以呈現，性情也便各得其順與正。

呂大臨反覆引用孟子所說的「物皆然，心爲甚」也是出於同樣的道理。

> 喜怒哀樂之未發，則赤子之心。當其未發，此心至虛，無所偏倚，故謂之中。以此心應萬物之變，無往而非中矣。孟子曰：「權然後知輕重，度然後知長短。物皆然，心爲甚。」此心度物，所以甚於權度之審者，正以至虛無所偏倚故也。有一物存乎其間，則輕重長短皆失其中矣，又安得如權度乎？故大人不失其赤子之心，乃所謂允執其中也。〔註54〕

這也就是說，不僅物有輕重長短的分別和相應的法則秩序，人心也有其「當然之序」，並且更爲重要。然而，人們容易看到前者，卻往往忽略了後者，因爲人心不以某種外在的尺度來作出評判，它自己就是評判的準則，這便是「本心」。因此，認識「本心」必須經歷一個內向自反的過程，而不能向外去尋找。當「本心」之「中」得到確立之後，心之所發，無所非理，也無所不和，一切都符合理義當然的合理秩序，這也便是「心之所同然」的涵義所指。這時

〔註53〕呂大臨：《論中書》，見《藍田呂氏遺著輯校》，第496頁。
〔註54〕呂大臨：《論中書》，見《藍田呂氏遺著輯校》，第496頁。

的心也是不受氣質和情緒影響的心。所謂的「中」也就是「無過不及」，呂大臨進一步說：「兩端，過與不及也。執其兩端，乃所以用其時中，猶持權衡而稱物輕重，皆得其平。」〔註55〕作為評判準則的「本心」之「中」並不是懸隔的某種原則，這樣被對象化的「中」實際上是不存在的。因此，呂大臨又特別強調「時中」。「時中」就是用在生活中所行的每一件事中都能夠隨時隨地衡量調整，只有這樣時行則行，時止則止，才能真正地做到「皆得其平」，無過無不及。

（三）「中者道之所由出」

呂大臨對「中」的重視，固然首先是來源於他對《中庸》詮釋的需要，因而他在《中庸》前半篇特別強調「中」之大本的意義，在《中庸》後半篇則特別強調「誠」的意義。但另一方面，較之「誠」之側重天道，「中」所表達的涵義更能適用於將本心與人倫常道相貫通。因而，「中」不僅有「本」的意義，還有「教」的意義。這一點尤其表現在呂大臨與程頤關於「中」之內涵及其定性的爭論中。

《論中書》是呂大臨對他與程頤關於「中」的多次論學書信的整理，討論即從呂大臨提出「中者道之所由出」〔註56〕的觀點開始，程頤則認為「此語有病」而予以糾正。此篇文獻對後世道學發展影響甚大。呂大臨尊程頤為師，但在爭論中並沒有輕易放棄立場，而是在不斷的往回過程中，一邊在澄清，一邊堅持己見。這當然不是出於簡單的性格固執，而是他自認為對書信中所論述的問題實有所見，因而不作退步。由此，我們可以清楚看到呂大臨的道學思想雖然是在張、程的影響下形成的，但並不缺乏立場，更為重要的是由於道學從根本上所注重的是道德實踐性，因而必然會在踐履過程中由個人的體驗形成自身獨立的思想特色和強調重點。

性為體、道為用的思想是二人對《中庸》首句的共同理解，分歧在於對「中」的理解不同，討論的深入引向了「心」的問題。呂大臨認為「中」是「喜怒哀樂之未發」時心的狀態，他又借用孟子之語稱之為「赤子之心」。因而「中」並非要取代「性」作為道的本體，實質上是要指出一種心的本然狀態，作為修身工夫的指向。這裡隱含著心性為一的思想。程頤則認為「赤子

〔註55〕呂大臨：《中庸解》，見《藍田呂氏遺著輯校》，第482頁。
〔註56〕程顥、程頤：《河南程氏文集》卷第九，見《二程集》，第605頁。

之心」是已發之「和」，認「赤子之心」爲未發之「中」是「不識大本」。呂大臨針對這一批評，從個人的修身實踐體驗所得和《尚書》、《論語》、《孟子》、《易傳》的經典根據兩方面全面堅持並申說了自己的觀點，最後他指出二人的分歧所在：「大臨以赤子之心爲未發，先生以赤子之心爲已發。所謂大本之實，則先生與大臨之言未有異也，但解赤子之心一句不同爾。」〔註57〕呂大臨肯定地說：「先生謂凡言心者皆指已發爲言，然則未發之前謂之無心可乎？竊謂未發之前，心體昭昭具在，已發乃心之用也。」〔註58〕這表明呂大臨與程頤的分歧實質上是對心性關係的理解不同，呂大臨堅持心性爲一，程頤則否定這一點。

　　正因如此，呂大臨才提出「中者道之所由出」的觀點，意在表明「中」是道的依據。呂大臨這一說法的來源是《中庸》首章的「率性之謂道」。程頤則認爲「中」是道的表現，可以說「中即道」也，但不能說「道出於中」，即「中」不可以說成是「道」的依據，只能說是形容「性」與「道」的狀詞，「中」沒有獨立的地位，否則會導致認爲「中」是本體的誤解，從而混淆性與道的體用關係。

　　表面看來，《論中書》涉及的是各派理學家共同關注的核心範疇即道、性、心到底應該如何理解的問題。但實際上，呂大臨與程頤關心的問題從一開始就有所不同。呂大臨關心的是如何「立教」或實踐的問題，因此不但要確立一個價值本體，而且此本體必須是能動的，這便有了對「中」與「心」的如上理解。而程頤反覆注意的卻是「此語有病」、「詞之未瑩」即對本體自身理解有差、表達不清的問題。他一方面反覆斟酌於如何理解「中」與「心」、以及如何區分體與用的問題上，另一方面特別注意「大抵論愈精微，言愈易差也」〔註59〕，因此不僅在討論過程不斷地修正呂大臨的說法，也在調整和修正自己的說法。

　　呂大臨雖然也承認有「命名未當」之處，並且努力糾正和澄清自己的說法：「此心之狀，可以言中，未可便指此心名之曰中。所謂以中形道，正此意也」〔註60〕，但他更多的則是證明其論斷有經典根據的同時，強調付諸實行，這樣

〔註57〕程顥、程頤：《河南程氏文集》卷第九，見《二程集》，第 608 頁。
〔註58〕程顥、程頤：《河南程氏文集》卷第九，見《二程集》，第 608 頁。
〔註59〕程顥、程頤：《河南程氏文集》卷第九，見《二程集》，第 609 頁。
〔註60〕程顥、程頤：《河南程氏文集》卷第九，見《二程集》，第 607 頁。

便自然得義理之實:「『率性之謂道』者,循性而行,無往而非理義也。以此心應萬事之變,亦無往而非理義也。」〔註61〕當程頤批評呂大臨認「赤子之心」為「未發」是「不識大本」時,呂大臨更是肯定地說:「此義,大臨昔者既聞先生君子之教。反求諸己,若有所自得,參之前言往行,將無所不合。由是而之焉,似得其所安,以是自信不疑,拳拳服膺,不敢失墜。」〔註62〕這即是說,呂大臨承認有「辭命不明,言不逮意」之處,祈望程頤指點;但在根本道理上,由於他經歷過一個「反求諸己」、「由是而之焉」的過程,所以他對之「自信不疑」。正是在這裡可以看到呂大臨思想的立場不是單純的理論討論,而是道德修身工夫和以中立教,後者才構成呂大臨思想的出發點和問題指向。

對於程頤和呂大臨在《論中書》中的歧義,《朱子語類》中記有朱熹與弟子的一段問答:

> 呂與叔云:「聖人以中者不易之理,故以之為教。」如此,則是以中為一好事,用以立教,非自然之理也。先生曰:「此是橫渠有此說。所以橫渠沒,門人以『明誠中子』證之,與叔為作證議,蓋支離也。西北人勁直,才見些理,便如此行去。又說出時,其他又無人曉,只據他一面說去,無朋友議論,所以未精也。」〔註63〕

朱熹對張載關學的批評實際上仍然涉及到工夫徑路問題。朱熹主張「涵養需用敬,進學在致知」,其工夫尤其集中在「格物致知」上。張載關學的工夫則是「知禮成性,變化氣質」,指向在道德踐履之中改變氣質之性的偏蔽,因而朱熹一方面稱張載「工夫最親切」,一方面又認為「西北人勁直,才見些理,便如此行去」。因此,在對弟子的答語中,他肯定呂大臨論「中」的主旨是以中「立教」這一點的確是符合呂大臨原意的。而這又需從呂大臨對「中庸」的理解說起。

「中庸」原本是在孔子那裡就已多次論及的一個重要的方法論原則,而《中庸》第二到十一章更是圍繞「中庸」的理解而展開。但何為「中庸」,卻並沒有一個清楚的界定。對於「中庸」的內涵,孔穎達曾說:「案鄭《目錄》云:『名曰「中庸」者,以其記「中和」之為用也。「庸」,用也。』」〔註64〕鄭玄把「中」直接等同於首章出現的「中和」,把「庸」則解釋為「用」,這

〔註61〕程顥、程頤:《河南程氏文集》卷第九,見《二程集》,第607頁。
〔註62〕程顥、程頤:《河南程氏文集》卷第九,見《二程集》,第607頁。
〔註63〕黎靖德編:《朱子語類》卷第一百一,第2561頁。
〔註64〕孔穎達:《禮記正義》卷五十二,第1422頁。

表明鄭玄對上述問題並沒有做更深入的考慮。與漢唐儒者對「中庸」的這種樸實理解不同，朱熹在《中庸章句》開篇就引述二程的話說：「子程子曰：『不偏之謂中，不易之謂庸。中者，天下之正道；庸者，天下之定理。』」〔註65〕二程把「中」理解為不偏之正道，把「庸」理解為不易之定理，這種對「中」和「庸」的詮釋顯然與他們的理學體系有關。與鄭玄相比，二程理解的最大特點是提高了「庸」的地位，不把它理解為「用」，而是理解為「理」，這就把「中庸」的思想從方法論提高到了本體論的高度。這樣，雖然仍可以說「中庸」之「中」包含了首章「中和」的涵義，但作為德行言之的「中庸」卻已經超於了「中和」的範圍，而擁有了更大的所指。因此，朱熹便明確指出：「此下十章，皆論『中庸』以釋首章之義。文雖不屬，而意實相承也。變『和』言『庸』者，游氏曰：『以性情言之，則曰「中和」，以德行言之，則曰「中庸」』是也。然『中庸』之『中』，實兼『中和』之義。」〔註66〕

　　朱熹早年就讀到呂大臨對《中庸》的解釋，對其印象甚深：「某年十五六時，讀《中庸》『人一己百，人十己千』一章，因見呂與叔解得此段痛快，未嘗不依然警厲奮發。」〔註67〕在程門諸子對《中庸》解釋中，朱熹也始終最為推崇呂大臨的《中庸解》。

　　　　曰：「然則呂、游、楊、侯四子之說孰優？」曰：「此非後學所
　　敢言也。但以程子之言論之，則於呂稱其深潛縝密，於游稱其穎悟
　　溫厚，謂楊不及游而亦每稱其穎悟，謂侯生之言但可隔壁聽。今且
　　熟復其言，究覈其意，而以此語證之，則其高下淺深亦可見矣。過
　　此以往，則非後學所敢言也。」〔註68〕

在《朱子語類》中，也反覆記有誇讚呂大臨《中庸解》的語錄，如他說：「呂與叔《中庸》義，典實好看。」〔註69〕「呂《中庸》，文滂沛，意浹洽。」〔註70〕「李先生說：『陳幾叟輩皆以楊氏《中庸》不如呂氏。』先生曰：『呂氏飽滿充實。』」〔註71〕「龜山門人自言龜山《中庸》枯燥，不如與叔浹洽。先生

〔註65〕朱熹：《四書章句集注·中庸章句》，第17頁。
〔註66〕朱熹：《四書章句集注·中庸章句》，第18頁。
〔註67〕黎靖德編：《朱子語類》卷四，第66頁。
〔註68〕朱熹：《中庸或問》，見《朱子全書》第6冊，第554頁。
〔註69〕黎靖德編：《朱子語類》卷一〇一，第2561頁。
〔註70〕黎靖德編：《朱子語類》卷六十二，第1485頁。
〔註71〕黎靖德編：《朱子語類》卷六十二，第1485頁。

曰：『與叔卻似行到，他人如登高望遠。』」〔註72〕

朱熹之所以在程門諸子中特別推許呂大臨，是因其認為呂大臨的文字都落在實處，與其他人容易失於一偏不同。《朱子語類》記曰：

> 游、楊、謝諸公當時已與其師不相似，卻似別立一家。謝氏發明得較精彩，然多不穩貼。和靖語卻實，然意短，不似謝氏發越。龜山語錄與自作文又不相似，其文大故照管不到，前面說如此，後面又都反了。緣他只依傍語句去，皆是不透。龜山年高。與叔年四十七，他文字大綱立得腳來健，有多處說得好，又切。若有壽，必煞進。游定夫學無人傳，無語錄。他晚年嗜佛，在江湖居，多有尼出入其門。〔註73〕

究其原因，這固然一方面是由於「呂與叔本是個剛底氣質，涵養得到，所以如此」〔註74〕，另一方面卻也與呂大臨受張載之學的影響有關，但根本上則在於呂大臨對於《中庸》解釋的立足基點是回到孔孟之學，特別挖掘其對於社會禮法教化的意義，而非僅僅關注於個人對於宇宙天道的體認，因而可以與佛老異端劃清界限。

也正因為如此，「中」的內涵就包括了由「道」立「教」的內容，要比單純的「由中狀道」的意義更為豐富。把《中庸》設定為「入德之要」也即為學工夫的這種獨特理解，也正是呂大臨在《論中書》起首提出「中者，道者所由出」的基本依據。儘管從嚴格意義上講，呂大臨的詮釋仍有可以討論之處，這也反映出道學話語形成過程中意義的模糊性，但如果能夠把握其思想的主旨，那麼他的這種詮釋的意義也就可以完全明瞭。在呂大臨的理解中，「中」一方面是對「道」的規定，同時也是「德」的驗效，二者構成循環的結構，而非僅僅是單向規定意義，這是呂大臨與程頤最根本的不同。

三、性與生

「教」之所以可能，是因為「心」之作用不僅是對「性」之「善」的自然展現，還能夠通過「思」和「知」的方式對「性」本身的意義做出超越性的逆向體認。因而，「性」不僅是「本心」、「良心」、「誠心」的價值源頭，而

〔註72〕黎靖德編：《朱子語類》卷六十二，第1485頁。
〔註73〕黎靖德編：《朱子語類》卷一百一，第2557頁。
〔註74〕黎靖德編：《朱子語類》卷一百一，第2561頁。

且是貫通天人的中介。一方面，性內在地具有天命所有的天地之德，另一方面性又必須借助氣質才能得以表現。前者是超越的和一體的，後者則是特殊的和差異的。因此，天地之性固然重要，氣質之性也不能不受到足夠的重視。在不同的氣質中，能夠判定理義，回返天地之性的本善，唯有借助能夠「心」之「盡」才可能實現。

（一）性理與氣質

呂大臨在解釋《中庸》第二十二章「唯天下至誠，爲能盡其性」說：

> 至於實理之極，則吾生之所固有者，不越乎是。吾生所有，既一於理，則理之所有，皆吾性也。人受天地之中，其生也，具有天地之德。柔強昏明之質雖異，其心之所同者皆然。特蔽有淺深，故別而爲昏明；稟有多寡，故分而爲強柔。至於理之所同然，雖聖愚有所不異。盡己之性，則天下之性皆然，故能「盡人之性」。蔽有淺深，故爲昏明；蔽有開塞，故爲人物。稟有多寡，故爲強柔；稟有偏正，故爲人物。故物之性與人異者幾希，唯塞而不開，故知不若人之明；偏而不正，故才不若人之美。然人有近物之性者，物有近人之性者，亦繫乎此。於人之性，開塞偏正，無所不盡，則物之性，未有不能盡也。己也，人也，物也，莫不盡其性，則天地之化幾矣。故行其所無事，順以養之而已，是所謂「贊天地之化育」天地之化育，猶有所不及，必人贊之而後備，則天地非人不立，故人與天地並立爲三才，此之謂「與天地參」。〔註75〕

呂大臨對「性」的理解，首先與「生」相聯，「性」來自於「生」。把「性」與「生」相聯，固然是中國哲學的老傳統，但其意義極爲重大。「性」源於「生」，意味著對「性」的理解不是本質性的，而是生成性。但這種生成性又不僅是實然的，它還有超越性的一面，因爲「生」之源頭「天」具有整體性，不能通過人的經驗來把握。這樣，如何理解「天」，如何理解「生」，都是理解「性」之內涵的應有之義。

呂大臨首先把「理」理解爲「吾生之所固有者」，「理之所有，皆吾性也」，

〔註75〕 呂大臨：《中庸解》，見《藍田呂氏遺著輯校》，第 488 頁。呂大臨對《中庸》此章的解釋，《禮記集說》只錄此一段，與《中庸解》同，別無二說。《中庸解》中也較少篇幅這麼長的解釋。也許呂大臨前後解對此章解釋，沒有做修改，或修改很少。若眞是這樣，那麼更可以看出呂大臨此段解釋的重要。

這是從整體性、超越性的一面來說的。這一觀點，可以說是對二程「性即理」說的繼承。如前所述，呂大臨所理解的「理」，並不同於事物內在的客觀規律，而是包含著人倫規範的涵義。呂大臨較少把「理」直接與「天」等同，而是較多與「天下」、「天地」、「萬物」、「鬼神」、「心」等並用，如稱「天下之理，一而已」，「天下雖廣，出於一理」，「天下之理，未有不交而成者也」，「（天地）其化循環而無窮，達消息之理也」，「萬物同出於一理」，「物理之所不容」，「鬼神之理，至虛而善應」，「鬼之道，存諸理也」，「心則憧憧，理之自然」，「心之知思，足以盡天地萬物之理」，「知所以生之理，則死之理明」，等等，這包含著對「理」之傳統條理、規範意義的繼承，但他始終強調「理」之「一」則顯然是對理之超越性的強調。實際上，在道學家看來，理之超越性與其內在於事物之中的具體性之間並不矛盾，二者正是體用、本末關係。

那麼，如何解釋人在實然世界中，其德性有差異、行為有善惡呢？呂大臨將之歸咎於「質」之不同。然而，「質」又是從何而來呢？顯然，由於「天」是萬物生成之源，因而「質」同樣只能源於「天」。這樣，「性」與「質」都來源於「天」而呈現於人和物，但一者同而無別，一者別而不同，「性」與「質」的關係如何理解就成為理解人性結構的關鍵。

呂大臨強調「理」是「生之固有」，實際上，「質」同樣是「生之固有」的，但「理」不僅相同，而且不可變，「質」則具有差異性而且是可變的。因此，從天道本體即「天地之德」的角度來說，「理」對於所有的人物來講，都是通同為一、沒有分別的，這可以被看作是「生」之「同一原則」（identity discipline）。人物的不同，不在於「理」與「性」的不同，而在於質的差異，這可以被看作是「生」之「差異原則」（difference discipline）：

> 性一也。流行之分，有剛柔昏明者，非性也。有三人焉，皆有目以別乎眾色，一居乎密室，一居乎帷箔之下，一居乎廣庭之中，三人所見昏明各異，豈目不同乎？隨其所居，蔽有厚薄爾。凡學者，所以解蔽去惑，故生知、學知、困知，及其知之一也，安得不貴於學乎？〔註76〕

「性」與「質」都源於「天」，但「性」同於「理」，「質」成於「氣」，「性理」與「氣質」構成一種對反結構，這樣，「性」與「質」就有著不同的規定性。

對於「性理」，「氣質」既是對其的呈現，同時會造成偏弊，這是氣對於

〔註76〕呂大臨：《禮記解‧中庸》，見《藍田呂氏遺著輯校》，第 291 頁。

性不可分離的雙重作用，從正負兩方面使得超越性的性理本體得以在現實中得到各種不同的呈現，這是將「性」與「生」相聯來理解的必然發展。氣質一方面有其自身的性質和作用，另一方面又對「性」的呈現發生影響，這便是氣質的「稟」與「蔽」。氣質的「蔽」與「稟」的不同，不但造成了人與人的差異，也造成了人與物的差異。氣質的「蔽」（昏明開塞）關係到「知」的問題，氣質的「稟」（剛柔偏正）則關係到「才」或「能」的問題。張載和呂大臨共同強調的「德勝氣質」和「知禮成性，變化氣質」，正是注重同時在身心之中發揮「知」的作用和「才（能）」的作用，以使源於天的至善無惡之性充分地呈現出來。

　　「性理」與「氣質」的問題屬於「性與天道」的領域。自《論語》中子貢提出「夫子之言性與天道，不可得而聞也」問題以後，這已經成為後世儒家予以義理發揮和解釋的最重要方面之一。早在距離孔子時代不遠的《中庸》、《易傳》中，儒家的「性與天道」思想已經基本建立起來。經過漢代宇宙論的發揮，北宋道學家在「性與天道」的思想方面，不但其內容得到了豐富，在具體的理解上也更加深入，其中最顯著的體現就是在繼承《中庸》、《易傳》的基礎上，對「誠」與「理」的強調。張載說：「性與天道合一存乎誠。」〔註77〕程顥亦稱「吾學雖有授受，天理二字卻是自家體貼出來。」〔註78〕北宋道學開始積極以內心體認的方式重建「性與天道」的理論體系。呂大臨對「性」、「理」、「氣」、「質」、「心」、「生」的理解，都屬於「性與天道」問題。

　　雖然道學特別注重以「誠」與「理」理解「性與天道」，但是，僅僅從「誠」與「理」的方面，尚不足以完全把「性與天道」的意義呈現出來。這是因為「性與天道」之中，始終貫穿著「生」與「成」的精神。缺乏了「生」與「成」，「誠」與「理」就無法體現。張載的氣學和天道思想，恰恰可以彌補這一不足。朱熹曾在《答李晦叔七》中指出這一點的重要意義：

　　　　清濁偏正等說，乃本《正蒙》中語，而呂博士《中庸詳說》又推明之，然亦只是將人物賢、智、愚、不肖相對而分言之，即須如此。若大概而論，則人清而物濁，人正而物偏。又細別之，則智乃清之清，賢乃正之正，愚乃清之濁，不肖乃正之偏，而橫渠所謂物

〔註77〕張載：《正蒙·誠明》，見《張載集》，第20頁。
〔註78〕程顥、程頤：《河南程氏外書》卷十二，見《二程集》，第424頁。

有近人之性者，又濁之清、偏之正也。物欲淺深厚薄，乃通爲眾人之性。〔註79〕

呂大臨以「蔽」之淺深、昏明、開塞和「稟」之多寡、剛柔、偏正來區分人與人和人與物，朱熹將之概括爲「清濁偏正」，更強調「氣」，不似呂大臨更注重「質」。朱熹以淺深厚薄歸爲「物欲」，這也與呂大臨略有不同。朱熹所指的「《正蒙》中語」或指：「人之剛柔、緩急、有才與不才，氣之偏也。天本參和不偏，養其氣，反之本而不偏，則盡性而天矣。」〔註80〕張載這裡只論及「氣之偏」，沒有更具體的區分。倒是《性理拾遺》中有更具體的說明：

張子曰：天下凡謂之性者，如言金性剛，火性熱，牛之性，馬之性也，莫非固有。凡物莫不有是性，由通蔽開塞，所以有人物之別，由蔽有厚薄，故有智愚之別。塞者牢不可開，厚者可以開而開之也難，薄者開之也易，開則達於天道，與聖人一。〔註81〕

可見呂大臨的氣質之說的確源於張載。如果說「理」是所有事物客觀而超越的屬性，那麼「性」就是落實在人與物之中的內在規定性。性不同於理的一個最顯著的地方，在於性總是要處在氣質之中。氣質是事物特殊性的體現，因而性的呈現也就有了昏明強柔的差異。唐君毅以此分析說：「故清濁偏正，乃『性質』（Quality）之概念，爲善、不善之所由分；而厚薄強弱，乃度量（Quantity and degree）之概念，與善者相連，則隨之善，與不善者相連，則隨之不善。」「此人之種種氣質之差別，皆可依其人之存在的生命及心之氣，與其所知所行之理之種種關係以言者。而爲朱子言人性之所特重。蓋人之學聖之事，固當一面須就氣質之所長，加以發展，一面亦須就氣質之所短，加以變化；人一日末至聖人，於氣質之性，則一日不得不加以正視也。」〔註82〕呂大臨依據氣質的不同對人物之不同進行了區分，這是一大貢獻。朱子對《中庸》第二十二章的解釋就基本承襲了呂大臨。

〔註79〕 朱熹：《晦庵先生朱文公文集》卷六十二《答李晦叔七》，見《朱子全書》第23冊，第3016頁。

〔註80〕 張載：《正蒙·誠明》，見《張載集》，第23頁。

〔註81〕 見《張載集》，第374頁。唐君毅推測說：「依此朱子言此蔽有淺深之四句，當初出自呂與叔，然《程氏經說》及《張子全書·性理拾遺》，亦同見有此四句。按《經說》之《中庸說》，朱子亦謂與叔所著，如所謂《程氏經說》，猶程門經說，此言固本諸與叔；而《性理拾遺》，則後人更將與叔本張子之意而有之言，編入張子之書也。」見氏著：《中國哲學原論·原性篇》，第242頁。

〔註82〕 唐君毅：《中國哲學原論·原性篇》，第242頁。

（二）「天地之中」與「天命之性」

如前節所論，呂大臨在對「心」的論述中，不但將「本心」解釋爲「誠」和「理」，也將之解釋爲「中」。他對「性」的理解也是如此。呂大臨強調「人受天地之中，其生也，具有天地之德」，這裡的「中」，並不僅是一個指示方位或範圍的概念。呂大臨在《禮記解‧中庸》中對「天命之謂性，率性之謂道」解釋道：

> 蓋中者，天道也、天德也，降而在人，人稟而受之，是之謂性。
> 《書》曰：「惟皇上帝，降衷於下民。」《傳》曰：「民受天地之中以生。」此人性所以必善，故曰「天命之謂性」。〔註83〕

在這裡，呂大臨把「中」解釋作「天道」、「天德」與「性」。直接看來，這是把「天命之謂性」與「中庸」之所以爲「中庸」的意義聯繫了起來。進一步我們有必要去考察，「中」在何種意義上可以作爲「天道」、「天德」與「性」來理解呢？呂大臨徵引了《尚書》和《左傳》等經書中的相關論述來作論證。

《尚書‧湯誥》：「惟皇上帝，降衷於下民，若有恒性，克綏厥猷惟後。」這段文字雖然出自僞《古文尚書》，但仍然可以看做是比較早論及「性」的文獻。這句話的重點是在於如何理解「衷」與「性」。孔安國《傳》與孔穎達《正義》都把「上帝」解作「天」，「衷」解作「善」，「若」解作「順」。〔註84〕那麼，這句話的意思就可以理解爲：天降善性於人，爲君之道在於順人之善性而立教施化。這種解讀，很可能已經將之與《中庸》首三句聯繫起來了，牟宗三就做如此肯定。〔註85〕「惟皇上帝，降衷於下民」的內涵就等同於「天命之謂性」，「若有恒性」同於「率性之謂道」，「克綏厥猷惟後」等於「修道之謂教」。牟宗三注意到此處的「若」不能解釋爲「順」，只能解作是連繫詞，否則如果民能順性即不需要爲君立教，前後句的意義就不能一貫了，因此這裡並沒有「率性之謂道」的涵義。那麼，「惟皇上帝，降衷於下民」是否可以等同於「天命之謂性」呢？牟宗三認爲也是不能的。「此處『恒性』之內容恐

〔註83〕 呂大臨：《禮記解‧中庸》，見《藍田呂氏遺著輯校》，第271頁。

〔註84〕 《孔傳》說：「皇，大。上帝，天也。衷，善也。順人有常之性，能安立其道教，則惟爲君之道。」《春秋左傳正義》說：「天生蒸民，與之五常之性，使有仁義禮智信，是天降善於下民也。天既與善於民，君當順之，故下傳云，順人有常之性，則是爲君之道。」

〔註85〕 牟宗三認爲《孔傳》與《正義》都是「類比《中庸》之首句以解此文」，見氏著：《心體與性體》，第172頁。

不能即是義理當然之性,恐是就人之生命生活綜和而言之。其實指當是指發於生性之所需、所欲,以及一定之生活軌道、一般之生活常態而言。此亦是生民之恒性常性也。」〔註86〕同樣,《左傳》成公十三年:「吾聞之:民受天地之中以生,所謂命也。是以有動作禮義威儀之則,以定命也。能者養以之福,不能者敗以取禍。」這段文字提到了「中」與「命」,並沒有提到「性」。牟宗三認為這裡的「命」是指「得其存在自然是得其『個體生命之存在』」,而非「天命之謂性」之命令之命。〔註87〕

　　實際上,無論是「惟皇上帝,降衷於下民」,還是「民受天地之中以生」,「中」首先不是與「性」而是與「生」相聯繫。「性」與「生」相比,顯然是後起的,其內涵也是伴隨著對「生」的理解逐漸深入而變得豐富起來。因此,理解「性」與「中」的關係,首先需要理解「生」與「中」的關係。在中國哲學中,「生」既可以理解為生成過程,也可以理解為生命形態。這兩種理解實質上又是相通的,生命形態必然表現為生成過程,而生成過程必然蘊含著生命形態。如方東美指出,這是「生命大化流行,自然與人,萬物一切,為一大生廣生之創造力所彌漫貫注,賦予生命,而一以貫之。」〔註88〕

　　由此看來,「惟皇上帝,降衷於下民」和「民受天地之中以生」,並不一定與《中庸》「天命之謂性」的意義等同。前二者都既可以從「性命」的角度來講,也可以從「氣命」的角度來講。《孔傳》和《正義》所發揮的就是在氣命的層面。從氣命的角度來看,天所降之性,雖然有善有常,但卻不足以通過自身的努力以順性為善,這就缺乏了性的自足性。因而他們接下來更加強調的為君立教的必要性。與之不同,呂大臨固然同樣強調立教,但他的著眼點卻是在性的自足性之上。因此,呂大臨徵引了二則文獻之後所強調的結論是「此人性所以必善,故曰『天命之謂性』」。

　　呂大臨發揮的既不是源於天的氣稟,也不是強調禮儀政教的必然性,而是性之中天命義理的必然性和自足性。那麼,呂大臨是如何進行轉化的呢?與《尚書》、《左傳》乃至漢唐注疏不同,呂大臨首先把「中」的意義進行了純化和上提,同時也把「生」與「性」的關係做了重新釐清。這樣,他一方

〔註86〕牟宗三:《心體與性體》,第171頁。
〔註87〕牟宗三:《心體與性體》,第179頁。
〔註88〕劉夢溪主編:《中國現代學術經典·方東美卷》,河北教育出版社,1996年,第78頁。

面借助《中庸》的「天命之謂性」觀念，把「惟皇上帝，降衷於下民」和「民受天地之中以生」的「中」引向了超越的層面，另一方面則又保留了人生之後具有氣性的一面。呂大臨強調，人的行爲不能盡善，不是因爲「天」及其「降衷」之不善，而恰恰是因爲人生之後由於氣質的作用而失去了「天」的純然之性。這就意味著，「中」包含著「善」而不等於「善」，「中」具有本體性的意義：

> 所謂中者，性與天道也。謂之有物，則不得於言；謂之無物，則必有事焉。不得於言者，「視之不見，聽之不聞」，無聲形接乎耳目而可以道也；必有事焉言者，「莫見乎隱，莫顯乎微」，「體物而不可遺」者也。古之君子，「立則見其參於前，在輿則見其倚於衡」，是何所見乎？「洋洋如在上，如在其左右」，是果何物乎？學者見乎此，則庶乎能擇中庸而執之。隱微之間，不可求之於耳目，不可道之於言語，然有所謂昭昭而不可欺、感之而能應者，正惟虛心以求之，則庶乎見之，故曰「莫見乎隱，莫顯乎微」。然所以「愼其獨」者，苟不見乎此，則何戒愼、恐懼之有哉？此「誠之不可揜」也。〔註89〕

呂大臨雖然以「性」爲《中庸》論述的始終點，但並非說「性」是一個人爲建構的孤立價値原點，而是自有其來源的。呂大臨說「天道降而在人，故謂之性。性者，生生之所固有也」，性的意義正是要從「天道生生」的角度來理解。這一點與他接受了張載和程顯思想有關。

張載說：「由太虛，有天之名；由氣化，有道之名；合虛與氣，有性之名；合性與知覺，有心之名。」〔註90〕張載對「天」的理解明確是與「道」相連的。張載對天道的理解的最大特點還表現在天道又總是與氣聯繫在一起，但這並不是要表明天道僅僅是一個自然氣化的過程，否則由天道下貫於人物的「性」便成爲了一個實然的氣質之性，不可能包含道德價値在其中，這與張載「性於人無不善，繫其善反不善反而已」〔註91〕的思想顯然是矛盾的。那麼，張載提出「氣化之道」的意義在哪裏呢？僅從「合虛與氣，有性之名」來著眼，我們就可以看到，正是張載提出「太虛即氣」的觀點，使得張載立

〔註89〕 呂大臨：《禮記解・中庸》，見《藍田呂氏遺著輯校》，第273頁。
〔註90〕 張載：《正蒙・太和篇》，見《張載集》，第9頁。
〔註91〕 張載：《正蒙・誠明篇》，見《張載集》，第22頁。

定了批判佛老「略知體虛空為性，不知本天道為用」〔註92〕的根基，而天道生化的正面價值被肯定下來，同時性也具有了「天地之性」和「氣質之性」的雙重結構。由此可見，宋儒對「天」的理解，比起《中庸》，顯然更加細緻精微，這正是由於宋代宇宙論建構的貢獻。宋儒的心性論顯然也在逐漸接近《中庸》的價值本體，但又不完全相同。

與張載相比，程顥說的更加清楚：「言天之自然者，謂之『天道』；言天之付與萬物者，謂之『天命』。」〔註93〕依照程顥的理解，「天道」的用法是突出天的自然義，「天命」的說法是突出天的本體義。《東見錄》記程顥語：「『萬物皆備於我』，不獨人爾，物皆然。都自這裡出去，只是物不能推，人則能推之。」〔註94〕這與「言天之付與萬物者」的意義是一致的，只不過前者側重從「天付於物」說下來，後者側重從「物備於天」說上去，二者都是從本體層面即性即理講的。與之略有不同的是，「天道」的意義要更加廣泛，突出本體在自然運行中的展現。《東見錄》記曰：

> 「生生之謂易」，是天之所以為道也。天只是以生為道，繼此生理者，即是善也。善便有一個元底意思。「元者善之長」，萬物皆有春意，便是「繼之者善也」。「成之者性也」，成卻待它萬物自成其（一作甚。）性須得。〔註95〕

程顥以「生生」來疏解《易傳》「一陰一陽之謂道，繼之者善也，成之者性也」，表明「生生」並不僅僅是「自然性」的流行，而且是「本然性」的本體，具有創生萬物的能力。「天」之所以為「道」，正是因為「天」具有生生之德，作為變化之體的「易」即是天道本體在生化和妙用中的呈現。這一本體不是孤立、靜止的超絕對象，而是在生生變化之中可以感受和體驗的現實存在。正因此，大程才頗有自得地說：「天地萬物之理，無獨必有對，皆自然而然，非有安排也。每中夜以思，不知手之舞之，足之蹈之也。」〔註96〕

把「民受天地之中以生」理解為「天命之謂性」，也始於程顥。程顥說：

> 「民受天地之中以生」，「天命之謂性」也。「人之生也直」，意

〔註92〕張載：《正蒙·太和篇》，見《張載集》，第 8 頁。
〔註93〕程顥、程頤：《河南程氏遺書》卷第十一，見《二程集》，第 125 頁。
〔註94〕程顥、程頤：《河南程氏遺書》卷二上，見《二程集》，第 34 頁。未注明誰語。《宋元學案》、牟宗三均判為程顥語。
〔註95〕程顥、程頤：《河南程氏遺書》卷二上，見《二程集》，第 34 頁。
〔註96〕程顥、程頤：《河南程氏遺書》卷十一，見《二程集》，第 121 頁。

亦如此。〔註97〕

道學的創立者對天道性命的認識並不是純粹智性的，而是建立在他們自身的親切體會之上。程顥把《左傳》「民受天地之中以生」理解爲《中庸》的「天命之謂性」，並沒有具體闡述原因，但顯然不是出於訓詁學的考慮，實際上表述的是程顥個人的思想。與對天道的理解一致，程顥對性的理解也突出了一個「生」字。就此而言，程顥甚至同意告子「生之謂性」的說法是可以講得通的。〔註98〕但告子是從自然材質的角度論性，因而引出「性無善惡」的結論。程顥之所以引述「生之謂性」的觀點，同樣在於突出「性無善惡」，但他與告子不同的地方在於，他一方面肯定了性在價值源頭上的無善惡，另一方面又在現實生活中肯定性可以爲善。程顥說：

> 「生之謂性」，性即氣，氣即性，生之謂也。人生氣稟，理有善惡，然不是性中元有此兩物相對而生也。有自幼而善，有自幼而惡，后稷之克岐克嶷，子越椒始生，人知其必滅若敖氏之類，是氣稟有然也。善固性也，然惡亦不可不謂之性也。蓋「生之謂性」，「人生而靜」以上不容說，才說性，便已不是性也。凡人說性，只是說「繼之者善也」，孟子言人性善是也。〔註99〕

程顥對性的超越義的理解容納了性的自然義與理則義，這使他直接將天人統一起來，天的地位在於保留了一個價值源頭，體會的重點則轉向天道的生化流行與人生的爲善去惡。

呂大臨在對《中庸》首句的解說中，立足於「性與天道一也」來理解「天命之謂性」的本然涵義，但實際上，「性與天道」只有在純粹的本然狀態下，或者按照純粹的自然主義去理解，才是完全合一的。儘管對性來說，善的價值判斷遠遠不足概括其全部涵義，但這只是在「天命之謂性」的源頭上來說的，一旦落實到現實的社會生活中，善惡的價值規定性仍然必須成爲性的主要指向所在。因此，善惡不是「性」的本然性質，必須借助氣質得以呈現。人道與禮教之所以有必要建立，恰恰也是因爲「性與天道」在實然世界已經有了歧異。那麼，這種歧異是如何產生的呢？呂大臨在對《中庸》首句繼續

〔註97〕程顥、程頤：《河南程氏遺書》卷十二，第135頁。

〔註98〕程顥曾細加分析「生之謂性」曰：「告子此言是，而謂犬之性猶牛之性，牛之性猶人之性，則非也。」見《河南程氏遺書》卷十一，見《二程集》，第120頁。

〔註99〕程顥、程頤：《河南程氏遺書》卷第一，見《二程集》，第10頁。

解釋道：

> 性與天道，本無有異，但人雖「受天地之中以生」，而梏於蕞然之形體，常有私意小知撓乎其間，故與天地不相似，所發遂至於出入不齊而不中節。如使所得於天者不喪，則何患不中節乎？故良心所發，莫非道也。在我者，惻隱、羞惡、辭讓、是非皆道也；在彼者，君臣、父子、夫婦、昆弟、朋友之交亦道也。在物之分，則有彼我之殊；在性之分，則合乎內外，一體而已。〔註100〕

在呂大臨看來，「性與天道」的歧異，是在人之有「形體」之後的結果。「形體」同樣是人「生生固有」的，但它卻是由氣化而來，隨之而來的還有人的「知」。正是由於「梏於蕞然之形體」而產生的「私意小知」，使得人與天地之本性不能相同，因而產生了偏離和逾越。這就使人如何通過某著修養方式回返天地之性成為問題。從「不中」到「中」本身顯出是一個動態的過程，這就顯出心的作用。在這裡，性的作用落實到了心之上。

（三）性命與性善

正是在反對告子「生之謂性」的過程中，孟子提出「性」與「心」的關係。孟子對性善論進行論證的一個重要根據，就是對於心的理解。《孟子·告子上》：「乃若其情，則可以為善矣，乃所謂善也。若夫為不善，非才之罪也。惻隱之心，人皆有之；羞惡之心，人皆有之；恭敬之心，人皆有之；是非之心，人皆有之。惻隱之心，仁也；羞惡之心，義也；恭敬之心，禮也；是非之心，智也。仁義禮智，非由外鑠我也，我固有之也，弗思耳矣。」孟子所說的這段話是為了反駁上一節公都子所引的三種性論，以論證他自己關於人性善的觀點。在這段話裏，除了「心」以外，孟子還提到了「情」、「才」和「仁義禮智」四德。孟子從「情」、「才」說起，依然表明了他對「生」的重視，而「仁義禮智」四德則是人性善的呈現。從「生」到「性」，孟子最顯著的地方在於引入了關於「心」的作用和功能。〔註101〕因此，「心」成為從「生」到「性」的一個最重要的環節。

呂大臨在《孟子·告子上》「富歲，子弟多賴」章的解釋中，對「以氣為性」做出批評，並在此基礎上對孟子的性善論從性的根源和現實性上進行了

〔註100〕　呂大臨：《禮記解·中庸》，見《藍田呂氏遺著輯校》，第271頁。
〔註101〕　唐君毅對這段話在孟子性善論中的意義就非常看重，認為「即心言性」的意義包含了「即生言性」。見氏著：《中國哲學原論·原性篇》，第18頁。

雙重闡釋：

> 世之言性，以似是之惑而反亂其眞。或以善惡不出於性，則曰「性無善」；或以習成爲性，則曰「性可以爲善，可以爲不善」；或以氣稟厚薄爲性，則曰「有性善，有性不善」，三者皆自其流而觀之，蓋世人未嘗知性也。天之道，虛而誠，所以命於人者，亦虛而誠。故謂之性虛而不誠，則荒唐而無徵；誠而不虛，則多蔽於物而流於惡。性者，雖若未可以善惡名，猶循其本以求之，皆可以爲善而不可以爲不善，是則虛而誠者，善之所由出，此孟子所以言性善也。今夫麰麥皆可以爲美實，是不可言「無善無不善」也。「地有肥磽」，猶稟厚者惡有不能移，稟薄者善亦不易以進，非人十己百，未足以若人，故堯君而有象，瞽父而有舜，非性也。「雨露之養，人事之不齊」，猶習之變化，雨露之滋，播種以時，猶習善者也；不滋不時，猶習惡者。習善則成善，習惡則成惡，性本相近而習相遠，故文武興而好善，幽厲興而好暴，亦非性也。〔註102〕

呂大臨所引「世之言性」的三種說法，即「性無善」、「性可以爲善，可以爲不善」、「有性善，有性不善」，出自《孟子·告子上》。〔註103〕由於這三種說法在先秦已經產生，而後借助《孟子》得以流傳，尤其是這三種概括實際上非常有代表性，其理論內涵也值得分疏，呂大臨在稱引時本身就做出了他自己的理解，我們這裡有必要一一作以分析。

「性無善」是對告子「生之謂性」說的推論，強調性是生之自然材質，無所謂善惡，因而呂大臨概括其實質爲「善惡不出於性」，即是說善惡與性沒有必然的關係。「性本無善惡」和「善惡不出於性」都可以從「生之謂性」和「性無善」中引出。在道學話語系統中，前者由程顥所發，後來胡宏做了發揚，呂大臨在這裡也是接受的；後者則是告子的原始觀點，儘管後世儒家對性的理解各不相同，不但可以從道德義理上來理解，也包含了從氣質稟性的角度來理解，但「善惡不出於性」則會導致完全否定禮樂教化或道德修養的

〔註102〕　　呂大臨：《孟子解·告子章句上》，見《藍田呂氏遺著輯校》，第477頁。
〔註103〕　《孟子·告子上》：「公都子曰：『告子曰：「性無善無不善也。」或曰：「性可以爲善，可以爲不善。是故文、武興，則民好善；幽、厲興，則民好暴。」或曰：「有性善，有性不善。是故以堯爲君，而有象；以瞽瞍爲父，而有舜；以紂爲兄之子，且以爲君，而有微子啓、王子比干。」今曰「性善」，然則彼皆非與？』」

理論基礎，因而尤其爲道學家所排斥。呂大臨這裡對公都子所說「性無善」觀點的的進一步分疏和解釋，確實是非常必要和準確的。

如果說「性無善」論不僅從先天、也從後天地完全隔離了性與善惡價值判斷的關係，那麼「性可以爲善，可以爲不善」雖然肯定了性是善惡判斷的前提，但卻強調後天環境對人性的影響，而不是性本身內在自爲的某種方向，因而呂大臨將其歸結爲「以習成爲性」。這樣，善惡實際上仍然與性沒有關係。人們所謂的「善」或「惡」，都是外在的，隨意附加的產物。這種外在性，使得性成爲一個完全沒有意義的概念，從根本上否定了由天道下貫爲性的可能，也否定了「生之謂性」的大傳統。其結果不但會導致對社會價值的消解，對自然價值本身也帶有消解性。這種可善可不善的理論，雖然起始於對經驗的總結，但在理論層面上只可能導致詭辯的流行。因爲沒有內在本質和同一性的概念是不可能有肯定意義的，這就逐漸接近於詭辯派的名家。

與前兩種觀點相比，倒是第三種觀點「有性善，有性不善」肯定了人性本有善惡，但卻把善惡歸於人的氣質稟賦的厚薄。這種意義上的性被北宋道學家如張載接受而概括爲「氣質之性」。「氣質之性」雖然也是內在的，但卻帶有特殊性和或然性，不具有普遍性和超越性的理論意義。因而，雖然這種性未必不可以稱爲「性」，但單憑這種性，還不足以使得道學理論在心性論上立住根基，以回應佛老在心性論上對儒家的批評。

總之，這三種對性的看法雖有不同的側重點：或強調有善，或強調無善；在有善之中，又或強調可爲善，或強調本有善；但其共同點則都是就經驗中對善惡的感知而反推人性，呂大臨稱之爲「皆自其流而觀之」。從經驗層面講，人們的生活中無疑是善惡混雜的。而善惡本身作爲一種價值判斷標準也是相對的，沒有惡，也就無所謂善。並且，不同的群體、環境、歷史影響下的個人對善惡事物的認定本身也多種多樣。但是，人首先是有理性的自由存在個體。如果我們不滿足於現實中的紛然雜陳，要去尋找一個最終的依據，是否可以找到呢？上述三種觀點顯然都沒有能夠回答這一問題，這表明從經驗的層面不可能眞正理解性的本意。呂大臨從孟子性善論的立場出發，批評「世人未嘗知性也」，正源於此。因此，這三種性論都沒有眞正理解性的價值意義，沒有從根本上建立起對性的理解。

事實上，早在孟子已經指出：

> 口之於味也，目之於色也，耳之於聲也，鼻之於臭也，四肢之

於安佚也，性也，有命焉，君子不謂性也。仁之於父子也，義之於
君臣也，禮之於賓主也，智之於賢者也，聖人之於天道也，命也，
有性焉，君子不謂命也。（《孟子・盡心下》）

從這裡看出，孟子同樣承認氣質之性可以爲性，但卻不是孟子自己所要強調
的性。孟子這裡對「性」的內涵做出了重新的規定，這也是北宋道學性論的
一個重要來源。那麼孟子自己所要表達的性是什麼呢？孟子這裡做出的一個
重要區分在於「性」與「命」的不同。直接來說，性是內在於人的，命則是
天賦予的。如前所述，在道學話語中，天道性命是貫通的，因而在本然層面
理解爲一，這便是道學家努力溝通天人，以走向「天人合一」的理解。從孟
子這裡的分析，性與命可以互換的講，這也就是說性命之間有可溝通的一方
面，但孟子顯然更強調二者的區別。立足孟子的心性內在論的理論出發點，
他顯然把命理解的更爲寬泛，推擴到了外在的不可人爲性，這與北宋道學從
天道宇宙論出發以返歸心性論有所不同。

在孟子性命論的基礎上，呂大臨對於「性」與「命」的理解是：

天道性命，自道觀之則一，自物觀之則異。自道觀者，上達至
於不可名，下達至於物，皆天道也。「乾道變化，各正性命」，彼所
謂性者，猶吾以職授之而已，或偏或正，惟其所受；（人得之正，故
可達天；物得之偏，故不得達。）彼所謂命者，猶吾以令使之而已，
死生壽夭，惟令是從。自物觀者，犬異於牛，牛異於人，皆謂之性；
不得於仁義禮智，與桎梏而死，皆謂之命。〔註104〕

呂大臨在這裡通過對孟子「性命」思想的闡釋而提出了他自己的看法。呂大
臨的立足點在於對於「自道觀之」和「自物觀之」這兩種不同視域方向的區
分。自物觀之，由氣質所生於萬物的各種特殊性都可以叫做「性」，而其中包
含著各種不由人所決定的具體遭遇也可以叫做「命」。這與孟子所說的「性也，
有命焉」是一致的。但這並不是性與命的唯一涵義，性與命還可以從「道」
的視域方向去看，而這正是「性命一也」、「性與天道一也」的根據。自道觀
之，天下萬物通一道，無所例外。更重要的是，自道觀之是從超越的天道本
體向人物的落實，因此，人物的性命都是一而不是異，也就是超越的天命本
性，而非源於氣質的殊性。當然，「天道性命爲一」，首先是理論上的，要達
到眞正實然層面的一，仍需要一個工夫修養的過程。因此呂大臨又強調：

〔註104〕呂大臨：《孟子解・盡心章句上》，見《藍田呂氏遺著輯校》，第479頁。

> 「大德必受命」，則命合於性；（位祿名壽，皆吾性之所能致。）
>
> 「天命之謂性」，則性合於命，（我受於天，亦天所命。）性命一也。
>
> 「聖人之於天道」，「有性焉」，則性於天道一也。〔註105〕

這便是對孟子「聖人之於天道也，命也，有性焉」的理解和解釋，呂大臨最終把天道性命與聖人之學的入德工夫聯繫了起來。

正是因為人具有天地之性，所以人才能根據自然事實的基礎上建立一個應然的價值秩序。禮樂教化雖然是聖王制訂的，但卻是出於內在於人本身同時與天地萬物同體的本性。本心與性是同一的，正是在本心的無限感通之中，人物之間的隔限被打通，本然一體的原初自然與當然、事實與價值通同一體的結構被恢復了。人與天是一，本心就是天德，本心的寂然不動感而遂通，自然形成井然有序的禮儀制度。但是在禮儀實踐的過程中，本心的發用總是會受到才氣的影響，因而禮義反過來成為客觀的規範，可以起到使人「反乎性之德」即回複本性的作用。從實踐上說，天道與人道的合一僅僅在聖人身上才能實現，學者則需要一個修身工夫的過程。這一過程，一方面是內在求其本心的過程，同時也需要遵循一定的禮儀規定。前者是超越的，根源性的，但卻是不容易把握的；後者雖然是外在的，但卻保證了儒家價值秩序的客觀性。呂大臨提出「中即性也」，正是因為「中」是比「性」更具體的規定，因而也就成為人倫禮教更直接的根源。

四、成性

道學工夫儘管與個體生命的身體存在相關，但其最核心的內容無疑還是基於內在的心性。在呂大臨的哲學思想中，心性論是貫通天人的核心樞紐環節，而道德修養工夫則貫穿於本末全體之中。如果說「盡心」是其工夫的出發點，那麼，「成性」就是其工夫的總過程。從這一意義上講，「成性」是一個道德修養工夫的問題，並且可以成為呂大臨道學工夫的總概括。

（一）「繼善成性」與「知禮成性」

「成性」之說，出自《周易·繫辭傳》，凡兩見：

> 一陰一陽之謂道，繼之者善也，成之者性也。
>
> 夫易，聖人所以崇德而廣業也。知崇禮卑，崇效天，卑法地。

〔註105〕呂大臨：《孟子解·盡心章句上》，見《藍田呂氏遺著輯校》，第479頁。

天地設位，而易行乎其中矣。成性存存，道義之門。

前一句從天道向人性說下來，所以「性」本身就是「成」。或者說，性本來就是天道的落實。後一句的「成性」仍然與天道直接相關，但與前一句不同的是，這裡的「成性」明確與「知」和「禮」相關，帶有工夫論的涵義在其中。「成性」是一個經過「知」與「禮」相互交織實行的過程。所謂「道義之門」，就是說「成性」是人道之所出的前提，這與《中庸》首章「率性之謂道」的意思是相通的。

張載由此提出「成性」的道德修養理論。張載對前一句話解釋說：

> 一陰一陽是道也，能繼繼體此而不已者，善也。善，猶言能繼此者也。其成就之者，則必俟見性，是之謂聖。〔註106〕

> 人之剛柔、緩急、有才與不才，氣之偏也。天本參和不偏，養其氣，反之本而不偏，則盡性而天矣。性未成則善惡混，故亹亹而繼善者斯爲善矣。惡盡去則善因以成，故舍曰「善」，而曰「成之者性也」。〔註107〕

在《易傳》中，「成之者性也」，本來既可以理解爲「性」成就「道」，以「之」指代「道」；也可以理解爲「道」成就「性」，以「之」指代「性」。前者強調由人及天的道德實踐，後者強調由天及人的本體落實。張載的理解顯然屬於前者，他把「成之者性也」直接等同爲「成性」，以「之」指代「道」，正是把「性」作爲「道」的完成，以「性」成就「道」。因此，「成性」實際上就是「盡性」，只不過後者側重從主體工夫講，前者側重從客觀果效和境界講。

張載對後一句話的解釋是：「知禮成性而道義出，如天地設位而易行。」〔註108〕他把「知禮成性」和「天地設位」對舉，前者是主觀地就人而論，後者是客觀地就天而論。「成性」是在「成德之學」的範圍內提出的，因而其主體是人。但其同時又以「天人之學」爲背景，因而又不是完全出於人之自撰。正因如此，張載又說：

> 大達於天，則成性成身矣。〔註109〕

> 大能成性之謂聖。〔註110〕

〔註106〕張載：《橫渠易說・繫辭上》，見《張載集》，第187頁。
〔註107〕張載：《正蒙・誠明篇》，見《張載集》，第23頁。
〔註108〕張載：《正蒙・至當篇》，見《張載集》，第37頁。
〔註109〕張載：《正蒙・至當篇》，見《張載集》，第34頁。
〔註110〕張載：《正蒙・中正篇》，見《張載集》，第27頁。

　　　　無我而後大，大成性而後聖，聖位天德不可致知謂神。〔註111〕
其意均是強調在道德修養工夫中展現「性」與「天道」相貫通之意義。這樣，
對行爲之評價可以說是「善」的，但對「性」本身則無所謂善惡，或者說是
超善惡的。張載以此保證道德實踐的價值性和道德境界的自然性。這與程顥
有所不同。

　　呂大臨《東見錄》錄程顥語有對前引《繫辭》兩語的解釋：

　　　　「成之者性也」，成卻待它萬物自成其性須得。〔註112〕

　　　　「成性存存，道義之門」，亦是萬物各有成性存存，亦是生生不
　　　　已之意。天只是以生爲道。〔註113〕

從程顥的解釋來看，所謂「成性」就是萬物各自順性而成，牟宗三解爲「本
體宇宙論的順成義」〔註114〕。相對張載而言，程顥對「成性」的理解不側重
主體的工夫，而是側重客觀的境界。

　　呂大臨的成性理論是對張載思想的繼承。對於「成之者性也」，他解釋道：

　　　　「成之者性」，指吾分而言，曾有不相似者乎？凡動物無不有是
　　　　性，由弊固之開塞，故有人獸之別；有弊固之厚薄，固有賢愚之別。
　　　　塞者，牢不可開；厚者，開而蔽之也難；薄者，開之也易；開者，
　　　　達於天道，與聖人一。〔註115〕

這裡對「性」的理解與張載一致：「天下凡謂之性者，如言金性剛，火性熱，
牛之性，馬之性也，莫非固有。凡物莫不有是性，由通蔽開塞，所以有人物
之別，由蔽有厚薄，故有智愚之別。塞者牢不可開，厚者可以開而開之也難，
薄者開之也易，開則達於天道，與聖人一。」〔註116〕呂大臨把「性」理解爲
「分」，顯然意在突出性之固有性。表面看來，他在這裡似乎強調的是氣質之
性，但當他強調「開者，達於天道，與聖人一」，顯然又不能僅僅理解爲氣質
之性。因爲僅憑氣質之性，是不足以成聖的。

〔註111〕張載：《正蒙·神化篇》，見《張載集》，第17頁。
〔註112〕程顥、程頤：《河南程氏遺書》卷第二，見《二程集》，第29頁。此條未注誰
　　　　語，牟宗三判爲程顥語。
〔註113〕程顥、程頤：《河南程氏遺書》卷第二，見《二程集》，第30頁。此條未注誰
　　　　語，牟宗三判爲程顥語。
〔註114〕牟宗三：《心體與性體》中，第119頁。
〔註115〕呂大臨：《易章句·繫辭上》，見《藍田呂氏遺著輯校》，第178頁。
〔註116〕《性理拾遺》，見《張載集》，第374頁。

　　因此，性不是由天自成的。呂大臨進而把「成性」與「養氣」聯繫了起來。對於氣質在成性過程中發揮的作用，他說：

　　　君子之學，必致養其氣。養之功有緩有速，則氣之守有遠近。及其成性，則不繫所稟之盛衰。如顏子之所養，苟未成性，其於仁也，至於三月久之，猶不能無違。非欲違之，氣有不能守也，則「日月至焉」者，從何如矣？若夫「從心所欲不踰矩」，則其義將與天始終，無有歲月之限，故可久則賢人之德，如聖人則不可以久言。〔註117〕

可見，「氣」對於「性」而言，並不完全是消極意義的。「性」具有超越性，因而才可以「同」，可以與天始終。但「性」又必須通過「氣」來呈現自身，這樣，「成性」必須「致養其氣」、「變化氣質」，最後達到以「氣」守「性」。因此，對學者而言，首需的是「養氣」。呂大臨反覆強調「君子所貴乎學者，為能變化氣質而已」〔註118〕，即認為氣質能夠隨順天命性理，以成就德性。

　　「養氣」當然是針對德性的養成來說的，但「養氣」之所以可能仍然在於本心。「誠以為己，故不欺其心。人心至靈，一萌於思，善與不善，莫不知之。」〔註119〕正是在「人心至靈」這一方面，人與其他物被區別開來，因而使人具備了「思誠而求復」即由學勝習氣的基本條件。因此，「誠之」的首要一步就是要「明善」，這是其他物所不能做的。「學至於致知格物，則天下之理斯得，雖質之愚，而不明者寡矣」〔註120〕，所謂的「善」也便是指的由致知格物所得的天下之理。如此以後，人人所異的「昏明強弱之稟不齊」之才，便被導向了人人所同的「均善而無惡」之性。因此，「變化氣質」的過程實際上也就是一個把握本心的過程。呂大臨強調：「心之精微，至隱至妙，無聲無臭，然其理明達暴著，若懸日月，其知微之顯歟！凡德之本，不越是矣。如此，則入德其幾矣。反本之要，吾心誠然而已。心誠然之，豈繫乎人之見與不見？惟內省不疚可矣。」〔註121〕

　　與張載一致，呂大臨更加強調通過知行並用來成性，他對《中庸》「溫故而知新，敦厚以崇禮」解釋說：

〔註117〕呂大臨：《論語解・雍也第六》，見《藍田呂氏遺著輯校》，第438頁。
〔註118〕呂大臨：《禮記解・中庸》，見《藍田呂氏遺著輯校》，第297頁。
〔註119〕呂大臨：《中庸解》，見《藍田呂氏遺著輯校》，第481頁。
〔註120〕呂大臨：《禮記解・中庸》，見《藍田呂氏遺著輯校》，第297頁。
〔註121〕呂大臨：《中庸解》，見《藍田呂氏遺著輯校》，第493頁。

> 雖知所未知，不溫故以存之，則德不可積；雖有崇禮之志，不
> 敦厚以持之，則其行不久。此皆合德與道而言，然後可以有成矣。
> 〔註122〕

知以積德，禮以久行，知則需用心，行則需用氣。所謂「知禮成性」，實際上
是同時對道德實踐之身心雙重動力的重視。其目的是達到成性、成德，「與天
始終」。正如「性」是合天人之道的樞紐性環節，所以「成性」就既不可能脫
離天的自然理則性，同時也不可能脫離人的道德修養工夫。北宋道學家對「成
性」的不同理解，反映的是強調重點的不同，而不是根本上的歧異。

（二）「成性」與「率性」

實際上，「成性」說的最大意義是提出了超越之「性」如何在時間中呈現
的問題。相比《易傳》，《中庸》更重視「性」在天人之間的樞紐意義。因此，
雖然「成性」問題直接源於《易傳》，但《易傳》似乎更強調性之順成義，《中
庸》則不但注重從天道向人道的順成落實義，還提出了一套相當豐富的成性
工夫理論。呂大臨首先認爲《中庸》的宗旨是「聖人之緒言，入德之大要」，
即其意義在於指出道德修養的門徑和方法，以此進一步達至對人倫「常道」
的遵循。因此，呂大臨把「庸」理解爲「常道」，而不是僅僅從「用」的角度
著眼。對於「中」，呂大臨不同於程頤解釋爲「不偏」，而是解釋爲「無過無
不及」。「不偏」與「無過無不及」雖然都是形容「道」，但前者描述的是「道」
的本體狀態，後者則更加強調「道」的呈現。因此，當《易傳》提出的「成
性」與《中庸》結合起來以後，「中──庸」結構就可以成爲「成性」的具體
實現了。正是在《中庸》和《易傳》的互相詮釋中，呂大臨豐富了對成性工
夫理論的理解。

「中──庸」結構，也就是「本心」與「常道」的結構。雖然《中庸》
並沒有直接提到「心」，但其中隱含著生命主體的精神能動性是無疑的。特別
是當呂大臨把《中庸》與孟子的心性論緊密地聯繫起來，「知性」、「盡性」即
是「入德」、「進德」的本體指向，而「盡心」和「躬行」也即所謂「本末」，
則是實現「知性」、「盡性」、「成性」的具體工夫。在呂大臨這裡，本體與工
夫是一體的，心性爲一即是本體，盡心知性即是工夫。呂大臨之所以重視
「中」，是因爲其可以「立本」，這個「本」並不是一個外在的「中」的概念，

〔註122〕呂大臨：《中庸解》，見《藍田呂氏遺著輯校》，第 491 頁。

而是其使心之發和行之端聯繫起來，可以使學者的知行有規可循、無過不及，「中」即是心性，也是天道。這與程顥的「一本論」思想非常接近。

由前述對心和性的理解基礎上，呂大臨把「成性」理解爲一個由「心」使「性」得以價值貞定的過程。他對《中庸》「率性之謂道」和「道也者，不可須臾離也，可離非道也」解釋說：

> 是皆人心所同然，乃吾性之所固有。隨喜怒哀樂之所發，則愛必有等差，敬必有節文。所感重者，其應也亦重；所感輕者，其應也亦輕。自斬至緦，喪服異等，而九族之情無所憾；自王公至皁隸，儀章異制，而上下之分莫敢爭。非出於性之所有，安能致是乎？故曰「率性之謂道」。〔註123〕

> 道之爲言，猶道路也，凡可行而無不達，皆可謂之道也。「成象之謂乾，效法之謂坤」，天立是理，地以傚之，況於人乎？故人效法於天，不越「順性命之理」而已。「率性之謂道」，則四端之在我者，人倫之在彼者，皆吾性命之理，受乎天地之中，所以立人之道，不可須臾離也。絕類離倫，無意乎君臣、父子者，過而離乎此者也；賊恩害義，不知有君臣、父子者，不及而離乎此者也。雖過、不及有差，而皆不可以行於世，故曰「可離非道也」。非道者，非天地之中而已。非天地之中而自謂有道，惑也。〔註124〕

性不能不發爲情，心則是使情順性的樞紐。因「性之固有」，隨「喜怒哀樂之所發」，無所不善，無所不中節合禮。這裡的中節首先不是有一個外在的標準，而是體現在隨時之義中，但又必然需要形成一套可以實行和效法的規範制度，如各種體現「等差」、「節文」的衣服儀章等等，以應對各種具體的社會秩序要求，使情得其所當發，性得其所循，這也便是「率性之謂道」的具體內容。因此，「率性」是從超越的性與天道走向具體的禮儀制度的中間環節。儘管在呂大臨來說，天道與人道合一，人道本身就是天道的體現，但這裡的「率性之謂道」的涵義的已經更多地轉向了人道，即指人因循性之本然規定而產生的禮儀制度去行。性體現在一定的「情」與「分」中，一定的「情」與「分」又必須在「差等」、「節文」、「喪服異等」、「儀章異制」中得到恰當的體現。

〔註123〕呂大臨：《禮記解・中庸》，見《藍田呂氏遺著輯校》，第271頁。
〔註124〕呂大臨：《禮記解・中庸》，見《藍田呂氏遺著輯校》，第272頁。

正是由於「道」和「禮」的引入，使「成性」有了可以具體落實的可能。從邏輯上講，只有達到了「成性」，才能具備「率性」、「循道」的可能。但是，正如「成性」是一個道德修養過程，完全地「率性」、「循道」也是一種理想狀態，二者都需要在具體的時空之中，逐漸地使生命個體的意義世界發生轉化。

呂大臨《中庸解》的顯著特點在於他將心性本體論和修養工夫論與中庸之德聯繫起來，尋找可以遵循的常道。這一點顯然與他重實行和重禮學的特點是一致的。朱熹對於「中」的解釋綜合了二程與呂大臨的看法：「中者，不偏不倚、無過無不及之名。」按照朱熹的區分，「不偏」強調「在中」，「無過無不及」強調「中之道」。朱熹對此的解釋是：

> 或問：名篇之義，程子專以不偏爲言，呂氏專以無過無不及爲說，二者固不同矣。子乃合而言之，何也？曰：中，一名而有二義，程子固言之矣。今以其說推之，不偏不倚云者，程子所謂在中之義，未發之前無所偏倚之名也；無過無不及者，程子所謂中之道也，見諸行事，各得其中之名也。蓋不偏不倚，猶立而不近四旁，心之體、地之中也；無過不及，猶行而不先不後，理之當、事之中也。故於未發之大本，則取不偏不倚之名，於已發而時中，則取無過不及之義，語固各有當也。〔註125〕

所謂「在中」即是不偏不倚，用以形容本體；而「中之道」則更多強調在道德實踐過程中無過不及，始終保持「中」的狀態。顯然，二者都並非認「中」爲本體，區別在於前者側重於對本體的理性理解，後者側重於在行道過程中使本體自然呈現。因此，呂大臨一方面強調「時中」和「用中」，即在變動的事物之中掌握「中」的狀態，另一方面也強調「求之於喜怒哀樂未發之際」的「赤子之心」，由此心所發，便純然是義理所當然。

「時措之宜」強調的不僅是「時」的重要性，同時也必須要有「宜」，也即「義」，因此，呂大臨特別強調「時中」觀念。「時中」的觀念體現最充分的經典，一部是《周易》，另一部是《中庸》。呂大臨對《周易》損卦解釋說：「天地陰陽，屈伸消長，與時偕行，惟變所適，君子取之以損益者也。」〔註126〕損益本身是出自人的一種權變選擇，但這種選擇卻不是任意的，需要隨天

〔註125〕朱熹：《中庸或問》，見《朱子全書》第 6 冊，第 548 頁。
〔註126〕呂大臨：《易章句·損》，見《藍田呂氏遺著輯校》，第 131 頁。

時而變。又如呂大臨對隨卦的解釋說：

> 君子不過時而已矣，以道徇身隨時也，以身徇道亦隨時也，惟變所適，無往而非義，故曰「隨時之義」。如不合於義，天下靡然成風，亦往隨之，以取凶咎，非所謂「隨時之義」也。故必大亨無咎，然後可隨。〔註127〕

這就明確指出，「時」本身是「義」的要求。所謂「唯變所適」並非是無原則地應對實際情況，而是需要「當其可」的要求，只有這樣才符合「義」的標準，因而也可稱爲「隨時之義」。所謂「隨時之義」，實際上主要面對的是進退出處問題。

《中庸》第二章說：「君子之中庸也，君子而時中；小人之中庸也，小人而無忌憚也。」呂大臨解釋道：

> 此章言中庸之用。時中者，當其可而已，猶冬飲湯、夏飲水而已之謂。無忌憚，以無取則也，不中不常，妄行而已。〔註128〕

> 君子蹈乎中庸，小人反乎中庸者也。君子之中庸也，有君子之心，又達乎時中；小人之中庸也，有小人之心，反乎中庸，無所忌憚而自謂之時中也。時中者，當其可之謂也。「時止則止，時行則行」，當其可也；「可以仕則仕，可以止則止，可以速則速，可以久則久」，當其可也；「曾子、子思易地則皆然」，「禹稷顏回同道」，當其可也；「舜不告而娶」，周公殺管蔡，「孔子以微罪行」，當其可也。小人見君子之時中，唯變所適，而不知當其可，而欲肆其奸心，濟其私欲，或「言不必信，行不必果」，則曰「唯義所在」而已，然實未嘗知義之所在。〔註129〕

在同一章的解釋中，呂大臨引述了《周易》與《孟子》的多處文獻論證「時中者，當其可之謂也」。所謂「時中」也就是對於「義」的要求。因而只有做到「時中」，才能達到「唯義所在」、「唯變所適」。所謂「當其可」，也就是有所取則，在不同的境地中隨時能夠做到符合一定的標準。那麼，這個標準是什麼呢？呂大臨強調這就是「君子之心」，即無過無不及的「中」，也就是「本心」。呂大臨說：「本心元無過與不及，所謂『物皆然，心爲甚』。所取準則以

〔註127〕呂大臨：《易章句・隨》，見《藍田呂氏遺著輯校》，第90頁。
〔註128〕呂大臨：《中庸解》，見《藍田呂氏遺著輯校》，第482頁。
〔註129〕呂大臨：《禮記解・中庸》，見《藍田呂氏遺著輯校》，第275頁。

爲中者，本心而已。」〔註130〕相反，正是因爲小人無所忌憚，隨意妄行，濟
其私欲，所以無所取則，亂德悖義。

（三）「性之」與「反之」

「成性」的重點是性之「誠」。《中庸》一開始就圍繞「性」與「道」的
問題提出自己的觀點，其後轉向了對「中庸」與「常道」的論述，到第二十
章「凡爲天下國家有九經，所以行之者一也」之後，開始圍繞「誠」的問題
提出一套相當細密的成性工夫。《中庸》第二十章說：「誠者，天之道也；誠
之者，人之道也。誠者，不勉而中，不思而得，從容中道，聖人也。誠之者，
擇善而固執之者也。」「誠」與「誠之」的關係就是天道與人道的關係，人道
的至極便是天道，因此，「誠」可以說是「誠之」的本體論基礎，眞正具有工
夫論意義的是「誠之」。呂大臨對「誠」與「誠之」的解釋是：

> 誠者，理之實然，致一而不易者也。天下萬古，人心物理，皆
> 所同然，有一無二，雖前聖後聖，若合符節，是乃所謂誠。誠即天
> 道也。天道無勉無思，其中其得，自然而已。聖人誠一於天，天即
> 聖人，聖人即天。由仁義行，何思勉之有？故「從容中道」而不迫。
> 誠之者，以人求天者也，思誠而復之，故明有未窮，於善必擇；誠
> 有未至，所執必固。善不擇，道不精；執不固，德將去。學問思辨，
> 所以求之也；行，所以至之也。至之，非人一己百，人十己千，不
> 足以化氣質。〔註131〕

呂大臨把「誠」理解爲「理之實然，致一而不易」，即誠是天道性理落實在現
實萬物中的體現。因而，無論是相對於物我的不同，還是時空的變化來說，
誠都是既一且常，在這一意義上說，誠就是天道本身。天道是在變化中呈現
其自身，誠也是如此，因此它是自然而然，不需人的參與和介入。對人來說，
反倒由於其私意小智的干擾而與天道不一。這便需要一個「誠之」的過程。
天道自然，無思無勉。人的成性之道，則需要一個「思誠而復之」、以思勉去
「變化氣質」的過程。

呂大臨在《禮記解・中庸》中對這一章的解釋更加清楚：

> 誠者，理之實，致一而不可易者也。大而天下，遠而萬古，求

〔註130〕呂大臨：《中庸解》，見《藍田呂氏遺著輯校》，第481頁。
〔註131〕呂大臨：《中庸解》，見《藍田呂氏遺著輯校》，第487頁。

之人情，參之物理，皆所同然，有一無二，雖前聖後聖，若合符節，
理本如是，非人私知之所能爲，此之謂誠，誠即天道也。天道自然，
何勉何思，莫非性命之理而已。故「誠者，天之道」，性之者也；「誠
之者，人之道」，反之者也。聖人之於天道，性之者也；賢者之於天
道，反之者也。性之者，成性與天無間也。天即聖人，聖人即天，
縱心所欲，由仁義行也。出於自然，從容不迫，不待乎思勉而後中
也。反之者，求復乎性而未至，雖誠而猶雜之僞，雖行而未能無息，
則善不可不思而擇，德不可不勉而執，不如是，猶不足以至乎誠。
故學問思辨，皆所以求之也；行，所以至之也。君子將以造其約，
則不可不學；學而不能無疑，則不可不問；未至於精而通之，則不
可不思；欲知是非邪正之別，本末先後之序，則不可不辨；欲至乎
道，欲成乎德，則不可不行。〔註132〕

在這裡，呂大臨引入了孟子「性」與「反」的思想來解釋《中庸》的「誠」
與「誠之」，這使得「誠」與「性」的關係更加清晰。孟子說：「堯舜，性者
也；湯武，反之也。」呂大臨解釋說：「無意而安行，性也；有意而利行，非
性也。有意利行，蘄至於無意，復性者也。堯舜不失其性，湯武善反其性，
及其成性則一也。故四聖人者，皆爲盛德，由仁義行而周旋中禮也。」〔註133〕
又曰：「聖人性之，君子所以復其性。」〔註134〕「性之」和「反之」在「成性」
的結果上是一樣的，但其過程則有所區別。「性之」是順其本性，自然合於天
道而不已其德；「反之」則需經歷一個「復性」的過程。這個過程，首先是人
因自己的本心逆向自反的過程，因此是「明有未窮，於善必擇；誠有未至，
所執必固」的過程，顯然並不是自然而然的。正是對這裡是否有必要將其區
分爲兩個階段，張載和程顥引起了爭論。呂大臨的「復性」說比較接近於張
載的成性理論，與程顥的「一本說」有所不同。

〔註132〕呂大臨：《禮記解・中庸》，見《藍田呂氏遺著輯校》，第295頁。
〔註133〕呂大臨：《孟子解・盡心下》，見《藍田呂氏遺著輯校》，第480頁。
〔註134〕呂大臨：《孟子解・盡心下》，見《藍田呂氏遺著輯校》，第480頁。

第五章　窮理與誠明

　　「學必如聖人而後已」，是道學修養工夫論的最終目的和指向。呂大臨也是如此。從心性理解到聖人境界，是道學理論建構其「性與天道合一」的道德形上學的必然歸宿。正是由於從道德境界出發觀照整個世界，「天道」不再全然是實然存在，也包涵了道德的意義，而達致「天道」的方法便是努力踐行「人道」。

　　呂大臨始終沒有脫離人倫常道而空談「至道」。由此，《大學》的「格物致知」和《易傳》的「窮理盡性」，雖然都具有知識內涵，本質上卻都服從於道德修養的目的，具有了修養工夫的意味；而《中庸》所提出的「成己」與「成物」並舉的「合外內之道」，也必然要求「仁」與「知」的統一，「仁」具有與「誠」和「天道」同一的意義。在道德修養過程中，知識只有被納入到道德領域中才能獲得其價值。

　　立基於《中庸》的「成性」論述，聖人之學有「自誠明」與「自明誠」或「性之」與「反之」兩種路徑，「窮理」、「識仁」、「誠明」由此可以獲得不同的理解和解釋。前者由內在於生命主體的超越之「性」自然而發，無思無勉，從容中道；後者則需立志向學，思之勉之，收斂警醒。程顥提出的「只心便是天」接近於前者，呈現出自然和樂的性格；而張載所提倡的「知禮成性」接近於後者，工夫更為切實；呂大臨的工夫和境界理論，則體現出綜合兩者的傾向。

一、性與天道

　　子貢曾言：「夫子之文章，可得而聞也；夫子之言性與天道，不可得而聞也。」(《論語・公冶長》)孔子對弟子的教育，主要不是通過對「性與天道」的理論探討而實施的，而是以禮樂傳承和人格自覺使學生由表及裏、由淺入

深、下學而上達。北宋道學在繼承《孟子》和《中庸》的基礎上，因應時代變化的需要，恰恰側重直接以「性與天道」的體認爲其前提和核心。實際上，在孔子之後，早自漢代儒學便融入了道家和陰陽家的思想成分，建立起了一套宇宙論系統。與之不同，北宋道學發展所關注的重點經歷了一個由「宇宙論」到「本體論」再到「工夫論」的變化過程。這一發展軌迹之所以可能，在於道學以《孟子》和《中庸》的「心性論」爲重要資源所發展起來的關於「性與天道」的理論。這使道學家不但有資格批判漢儒的駁雜，也使他們能夠眞正在對人性正面和負面的雙向洞察中，建立一套內在而超越的道學理論體系。因而，在道學家看來，「性」與「天道」在「形而上」的層面上是同一層級的，「性」源於「天道」，而「天道」之品質亦是「性」之品質。

（一）「天之道，虛而誠」

呂大臨在詮釋《孟子・告子上》「富歲，子弟多賴」章時，將「天道」與「性善」結合起來理解，賦予了《孟子》心性理論更豐富的「天道」意蘊：

> 天之道，虛而誠，所以命於人者，亦虛而誠。故謂之性虛而不誠，則荒唐而無徵；誠而不虛，則多蔽於物而流於惡。性者，雖若未可以善惡名，猶循其本以求之，皆可以爲善而不可以爲不善。是則虛而誠者，善之所由出，此孟子所以言性善也。〔註1〕

呂大臨把性的根本追究到天道本身。天道流行，可以分解地從事物上看，也可以總持地從天道的根本性質來看。呂大臨這裡從後者的意義角度，把天道理解爲「虛而誠」。由「虛」而具有「通」之可能，由「誠」而成就萬物，二者正好構成一種上達和下達的循環關係。進一步落實於性之上而言，「虛」則無所謂善惡，「誠」則又可以說是至善。

呂大臨的這種理解同於張載，應該說是從張載那裡繼承而來的。張載把「太虛」理解爲天道的價值根源，但「太虛」並非等於「空無」，恰恰是對後者的反對。因此，在天道觀上，張載強調「太虛即氣」，太虛的價值本體是在天道氣化過程中表現自己的。更爲重要的是，張載的人性論也是綜合了天地之性和氣質之性二者，因而有「合虛與氣，有性之名」之說。與呂大臨這裡把「虛」與「誠」並舉略顯不同的是，雖然張載也說「誠者，虛中求出實」〔註2〕，但他往往更

〔註1〕 呂大臨：《孟子解・盡心上》，見《藍田呂氏遺著輯校》，第479頁。
〔註2〕 張載：《張子語錄・語錄中》，見《張載集》，第324頁。

強調「虛」與「氣」和「神」的關係，而非「虛」與「誠」，這是因為張載對天道論的關注顯然更為強烈的緣故。呂大臨與之不同，更關注人性論，因而特別注意把張載關於誠的思想予以發揮。呂大臨首先強調天道的「虛而誠」，也正是為了由天人在性命上的同一，引出「命於人者，亦虛而誠」的性命論思想。

如果說重「虛」是張載道學的特別之處，那麼可以說重「誠」是北宋道學家由對《中庸》思想的繼承而有的共同特點。張載雖然很少將虛與誠並論，但他卻很重視誠。如他說：「性與天道合一存乎誠」〔註3〕，「天所以長久不已之道，乃所謂誠」〔註4〕。在張載的哲學思想體系中，「誠」起著統貫天人的樞紐作用。〔註5〕誠既是天的德行，也是人的德性。但從邏輯上說，「誠」首先是天道生生自然的體現，其後才落實於人的本性之中。

張載把「虛」與「誠」聯繫起來，並沒有脫離《中庸》。「天地之道無非以至虛為實」〔註6〕，唯有聖人之德可以體會到天地之道的隱微而至誠。虛是天道的本體，天道雖變化不息，萬物都處於生成毀滅過程之中，但惟有天地自身恒久存在，正是因為天地以「太虛」為本，這本身就是「至實」，至實便是誠。「誠則實也，太虛者天之實也。萬物取足於太虛，人亦出於太虛，太虛者心之實也。」〔註7〕因此，誠實際上兼有虛與實的雙重意義，是天道本體的最終實現過程。

不過，正如「誠」是從道德價值的意義上來理解，「虛」與「實」同樣不能僅僅從現象的實然層面理解。張載之所以強調「誠者，虛中求出實」〔註8〕，正是因為要提醒人們從天道本體下貫到天地萬物的運行之道中。他強調：「天地以虛為德，至善者虛也。虛者天地之祖，天地從虛中來。」〔註9〕這就把「虛」與「善」聯繫起來了。作為天道的「虛而誠」，是一切價值判斷的源頭，因而必然是至善的，也就是絕對的善，這就與與惡相對的善並不完全相同。這樣，源於天道的性就不僅是善的，也是至善。在這一層面，因為沒有惡與之相對，

〔註3〕　張載：《正蒙・誠明篇》，見《張載集》，第20頁。
〔註4〕　張載：《正蒙・誠明篇》，見《張載集》，第21頁。
〔註5〕　丁為祥：《虛氣相即——張載哲學體系及其定位》，第96頁。
〔註6〕　張載：《張子語錄・語錄中》，見《張載集》，第325頁。
〔註7〕　張載：《張子語錄・語錄中》，見《張載集》，第324頁。
〔註8〕　張載：《張子語錄・語錄中》，見《張載集》，第324頁。
〔註9〕　張載：《張子語錄・語錄中》，見《張載集》，第326頁。

亦可說是無所謂善惡，這才是呂大臨這裡解釋的重點。從這一意義上，呂大臨以其心性論思想發展了張載的天道論思想。

「虛」是天道本體，「誠」則與「性」相聯，成爲貫通天人的樞紐。如果說「虛」側重強調價值本體的源頭性，那麼「誠」則強調價值本體的生成實現性。在呂大臨看來，《中庸》反覆論述「誠」與「誠之」的功能及二者間的關係，不僅是對「性與天道」之內涵的揭示，更重要地是提供了一種實現向「性與天道」復歸的修養工夫。正因如此，呂大臨區分了「虛而不誠」與「誠而不虛」的不同後果，藉以表明「虛」與「誠」在價值生成或善惡呈現中的不同作用。「謂之性虛而不誠，則荒唐而無徵」，這可以說繼承了張載對佛老的批判立場。「誠而不虛，則多蔽於物而流於惡」，則是對諸種從經驗事物的種種既成特殊性出發去理解性之本然規定的思路的批評，這幾種表現在上述三種「自其流而觀之」的言性思路。當然，無論是認爲性是「虛而不誠」還是「誠而不虛」，都既不能理解「性」，也不能理解「虛」與「誠」。因爲「虛」與「誠」是「性」之不可分割的兩個方面，一個是源頭，一個是實現。離開了源頭，實現就不可能有肯定的價值和意義；離開了實現，源頭就不可能是眞實存在的。

正因爲「性」有更深的來源，呂大臨批評了以事實判斷而非價值判斷言性的諸種觀點，但他沒有把「性」和「善」直接地等同起來。「善」只是對人而言的價值判斷，卻不能以此來判斷天，也不能以此來判斷直接出於天的「性」。「善」有待於人的行爲表現才能呈現出其自身的意義。所以，呂大臨說性「未可以善惡名」，是從性的天道源頭上講。「循其本以求之，皆可以爲善而不可以爲不善」，則是從性的實現講，而所謂「循其本以求之」則顯然只是針對人之求道與養德而言。性之善的規定性是潛在的，是「循其本以求之」的結論。因而，善之表現有待於人循性而爲，這與氣質與環境都是沒有關係的，當然也不能以後者爲性。由「未可以善惡名」到「可以爲善而不可以爲不善」，不僅是天道本體的落實，也是修養工夫論的指向所在。這樣，「虛而誠者，善之所由出」，便從天道落實到了人性本身。同時，北宋道學家的天道觀也最終落實在了孟子的心性論上。

（二）性與道的張力

天道之優先性僅僅是在生成論上而言，一旦落實於生命個體之中，「天」、「性」、「道」、「教」是一以貫之、一線貫穿的。《中庸》由此而提出：「天命

之謂性，率性之謂道，修道之謂教」，其意義正在於此。如果說，「天」與「性」雖然內在於生化流行和生命個體之中，但其意義主要側重於超越性，那麼，「道」與「教」則雖具有超越性，但更強調在現實世界的展現和向超越性的復歸過程。

實際上，在儒學內部，天、性與道、教的張力始終存在。當春秋時期「禮壞樂崩」之後，孔子所希望的是能夠保持這一傳統生活方式，但他的出發點卻並不是在於外在的社會結構，而首先是建立內在的精神根基。隨著道術的加劇分裂和諸子百家的興起，孟子已經開始一邊以批楊墨異端為己任，另一邊進一步把孔子思想中最核心的價值以更為直接的論辯方式展現出來，以弘揚孔子注重內在道德精神的學術宗旨，心性之學由此發展起來。但孟子的貢獻不僅在於心性之學，也在於政治哲學的仁政思想。這就在「性」與「教」兩個向度上開顯了孔子的思想。

與孔孟相比，《中庸》開篇首先提出「天命之謂性，率性之謂道，修道之謂教」，以一種上下貫通的方式，簡潔明快地規定了「天」、「性」、「道」、「教」四者的涵義及其關係，既鮮明地指出儒家成德之教的精神，又將其建立在「性與天道」的形而上的基礎之上。通過對性和道的溝通，《中庸》可以與《孟子》和《易傳》相溝通，實現在「心性」和「天道」兩方面的拓展，為儒家心性本體論的建立提供了思想資源和基本框架；同時，《中庸》思想的實踐又是通過禮學來落實的，因而又具有鮮明的儒家特色。由此，《中庸》從唐中後期以後就成為儒家「道學」復興以對抗佛老心性之學的重要理論資源。尤重發揮性理大義的道學家如周敦頤、張載和二程，雖然沒有專門的《中庸》解說類著作，但他們的思想體系中均對《中庸》有不容忽視甚至極為重要的吸收。〔註10〕

對呂大臨來說，《中庸》可以看做他思想的邏輯起點。他對《中庸》首章解釋道：

〔註10〕《中庸》原本是《禮記》中的一篇，漢唐儒者並未對其特別地重視。北宋對《中庸》的專門著述，首先是由佛教學者開始的。釋智圓有《中庸子傳》和《讀中說》，契嵩則有《中庸解》。其後，司馬光、蘇軾、程門諸高弟如呂大臨、游酢、楊時、侯師聖、郭忠孝等，均有對於《中庸》的專門解釋著作傳世。以致南宋朱熹編《中庸輯略》時，已有眾說紛紜、編之為難之歎。而朱熹之所以要在石𡒉《中庸集說》的基礎上再做「輯略」，也是因為他認為程門後學大部分沾染佛學、義理不純之緣故。南宋黎立武說：「《中庸》者，群經之統會樞要也」，這就將《中庸》在儒家經學中的地位提高到了極點。

此章先明性、道、教三者所以名。性與天道一也，天道降而在
人，故謂之性；性者，生生之所固有也。循是而言之焉，莫非道也。
道之在人，有時與位之不同，必欲爲法於後，不可不修。〔註11〕

呂大臨首先認爲這三句分別是對「性」、「道」、「教」三名內涵的揭示。這既
不是描述性的指示，也沒有展開論述其內容，而是以相互聯繫的方式，從根
本上規定三名的意義所在。「天道」蘊含於「性」之中，「道」則是「性」之
自然呈現，「教」是「道」之修養工夫。因而，在呂大臨看來，《中庸》是圍
繞「性」而展開的，但核心意旨可以說正落實於「道」與「教」之上。「性」、
「道」、「教」三者的承轉點是「道」。「教」之所「修」的內容是「道」，而對
人而言，「性」的展現同樣必須借助於「道」。由此可見，呂大臨亦是在「性」
與「道」之間展開其理論的張力。

在《禮記解・中庸》中，呂大臨又說：

「天命之謂性」，即所謂中；「修道之謂教」，即所謂庸。中者，
道之所自出；庸者，由道而後立。〔註12〕

初看起來，這似乎是意圖用「中庸」之名來詮釋《中庸》首章。因爲歷來在
《中庸》的詮解中，如何理解「中庸」一名的涵義以及「中庸」與全篇的關
係都是一個首先必須回答的問題。但在這裡，實際上並不是僅僅如此簡單。
在呂大臨看來，「中」即是「性」，其主要內涵是上達的，與「天」的聯繫更
爲直接和緊密；「庸」即是「道」，與人直接相關，是修治人倫的主要依據。
呂大臨有意跨過了從「天命之謂性」到「修道之謂教」的中間一句即「率性
之謂道」。嚴格來講，依照《中庸》的原意，既然「道」是由「率性」而來的，
本來就是天道自然的體現，這就無所謂「修」的問題。但是，呂大臨顯然爲
了突出爲學工夫的目的，在「天」與「道」之間做了一個轉折，因而這裡的
「道」便主要是指人道。「人能弘道，非道弘人。」既然「道」是指人倫大經
的「常道」，當然需要人的「修」。「修」的內容不僅包括對於「己身」的修，
也包括對於「禮法」的修，也即按照《中庸》「成己成物」的原則，從修身的
基點出發，推擴到整個社會秩序。因此呂大臨才強調說：「中者，道之所自出；
庸者，由道而後立。」最終，「道」成爲除「性」以外，呂大臨關注的另外一
個重心。

〔註11〕呂大臨：《中庸解》，見《藍田呂氏遺著輯校》，第481頁。
〔註12〕呂大臨：《禮記解・中庸》，見《藍田呂氏遺著輯校》，第271頁。

在「性」與「道」之間，呂大臨首先重視的是「性」，這固然因爲他的理解是建立在張載和二程的「天道」宇宙論基礎之上的，但更重要地是「性」既是「人道」所立之本，同時也合乎「天道」的本然規定。對「性」的理解，本身就涵攝著對於「天道」宇宙論的理解。在儒家哲學中，天道必須在人道中才能得到其最終的體現，而「性」與「命」就是聯接天與人的中心環節。〔註13〕「性」是「生生之所固有」，性與天道是合一的；而「教」則是道在「時」與「位」上的進一步落實，「教」本身同樣是「道」的體現。這裡的區別在於，如果說「率性之謂道」是天道在人身上的自然體現的話，那麼「修道之謂教」則加入了許多人爲的主動，是對「非道」的防範和矯正。這樣，呂大臨就由對「性」的理解建立起一個由天道到人道，又由人道到天道的「天道性命相貫通」的思想義理結構。

因此，呂大臨突出了「性與天道一也」的思想。從《中庸》的整體結構上看，呂大臨的概括是準確的。《中庸》開篇從「天」講起，首先提出「天命之謂性」的問題，並以「天——性——道——教」的邏輯順序，從「天」下貫於「人」。但《中庸》後文中並沒有過多地講「天命」問題，反倒直接開始討論「愼獨」與「中和」等工夫論問題。這顯然與「性」和「道」直接相關，與「天」的關係則不大。在二十章之後，作者開始集中討論「誠」與「性」的問題，也開始重新涉及「天」的問題，但卻始終不能脫離「聖人」的精神境界。〔註14〕

〔註13〕蒙培元說：「『性』與『命』既是理學範疇，也是整個儒家哲學的重要範疇。它在理學範疇體系中，是從宇宙論到心性論的過渡環節。性命對稱，說明命的客觀外在性和性的主觀內在性。在這裡，命是一個客觀必然性的範疇，性則是主體存在及其價值範疇。二者結合起來，正說明從天到人的天人相接之際，即從客體到主體的轉化和過渡。」見蒙培元：《理學範疇系統》，第179頁。

〔註14〕與《論語》、《孟子》等語錄式的文本形式不同，《中庸》雖然大量引用孔子的言論，尤其前半部分爲多，但歷代學者都認爲是一篇完整的議論文獻，因而去尋找各章節直接的關係並以此去區分章句是《中庸》解釋者的一項重要任務。歷史上的《中庸》章句，影響最大的是孔穎達按照鄭玄注的分章和朱熹按照程朱理學的理解所分的章句，尤以後者爲突出。朱熹把《中庸》分爲三部分三十三章，分別以子思的議論和對孔子言語的引證爲結構。現代學者對《中庸》篇章結構的分析也非常重視，有學者參考出土文獻，認爲《中庸》實際上是由兩篇文獻糅合二程，參見梁濤《郭店楚簡與思孟學派》第五章第二節《郭店楚簡與〈中庸〉》，中國人民出版社，2008年，第261頁以下。

按照「天命之謂性，率性之謂道」的涵義，「天」所命於人的便是我們所名以「性」的真實所指，在生活中循著天所命於人的「性」去實行便是我們名以「道」的本來涵義。在《中庸》後文中，作者始終圍繞「性」與「道」展開，也可以從這一意義上來理解。因此，「天命之謂性」的重點在於「性」，而不在於「天」。《中庸》開篇提出「天命」的意義是在說明「性」，而不是要說明「天」。《中庸》首句雖然沿著一種下貫的方式，顯示出從天道到人道的落實，但「性」實際上居於樞紐性的地位。由此而言的「道」也更多指的是「人道」，而非「天道」。由「天道」落實到「人道」並不是必然的，必須經歷一個人為「率性」和「修道」的過程，這個過程便是「道」的體現。

（三）「唯能進常道，乃所以為至道」

在呂大臨看來，「中」與「庸」的關係就是「至道」與「常道」的關係。「中」是禮之本，代表禮儀制度背後的超越層面。對人而言，「中」是喜怒哀樂未發之本心的呈現。「庸」是具體可見的常道，是現實社會構成的倫理基礎。呂大臨強調由「常道」達到「至道」。他對《中庸》第十二章解釋道：

> 此已上論中，此已下論庸，此章言常道之終始。費，用之廣也；隱，微密也。聖人有所不知不能，所謂隱也。費則常道，隱則至道。唯能進常道，乃所以為至道。「天地之大」，亦有所不能，故人猶有憾，況聖人乎？天地之大猶有憾，語大者也。有憾於天地，則大於天地矣，此所以「天下莫能載」。愚不肖之夫婦所常行，語小者也。愚不肖所常行，雖聖人亦有不可廢，此所謂「天下莫能破」。上至乎「天地所不能」，下至於「愚不肖之所能」，則至道備矣；自「夫婦之能」至「察乎天地」，則常道盡矣。〔註15〕

從表面上看，呂大臨似乎首先區分了「中」和「庸」，繼而又把「道」區分為「常道」和「至道」兩種，以「中」對應「至道」，以「庸」對應「常道」。實際上，呂大臨所要強調的，不是對道的概念性劃分，而是認為「至道」本身就體現在「常道」之中，離開了「常道」也別無「至道」可言，「常道」是通向「至道」的必經途徑。所謂「常道」，也就是人們日常生活所遵循的人倫規範。這種人倫規範，看起來只是每個人日常所履行的基本規範，但其中卻

〔註15〕呂大臨：《中庸解》，見《藍田呂氏遺著輯校》，第483頁。衛湜《禮記集說》脫「聖人有所不知不能，所謂隱也」一句。

包含每個人都共同遵循的最深刻道理，因而即便是聖人也不脫離人倫日用，對之也是肯定的。但是，對於求道之人來說，僅知其然不知其所以然，又是不夠的，所以又有「至道」之說。

值得注意的是，鄭玄對「費」的解釋與呂大臨不同。鄭玄說：「費，猶佹也。」這種不同，最直接地看，是由於分章不同所導致的。鄭玄把十一章和十二章並在一起，認為都是在講「君子之道」，因而把這一章的「費」沿著上一章的「索隱行怪」作解釋，解作道不行則隱。但如果從更深層來理解，鄭玄的理解實際上僅僅局限在人道的角度，所以鄭玄說：「所說大事，謂先王之道也。所說小事，謂若愚不肖夫婦之知行也。聖人盡兼行。」呂大臨則與之不同，他把「聖人亦有所不知」理解為小，把「聖人亦有所不能」理解為大。所謂的「大」與「小」，不是側重於就事情本身而言，而是都與聖人之「德」與「學」相關。呂大臨在《禮記解・中庸》中進一步解釋說：

> 「聖人亦有所不知」，語小者也，知音知味，為農為圃，雖小道也，專心致意，亦能貫乎至理，造於精微，周天下之用而不可闕，此天下所莫能破也。「聖人亦有所不能」，語大者也，天地之大，人猶有所憾，則道固大於天地矣，聖人盡道，財成輔相，以贊天地之化育，合乎天地人而無間，此天下所莫能載也。〔註16〕

由此可以看出，呂大臨與鄭玄解釋不同的地方實際上透露出他們對「道」的理解不同。鄭玄是在「王道教化」來說，呂大臨則轉向了「聖人之德」。由此所帶來的變化，一則是道德的普遍性理解，二則是道德的內在性理解。「聖王之道」顯然不是針對每一個人的，因而鄭玄之道並不具有實際上的普遍性，而「聖人之道」則是針對每一個人的，這是一種普遍性的道德要求。雖然「知音知味、為農為圃」是看似與道無關的小事，其中也蘊含著至精至微的至道至理。對於所有民眾來說，「聖王之道」的教化雖然也是普遍使用的，但卻是外在的道德要求，不是由民眾自身發出的。進一步來說，呂大臨對「道」的理解之所以能夠擁有這種普遍性和內在性，是因為「聖人之道」並不是聖人有意造作的「道」，而是天道自然流行的「道」。「天地之大，人猶有所憾，則道固大於天地矣」，「道」並不僅僅是人事，也是天道本身，因而涵括一切。人所作的是「盡道財成輔相」，其目標指向於「贊天地之化育，合乎天地人而無間」的最終實存性境界。

〔註16〕呂大臨：《禮記解・中庸》，見《藍田呂氏遺著輯校》，第281頁。

　　因此，呂大臨所謂的「至道」，也便是「性與天道」。「至道」是不可以用經驗來直接感知和描述的，同時又是「體物而不可遺」的，即是說無論在人們日常生活的任何時候，道其實都沒有遠離。因而，「至道」不以耳目的經驗性知識來把握，而需通過「反身而誠」、「虛心以求之」來獲得。

　　但另一方面，脫離了「常道」的「至道」，又必然會流於「詭激」。這樣，君子之道就包含了兩個層面的內涵：「費」和「隱」，也即「常」和「至」。前者易知易能，後者難知難能；前者是道之用，後者是道之體。體需要在用中呈現，亦需在用中把握。呂大臨說：

> 庸者，常道也。事父孝，事君忠，事兄弟，交朋友信，庸德也，必行而已。有問有答，有唱有和，不越乎此者，庸言也，無易而已。〔註17〕

「至道」是精微高明的，但如果缺乏德行實踐作為達到至道的現實基礎，便會流於空虛無用，徒能蠱惑人心。因此，「惟能進常道，乃所以為至道」。「常道」作為普通人日常生活中日用常行的人倫規範，雖然看似簡單而平易，卻恆常不變，隱藏著通向「至道」的必由門徑。但這並非說日用倫常已經是「至道」。由「常道」達到「至道」，必須經過一個德性修養實踐的過程。這一修養實踐的基礎，便是本心的「至道」與人倫的「常道」互相呼應、雙張並舉。

　　呂大臨進而又把「常道」分為「人倫之道」與「為政之道」，前者是後者的基礎，後者是前者的推廣。因此，「人倫之道」與「為政之道」實際上是一體的，但又有「用」之分別。人倫之道，以「親親」為最。呂大臨說：

> 君子修身，庸行而已。事親者，庸行之本也，不察乎人倫，則不足以盡事親之道，故人倫者，天下之大經，人心之所同然者也。〔註18〕

> 蓋古教養之道，必本諸孝悌。入則事親，出則事長；事親孝也，事長弟也。孝悌之心，雖生於惻隱恭敬之端；孝悌之行，常在於灑掃應對、執事趨走之際。蓋人之有血氣者，未有安於事人者也。今使知長者之可敬，甘為僕御之役而不辭，是所以存其良心，折其傲慢之氣，然後可與進於德矣。〔註19〕

〔註17〕 呂大臨：《禮記解·中庸》，見《藍田呂氏遺著輯校》，第282頁。
〔註18〕 呂大臨：《禮記解·中庸》，見《藍田呂氏遺著輯校》，第290頁。
〔註19〕 呂大臨：《禮記解·曲禮上》，見《藍田呂氏遺著輯校》，第201頁。

　　武王、周公所以稱達孝者，能成文王事親之孝而已。故「修其祖
廟，陳其宗器，設其裳衣，薦其時食」者，善繼文王事親之志也；序
爵、序事、旅酬、燕毛者，善述文王事親之事也。踐文王之位，行文
王之禮，奏文王之樂，敬文王之所尊，愛文王之所親，其所以事文王
者如生如存，如繼志述事，上達乎祖，此之謂達孝者歟！〔註20〕

孝道是常道之始，這不僅要求對於父母在身體上的奉養即「養親」，還要繼承
並努力實現父母的志願即「繼親」。既然爲政之道是人倫之道的推廣，所以的
也是由人出發，爲政不是爲了制定法律規則去強制約束別人，而是要求治國
者以修身爲本，使自己的行爲符合道的要求，在親親、尊賢的禮儀節文中培
養人的道德意識。

　　在儒學看來，雖然「道」是客觀的，但對人而言，卻不是與人無關的外
在存在物。「道」既體現在「天地」之中，也體現在「人倫」之中，甚至後者
更加重要，因爲人首先是在君臣、父子、昆弟、朋友之間的關係中的存在。
呂大臨在解釋《中庸》「子曰：『道不遠人，人之爲道而遠人，不可以爲道』」
一章說：

　　言治己、治人之常道。「苟非其人，道不虛行」，「人能弘道，非
道弘人」，故道而遠人，是爲外物。一人之身，而具有天地之道，遠
而古今，大而行之，同之是理，無毫釐之差。故君子之治人，治其
不及人者使及人而已。將欲治人，必先治己，故以忠恕自治。責子
之孝，而自治乎爲能事父；責臣、責弟、責朋友，皆然。故惟安常、
守中、務實，是乃治己之務。〔註21〕

呂大臨非常重視人倫常道。在他看來，無論是「治己」之道，還是「治人」
之道，人倫常道的根源都是出於「天地之道」，其本身實際上就是「天地之道」
在人身上的體現。正因如此，人倫常道才具有跨越時空的絕對普遍性，不僅
古今皆然，而且人人皆然。既然道體現在所有人身上，那麼順道而行的起始
點就不在於他人，而是在自身，所以「治己」先於「治人」。

　　由於呂大臨找到了這樣一個對於一切人都適用的普遍性基點，使得「治
己」與「治人」緊密地聯繫在一起。「治人」者必須首先「治己」，而「治己」

〔註20〕　呂大臨：《禮記解・中庸》，見《藍田呂氏遺著輯校》，第287頁。
〔註21〕　呂大臨：《中庸解》，見《藍田呂氏遺著輯校》，第484頁。衛湜《禮記集說》
　　　　未收。

者也必然可以「治人」。這等於說呂大臨在「聖人之道」中容納了「聖王之道」或「聖王之教」。所謂知己、治人、修身、齊家、治國、平天下，都是歷代儒學共有的，其不同只在於誰來做和如何做的問題。呂大臨通過道學的建立，將之轉向了每個人自身，而不是僅僅依靠聖王；轉向了責己而後治人，而非責人而治人，體現了道學「本體工夫論」視域對於儒學精神理解與漢唐重視外在教化根本不同的一個向度，即重視個體修身的內在化和超越性理解向度。「道不遠人」的人，不是別人，而是自己。

「道不遠人」的根本依據是性與天道的合一。人生於天地之間，首先存在著天人物我的結構。「性」是生生固有的，其來源雖然在天，卻不是外在的，因而隨順「性」之所發便是「道」，「道」同樣不外在於人。不僅如此，由於人的特殊性，人與人還會形成一定的人倫結構。儒家對於人倫結構始終是肯定的，從其根源上說，儒家認為「人倫」同樣來自於「天道」，因而符合「天道」的內在本性；但同時，這也就要求「人倫」符合「天道自然」的內在規定，袪除其中的人欲和私智。呂大臨在解釋《中庸》第二十章時說：

> 道者，人倫之謂也。非明此，人倫不足以反其身而萬物之備也，故曰「修身以道」。非有惻怛之誠心，盡至公之全體，不足以修人倫而極其至也，故曰「修道以仁」。夫人立乎天地之中，其道與天地並立而為三者也。其所以異者，天以陰陽，地以柔剛，人以仁義而已。所謂道者，合天地人而言之；所謂仁者，合天地之中所謂人者而言之，非梏乎有我之私也。故非有惻怛之誠心，盡至公之全體，不可謂之仁也。〔註22〕

在呂大臨的理解中，「修身以道」和「修道以仁」分別代表著「天道」和「本心」對「人倫」規定的上下兩極。因而可以說「人倫」具有上下通達的作用，是由「常道」對於「至道」的實現。「道」既是對於「人倫」的規定，而「人倫」也是「道」之中的當然內涵。這一點是學者「反身而誠」、「萬物備焉」的本體論前提。「人倫常道」的至極就是以「仁義」合天道，而「仁義」本身也是天道的表現。雖然「天以陰陽，地以柔剛，人以仁義」看起來有具體的分別，實質上則是相同的。因而「天地人」不僅是貫通的，而且從本體上，根本就沒有分別。

但是，這僅僅是從天的實有存在或聖人最終的道德境界來說的，一旦落

〔註22〕呂大臨：《禮記解‧中庸》，見《藍田呂氏遺著輯校》，第290頁。

實於具體的人倫關係中，其分別就呈現了出來。呂大臨接著說：

> 「親親而仁民，仁民而愛物」，愛雖無間而有等差，則親親大矣。所大者，行仁之本也，故曰「仁者人也，親親為大」。行仁之道，時措之宜，則有義也。天下所宜為者，莫非義也，而尊賢大矣。知尊賢之為大而先之，是亦義也，故曰「義者宜也，尊賢為大」。親親之中，父子首足也，夫妻判合也，昆弟四體也，其情不能無殺也；尊賢之中，有師也，有友也，有事我者也，其待之不能無等也。因是等殺之別，節文所由生，禮之謂也，故曰「親親之殺，尊賢之等，禮所生也」。君子修身，庸行而已。事親者，庸行之本也。不察乎人倫，則不足以盡事親之道。故人倫者，天下之大經、人心之所同然者也，人心之所同然，則「百世以俟聖人而不惑矣」，知人者也。人心之所同然者，天地之經也，順天地之經而不違，則「質諸鬼神而無疑矣」，知天者也。〔註23〕

「人倫」由本心出發，其中不僅包含著「仁義禮智」四端，而且包含著君臣、父子、夫婦、昆弟、朋友五倫，涵蓋了儒家全部的社會關係結構和秩序理想要求。與前述「至公之仁」略有不同，這裡強調「行仁之本」，即「行仁」以「親親」之愛為其基本。「至公之仁」是從最終的天地境界來說的，而「仁者愛人」則是在現實關係中「仁」的具體落實。正因為如此，所以「天地人」所相同的內在本質「仁」不僅以愛親為始，而且需要符合不同環境的不同要求，即不僅要有「行仁之本」，而且要有「行仁之道」。當其具體落實於君臣、父子、夫婦、昆弟、朋友等各種關係之中，便有「等殺之別，節文所由生」，這就進一步體現為各種禮文之別。與一般地把「知」理解為知「別」不同，呂大臨最後仍然強調知「天人」之同，其所體現的仍然是「四端」、「五倫」的超越性品格。

二、致知窮理

「性」與「天道」、「人倫」之間的關係，決定了呂大臨必須處理道德與知識二者之間的張力問題。「性」代表著道德的超越性，性之「成」蘊含著人與萬物的相通無礙，在意義世界中合為一體；「天道」是性之來源，同時也是性之自然呈現，而「人倫」既來自於性，同樣也與天道合一。「性」處於天道

〔註23〕呂大臨：《禮記解·中庸》，見《藍田呂氏遺著輯校》，第290頁。

與人倫之間，起著樞紐性的作用。而無論是天道，還是人倫，都需付諸於具體的「物」才能得以體現。「物」一方面帶有價值性，附著著人之道德品性；另一方面又帶有知識性，是成性成德之客觀憑藉。這便涉及到呂大臨對「格物致知」和「窮理盡性」問題的態度。

（一）「格物致知」與「窮理盡性」

「格物致知」的說法出於《大學》「欲誠其意者，先致其知，致知在格物」，「窮理盡性」則出自《易傳・說卦》「昔者聖人之作《易》也……和順於道德而理於義，窮理盡性以至於命」，二者原本不屬於同一體系。

鄭玄解釋「致知」、「格物」說：「知，謂知善惡吉凶之所終始也。格，來也。物，猶事也。其知於善深，則來善物。其知於惡深，則來惡物。言事緣人所好來也。此致或爲至。」孔穎達疏曰：

> 「致知在格物」者，言若能學習招致所知。格，來也。己有所知，則能在於來物。若知善深則來善物，知惡深則來惡物。言善事隨人行善而來應之，惡事隨人行惡亦來應之。言善惡之來緣人所好也。〔註24〕

鄭玄訓「格」爲「來」，訓「物」爲「事」，把「知」之內容訓爲「善惡吉凶之所終始」。因此，「知」之內容是人之事，而不是客觀的物。所謂「來」，似乎表示的是一種因果關係，也即是說「物」與「知」是密切相關的。「知」之好惡會引起相應之「事」的出現。孔穎達在此解釋的基礎上，強調了「學習」實則即是「控制」的重要性。

對於「窮理盡性以至於命」，王弼只對「命」注曰：「命者，生之極，窮理則儘其極也」。孔穎達疏曰：

> 著數既生，爻卦又立，《易》道周備，無理不盡。聖人用之，上以和協順成聖人之道德，下以治理斷人倫之正義。又能窮極萬物深妙之理，究盡生靈所稟之性，物理既窮，生性又盡，至於一期所賦之命，莫不窮其短長，定其吉凶。
>
> 命者，人所稟受，有其定分，從生至終，有長短之極，故曰「命者，生之極」也。此所賦命乃自然之至理，故「窮理則儘其極」也。〔註25〕

〔註24〕孔穎達：《禮記正義》卷六十，第 1592 頁。
〔註25〕孔穎達：《周易正義》卷九，第 325 頁。

這裡首先指出的是《周易》之大用，繼而涉及的對萬物之理、性、命的必然性的把握。如果說「格物致知」強調的是生命主體之「知」與「事」的關係，那麼「窮理盡性」強調的恰恰是「知」與客觀之「物」的關係。

　　道學宗師張載與二程都極為重視《易傳》之「窮理盡性以至於命」，但他們的解釋路徑卻頗有不同，其中最顯著之處在於張載將之與《中庸》「誠明」聯繫起來相互詮釋，而二程則將之與《大學》「格物」聯繫起來。

　　張載說：

> 自明誠，由窮理而盡性也；自誠明，由盡性而窮理也。〔註26〕

> 須知自誠明與自明誠者有異。自誠明者，先盡性以至於窮理也，謂先自性理會來，以至窮理；自明誠者，先窮理以至於盡性也，謂先從學問理會，以推達於天性也。某自是以仲尼為學而知者，某今也竊希於明誠，所以勉勉安於不退。孔子稱顏淵曰：「惜乎吾見其進也，未見其止也。」苟惟未止，則可以竊冀一成就。自明誠者須是要窮理，窮理即是學也，所觀所求皆學也。〔註27〕

張載把「窮理」看作是「自明誠」的首要工夫。何為「窮理」？張載說：

> 乾坤，天地也；易，造化也。聖人之意莫先乎要識造化，既識造化，然後〔其〕理可窮。〔註28〕

> 明庶物，察人倫，庶物，庶事也，明庶物須要旁用；人倫，道之大原也。明察之言不甚異，明庶物，察人倫，皆窮理也。〔註29〕

顯然，「窮理」也就是探明人倫與物理之究竟。張載這裡將《易傳》之「窮理盡性」與《中庸》之「誠明」看作是相互詮釋的關係。《中庸》提到了「盡性」，但未提「窮理」，因而《中庸》實際上主要是在呈現「自誠明」的意義。張載則似乎恰好相反，主要呈現的是「自明誠」的意義。以張載之意，「盡性」是由己及物，自然而成，無需辨別；「窮理」則先需學問思辨，繼而上達天性。這樣，相比「盡性」，「窮理」顯然有了更強的工夫意味。

　　在二程看來，「『窮理盡性以至於命』，三事一時並了，元無次序，不可將窮理作知之事。若實窮得理，即性命亦可了。」〔註30〕這樣就與張載不同，

〔註26〕 張載：《正蒙·誠明篇》，見《張載集》，第21頁。
〔註27〕 張載：《張子語錄·語錄下》，見《張載集》，第330頁。
〔註28〕 張載：《橫渠易說·繫辭上》，見《張載集》，第206頁。
〔註29〕 張載：《張子語錄·語錄下》，見《張載集》，第329頁。
〔註30〕 程顥、程頤：《河南程氏遺書》卷二上，見《二程集》，第15頁。

二程不再區分「窮理」和「盡性」的不同。與張載把「窮理」和《中庸》之「誠明」、「盡性」聯繫起來不同，他們將「窮理」與《大學》之「致知格物」聯繫起來：

> 「致知在格物」。格，至也，窮理而至於物，則物理盡。〔註31〕
>
> 或問：「進修之術何先？」曰：「莫先於正心誠意。誠意在致知，「致知在格物」。格，至也，如「祖考來格」之格。凡一物上有一理，須是窮致其理。窮理亦多端，或讀書，講明義理，或論古今人物，別其是非，或應接事物而處其當，皆窮理也。」〔註32〕

由此觀之，二程與張載相同之處在於是都在道德修養工夫的意義上理解「窮理」，其不同在於，張載將道德修養分為若干階段，「窮理」只是始學之事，此外還有「盡心」、「盡物」、「盡性」工夫的存在；而二程所謂的「窮理」已盡工夫之全體，工夫不同只是窮理方式的不同，但其目的都是為了「窮理」而已。導致這一不同的原因，當然可以歸原於張載和二程對「理」之地位認識上的不同。

依照《中庸》的「成性」論，作為修養工夫的「聖人之學」便有「自誠明」和「自明誠」兩種路徑。張載的「知禮成性」說，意味著他注重的是由「明」而「誠」，而不是由「誠」而「明」。但這只是就修養工夫來說，就最終的境界來說，他並不否認「自誠明」的意義。實際上，正是「自誠明」才為「自明誠」提供了最終的人生理想境界和工夫修養目標。而這又使關洛二學具備相通的可能。但同樣也需承認，這兩種工夫理論也的確可以建立在不同的工夫起點上，從而使兩種工夫路徑的擇取發生衝突。張載與二程對「窮理盡性以致於命」的不同理解就根源於這一點，而呂大臨對之的獨特詮釋，也顯示出只有同時受關洛二學影響才可能具有的「縝密」特點。

無論是對張載，還是對二程，《易傳》中「窮理盡性以至於命」一語的解讀都意義重大。對於此句，呂大臨解釋說：

> 理、性與命，所言三者之狀，猶各言之，未見較然一體之實，欲近取譬，庶可共言所見。〔註33〕
>
> 「窮理盡性」，性盡至命。理窮無有不盡性者，所謂未善，但未

〔註31〕程顥、程頤：《河南程氏遺書》卷二上，見《二程集》，第21頁。
〔註32〕程顥、程頤：《河南程氏遺書》卷十八，見《二程集》，第188頁。
〔註33〕呂大臨：《易章句·說卦》，見《藍田呂氏遺著輯校》，第184頁。

化；所云人性之始，非盡性而何？正猶驟居富貴之人，富貴已歸，
尚未安爾。「不已」之說，恐未盡至命之義，更願求之。〔註34〕

直接來看，呂大臨這一解讀與二程十分相似，認為「理」、「性」、「命」雖有
不同，但仍可以在異中見同，「理」窮即可盡「性」，沒有將二者看作是兩個
階段。之所以如此，其原因在於呂大臨將「理」與「性」看作是一體。但他
與二程已存在微妙的不同，二程將「盡性」納入「窮理」工夫之中，取消了
「盡性」作為獨立工夫階段的存在性，而呂大臨則將「窮理」納入到「盡性」
工夫之中，窮理是服務於盡性的。而這正是由於呂大臨總是將天道或天理融
入到人倫常道之中來理解的原因所致。

（二）「窮理」與「致知」

呂大臨的「窮理」說，具有綜合張載和二程兩派之學的特點。首先，體
現在文本詮釋上，呂大臨既以「窮理」解《中庸》，也以「窮理」解《大學》。
其次，他把「窮理」等同於「自明誠」之工夫，而把「盡性」等同於「自誠
明」之工夫。再次，他也把「窮理」理解為「致知格物」的工夫。

呂大臨解釋《中庸》第二十章「誠者，天之道也；誠之者，人之道也」
說：

> 誠者，理之實然，致一而不易者也。天下萬古，人心物理，皆
> 所同然，有一無二，雖前聖後聖，若合符節，是乃所謂誠。誠即天
> 道也。天道自然，無勉無思，其中其得，自然而已。聖人誠一於天，
> 天即聖人，聖人即天。由仁義行，何思勉之有？故從容中道而不迫。
> 誠之者，以人求天者也，思誠而復之，故明有未窮，於善必擇；誠
> 有未至，所執必固。善不擇，道不精；執不固，德將去。學問思辨，
> 所以求之也；行，所以至之也。至之，非人一己百，人十己千，不
> 足以化氣質。〔註35〕

在呂大臨看來，「誠」之所以是「天道」，是因為：首先，「誠」即是「理」，
理則不變，誠則實然，二者內涵有異，但所指相同；其次，「誠」即自然，不
需勉力修為；再次，「誠」即聖人與天道合一之境界。與此不同，「誠之」則
是「以人求天」、「思誠而復之」的修養過程，因而需要「擇善固執」、「學問

〔註34〕 呂大臨：《易章句・說卦》，見《藍田呂氏遺著輯校》，第 184 頁。
〔註35〕 呂大臨：《中庸解》，見《藍田呂氏遺著輯校》，第 487 頁。

思辨」、「變化氣質」。呂大臨也把「誠」理解為「性之」，把「誠之」理解為「反之」。所謂「性之」與「反之」，出自《孟子·盡心下》「堯舜，性者也；湯武，反之也。」《孟子·離婁下》又說：「舜明於庶物，察於人倫，仁義行，非行仁義也。」呂大臨把「誠」與「誠之」、「性之」與「反之」相對照，顯然意在突出「誠」與「性」的天道自然意義和「誠之」與「反之」的工夫修養意義，前者是理論上的指向，而後者則是學者實際的修養方法。

呂大臨解釋《中庸》二十一章「自誠明，謂之性。自明誠，謂之教。誠則明矣，明則誠矣。」說：

> 謂之性者，生之所固有以得之；謂之教者，由學以復之。理之實然者，至簡至易。既已至之，則天下之理，如開目?萬象，不假思慮而後知，此之謂誠則明。致知以窮天下之理，則天下之理皆得，卒至於簡易實然之地，而行其所無事，此之謂明則誠。〔註36〕

> 「自誠明」，性之者也；「自明誠」，反之者也。性之者，自成德而言，聖人之所性也；反之者，自志學而言，聖人之教也。〔註37〕

在這裡，他同樣用「性」與「學」的二元結構理解「自誠明」和「自明誠」。「自誠明」是由性到知，而「自明誠」是由知到性，前者是「理」之自然，後者是「窮理」、「致知」；前者是「成德」之境界，後者是「志學」之工夫。

呂大臨所謂之「成德」，也就是「性之德」或「天德」，而「天德」也就是「至誠」之德，所謂「至誠與天地同德。與天地同德，則其氣化運行，與天地同流矣」〔註38〕。那麼，如何才能「反乎性之德」呢？對於「反之」，呂大臨認為「反之」包括了兩個階段，一個是「求」，另一是「至」，前者屬於「學」與「明」的問題，後者是「行」的問題。依據《中庸》第二十章，學之中又包括了「學問思辨」四項內容，但四者不是各自獨立的，而是共同指向「造約之功」，也即修身成德的目標：

> 學以聚之，聚不博則約不可得。「博學而詳說之，將以反說約也。」（《孟子》）為學之道，造約為功，約即誠也。不能至是，則多聞多見，徒足以餙口耳而已，語誠則未也，故曰「有弗學，學之弗能弗措也」。

〔註36〕呂大臨：《中庸解》，見《藍田呂氏遺著輯校》，第 487 頁。
〔註37〕呂大臨：《禮記解·中庸》，見《藍田呂氏遺著輯校》，第 297 頁。
〔註38〕呂大臨：《禮記解·中庸》，見《藍田呂氏遺著輯校》，第 300 頁。

學者不欲進則已，欲進則不可以有成心，有成心則不可與進乎道矣。故成心存，則自處以不疑，成心亡然後知所疑矣。小疑必小進，大疑必大進。蓋疑不安於故，而進於新者也。顏淵學爲孔子而未得者也，故疑之，「仰之彌高，鑽之彌堅，瞻之在前，忽焉在後」，皆疑辭也；孟子學爲舜而未得也，故疑之，「舜爲法於天下，可傳於後世，我猶未免爲鄉人」，亦疑辭也。所謂疑者，患乎未知也。如問之審，審而知，則進孰御焉？故曰「有弗問，問之弗知弗措也。」

學也，問也，求之外者也；聞也，見也，得之外者；不致吾思以反諸身，則學問聞見，非吾事也。故知所以爲性，知所以爲命，反之於我，何物也？知所以名仁，知所以名義，反之於我，何事也？故曰「思則得之，不思則弗得也」。慎其所以思，必至於得而後已，則學問聞見，皆非外鑠，是乃所謂誠也，故曰「有弗思，思之弗得弗措也」。

理有宜不宜，時有可不可，道雖美矣，膠於理則亂；誠雖至矣，失其時則乖，不可不辨也。辨之者，不別則不見，不講則不明，非精義入神，不足以致用，故曰「有弗辨，辨之弗明弗措也」。

四者，致知之道而未及乎行也。學而行之，則由是以至於誠無疑矣。知崇者，所以致吾知也；禮卑者，所以篤吾行也。學之博者，莫若知之之要；知之要者，不若行之之實也。行之之實猶目之視，耳之聽，不言而喻也；如日月之運行，不可得而已也。篤之猶有勉也，篤之至於誠，則不勉矣。行之弗篤，猶未誠也，故曰「有弗行，行之弗篤弗措也」。

「人一能之己百之，人十能之己千之」者，君子所貴乎學者，爲能變化氣質而已。德勝氣質，則柔者可進於強，愚者可進於明；不能勝氣質，則雖有志於善，而柔不能立，愚不能明。蓋均善而無惡者，性也，人所同也；昏明強弱之稟不齊者，才也，人所異也。誠之者，反其同而變其異也。思誠而求復，所以反其同也；人一己百，人十己千，所以變其異也。孟子曰「居移氣，養移體」，況學問之益乎？故學至於尚志，以天下之士爲未足，則尚論古之人，雖質之柔，而不立者寡矣；學至於致知格物，則天下之理斯得，雖質之愚，而不明者寡矣。夫愚柔之質，質之不美者也，以不美之質求變

而美，非百倍其功不足以致之。今以鹵莽滅裂之學，或作或輟，以求變不美之質，及不能變，則曰天質不美，非學所能變，是果於自棄，其爲不仁之甚矣。〔註39〕

從這段論述，可以看到，所謂「反之」也就是「思誠而求復，所以反其同」，所同者就是性與德。之所以異則是氣與質，所以「反之」的工夫就是「變化氣質」的工夫。「變化氣質」首先需要做的就是「志於學」。呂大臨進一步指出，所謂的「修道之謂教」，同樣指的是「學以復之」於性。這裡可以更清楚地看到，所謂「反之」也就是志學成德的過程。具體表現爲：其一，以窮理爲目標；其二，以變化氣質爲過程；其三，以學問思辨行爲具體途徑。正因爲如此，成德就不僅是一個修身的過程，還是一個在具體環境中隨時處變地實行的過程。

呂大臨把「窮理」作爲「志學」的目標，這一觀點在對《大學》的解讀中得到集中闡釋。如果說《中庸》對所志之「學」已經指出了清楚的方向，那麼《大學》則集中於所窮之「理」的具體過程。由此，我們進一步看他對「格物致知」的理解：

> 「致知在格物」，格之爲言至也。致知，窮理也。窮理者，必窮萬物之理同至於一而已，所謂格物也。合內外之道，則天人物我爲一；通晝夜之道，則生死幽明爲一；達哀樂好惡之情，則人與鳥獸魚鼈爲一；求屈伸消長之變，則天地山川草木人物爲一。孔子曰「吾道一以貫之」，又曰「天下同歸而殊塗，一致而百慮」，又曰「天下之動，貞夫一者也」，故知天下通一氣，萬物通一理。此一也，出於天道之自然，人謀不與焉，故大學之序，必先致知。致知之本，必知萬物同出於一理，然後爲至。一物之不至，則不能無疑，疑存乎胸中，欲至於誠，不啻猶天壤之異，千萬里之遠，欲卒歸於道而無惑，難矣！〔註40〕

呂大臨把「格物致知」解作「窮理」顯然是受了二程的影響。「格物」雖然具有外向性，卻有一個基點，這便是「一」。「理」雖隨物各各表現不同，但這個內在的基點卻是始終相同的。因而萬物之理實際從根本上來說是一理。「一」之所以可能的根據在於「天下通一氣，萬物通一理」，這是「天道之自然」的

〔註39〕呂大臨：《禮記解・中庸》，見《藍田呂氏遺著輯校》，第297頁。
〔註40〕呂大臨：《禮記解・大學》，見《藍田呂氏遺著輯校》，第373頁。

表現。「氣」與「理」是宇宙生成的兩大依據，原本是通同為一的。而呂大臨強調的「天道之自然」，對於學者而言，不是「實然」，而是「本然」，這是經過「格物致知」的修養工夫之後最終所需要達到的境界。因而呂大臨說「致知之本，必知萬物同出於一理，然後為至」。他強調的「合內外之道」、「通晝夜之道」、「達哀樂好惡之情」、「求屈伸消長之變」，都是要打通私意人為的隔閡，回覆天道本然的狀態。

呂大臨對「格物致知」的理解，並不是要「格物」來增進知識，而是要以此擴充心量，達到與萬物為一、物來順應、物我不隔的精神境界。這顯然與程顥的工夫論更相一致。這樣，「格物」便成為「致知」也即「窮理」的結果。因此，「窮理」與「盡性」的目的是一致的，不同僅僅在於對象的不同，「窮理」所針對的是物，「盡性」所針對的是人。呂大臨實際上是通過《大學》的「格物致知」把「窮理」和「盡性」貫通了起來。通過「格物致知」，最終達到了「知萬物同出於一理」的結果，也即不再以物的眼光看問題，而是以「理」的眼光看。這也就是「天道性命，自道觀之則一，自物觀之則異。」〔註41〕而心、身、家、國，成為一體之域，不再有內外分別。「合內外之道，則身也、家也、國也、天下也，無遠近之間，無彼我之異，特施之有先後而已。」〔註42〕因此，「知」始終以己之德性的建立為中心，修身而後可以責人，這是本末先後不可改易的為學順序，不但是當然之理，也是必然之理。

（三）「窮理」與「成德」

呂大臨在對《中庸》的解讀中開宗明義地指出，道德修養是「聖人之學」的目的所在，而「聖人之學」的最重要之處在於它為之提供了有序可循的工夫徑路。在呂大臨看來，《中庸》不僅提出了「天地之道」和「聖人之德」的最高境界，同時也闡釋了達到這一境界的工夫路徑（「序」）。他把「盡心」與「躬行」、「知（性）」與「盡（性）」、「始」與「卒」、「本」與「末」、「不使人過」與「不使人不及」等相提並論，其用意在於突出聖學「入德」、「進德」之「序」。正是在此意義上，他才一再強調《中庸》「皆聖人之緒言，入德之大要也」〔註43〕，「學者所以進德之要，本末具備矣」〔註44〕。

〔註41〕呂大臨：《孟子解‧盡心上》，見《藍田呂氏遺著輯校》，第 478 頁。
〔註42〕呂大臨：《禮記解‧大學》，見《藍田呂氏遺著輯校》，第 373 頁。
〔註43〕呂大臨：《禮記解‧中庸》，見《藍田呂氏遺著輯校》，第 270 頁。
〔註44〕呂大臨：《禮記解‧中庸》，見《藍田呂氏遺著輯校》，第 270 頁。

呂大臨雖然強調《中庸》本末兼具，但畢竟最重要的仍然是「本」。因而，學者首先需要做的就是「擇善而固執之」，其餘固然重要，但卻是「末」，否則便是「涉獵無本」。以末為本，就會流於「僥倖獲利」之學。聖人之學的目的，就是要在日常生活中通過對這一「本體」的把握和體證，達到最終「性與天道合一」的最高境界。但另一方面，呂大臨顯然不是要把道德修養工夫割裂為兩個階段，而是要說明其入手之處，也即說在平常的日用實行中包含著「天道性命」的大道精微之理，不可不慎。

如果說「盡心」與「躬行」注重的是主體對「性」與「道」的體認和踐履，那麼「德」就是「性」與「道」的落實和展開。「德」是在「知性」與「盡性」的過程中，達到對「道」的自覺遵循。因而「聖人之德」既包含了「中」（本體），也包含了「庸」（常道），在人倫秩序中安置了個體本身的生命意義，二者並行不悖，互相支持。呂大臨在序中概括說：

> 聖人之德，中庸而已。中則過與不及皆非道，庸則父子、兄弟、夫婦、君臣、朋友之常道。欲造次、顛沛、久而不違於仁，豈尚一節一行之詭激者哉？〔註45〕

> 禮得於身之謂德，由學然後得於身，得於身則與先得人心之所同然者同之。故誠之而至誠，乃天之道，是亦聖人也。〔註46〕

一言以蔽之，「聖人之德」也就是「中庸之道」的體現。只有如此，才能在「仁體」之中保證行為的正確性和合理性。可以看到，呂大臨不僅是根據「中庸」一名的主題來理解《中庸》的內容，同時也是以《中庸》的內容來理解「中庸」一名的真正涵義，因而呂大臨對「中庸」的解釋就並不是一個考據學問題，而是一個內在義理問題。從根本上也可以說，「中」與「庸」都是道的兩種規定性，「中」是不過與不及，「庸」則是人倫大道的常。

呂大臨顯然是以《中庸》的主旨在解《大學》。他首先指出「大學」的主旨是「大人之學」，這一點類似於《中庸》的「聖人之學」，但又有所不同。「聖人之學」意在指出「聖人之德」，以確立修學成德的根本依據和最終境界，但「大學」則隱含了「小學」，即呂大臨在《大學》的序中所指出的：

> 《大學》之書，聖人所以教人之大者，其序如此。蓋古之學者，有小學，有大學。小學之教，藝也，行也；大學之教，道也，德也。

〔註45〕呂大臨：《禮記解・中庸》，見《藍田呂氏遺著輯校》，第270頁。
〔註46〕呂大臨：《禮記解・鄉飲酒義》，見《藍田呂氏遺著輯校》，第395頁。

禮樂射御書數，藝也；孝友睦姻任恤，行也。自致知至於修身，德
也；所以治天下國家，道也。古之教者，學不躐等，必由小學然後
進於大學。自學者言之，不至於大學所止則不進；自成德者言之，
不盡乎小學之事則不成。〔註47〕

這就更側重於學者的修學次序，與《中庸》上達天德的主旨有所不同。所謂
「大人之學」就是「窮理盡性」之學。所謂「性」是指落實於萬物之中卻能
合天地內外爲一體的根本依據，「理」則是指「人倫物理」，也就是人與萬物
自身必須遵循的價值準則。「盡性」是《中庸》的主旨內涵，前文已有述及。
因而《大學》實際上集中於以「窮理」而至「盡性」，雖然二者是不可分的，
但畢竟入手工夫有具體的差異。呂大臨分別從「體」和「用」來區分「性」
與「理」的不同，而這種不同也可以理解爲一與多、合與分的不同。大人之
學雖然以「盡性」爲其最後目的，但其首先所面對的問題則是「窮理」。因此，
他把「窮理」和「盡性」的區別也理解爲是「由知到明」與「由至到誠」的
不同。由此可見，「大人之學」顯然是未至於「成性」之前的工夫修養階段。

呂大臨解釋《大學》首章說：

大學者，大人之學也，窮理盡性而已。性者，合內外之道，以
天地萬物爲一體者也。人倫物理，皆吾分之所固，有居仁由義，皆
吾事之所必然。物雖殊類，所以體之則一；事雖多變，所以用之則
一。知此然後謂之明，明則窮理者也；至此然後謂之誠，誠則盡性
者也。〔註48〕

窮理則本末終始，莫不有序，昭然成列，而不可亂也。知天下
皆吾體也，則不得不以吾身爲本，以天下爲末；知盡性者，必以明
明德於天下爲主，則不得不以致知爲始，以明明德於天下爲終。知
此則可以進道，故曰近。德至此，則與道爲一，夫何遠近之有哉？

〔註49〕

《大學》首章本是在表明「知」的內容和順序。儘管如在對《大學》的序文
中已經指出知行並進的必要性，在這裡仍然首先是「知」的問題。呂大臨把
「知此」與「至此」區別開來，「知」的可能性正在於所知之「物」中有「理」，

〔註47〕　呂大臨：《禮記解·大學第四十二》，見《藍田呂氏遺著輯校》，第370頁。
〔註48〕　呂大臨：《禮記解·大學》，見《藍田呂氏遺著輯校》，第371頁。
〔註49〕　呂大臨：《禮記解·大學》，見《藍田呂氏遺著輯校》，第372頁。

因而「窮理則本末終始，莫不有序，昭然成列，而不可亂也。」

三、知及仁守

呂大臨將「窮理」與「盡性」等同，但亦有與二程不同之處。二程認為「窮理」即是「盡性」，因而道德修養便只剩下「窮理」一事，問題便在於如何「窮理」。呂大臨則認為「窮理」只是基點，「窮理」之後還大有事在，這就是「合外內之道」，而「合外內之道」則不僅需要「成己」，亦需「成物」，這便需要兼顧「內」與「外」、「仁」與「知」，也即必須把知識納入到道德之中。

（一）「仁知」與「內外」

「合內外之道」出自《中庸》第二十五章：「誠者自成也，而道自道也。誠者物之終始，不誠無物。是故君子誠之為貴。誠者，非自成己而已也，所以成物也。成己，仁也；成物，智也。性之德也，合外內之道也，故時措之宜也。」《中庸》雖然在結構上重視「誠明」兩進，但「誠」與「明」之間的關係又是一體的。「誠」是「明」之基礎，而「明」則服務於「誠」。因此，在闡述完由「明」至「誠」的可能性之後，《中庸》接著就開始著重闡述「誠」本身的意義，這便轉入了「成己」和「成物」的並行結構。呂大臨對此解釋說：

> 理義者，人心之所同然者也。吾信乎此，則吾德實矣，故曰「誠者，自成也」；吾用於此，則吾道行矣，故曰「道自道也」。夫誠者，實而已矣。實有是理，故實有是物；實有是物，故實有是用；實有是用，故實有是心；實有是心，故實有是事，是皆原始要終而言也。箕不可以簸揚，則箕非箕矣；斗不可以挹酒漿，則斗非斗矣。種禾於此，則禾之實可收也；種麥於此，則麥之實可收也。如未嘗種而望其收，雖莨稗且不可得，況禾麥乎？所謂「誠者，物之終始，不誠無物」也。故君子必明乎善，知至意誠矣。既有惻怛之誠意，乃能竭不倦之強力；然後有可見之成功。苟不如是，雖博聞多見，舉歸於虛而已，是誠之為貴也。誠雖自成也，道雖自道也，非有我之得私也，與天下同之而已。故思成己，必思所以成物，乃謂仁知之具也。性之所固有，合內外而無間者也。夫天大無外，造化發育，皆在其間，自無內外之別。人有是形而為形所梏，故有內外生焉。

> 內外一生，則物自物，己自己，與天地不相似矣。反乎性之德，則
> 安有物我之異，內外之別哉？故「時措之宜」者，凡以反乎性之德，
> 而得乎喜怒哀樂未發之中，發而皆中節者也。〔註50〕

所謂「合外內之道」，就是「成己」、「成物」之道，也即仁智雙張之道。「內」
指的是「心」，「外」指的是「物」，「成己」指成就個人的德性，「成物」指使
天下萬物在道德世界各自具有其應有的意義。而所謂「性之德」，也就是「天
德」。天與人，人與物，其間從本體上來說，是沒有內外分別的。但是，從事
實上來講，人由氣化成形，有形就有別，所以只能在「反乎性之德」之後才
能重新達至物我合一、內外無別。合一無別的狀態，對「天」而言是實有的，
否則不足以化生萬物；對「人」而言只能是境界的，這就需要一個修養的過
程。前者就是「天之德」，後者則是「人之德」，溝通二者的中介是「性之德」。
由於「性之德」的最終根據來自於「天」，所以「性之德」具有實有性的一面；
同時，「性之德」又是人之修養的最終目標，所以帶有境界性的意味。

　　呂大臨的這一理解，也反映在其對《大學》「物格而後知至，知至而後意
誠，意誠而後心正，心正而後身修，身修而後家齊，家齊而後國治，國治而
後天下平」的解釋中：

> 　　知萬物同出於一理，知之至也，故曰「物格而後知至」。知至則
> 心不惑而得所止。心不惑而得所止則意誠矣，故曰「知止而後意誠」。
> 意誠則慎獨，慎獨則不爲異端所移，不爲異端所移則心正矣，故曰
> 「意誠而後心正」。身者，視聽言貌之謂也。心正而視聽言貌之不正
> 者，未之有也。所謂心誠求之，雖不中不遠矣。有是心也，則未有
> 不謹於禮，故曰「心正而後身修」。自身修而上，在己者也；自家齊
> 而下，在人者也。合內外之道則身也，家也，國也，天下也，無遠
> 近之間，無彼我之異，特施之有先後而已。意誠身修則德諧頑嚚矣，
> 家有不齊者乎？老以及老，幼以及幼，妃以及妃，子以及子，舉斯
> 而加諸彼，國有不治者乎？國與天下，小大之間爾，推是心也，無
> 所往而不可，此所以天下平也。〔註51〕

〔註50〕呂大臨：《中庸解》，見《藍田呂氏遺著輯校》，第490、300頁。《禮記集說》
　　　　無「故時措之宜者，凡以反乎性之德，而得乎喜怒哀樂未發之中，發而皆中
　　　　節者也」一句，有「故具仁與知，無己無物，誠一以貫之，合天德而施化育，
　　　　故能時措之宜也」。
〔註51〕呂大臨：《禮記解·大學》，見《藍田呂氏遺著輯校》，第373頁。

《大學》八條目,原本就是由修身而推及到治國平天下。對此,呂大臨也以「合內外之道」一貫而下,這與上述對《中庸》「成己」、「成物」的解釋是完全一致的。

「性」之無內外源於天之「無內外」,但人具有「性」的同時,總是相伴而生的是「形」,這便與天不再相似。因而如果要回到「性」之本身的無內外,就需要有「反乎性之德」從而「合內外」的工夫。呂大臨把「性」和「形」相對立起來,「性」本身就包含著「德」的內容,因而「性」的呈現就是「德」的呈現,二者在道德本體上是一致的。而「心」在其中的地位,則正好是這一呈現的動力和主體。「心」不僅具有道德性,也具有認知性。心之認知能力,可以偏離其道德屬性,也可以從屬於其道德屬性。呂大臨所謂「合內外之道」的實質,是要溝通心所具有的知識和道德的二重屬性,使之合二為一。

正因為如此,呂大臨提出的「性命之德,自合乎內外」,既是修養根據,同時也是最終目標。只有經過了「反乎性之德」的修養過程之後,才能合內外,自然也就具有「仁」與「知」的內涵,得未發之「中」。由此而言,生命主體既可以達到天地四方德化的境地,而且人倫也無所不正,儒家的道德理想就能夠完全實現。

因此,僅有「知」尚不能達到道德主體的真正建立,「知及」之後,還需「仁守」,才能由「明」而「誠」,止於至善。相對「知」而言,「仁」的意義更加根本。「仁」是性之本然內涵,「知」是性之外在呈現,或者說,「仁」是性之本體,「知」是性之用。表現在修養工夫層面,當需要將本心之理由己身推及於天下的時候,必須借助於「知」,但其前提卻是己身能夠「體仁」或「守仁」。呂大臨對《中庸》第七章解釋說:

> 擇乎中庸,可守而不能久,知及而仁不能守之者也。知及之,仁不能守之,自謂之知,安在其為知也歟?雖得之,必失之。故君子之學,自明而誠。明則能擇,誠則能守;能擇知也,能守仁也。
> 〔註52〕

由此可見,「仁」是「知」的前提,僅僅達到「知」,尚有所未至,必須以「仁」守之,才能持守中道。所以「君子之學」必須「自明而誠」,既能「擇」,又能「守」,以達到萬物所至。所謂「守」,也即在己身之中有真切地體會或體驗,這樣就可以保持道德感的持久而不失。「仁」、「知」原本為一體,但如果

〔註52〕呂大臨:《禮記解·中庸》,見《藍田呂氏遺著輯校》,第278頁。

在道德行為中做細緻區分，可以說，「知」偏重理性認知，「仁」則偏重情感體驗，二者都屬於人的心理屬性。呂大臨將「仁」上昇爲本體，顯然意在將「知」包含於「仁」之中，或者說將知識納入道德之中考量其作用和地位。

既然「仁」、「知」原本爲一體，那麼，僅僅「知及」而不能做到「仁守」，顯然是不行的；相反，僅僅以「仁」成德於己，而不能以「知」外推於事，同樣達不到最終的聖人境界：

> 仁者，誠於此者也；智者，明於此者也。反身而誠，知未必盡，如仲弓是也；致知而明，未必能體，如子貢是也。惟以致知之明誠其意，以反身之誠充其知，則將至於「不勉而中，不思而得」，故曰「仁且智，夫子既聖矣」。〔註53〕

相對於「知」，「仁」具有本體性的地位。因而，眞正能夠「體仁」、「守仁」，必然會有用於己，也能推己及人。呂大臨將「仁」理解爲是「誠」，將「知」理解爲「明」，顯然是以《中庸》所引申出的「誠明」兩進的工夫徑路來理解「仁」與「知」的作用。這樣，「仁」與「知」便成爲兩種並列的修養工夫。「仁」的作用在於「體」，「知」的作用在於「盡」。「體」則在己，「盡」則在物，這仍然是強調成己成物的「合外內之道」。

實際上，「仁」與「知」並不是兩個彼此隔絕的德性要求，眞正的「仁」一定包含「知」，反之亦然，眞正的「知」同時也就是「仁」：

> 仁者安仁，無欲而好仁，無畏而惡不仁者也。知者利仁，有欲而好仁者也。畏罪者強仁，有畏而惡不仁者也。三者之功，歸於仁而其情則異，此堯舜性之，湯武身之，五霸假之，所以異也。〔註54〕

這裡，呂大臨對仁者、智者和畏罪者之「仁」作了區分。仁者之仁是性之所然，不是外在事物的驅使；知者是出於仁之用而好仁，側重於對仁的功用的認識；畏罪者是出於強制力量，並沒有對仁的眞正認識。三者動機雖異，但其功效則一，都可以展示仁之功。那麼如何分辨眞正的「仁」呢？呂大臨接著說：

> 功者，人所貪也。假之者有之，故齊桓公九合諸侯，一匡天下湯武之舉，不過乎是，而其情則不同，故其仁未可知也。過者，人所避也，有不幸而致焉，故周公使管叔監殷，管叔以殷畔，過於愛

〔註53〕呂大臨：《孟子解‧公孫丑上》，見《藍田呂氏遺著輯校》，第470頁。
〔註54〕呂大臨：《禮記解‧表記》，見《藍田呂氏遺著輯校》，第315頁。

兄而已。孔子對陳司敗問昭公知禮,過於諱君而已。皆出乎情而無偽,故其仁可知。〔註55〕

分別「仁」的不同,不是在於功用,而是在於動機,這恰恰是從行仁者的過失中可以發現,這便是「觀過知仁」。這表明,呂大臨對「仁」的理解不是從功用的角度,而是從主體的本心出發的。因而,所謂的「知及仁守」實際上是以「仁」涵「知」,通過學的方式回歸本心,再從本心出發來處理事物,使之呈現出理之當然的價值秩序。

(二)仁之「兼天下而體之」

呂大臨論仁有著極高的道德情感和人倫關懷,這一點是與張載和程顥是一致的:

天下無一物非我,故天下無一物不愛,我體或傷,心則惕怛,理之自然,非人私智所能為也。人而不仁,非無是心,喪是心爾。故大人自任以天下之重,匹夫匹婦有不被堯舜之澤,若已推而納之溝中,豈勉強之所能為也?為人君止於仁,則君人者之於是也,舍仁曷以哉?〔註56〕

「仁」與「愛」不完全相同,就在於「仁」是德,包含著「愛」的情感,但其本身是源於天賦自然的道德本性。因而,惻隱仁愛之心是由天到人、一氣貫通的自然感受。「天生人物,流形雖異,同一氣耳。人者,合一氣以為體,本無物我之別,故孺子將入井,人皆有怵惕惻隱之心,非自外鑠也。」〔註57〕反之,麻木不仁之心恰恰是心性蔽固、與物隔絕的非本真表現。「『人皆有不忍人之心』,忍之則惕怛而不安,蓋實傷吾心。非譬之也,然後知天下皆吾體,生物之心皆吾心,彼傷則我傷,謀慮所及,非勉強所能。彼忍人者,蔽固極深,與物隔絕,故其心靈達於一身,而不達於外爾。」〔註58〕這樣,存養良心不僅是道德實踐的起點,也是恢復心性與天地萬物貫通的需要。

因此可以說,「仁」是人道之基點,而「道」是人道之展現。《中庸》第二十章說:「修身以道,修道以仁。仁者人也,親親為大;義者宜也,尊賢為大。親親之殺,尊賢之等,禮所生也。」這段話論述了「修身」與「修道」

〔註55〕呂大臨:《禮記解・表記》,見《藍田呂氏遺著輯校》,第315頁。
〔註56〕呂大臨:《禮記解・緇衣》,見《藍田呂氏遺著輯校》,第349頁。
〔註57〕呂大臨:《禮記解・緇衣》,見《藍田呂氏遺著輯校》,第349頁。
〔註58〕呂大臨:《孟子解・公孫丑上》,見《藍田呂氏遺著輯校》,第471頁。

以及「仁」、「義」、「禮」之間的關係。所謂「道」，就是「仁道」，而「仁道」必須輔以義和禮。呂大臨對此解釋說：

> 道者，人倫之謂也。非明此，人倫不足以反其身而萬物之備也，故曰「修身以道」。非有惻怛之誠心，盡至公之全體，不足以修人倫而極其至也，故曰「修道以仁」。夫人立乎天地之中，其道與天地並立而爲三者也。其所以異者，天以陰陽，地以柔剛，人以仁義而已。所謂道者，合天地人而言之；所謂仁者，合天地之中所謂人者而言之，非桔乎有我之私也。故非有惻怛之誠心，盡至公之全體，不可謂之仁也。〔註59〕

呂大臨把「道」理解爲人倫常道，並且進一步指出，「道」需要以「仁」爲體。顯然，在《中庸》論述的基礎上，他進一步提升了「仁」的意義。所謂「仁」，他將之理解爲「有惻怛之誠心，盡至公之全體」，其意涵包括兩個方面：一是有道德情感，能體之於身；二是有道德理性，能推及於人。與之相應，呂大臨對「道」的理解也是將「天道」內涵於「人道」之中。在宋明道學話語中，「天道」的內涵可以有兩層理解：一層是等同於「天理」，因而主要在作爲理義之來源來理解，二程最早系統地建構了這一理解路徑；另一層則更強調自然的生生造化，這是大部分道學家的共有之義，也是儒家天道的一個本有傳統。在呂大臨看來，「天道」就體現在「人道」之中，因而「人倫」就是「道」的表現。「仁」與「道」的實質內容是一致的，都是反身而誠、大公無私的體現，其不同在於「道」是「合天地人」而言，「仁」則只是就人而論。

呂大臨所說「人倫不足以反其身而萬物之備也」，源於孟子「萬物皆備於我矣。反身而誠，樂莫大焉。強恕而行，求仁莫近焉。」（《孟子・盡心上》）在孟子這裡，「我」是生命主體，「物」是生存世界或生命主體所面對的對象，「樂」是境界，「誠」與「仁」則既是工夫，也是境界。「誠」與「仁」的內涵基本上是一致的，就是要求生命主體回覆到眞實無妄、感通萬物的本心原初狀態，其不同只在於「誠」強調眞，而「仁」強調感。

呂大臨將「人倫」與「萬物皆備於我」的精神境界聯繫起來，與前述「唯能進常道，乃所以爲至道」是一致的，其目的在於一方面提升人倫在生命主體中的自覺性和境界性，另一方面也是將對天道本體的體認落實於人倫常道之中，不使之偏離儒家道德修養的方向。

〔註59〕呂大臨：《禮記解・中庸》，見《藍田呂氏遺著輯校》，第290頁。

這就表明人倫之中包含著除社會秩序以外更加廣泛的涵義，人倫之道不僅成就社會秩序，同時也成就萬物生成的自然秩序。因而在一人身上，也就包含了「萬物之備」。作爲社會秩序的人倫，如何可以成就自然秩序呢？這是因爲，人倫的根據在於人的本心。呂大臨把「仁」理解爲「有惻怛之誠心，盡至公之全體」，這就把「仁」由「仁者愛也」的情感表現，進一步提升到宇宙本體的高度。仁不僅是愛人，也是愛物，乃至與宇宙萬物感通一體而不可分割。這一點在程顥的《識仁篇》有頗有影響的表達。

呂大臨對「道」與「仁」之間關係的這一理解，也體現在他對《曲禮》中「道德仁義，非禮不成」的解釋中：

> 兼天下而體之之謂仁，理之所當然之謂義，由仁義而之焉之謂道，有仁義於己之謂德，節文乎仁義之謂禮。仁義道德，皆其性之所固有，本於是而行之，雖不中不遠矣。然無節無文，則過與不及害之，以至於道之不明且不行，此所以「非禮不成」也。〔註60〕

直接看來，呂大臨調整了「道德仁義」的順序爲「仁義道德」，主體性的意味更加突出。所謂「仁義道德」，是「性」的實質內容，是道德實踐的最終根據。四者之中，「仁」的意義具有首要性。「仁」本身就是道德本體，其範圍涵蓋天下，其內容又貫通一切，因而呂大臨強調「兼天下而體之之謂仁」。這一點是「道學」的共同特徵，尤其在程顥那裡表現的最爲突出。但「道學」並非僅僅是境界性的，它強調境界與實有的合一，因而本體之學又會體現在萬物生成以及日常踐履之中，這就需要有具體的分別合宜之道，這便是「義」，所謂「義」也就是「理之所當然」。與「仁義」相比，「道德」就顯得是附屬性的。「道」體現於由仁義行，「德」體現於得之於己身，而「禮」則是道德的具體規範。因而，「仁義」就是「道德」與「禮」的實質。「道」與「德」居於「仁義」與「禮」之間，是體與用的中介。

呂大臨既把「仁」理解爲「兼天下而體之」，又強調其「有惻怛之誠心，盡至公之全體」，其意義是相互貫通的。所謂「兼天下」便是「至公」，而能「體」是因爲有「惻怛之誠心」。如果說「至公之全體」強調的是萬物一體的境界，那麼，「惻怛之誠心」則強調感通萬物的過程，因而更具根本性。人倫常道的出發點就是「誠心」或「仁心」在不同的社會關係中的體現，這便需要隨時而變。「仁心」至公，但卻需要「親親」爲首；將仁心推之於所有事物，

〔註60〕呂大臨：《禮記解·曲禮上》，見《藍田呂氏遺著輯校》，第 191 頁。

又需以「尊賢」為大。呂大臨既強調人心的同一性，同時也在強調人倫的關係性。人倫關係的各種合理處理，反映的正是性之德的具體展現。

（三）識仁、定性與克己

呂大臨對「仁」的這種理解，與程顥的影響有關。馮從吾提到呂大臨入二程門下之後，「純公語之以『識仁』，先生默識深契，豁如也，作《克己銘》以見意。」〔註61〕馮從吾所作推論的基礎，是收在呂大臨所記《東見錄》中的程顥所作《識仁篇》和呂大臨一篇銘文《克己銘》。我們可以以此來比較程顥和呂大臨思想的同異，以確定其如何受洛學影響。

《東見錄》所記程顥論「仁」之語極多，其中最有影響的三條為：

學者須先識仁。仁者，渾然與物同體。義、禮、知、信皆仁也。識得此理，以誠敬存之而已，不須防檢，不須窮索。若心懈則有防，心苟不懈，何防之有？理有未得，故須窮索。存久自明，安待窮索？此道與物無對，大不足以名之，天地之用皆我之用。孟子言「萬物皆備於我」，須反身而誠，乃為大樂。若反身未誠，則猶是二物有對，以己合彼，終未有之，又安得樂？《訂頑》意思，乃備言此體。以此意存之，更有何事？「必有事焉而勿正，心勿忘，勿助長」，未嘗致纖毫之力，此其存之之道。若存得，便合有得。蓋良知良能元不喪失，以昔日習心未除，卻須存習此心，久則可奪舊習。此理至約，惟患不能守。既能體之而樂，亦不患不能守也。〔註62〕

《訂頑》一篇，意極完備，乃仁之體也。學者其體此意，令有諸己，其地位已高。到此地位，自別有見處，不可窮高極遠，恐於道無補也。〔註63〕

醫書言手足痿痺為不仁，此言最善名狀。仁者，以天地萬物為一體，莫非己也。認得為己，何所不至？若不有諸己，自不與己相干。如手足不仁，氣已不貫，皆不屬己。故「博施濟眾」，乃聖之功用。仁至難言，故止曰「己欲立而立人，己欲達而達人，能近取譬，可謂仁之方也已。」欲令如是觀仁，可以得仁之體。〔註64〕

〔註61〕馮從吾：《關學編》卷一，第11頁。
〔註62〕程顥、程頤：《河南程氏遺書》卷第二上，見《二程集》，第16～17頁。
〔註63〕程顥、程頤：《河南程氏遺書》卷二上，見《二程集》，第15頁。
〔註64〕程顥、程頤：《河南程氏遺書》卷二上，見《二程集》，第15頁。

上錄第一條，即爲著名的《識仁篇》。程顥論「仁」，的確比呂大臨要詳盡，他們的一致之處也甚多，如都引證孟子「萬物皆備於我」來論述「體仁」或「識仁」之精神境界。由此亦可見，呂大臨顯然受到了程顥的影響。

程顥論「仁」之特點在於，從「仁」即「理」一併論之，即本體即工夫，尤其注重「萬物一體」的精神境界。因而，他也特別推崇張載的《西銘》（原名《訂頑》，二程後改名爲《西銘》）。《西銘》有言：

> 乾稱父，坤稱母；予茲藐焉，乃混然中處。故天地之塞，吾其體；天地之帥，吾其性。民吾同胞，物吾與也。〔註65〕

這與程顥所說的「萬物一體」境界是相同的。但張、程之間並非完全一致，由此引起程顥對張載的批評。在程顥看來，由於張載將「氣」作爲「感通」的切入點，因而導致以「心」求「理」、天人爲二，進而又導致以「防檢」、「窮索」爲道德修養工夫，容易使人偏離正確的修養方向。〔註66〕

程顥「識仁」之說的提出，可能是針對呂大臨「患思慮多，不能驅除」〔註67〕的問題而提出的相應克治辦法。對於呂大臨的治學特點，張載生前就曾批評過他「求思也褊」〔註68〕，也曾對他做出引導。面對同樣的問題，張、程的方法的確是不盡相同的。

《張子語錄》中涉及呂大臨的一段語錄原文較長，對呂大臨的品評毋寧說只是論述他自己修養工夫論的一個引子：

> 呂與叔資美，但向學差緩，惜乎求思也褊，求思雖猶似褊隘，然褊不害於明。褊何以不害於明？褊是氣也，明者所學也。明何以謂之學？明者言所見也。〔註69〕

張載一方面充分肯定了呂大臨的向學之心，另一方面也針對呂大臨的性格特點提出了相應的修養工夫路徑。呂大臨性格上的「求思也褊」到底對其道德修養產生了多大的負面影響，由於資料缺少，難以有具體的瞭解。但是，張載提出的克治辦法，顯然並不是僅僅針對呂大臨個人，而有著普遍性的意義。

〔註65〕張載：《正蒙・太和篇》，見《張載集》，第62頁。
〔註66〕二程說：「橫渠教人，本只是謂世學膠固，故說一個清虛一大，只圖得人稍損得沒去就道理來，然而人又更別處走。今日且只道敬。」見程顥、程頤：《河南程氏遺書》卷第二上，見《二程集》，第34頁。
〔註67〕程顥、程頤：《河南程氏遺書》卷第一，見《二程集》，第8頁。
〔註68〕張載：《張子語錄》，見《張載集》，第329頁。
〔註69〕張載：《張子語錄》，見《張載集》，第329頁。

張載由此提出「氣者在性學之間」的著名命題：

> 氣者在性學之間，性猶有氣之惡者爲病，氣又有習以害之，此
> 所以要鞭闢至於齊，強學以勝其習氣。〔註70〕

張載把性分爲「天地之性」與「氣質之性」。既然都是「性」，便都是先天的，但前者直接通向性之本體也即天道本體，因而具有超越性；後者則是現實性的，不但先天有可能造成性格上的「褊隘」，而且還會在社會生活中形成某種不自覺的習慣即「習氣」，二者都會阻礙道德修養，使人性不能向本性上的至善回歸。因此張載主張「強學以勝其習氣」，這便有了「防檢」和「窮索」的味道。

關於「性」之理解的問題，程顥早年亦曾與張載就如何「定性」的問題展開過深入的討論，這便是著名的《定性書》。其中說道：

> 所謂定者，動亦定，靜亦定：無將迎，無內外。苟以外物爲外。
> 牽己而從之，是以己性爲有內外也。且以己性爲隨物於外。則當其
> 在外時，何者爲在內？是有意於絕外誘，而不知性之無內外也。既
> 以內外爲二本，則又烏可遽語定哉？〔註71〕

這次論學表明，關洛兩派基本上已經形成了彼此有同但也有異的思想體系和工夫路徑，其中的差異更是直接推動了以後理學思想的發展和對工夫論的進一步理解。簡言之，程顥強調「性」之無內外，因而相應的修養工夫亦當是隨順自然，不加刻意之功。對於「性」的理解，張載當然也會贊同，但張載的修養工夫則強調漸進次序，也即需要由「明」至「誠」，或由「窮理」繼而至「盡性」，這便與程顥不同。

程頤評價呂大臨「守橫渠學甚固，每橫渠說處皆相從，才有說了，便不肯回」〔註72〕，這就使關洛之學不同的爲學徑路和理論理解直接投射到程顥對呂大臨的引導之中。這樣，從呂大臨在道德修養過程中所遇到的問題，以及張載和二程對之不同的回應，即可從一個側面瞭解呂大臨的思想特點和入手工夫問題，以及程顥《識仁篇》對呂大臨思想發展的意義。

二程對呂大臨的指點當然不同於張載：

> 與叔所問，今日宜不在有疑。今尚差池者，蓋爲昔亦有雜學。

〔註70〕　張載：《張子語錄》，見《張載集》，第329頁。
〔註71〕　程顥、程頤：《河南程氏文集》卷第二，見《二程集》，第460頁。
〔註72〕　程顥、程頤：《河南程氏遺書》卷第十九，見《二程集》，第265頁。

故今日疑所進有相似處，則遂疑養氣爲有助。便休信此說。蓋爲前日思慮紛擾，今要虛靜，故以爲有助。前日思慮紛擾，又非義理，又非事故，如是則只是狂妄人耳。懲此以爲病，故要得虛靜。其極，欲得如槁木死灰，又卻不是。蓋人活物也，又安得爲槁木死灰？既活，則須有動作，須有思慮。必欲爲槁木死灰，除是死也。忠信所以進德者何也？閑邪則誠自存，誠存斯爲忠信也。如何是閑邪？非禮而勿視聽言動，邪斯閑矣。以此言之，又幾時要身如枯木，心如死灰？又如絕四後，畢竟如何，又幾時須如枯木死灰？敬以直內，則須君則是君，臣則是臣，凡事如此，大小大直截也。〔註73〕

有言養氣可以爲養心之助。曰：「敬則只是敬，敬字上更添不得。譬之敬父矣，又豈須得道更將敬兄助之？又如今端坐附火，是敬於向火矣，又豈須道更將敬於水以助之？猶之有人曾到東京，又曾到西京，又曾到長安，若一處上心來，則他處不容參然在心，心裏著兩件物不得。」〔註74〕

張載有「誠者，虛中求出實」、「虛心然後能盡心」、「虛心則無外以爲累」〔註75〕、「學者先須變化氣質，變化氣質與虛心相表裏」〔註76〕、「修持之道，既須虛心，又須得禮，內外發明，此合內外之道也」〔註77〕等語，因而，二程之批評可能是針對張載的。以上所言，雖未標明爲誰語，但與程顥《識仁篇》所說「識得此理，以誠敬存之而已」是完全一致的。這裡反覆強調的，也正是要破除張載所區分的「合內外」之說。

儘管呂大臨接受了程顥的「萬物一體」觀念，但如前所述，其論「仁」包含著內外的區分。因而可以說，呂大臨仍然保持著來自於張載的關學特色。

這一綜合張載、程顥之學的特點，也表現在馮從吾和後來諸學案所屢屢道及的《克己銘》中。呂大臨所理解的「克己」，不是全然沒有主體和一切都隨順自然，否則便會流於虛無；而是指打破自己身上「氣質之性」對「天地之性」的阻礙作用，從而使人的身心完全成爲本然之性的發用流行。從其《克己銘》所言「凡厥有生，均氣同體」，「志以爲帥，氣爲卒徒」，「皇皇四達，

〔註73〕程顥、程頤：《河南程氏遺書》卷第二上，見《二程集》，第 26 頁。
〔註74〕程顥、程頤：《河南程氏遺書》卷第二上，見《二程集》，第 27 頁。
〔註75〕張載：《張子語錄》，見《張載集》，第 324～325 頁。
〔註76〕張載：《經學理窟・義理》，見《張載集》，第 274 頁。
〔註77〕張載：《經學理窟・氣質》，見《張載集》，第 270 頁。

洞然八荒」，「孰曰天下，不歸吾仁」〔註78〕等語中，可以看到，他所強調的都是從同「氣」同「體」的規模上理解「仁」的內涵。這便在感通一體的精神境界中，使「氣」的存在性發生價值轉化。這裡無疑仍有張載重視氣化之道的影響所在。

　　經過程顥「識仁」點撥，雖然呂大臨思想仍然具有關學的特色，但畢竟有了新的體會，因此才會寫下「克己銘」以作表達。「克己」是張載和二程都注重的修養工夫，但張載重視「強學以勝其習氣」，二程則重視「敬即便是禮，無己可克」〔註79〕。由《克己銘》可以看到，呂大臨首先肯定了「氣」的正面作用，即人與物正是通過氣的感通作用才實現了「同體」的效應。因此，「氣質」並不成為道德修養中需要做「防檢」工夫的理由。真正需要做的是打破人為的己與物的隔閡，恢復感通物我的仁心。這便需要存「誠」見性，自然會以志御氣。從程顥的「識仁」點撥到呂大臨的「克己」警醒，顯示出呂大臨糅合關洛的特徵。

四、誠一於天

　　呂大臨道學思想受《中庸》影響甚巨，這不僅反映在他以「至道」理解「中」，以「常道」理解「庸」，重視「唯能進常道，乃所以為至道」，也反映在他尤其重視「成己」、「成物」的「誠明」兩進的工夫和境界理論中。所謂「誠」，在呂大臨這裡具有本體論的意義，它不僅是天道的自然展現，也是學者學聖成德的最高境界；是「心」之內在本體，也是其感通萬物的前提和依據。正因為如此，所以呂大臨反覆強調「若性命之德，自合乎內外，故具仁與智，無己無物，誠一以貫之，合天德而施化育，故能時措之宜也。」〔註80〕

（一）誠以為己

　　「誠」是《中庸》最重要的概念之一。「中」、「庸」、「誠」三者，實際上是相互包含的，「中」是天道本體，「庸」是人倫常道，「誠」是天道自然，離開任一方面，其餘二者都將失去意義。〔註81〕張載對《中庸》思想的吸收主

〔註78〕呂大臨：《克己銘》，見《全宋文》第110冊，第179頁。
〔註79〕程顥、程頤：《河南程氏遺書》卷十五，見《二程集》，第157頁。
〔註80〕呂大臨：《禮記解·中庸》，見《藍田呂氏遺著輯校》，第300頁。
〔註81〕在呂大臨看來，《中庸》可以分為三個部分，第一章到第十一章是第一部分，第十二章到第二十章的「凡為天下國家有九經，所以行之者一也」為第二部

要在「誠」的方面，呂大臨也是如此。雖然《中庸》到第二十章才「言誠始詳」，但在呂大臨看來，「誠」與「中庸」之道一樣，實際上貫穿全文。

在對第一章中「道也者，不可須臾離也，可離非道也」的解釋中，呂大臨說：「此章明道之要，不可不誠。道之在我，猶飲食居處之不可去，可去皆外物也。」〔註82〕可見，「誠」是連接「道」與「我」的關鍵環節，使天道人倫向生命個體之修養工夫的轉折中具有了一個基本的立腳點。呂大臨進一步解釋「君子慎其獨」說：「誠以爲己，故不欺其心。人心至靈，一萌於思，善與不善，莫不知之。他人雖明，有所不與也。故『慎其獨』者，知爲己而已。」〔註83〕「誠」首先被確定爲人心的基本規定性。「誠以爲己」，也就是「反身而誠」或「誠一反本」，都是工夫論的要求。通過「誠」的提出，呂大臨直接把「存在論」的指示提高到了「本體論」的指示之中。

在《禮記解·中庸》對同一章的解釋中，呂大臨又說：

> 隱微之間，不可求之於耳目，不可道之於言語，然有所謂昭昭而不可欺、感之而能應者，正惟虛心以求之，則庶乎見之，故曰「莫見乎隱，莫顯乎微」。然所以「慎其獨」者，茍不見乎此，則何戒慎、恐懼之有哉？此「誠之不可揜」也。〔註84〕

在這裡，呂大臨把「誠心」和「虛心」聯繫起來，來表達人心的功能和作用，「誠」不僅是表達人心的必需，也是表達天道本體的需要。所謂「隱微之間，不可求之於耳目，不可道之於言語」，表明即便是難以感知之「物」，只要「反身而誠」，「虛心以求」，仍然可以把握其實存性。「反身而誠」，使得天道本體直接向人心呈現，因而就不爲他人所知，成爲僅僅是「爲己」的問題。

「誠之不可揜」出自《中庸》第十六章，因而可以與之相對照。呂大臨說：

> 此章論誠之本，唯誠所以能中庸。「神以知來，知以藏往」，「往

分，其餘爲第三部分。在《中庸解》第十二章起首，呂大臨指出「此已上論中，此已下論庸，此章言常道之終始。」因此，呂大臨認爲第一部分的中心在於論「中」也即道之「本體」，第二部分的中心在於論「庸」也即「常道」。在對第二十章的解釋的結尾部分，呂大臨提出「一即誠也」，因此從第二十一章開始到結尾的第三部分所論的就是爲什麼說「誠即天道」以及如何達到「誠一於天」的問題。

〔註82〕呂大臨：《中庸解》，見《藍田呂氏遺著輯校》，第481頁。
〔註83〕呂大臨：《中庸解》，見《藍田呂氏遺著輯校》，第481頁。
〔註84〕呂大臨：《禮記解·中庸》，見《藍田呂氏遺著輯校》，第273頁。

者屈也，來者伸也」，所屈者不亡，所伸者無息，雖無形聲可求，而物物皆體。弗聞弗見，可謂微矣，然體物不遺，此之謂顯；不亡不息，可謂誠矣，因感必見，此之謂「不可揜」。〔註85〕

在這一章的解釋中，可以更清楚地呈現出「本體」與「存在」的關係。所謂「誠之本」是指「誠」的本然存在狀態。在這一狀態中，既包括「存在論」的內容，也包括「本體論」的內容。「無形聲可求」、「弗聞弗見」都是就存在狀態本身來說的，也即通過直接的感知是無法把握「誠」的，也無法把握「中庸」之道。這就否定了從認識論上通達「誠」與「中庸」的可能性。然而，這並不表明「誠」與「中庸」不能把握。所謂「體物不遺」、「因感必見」，都是從對「本體」的內向反思中獲得的。通達「本體」，不能依靠感官的認識，而要通過「心感」和「心體」。這便指出了由內在工夫通達「本體」的另外一條道路。

誠的觀念不僅來自於《中庸》，也來自於《孟子》。呂大臨在解釋《孟子》「誠身有道，不明乎善，不誠其身矣。是故誠者，天之道也；思誠者，人之道也」時說：

自治民而造約，必至於明善然後已。明善者，能明其善而已，如明仁義，則知凡在我者以何爲仁、以何爲義；能明其情狀而知所從來，則在我者非徒悅之而已。在吾身誠有是善，所以能誠其身也。〔註86〕

誠者，理之實然，致一而不可易者也。大而天下，遠而萬古，求之人情，參之物理，理之所同然者，有一無二，雖前聖後聖，若合符節，理本如是，非人私智所能爲，此之謂誠。誠即天道也。天道自然，何勉何思？莫非性命之理而已。故誠者，天之道，性之者也；誠之者，人之道，反之者也。聖人之於天道，性之者也；賢者之於天道，反之者也。性之者，成性而與天無間也，天即聖人，聖人即天，從心所欲，由仁義行也，出於自然，從容不迫，不容乎思勉而後中也；反之者，求復乎性而未至也，雖誠而猶雜之僞，雖行而未能無息，則善不可不思而擇，德不可不勉而執，不如是則不足以至乎誠矣。〔註87〕

〔註85〕 呂大臨：《中庸解》，見《藍田呂氏遺著輯校》，第 484 頁。
〔註86〕 呂大臨：《孟子解・離婁上》，見《藍田呂氏遺著輯校》，第 473 頁。
〔註87〕 呂大臨：《孟子解・離婁上》，見《藍田呂氏遺著輯校》，第 473 頁。

「誠」之本義原本只是指「語言信實」，進而引申爲一種內心的存在狀態。如果考慮到《中庸》成書時代之爭議，那麼，可以說孟子是最早明確將「誠」提升爲「天道」之「本體」地位的儒家學者。「天道」何以爲「誠」？呂大臨認爲，這是因爲天道雖然生化萬物，但其中蘊含著不變的本性和理義。聖人以本性而行，故而可以如同天道一樣，從容自然；學者則需以此爲學，明善於身，思之勉之以成性。對於天道而言，人道爲「反」；對於聖人之道而言，學者之道爲「反」。「反」就是明善於身的修養工夫，而「性」是本體論依據，「誠」是作爲境界化的存在狀態。

（二）誠一反本

在呂大臨這裡，「本」是一個重要的概念。「本」不僅具有本體論的意義，同時也具有存在論意義。由於中國哲學沒有把現象與本體二元對立，所以作爲根據的「本體」同時也展現爲具體的「存在」狀態，只不過這是經過精神轉化之後的存在。因此，所謂「本」可以理解爲「本然」，它既包括「天道」之本然，也包括「人心」之本然，二者是相互貫通的。

如果說「本心」是順著心之固有理義而言的，那麼，「誠心」之說則是對天人合一的境界形態的描述。本然之心，是未被影響之心，是自然而然之心，因而也就是「誠心」。因此，對「本心」的把握，需要借助於「誠」：

> 反本之要，吾心誠然而已。心誠然之，豈繫乎人之見與不見？唯內省不疚可矣。其中有本，不待言動，而人敬信。天何言哉？四時行焉，百物生焉。不必賞罰，而人知勸沮。其盛德之盛，足以使人愛敬。愛之則樂從，故不待動；敬之則不敢慢，故不待懲。其斯之謂歟！〔註88〕

呂大臨一方面把「心」理解爲通向「性與天道」之「知」的工夫，另一方面又把「本心」的意義等同於「性與天道」。這樣，《中庸》「誠」與「誠之」，「自誠明」與「自明誠」，「性之」與「反之」等，都同時具有了境界和工夫的意義。正是在這一意義中，呂大臨一方面強調心、學、知的意義，另一方面又強調性、理、誠的意義。前者是工夫，後者是本體和境界。前者不能不思之勉之，而後者則恰好無需思勉。「本」即是「誠」，對於天或人都是如此。而「本心」也就是「誠心」，亦是無思無勉，無從著以工夫，其首要意義是工夫

〔註88〕呂大臨：《中庸解》，見《藍田呂氏遺著輯校》，第493頁。

之指向和果效。

　　雖然「天道」之「誠」是不著工夫的，而作爲一種狀態的「人心」之「誠」也是自然流露，無法著以工夫的，但作爲「心」之內在的「誠意」卻是可以施以工夫。呂大臨未對「誠心」和「誠意」做出區別，但他實際上不僅強調「誠心」的本體意義，也強調「誠心」的工夫意義。如他說：

　　　　知鬼神爲可敬，則鬼神無不在，「洋洋乎，如在其左右」，雖隱
　　　微之間，恐懼戒愼而不敢欺，則所以養其誠心至矣。蓋以不如是，
　　　則不足以立身。身且不立，烏能治國家哉？故曰「明乎郊社之禮，
　　　禘嘗之義，治國其如示諸掌乎」，此之謂也。〔註89〕

這是以「愼獨」工夫養其「誠心」，但與以後理學越來越偏於內向的「誠意」之「愼獨」工夫相比，呂大臨的特點在於主要是在「禮」之養心、敬心的意義上重視「愼獨」。他所謂「誠心」不能等同於「誠意」，而是包含著身心交養的意義。因此，呂大臨對「誠心」工夫理解的相當廣泛，一方面是對心之自身的修養，由此以立身；另一方面也是由之治國、成物。

　　作爲心之內在的特質，「誠心」可以包含並轉化爲一種自然情感。呂大臨因而常把「愛」與「誠」相提並論，如他說：「所謂愻怛之愛，猶慈母之愛，非責報於其子也，非要譽於他人也，發於誠心，不知其他而已。」〔註90〕這也就是說理解「愛」的眞正意義，需要建立在「誠」的基礎上。呂大臨強調「愛」以「誠」爲基礎，與他把「理」與「情」進行區分有關。而他之所以作出這一區分，又是因爲「情」可能流於私，而「理」則是絕對的公。因此，僅有「愻怛」是不夠的，還需發於「誠心」。

　　呂大臨特別重視「誠」之「公」的意義。「蓋誠心不至，則好惡不明。好惡不明，則民莫知其所從違。如此而欲人心之孚，天下向風難矣。」〔註91〕人心之中就既包含著由「誠心」而發之自然情感，也包含著「血氣」而發之好惡、爭競、機利之心，二者處在一種對立的關係。正是在人倫關係中，「誠心」才能完全地展現出來。正因如此，所以呂大臨才強調「非有惻怛之誠心，盡至公之全體，不足以修人倫而極其至也。」〔註92〕

〔註89〕　呂大臨：《禮記解・中庸》，見《藍田呂氏遺著輯校》，第 289 頁。
〔註90〕　呂大臨：《禮記解・表記》，見《藍田呂氏遺著輯校》，第 326 頁。
〔註91〕　呂大臨：《禮記解・緇衣》，見《藍田呂氏遺著輯校》，第 340 頁。
〔註92〕　呂大臨：《禮記解・中庸》，見《藍田呂氏遺著輯校》，第 290 頁。

（三）誠一於天

天地萬物一體是經過「誠心」的修養之後才達到的。在「至誠」境界中，「本心」完全呈現，本心所共通的「理義」也自然朗現。「理義」只有通過人的實踐能力才能體現爲「天道」。「反身而誠」，是把握本心義理、體現天道的成德工夫，氣化流行也在這個過程中成爲天理天道的實現。

呂大臨說：

> 誠者，理之實然，致一而不易者也。天下萬古，人心物理，皆所同然，有一無二，雖前聖後聖，若合符節，是乃所謂誠。誠即天道也。天道無勉無思，其中其得，自然而已。聖人誠一於天，天即聖人，聖人即天。由仁義行，何思勉之有？故從容中道而不迫。〔註93〕

> 誠一於理，無所間雜，則天地、人物、古今、後世，融徹洞達，一體而已。〔註94〕

由此可見，「誠一反本」的「本」與「一」既涵蓋人心，也包括物理，是由「本心」對「天理」的直接通達。「誠」既是對天道流行狀態的描述，同時也是人之道德修養的最高境界，是聖人之德。在至誠境界中，聖人就是天地之德的體現，不再有形軀的隔限，天地人物我成爲一體，這便達到了超越私己、萬物爲一的境界。因此，所謂「萬物一體」，不是一個無人的物理世界，而是一個包含著時間和空間由人之德性修養而成的價值世界。「誠」首先表現爲天道流行的本然狀態，人道亦是天道之體現。當人道與天道相合時，「誠」的意義便可完全顯現。

因此，「養氣成性」的修養工夫就是「至誠盡性」的落實，不僅關係到個人的道德實踐，也關係到天地萬物的成其自身。「性與天道一也」，「聖人之德」同於「天地之德」。成己之性就能成人之性，成人之性就能成物之性。正因爲如此，所以呂大臨強調「知」與「天地參」的作用。對於聖人而言，驗效就是當下與天地流行的；對於學者而言，卻是就在修道之教之中的。呂大臨對《中庸》第一章「致中和，天地位焉，萬物育焉」解釋說：

> 致中和者，至誠盡性之謂。故與天地合德而通乎神明者，致中者也；察乎人倫、明乎庶物、體信以達順者，致和者也。「惟至誠，爲能盡其性；能盡其性，則能盡人之性；能盡人之性，則能盡物之

〔註93〕 呂大臨：《中庸解》，見《藍田呂氏遺著輯校》，第487頁。
〔註94〕 呂大臨：《中庸解》，見《藍田呂氏遺著輯校》，第489頁。

性；能盡物之性，則可以贊天地之化育，可以與天地參矣。」人者
與天、地並立而爲三，「盡人之性」，則人道立；人道立，則「經綸
天下之大經」，而天尊地卑，上下定矣。人道不立，則經不正，經不
正則顚倒逆施，天地安得而位諸？「盡物之性」，則昆蟲、草木與吾
同生者也，「不合圍，不揜群」，至於「不麛、不卵、不殺胎、不覆
巢」，此雖「贊天地之化育」，猶政事之所及，而至誠上達，與天地
同流，化育萬物者，致中和之效也。〔註95〕

在這裡，呂大臨非常清楚地表達了通過「誠」來連接天地萬物這一即本體即
功能的特點。因此，聖人「至誠不息」，所指出的雖然是一個本然事實，但對
於學者而言卻是最重要的工夫境界問題。

在「至誠」境界中，物我彼此的界限都被打破了，氣稟的限制也不再存
在，天地萬物皆爲一體。這種「天道自然」、「至誠不息」的天人合一境界，
只有完全體現了本然之性之流行的「聖人」才能眞切的認識到，因而也就成
爲「學者」道德修養的最終境界指向和理想的追求。呂大臨對「唯天下至誠」
一章解釋說：

「唯天下至聖」一章，論天德，唯聖人可以配之；「唯天下至誠」
一章，論天道，唯聖人爲能知之。大經，天理也，所謂庸也；大本，
天心也，所謂中也。化育，天用也，所謂化也。反而求之，理之所
固有而不可易者，是爲庸，親親、長長、貴貴、尊賢是已，謂其所
固有之義，廣充於天下，則經綸至矣；理之所自出而不可易者，是
爲中，赤子之心是已，尊其所自出而不喪，則其立至矣；理之所不
得已者，是爲化，氣機開闔是已，窮理盡性，同其所不得已之機，
則知之至矣。知者，與「聞一以知十」、「窮神知化」、「樂天知命」
之「知」同，所謂「與天地參」者也。至誠而至乎此，則天道備矣，
天德全矣。〔註96〕

呂大臨在這裡，把「天德」與「天道」、「配之」與「知之」並列，同他的「知
禮成性」、知行並進的工夫路徑是一致的。但後者僅是對學者而言的，這裡的
「配之」與「知之」則已經是聖人已經擁有的品格，已經與天合一，所以這
裡的描述更多是境界論上的指點，而不是工夫論上的要求。在「天德」、「天

〔註95〕呂大臨：《禮記解‧中庸》，見《藍田呂氏遺著輯校》，第 274 頁。
〔註96〕呂大臨：《禮記解‧中庸》，見《藍田呂氏遺著輯校》，第 307 頁。

道」最高本然存在之中，包含一切當有的價值秩序，如「庸」與「中」、「天理」與「本心」、「大經」與「大本」、「理之所固有」與「理之所自出」，既是「自然」，也是「當然」。在此價值秩序之下，可以清楚地看到，所謂描述「氣機開闔」的「化育」被界定爲「天用」，是「理之所不得已」的表現，是「窮理盡性」之後的結果和驗效，屬於「存在論」上的理解，但其中也擁有「本體論」的規定。「本體論」決定「存在論」，而不是相反。

在道學的成德境界中「本體論」與「存在論」是統一的，這實際上源於「心」之德與知的二重功能。「天理」、「天心」都是本體論上的概念。由於心的「反本」功能，人可以透過本心直達「天理」。因而，「本心」也就是「天理」，也同於「理之所自出」的根源。但這僅僅提出了工夫論的本體指向，尚未指示出「成物」的驗效。「物」是一個存在論概念，本體只能指向「理」，卻不能指向「物」。如前述在呂大臨的「格物致知」論中已經敘述的，「格物」就是「至物」，不使一「物」與「己」有別，才是眞正的「致知」。因此，「致知」之「知」的最終意義實際上仍然是道德的，而不是知識的。

總之，在道學視野中，具有價值規定性的「本體」與實然感知性的「存在」是同一的，但這個同一不建立在客觀化的認識論基礎上，而是將「物」納入「心」之中，通過道德修養工夫，「物」在生命主體所達到的精神境界中獲其意義。道學的理論基礎無疑是形而上學的，由此才具有絕對性、超越性和普遍性，但其實踐又是具體的，是建立在個體生命之內和群體生活之中的。對宇宙、世界或天道的理解，是所有哲學思想必然面對的首要問題，但其最終的旨趣又必然回到人自身的現實生活及其主體精神內部。立基於生命主體的實踐性及其精神轉化的可能，道學理論給出了得自於自身文化傳統和生命體認的回答。

結 語

　　當某一生命個體存在於這個宇宙之中，他如何理解這個宇宙全體，代表著他的生存自覺和精神高度。在人類文明發展的過程中，宗教、神話、哲學、文學乃至今日的科學，提供了這一理解代代傳承、累積和深化的基本知識模式和形態，而所謂的各種「觀」、「論」、「學」正是這種不同知識形態凝結的產物。現代社會生活的急劇變化無疑促使了種種知識更新速度和分裂程度飛速進行，由此，統一的宇宙觀不再成為可能，甚至宇宙觀本身能否可能亦是一個值得懷疑的問題。建立在現代社會結構之上的種種科學理論，正猛烈地衝擊著人們的信仰，傳統文化和哲學層層解析，不是轉化，就是消失。

　　作為對宇宙整體觀照的「道學」，在現代知識形態中，首先可以被歸於一種「宇宙觀」。但其顯然不具備科學性，也不單純是一種信仰，因而我們可以稱之為「哲學」。歸根到底，道學的哲學宇宙觀不是為生命個體提供一種對宇宙全體的知識性瞭解，而是服務於生命個體本身的道德實踐過程。但我們不能就此認為道學宇宙觀是手段性的，虛假的，或是人為構造的。道學宇宙觀本質上是境界性的，是當生命個體的意義世界得到轉化之後，對其所生存的整個宇宙全體的重現理解。因而，道德宇宙觀必然是精神形態的，或者說是「心性論」的，而不是事實形態的。

　　實際上，即便對這個世界的科學的或事實形態的理解，仍然不可能不帶有生命個體的主體痕迹或精神烙印，這既鮮明地反映在生命個體的生存有限性上，也反映在他的情感性、意義性、依賴性等等方面。就此而言，道學宇宙觀不但不是科學的，也不是純粹哲學的，而是帶有一定的宗教性。它是道學先驅在孔孟儒學的基礎上發展出來的一種帶有極強個體生命痕迹的宇宙和人生理解，以此安頓個體生命的主體生存、選擇和實踐。

　　道學對宇宙的理解，不汲汲於每個物的存在或是現象本身，而是由實存世界上昇爲意義世界之後，提供了一種新的秩序理解。這一秩序涵蓋了自然、社會、道德、政治諸領域，爲生命個體提供一種生活的信念，塑造一種有意義的生活方式。在儒學傳統中，天與人、道與德、陰與陽、仁與義、身與心、理與氣等等，原本就是在相輔相成的運動生成狀態中，共同維持著天人之間的合理秩序。因而，在今日看來分裂的自然與道德之間的關係，在道學中是一體的，這既是哲學理解，同時也是審美理解和宗教理解。

　　由此看來，作爲傳統知識形態的道學，實際上同時也是審美形態和宗教形態，而且在傳統社會中發揮著今日科學的功能。以此，我們便很容易理解，道學爲何始終不僅強調成己，亦強調成物；不僅強調個體的道德實踐，而且強調在道德實踐基礎上的政治實踐，甚至將政治實踐納入到道德實踐的意義視域中理解。由於宇宙是全體的，人與物之間，個體行動與群體行動之間、聖人與凡俗之間，原本不存在間隔，因而，「通」、「合」、「一」成爲道學知識和實踐的終極指向。

　　從現代思想意義上講，道學知識屬於道德實踐，其功能當然是教養性的。在政治理解上，不但缺乏架構和規範，因而隨意性強而控制性弱，而且混道德與政治爲一談，難以適應複雜的社會結構和模式。如果將此擴大到對整個傳統中國文化的評價中，我們可以說，傳統文化將道德、政治、審美乃至宗教混一，必然不可避免在當代知識領域中分離，並走出理想的精神內部而走向現實的研究。

　　但另一方面，生命個體的存在既是多向展開的，同時也始終是統一的。當我們遭遇到現實的分裂，理解其內在的緣由，固然是重要的，但維持生命體的意義統一性同樣是不會隨著時代的變化而消失的。人的自我理解，不是依靠科學，而是要依靠哲學的、宗教的理解，才能回歸原處一體的「自然境界」之中，使生命本身在其中得到棲居。知識與道德、工具與價值、時間與永恒的矛盾是永久的，必然會伴隨生命個體的整個歷程。維持其意義世界的源泉來自於道德、價值和永恒，而不是知識、工具和時間。這並非說知識、工具和時間是負面的，而是說它們只具有過程性的價值。最終的意義體現在道德、價值和永恒中，因爲後者本身即是一個永遠有待展開的主體實踐可能。

　　正因如此，我們可以理解道學理論爲什麼最終只能是道德的或實踐的。這是因爲，生命個體不是一個事實存在，而是一個可能存在；其可能性的根

源在於其存在是未完成的，是有待展開的。在這一展開過程中，理性使生命個體獲得理解，文化為其輸入意義，而道德實踐代表著他生命的展開程度和高度。道德實踐顯然不能等同於生命個體的全部實踐，但由於道德實踐貫通天人、物我、人己之間，使其具有了根源性和基礎性。

　　當我們把當代社會概括為「知識社會」、「商品社會」、「工業社會」等等的同時，現代生命個體的生存形式已無可避免地踏入了一個平面的、現象的、物質的世界，意義不再源於道德，而是源於符號和感受的二元分裂。當道學以「工夫」二字稱謂道德修養實踐過程時，它不僅意味著需要生命個體行動起來，而且意味著生命個體本身實現某種轉化的可能。在這一意義中，道德實踐不是源於生命個體的心智支配，更不能將之歸原為某種利益驅動機制，而是源於精神世界由有限向無限的提升，由個體行為向大道運行的復歸。現代知識對道學工夫理解的貧弱，正代表著現代社會中生命個體之精神世界的貧弱。因而，我們可以斷定，理解道學理論及其工夫要旨，遠非僅僅是一個理論問題，歸根到底，它既是一種精神實踐，也是一種生命領會。

參考文獻

一、基本書獻

1. 阮元校勘：《十三經注疏》，中華書局，1980 年。

2. 孔穎達：《周易正義》，北京大學出版社，1999 年。

3. 朱熹：《周易本義》，中華書局，2009 年。

4. 呂祖謙編：《晦庵先生校正周易繫辭精義》，影印古逸叢書本，江蘇古籍出版社，2002 年。

5. 楊伯峻：《春秋左傳注》，中華書局，1990 年。

6. 徐彥：《春秋公羊傳注疏》，北京大學出版社，1999 年。

7. 孔穎達：《禮記正義》，北京大學出版社，1999 年。

8. 衛湜編：《禮記集說》，影印通志堂經解本，廣陵書社，2007 年。

9. 石𡒋編，朱熹刪定：《中庸集略》，《儒藏（精華編）》第 104 冊，北京大學出版社，2007 年。

10. 程樹德：《論語集釋》，中華書局，1990 年。

11. 焦循：《孟子正義》，中華書局，1987 年。

12. 朱熹：《四書章句集注》，中華書局，1983 年。

13. 王先謙：《荀子集解》，中華書局，1988 年。

14. 蘇輿：《春秋繁露義證》，中華書局，1992 年。

15. 趙在翰輯：《七緯》，中華書局，2012 年。

16. 段玉裁：《說文解字注》，上海古籍出版社，1988 年。

17. 樓宇烈：《老子道德經注校釋》，中華書局，2008 年。

18. 郭慶藩：《莊子集釋》，中華書局，2012 年。

19. 劉文典：《淮南鴻烈集解》，中華書局，1989 年。

20. 張春波：《肇論校釋》，中華書局，2010 年。

21. 徐元誥：《國語集解》，中華書局，2002 年。

22. 司馬遷：《史記》，中華書局，1982 年。

23. 班固：《漢書》，中華書局，1962 年。

24. 脫脫：《宋史》，中華書局，1977 年。

25. 邵伯溫：《邵氏聞見錄》，中華書局，1983 年。

26. 王稱：《東都事略》，文海出版社，1980 年。

27. 李燾：《續資治通鑑長編》，中華書局，1986 年。

28. 趙汝愚：《宋朝名臣奏議》，上海古籍出版社，1999 年。

29. 朱熹、李幼武：《宋名臣言行錄五集》，文海出版社，1980 年。

30. 沈青崖等：《陝西通志》，影印文淵閣四庫全書本。

31. 晁公武：《郡齋讀書志校證》，上海古籍出版社，1990 年。

32. 陳振孫：《直齋書錄解題》，上海古籍出版社，1987 年。

33. 尤袤：《遂初堂書目》，中華書局，1985 年。

34. 馬端臨：《文獻通考‧經籍考》，華東師範大學出版社，1985 年。

35. 永瑢：《欽定四庫全書總目》，中華書局，1997 年。

36. 馬其昶：《韓昌黎文集校注》，上海古籍出版社，1986 年。

37. 王文誥輯注：《蘇軾詩集》，中華書局，1982 年。

38. 周義敢等編注：《秦觀集編年校注》，人民文學出版社，2001 年。

39. 王安石：《王文公文集》，上海人民出版社，1974 年。

40. 周敦頤：《周敦頤集》，中華書局，1990 年。

41. 張載：《張載集》，中華書局，1978 年。

42. 程顥、程頤：《二程集》，中華書局，1981 年。

43. 呂大臨等：《藍田呂氏遺著輯校》，中華書局，1993 年。

44. 周行己：《周行己集》，上海社會科學院出版社，2002 年。

45. 胡宏：《胡宏集》，中華書局，1987 年。

46. 朱熹：《朱子全書》，上海古籍出版社、安徽教育出版社，2002 年。

47. 黎靖德編：《朱子語類》，中華書局，1986 年。

48. 呂祖謙：《呂東萊文集》，中華書局，1985 年。

49. 陸九淵：《陸九淵集》，中華書局，1980 年。

50. 陳淳：《北溪字義》，中華書局，1983 年。

51. 胡廣：《性理大全》，山東友誼出版社，1989年。

52. 馮從吾：《關學編》，中華書局，1987年。

53. 黃宗羲、全祖望：《宋元學案》，中華書局，1986年。

54. 黃宗羲：《明儒學案》，中華書局，2008年。

55. 陳確：《陳確集》，中華書局，1979年。

56. 李顒：《二曲集》，中華書局，1996年。

57. 曾棗莊、劉琳主編：《全宋文》，上海辭書出版社，2003年。

二、研究著作

1. 蔡方鹿：《中國經學與宋明理學研究》，人民出版社，2011年。

2. 陳俊民：《張載哲學思想及關學學派》，人民出版社，1986年。

3. 陳俊民：《三教融合與中西會通——中國哲學及其方法論探微》，陝西師範大學出版社，2002年。

4. 陳海紅：《呂大臨理學思想研究——兼論浙東學派的學術進程》，浙江工商大學出版社，2013年。

5. 陳來：《古代宗教與倫理——儒家思想的根源》，三聯書店，1996年。

6. 陳來：《宋明理學》，華東師範大學出版社，2003年。

7. 陳來：《朱子哲學研究》，華東師範大學出版社，2000年。

8. 陳來：《有無之境——王陽明哲學的精神》，人民出版社，1991年。

9. 陳來主編：《早期道學話語的形成與演變》，安徽教育出版社，2007年。

10. 陳榮捷：《朱子新探索》，華東師範大學出版社，2007年。

11. 陳榮捷：《近思錄詳注集評》，華東師範大學出版社，2007年。

12. 陳寅恪：《金明館叢稿二編》，三聯書店，2001年。

13. 陳植鍔：《北宋文化史述論》，中國社會科學出版社，1992年。

14. 陳鍾凡：《兩宋思想述評》，東方出版社，1996年。

15. 鄧廣銘：《鄧廣銘治史叢稿》，北京大學出版社，1997年。

16. 丁四新：《郭店楚墓竹簡思想研究》，東方出版社，2000年。

17. 丁為祥：《虛氣相即——張載哲學體系及其定位》，人民出版社，2000年。

18. 杜維明：《道、學、政：論儒家知識分子》，上海人民出版社，2000年。

19. 杜維明：《論儒學的宗教性——對〈中庸〉的現代詮釋》，《杜維明文集》第三卷，郭齊勇、鄭文龍編，武漢出版社，2002年。

20. 杜維明：《仁與修身——儒家思想論文集》，《杜維明文集》第四卷，郭齊勇、鄭文龍編，武漢出版社，2002年。

21. 馮友蘭：《中國哲學史》，華東師範大學出版社，2003年。

22. 馮友蘭：《中國哲學史新編》，人民出版社，1998 年。

23. 付長珍：《宋儒境界論》，上海三聯書店，2008 年。

24. 龔建平：《意義的生成與實現——〈禮記〉哲學思想》，商務印書館，2005 年。

25. 龔傑：《張載評傳》，南京大學出版社，1996 年。

26. 關長龍：《兩宋道學命運的歷史考察》，學林出版社，2001 年。

27. 郭齊勇：《中國哲學智慧的探索》，中華書局，2008 年。

28. 郭曉東：《識仁與定性——工夫論視域下的程明道哲學研究》，復旦大學出版社，2006 年。

29. 何俊：《南宋儒學建構》，上海人民出版社，2004 年。

30. 侯外盧等：《中國思想通史》第四冊，人民出版社，1959 年。

31. 侯外盧等：《宋明理學史》，人民出版社，1984 年。

32. 黃俊傑：《中國孟學詮釋史》，社會科學文獻出版社，2004 年。

33. 黃俊傑編：《中日〈四書〉詮釋傳統初探》，華東師範大學出版社，2008 年。

34. 姜廣輝：《理學與中國文化》，上海人民出版社，1994 年。

35. 姜國柱：《張載的哲學思想》，遼寧人民出版社，1982 年。

36. 姜國柱：《張載關學》，陝西人民出版社，2001 年。

37. 景海峰：《中國哲學的現代詮釋》，人民出版社，2004 年。

38. 李存山：《中國氣論探源與發微》，中國社會科學出版社，1990 年。

39. 勞思光：《中國哲學史》，廣西師範大學出版社，2005 年。

40. 李景林：《教養的本原——哲學突破期的儒家心性論》，遼寧人民出版社，1998 年。

41. 李明輝：《當代儒學的自我轉化》，中國社會科學出版社，2001 年。

42. 李如冰：《宋代藍田四呂及其著述研究》，人民出版社，2012 年。

43. 李祥俊：《道通於一——北宋哲學思潮研究》，北京師範大學出版社，2006 年。

44. 梁濤：《郭店竹簡與思孟學派》，中國人民大學出版社，2008 年。

45. 劉豐：《先秦禮學思想與社會的整合》，中國人民大學出版社，2003 年。

46. 劉述先：《朱子哲學思想的發展與完成》，臺灣學生書局，1982 年。

47. 盧連章：《二程學譜》，中州古籍出版社，1988 年。

48. 盧國龍：《宋儒微言——多元政治哲學的批判和重建》，華夏出版社，2001 年。

49. 盧鍾鋒：《中國傳統學術史》，河南人民出版社，1998 年。

50. 呂思勉：《理學綱要》，東方出版社，1996 年。

51. 牟宗三：《心體與性體》，上海古籍出版社，1999 年。

52. 牟宗三：《中國哲學十九講》，上海古籍出版社，1997 年。

53. 牟宗三：《中國哲學的特質》，上海古籍出版社，2007 年。

54. 蒙培元：《理學範疇系統》，人民出版社，1989 年。

55. 蒙培元：《心靈超越與境界》，人民出版社，1998 年。

56. 蒙培元：《情感與理性》，中國社會科學出版社，2002 年。

57. 牛銘實：《中國歷代鄉約》，中國社會出版社，2005 年。

58. 潘雨廷：《讀易提要》，上海古籍出版社，2006 年。

59. 龐萬里：《二程哲學體系》，北京航空航天大學出版社，1992 年。

60. 漆俠：《宋學的發展和演變》，河北人民出版社，2002 年。

61. 錢穆：《朱子新學案》，巴蜀書社，1986 年。

62. 錢穆：《中國學術思想史論叢》，安徽教育出版社，2004 年。

63. 秦暉：《陝西通史·宋元卷》，陝西師範大學出版社，1998 年。

64. 唐君毅：《中國哲學原論·原性篇》，中國社會科學出版社，2006 年。

65. 唐君毅：《中國哲學原論·原教篇》，中國社會科學出版社，2006 年。

66. 屠承先：《本體功夫論》，杭州大學出版社，1997 年。

67. 王鍔：《〈禮記〉成書考》，中華書局，2007 年。

68. 王啓發：《禮學思想體系探源》，中州古籍出版社，2005 年。

69. 溫偉耀：《成聖之道——北宋二程修養工夫論之研究》，河南大學出版社，2004 年。

70. 文碧方：《關洛之間——以呂大臨思想爲中心》，中華書局，2011 年。

71. 吳國武：《經術與性理——北宋儒學轉型考論》，學苑出版社，2009 年。

72. 向世陵：《理氣性心之間——宋明理學的分系和四系》，湖南大學出版社，2006 年。

73. 蕭公權：《中國政治思想史》，新星出版社，2005 年。

74. 徐復觀：《中國人性論史·先秦篇》，上海三聯書店，2001 年。

75. 徐復觀：《中國思想史論集》，上海書店出版社，2004 年。

76. 徐洪興：《思想的轉型——理學發生過程研究》，上海人民出版社，1996 年。

77. 徐遠和：《洛學源流》，齊魯書社，1987 年。

78. 余敦康：《內聖外王的貫通——北宋易學的現代闡釋》，學林出版社，1997 年。

79. 余英時：《朱熹的歷史世界——宋代士大夫政治文化的研究》，三聯書店，

2004 年。

80. 楊國榮：《善的歷程——儒家價值體系的歷史衍化及其現代轉換》，上海人民出版社，1994 年。

81. 楊立華：《氣本與神化——張載哲學述論》，北京大學出版社，2008 年。

82. 楊儒賓：《儒家身體觀》，中央研究院中國文哲研究所籌備處，1999 年。

83. 楊儒賓主編：《中國古代思想中的氣論及身體觀》，巨流圖書股份有限公司，2009 年。

84. 楊儒賓、祝平次主編：《儒學的氣論與工夫論》，華東師範大學出版社，2008 年。

85. 楊向奎：《宗周社會與禮樂文明》，人民出版社，1997 年。

86. 曾亦：《本體與工夫——湖湘學派研究》，上海人民出版社，2007 年。

87. 曾棗莊：《文星璀璨——北宋嘉祐二年貢舉考論》，復旦大學出版社，2010 年。

88. 張岱年：《中國哲學大綱》，中國社會科學出版社，1982 年。

89. 張岱年：《中國古典哲學概念範疇要論》，中國社會科學出版社，1989 年。

90. 張亨：《思文之際論集——儒道思想的現代詮釋》，新星出版社，2006 年。

91. 周與沈：《身體：思想與修行——以中國經典爲中心的跨文化關照》，中國社會科學出版社，2005 年。

92. 朱伯崑：《易學哲學史》第二卷，華夏出版社，1995 年。

93. 朱漢民：《玄學與理學的學術思想理路研究》，中國社會科學出版社，2012 年。

94. 鄒昌林：《中國禮文化》，社會科學文獻出版社，2000 年。

95. 〔美〕包弼德：《斯文：唐宋思想的轉型》，江蘇人民出版社，2001 年。

96. 〔美〕葛艾儒：《張載的思想》，上海古籍出版社，2010 年。

97. 〔英〕葛瑞漢：《中國的兩位哲學家——二程兄弟的新儒學》，大象出版社，2000 年。

98. 〔日〕溝口雄三，小島毅主編：《中國的思維世界》，江蘇人民出版社，2006 年。

99. 〔美〕史華茲：《古代中國的思想世界》，江蘇人民出版社，2004 年。

100. 〔日〕小野澤精一等編：《氣的思想》，上海人民出版社，1990 年。

101. 〔美〕田浩：《朱熹的思維世界》，江蘇人民出版社，2011 年。

三、論文

1. 蔡方鹿：《二程的經學思想及其對朱熹的影響》，載姜廣輝主編：《中國哲

學‧經學今詮四編》，遼寧教育出版社，2004 年。

2. 陳俊民：《學政不二，禮教爲本：從張載關學獨特的致思路向看關學研究的新面向》，載《陝西師範大學繼續教育學報》，2002 年第 3 期。

3. 丁爲祥：《20 世紀儒家親情倫理所遭遇的批評及其角度的轉換》，載徐洪興主編：《鑒往瞻來——儒學文化研究的回顧與展望》，復旦大學出版社，2006 年。

4. 丁爲祥：《命與天命：儒家天人關係的雙重視角》，載《中國哲學史》，2007 年第 4 期。

5. 丁爲祥：《從「我固有之」到「天之所與」——孟子對道德理性之發生機理、存在依據及存在根源的探討》，載《哲學研究》，2008 年第 8 期。

6. 丁爲祥：《宋明理學對自然秩序與道德價值的思考——以張載爲中心》，載《文史哲》，2009 年第 2 期。

7. 丁爲祥：《牟宗三「本體——宇宙論」解讀——儒家視域中自然與道德關係的再檢討》，《陝西師範大學學報》（哲學社會科學版），2009 年第 3 期。

8. 姜廣輝：《道學思潮與經學革新——二程經學思想與〈伊川易傳〉再認識》，載氏主編：《中國哲學‧經學今詮四編》，遼寧教育出版社，2004 年。

9. 姜廣輝：《論宋明理學與經學的關係》，載《湖南大學學報》（社科版），2004 年第 5 期。

10. 蔣國保：《漢儒稱「儒學」爲「儒術」考》，載《中山大學學報》（社會科學版），2009 年第 1 期。

11. 李存山：《「先識造化」與「先識仁」——從關學與洛學的異同看中國傳統哲學的特質及其轉型》，載《人文雜誌》，1989 年第 5 期。

12. 李存山：《「天人之學」與「心性之學」》，載《孔子研究》，1993 年第 3 期。

13. 李如冰：《呂大臨生卒年及有關問題考辨》，載於《寶雞文理學院學報》，2009 年第 6 期。

14. 李祥俊：《北宋時期儒家禮學的體系化建構》，載《江西社會科學》，2006 年第 10 期。

15. 林樂昌：《張載對儒家人性論的重構》，載《哲學研究》，2000 年第 5 期。

16. 林樂昌：《張載「心統性情」說的基本意涵和歷史定位——在張載工夫論演變背景下的考察》，載《哲學研究》，2003 年第 12 期。

17. 林樂昌：《張載成性論及其哲理基礎研究》，載《中國哲學史》，2005 年第 1 期。

18. 林樂昌：《張載禮學論綱》，載《哲學研究》，2007 年第 12 期。

19. 牟宗三：《略論道統、學統、政統》，載鄭家棟編：《道德理想主義的重建》，

中國廣播電視大學出版社，1992 年。

20. 謝榮華：《中國古代哲學中「本體」概念考辨》，載《中國哲學史》，2005
    年，第 1 期。

21. 楊天宇：《略述中國古代的〈禮記〉學》，載《河南大學學報》（社會科學
    版），2000 年第 5 期。

22. 楊建宏：《論張載的禮學思想及其實踐》，載《湖南大學學報》（社會科學
    版），2006 年第 2 期。

23. 楊儒賓：《〈中庸〉怎樣變成了聖經》，載吳震主編：《宋代新儒學的精神
    世界：以朱子學為中心》，華東師範大學出版社，2009 年。

24. 楊志剛：《中國禮學史發凡》，載《復旦學報》，1995 年第 6 期。

25. 葉平：《古禮與北宋儒者的治心、義理之學》，載《中州學刊》，2007 年
    第 6 期。

26. 曾棗莊：《文星璀璨的嘉祐二年貢舉》，《北京大學學報》（哲學社會科學
    版），2010 年第 1 期。

27. 鍾彩鈞：《二程心性說析論》，載《中國文哲研究集刊》，1991 年創刊號。

28. 鍾彩鈞：《二程本體論要旨探究——從自然論向目的論的展開》，載《中
    國文哲研究集刊》，1992 年第 2 期。

29. 鍾彩鈞：《二程道德論與工夫論述要》，載《中國文哲研究集刊》，1994
    年第 4 期。